人間コク宝
吉田豪
コアマガジン

目次

酒井一圭 純烈
Sakai Kazuyoshi
P241

中川パラダイス ウーマンラッシュアワー
Nakagawa Paradise
P163

平野悠
Hirano Yu
P255

室井佑月
Muroi Yazuki
P177

石崎典夫
Ishizaki Norio
P273

轟二郎
Todoroki Jiro
P289

しまおまほ
Shimao Maho
P193

ジャイアント吉田
Giant Yoshida
P303

久部緑郎こと岩見吉朗
Iwami Yoshiaki
P223

大塚公平
Otsuka Kouhei
P209

カバー＆帯デザイン■FLAMINGO STUDIO INC.

本文デザイン■中田舞子

カメラマン■ごっしー

岡崎隆生（中川パラダイス）
武馬怜子（大塚公平）
辰巳千恵（轟二郎、ジャイアント吉田）
担当編集（久部緑郎）

初出■「実話BUNKA超タブー」

※石崎典夫は「実話BUNKAタブー」で、
轟二郎とジャイアント吉田は「BREAK MAX」

脚注■佐々木あらら

大麻は悪くないね！

川添象郎

2022年9月収録

1941年1月27日生まれ。東京都出身。音楽プロデューサー。父はイタリアンレストラン「キャンティ」を創業した川添浩史、生母はピアニストの原智恵子。1977年、村井邦彦とアルファレコードを創設し、YMO、荒井由実、サーカス、ハイ・ファイ・セットなどを担当。1980年代半ばには、空間プロデューサーとしても活動。 2007年に、ほぼ20年ぶりに音楽プロデュースに復帰し、SoulJaをプロデュース。青山テルマ feat.SoulJa『そばにいるね』は日本で最も売れたダウンロードシングルとなった。

ロバート・キャパとの交流

――川添さんの自伝『象の記憶』、素晴らしかったです！　あの本を書くために、自分の人生を振り返ってみていかがでしたか？

川添 一言で言うと豊かだったんじゃないですか？　いい思い出しか残ってませんから。

――もちろんたいへんなこともあったはずだけど。

川添 まあね。たいへんだと思えばたいへんだけど、本人はあんまりこたえてないから。

――そもそも学校には馴染めたタイプでした？

川添 ぜんぜん。徹底して嫌だったですね。まず小学校中学校高校1年まではひとつの学校（慶應義塾）にずっといて、よくサボってました。だって両親がウチにいないですから。要するに自分のやりたいことをやってる両親で。ウチの親父（川添浩史）は国際文化交流といって、カッコよく言うと日本の伝統芸術を外国に持ってったり、外国のいいものを日本に持ってきたり、そういう仕事をしててそれに夢中だったんですよ。お袋（原智恵子）はコンサートピアニストなんです。

――だから年中ツアーばっかりで。

川添 そうそう！　誰もいないから言うこときかないよね。やりたいことやってました。

――その結果、東京に置いとくとヤバいってことで鹿児島のラ・サール高校に送られて。

川添 よくご存じですね。

――すでに夜遊びとか始めてたんですか？

川添 もうバンバン。15～16歳で深夜の六本木をウロつき回ってましたから。

――川添さん、大使館が多い関係もあってか、「当時の六本木にはスパイとかいっぱいいたね」って話をサラッとしてましたよね。

川添 そうそうそう！　すぐそばにニコラスってピザ屋があったんですよ。

――ロバート・ホワイティング『東京アンダーワールド』の舞台になった店ですよね。

川添 そうそう！　ニックってオヤジがやってたんだけど。そこに外人のスパイみたいなのがいっぱい溜まってましたね。

――そもそもそのニコラスの店主だったニックって人が元マフィアだったわけですよね。

川添 そうそう、アメリカから来たマフィアだったの。だから、この店（キャンティ）を開けたらニックのオヤジが来て、「ウチの縄張りを荒らすな」みたいなこと言ってきたんですよ。ところがここを開けた川添梶子さんという僕の義理のお袋がイタリアに10何年いたからイタリア語ベラベラなわけ。彼女がイタリア語でワーッとまくし立てたらビックリ仰天してすごすご引き下がっちゃった。

――スパイ相手にポーカーで金を巻き上げていたみたいな話もあったみたいですけど。

川添 それスパイ相手じゃないな。ポーカーは好きだったから。引田天功っていう……。

――初代の、伝説の奇術師ですね。

川添 初代の。彼と一緒に手品の研究したりしてたわけ。彼は東横デパートの手品売場で手品を見せながら手品道具を売ってたお兄さんなんです。そこに行って仲良くなって。

『象の記憶』
川添象郎著『象の記憶 日本のポップ音楽で世界に衝撃を与えたプロデューサー』（22年、DU BOOKS）。

川添浩史（かわぞえ・ひろし）
1913年生まれ。若くしてパリへ遊学、フランス映画の日本輸出に携わる。大戦勃発とともに帰国し、「アジア復興レオナルド・ダ・ヴィンチ展」など文化事業を企画。戦後は高松宮親王の国際関係特別秘書として、吾妻徳穂の「アヅマカブキ」の海外興行を成功させたり、クリスチャン・ディオールを日本に招き絹織物を売り込むなど、幅広い分野の文化交流に尽力した。60年、レストラン「キャンティ」を創業。70年死去。

――その交流も謎すぎるんですよね。当時、自分の将来像は思い浮かんでたんですか？

川添　ぜんぜんなんにも考えてなくて非常に脳天気に毎日過ごしてましたね。そしたら高校卒業する前に、ウチの親父にいきなり聞かれたんですよ、「おまえ将来どうするつもりだ？」って。なんも考えてなかったから、苦し紛れに「ええと……音楽だとか舞台だとか好きで」って言ったら、「じゃあ大学なんか行くのやめ！」って言われて、そういうもんかと思って行かないでしばらく何もしないでいたら親父がある日突然、「外国から友達の写真家が来るからアシスタントやれ」って、それで写真家のアシスタントを始めたの。

――当然、写真とか何もわからない状態で。

川添　ぜんぜん知らない！　撮ったこともないんだから。何をやるかっていったら通訳みたいなもんですね。もともとウチの親父がロバート・キャパっていう報道写真家の元祖みたいな人の大親友だったのね。どうして親友になったかというと、ウチの親父がフランスに住んでて、ある夏、カンヌに避暑に行ったんですよ。そしたらそこにすごいかわいい女の子がいて仲良くなって話してたら、その女性の彼氏がロバート・キャパだったの。心配になってキャパがやって来て、そしたら逆にウチの親父と意気投合したのね。それでいろいろ話を聞いたら一文無しでハンガリーからドイツに行ったんだけどドイツがヤバくなって逃げてきた、金ないんだよねって話になって。じゃあ自分が住んでるアパートに一緒に住んでいいよって話になって、キャパは喜んで、ウチの親父の仲間とも仲良くなって。ただ、彼は写真家といっても写真機を持ってないわけ。

――そもそもそこがどうかしてますよね。

川添　（キャパは）たぶんかなりいい加減な性格というか大胆不敵な人なんでしょうね。後の松竹という大きな映画会社の社長になった城戸四郎さんという人のカメラを借りてメーデーか何かの写真を撮りに行って、カメラ落っことして壊したって大騒ぎになったりしたんですよ（笑）。でもなんだかんだでなんとかカメラを手に入れて。それでスペイン市民戦争が始まった。フランコという独裁者が暴れてるんで、市民のほうの味方になって写真を撮りに行ったんですよ。そこで撃たれて倒れかけてるひとりの兵士の写真を撮って、それが『ＬＩＦＥ』のグラビアになって、いっぺんに有名になっちゃったわけ。それでお金が入ってきたからカメラも買えてね。ただそのときに悲しいことに彼の恋人だったゲルダという写真家がウチの親父と仲良くなった人なんだけど、ゲルダが戦車に轢かれて死んじゃうんですよ。それでもキャパはウチの親父のアパートにずっと居候してたっていうような感じで、えらい仲良しだったの。

――だから息子に写真の手伝いをやらせよう、と。

川添　そのキャパが作った写真家集団、マグナム・フォトの写真家が日本に来るたびにキャパの紹介でウチの親父のところに来るようになって、その写真家が来たときに僕がアシスタントで通訳やったりしてたの。

――それで外国人との交流が始まり、英語力と物怖じしない性格が鍛えられていって。

川添　ハハハハハ！　楽観的ですからね、なんとかなるわって感じで。そうやってブラブラしてたら今度はシャーリー・マクレーンというハリウッドの女優さんがいるんですよ、その人の旦那がスティーブ・パーカーというプロデューサーで、シャーリーを主役にした映画を日本で撮ることになったの。シャー

原千恵子（はら・ちえこ）
ピアニスト。1914年生まれ。32年、パリ国立音楽院を最優秀で卒業。37年、ショパン国際ピアノコンクールに日本人として初参加、特別聴衆賞を受賞。38年に川添浩史と結婚、長男・象郎、次男・光郎を生み育てるが、58年、チェリストのガスパール・カサドと恋仲となり、翌年「演奏旅行に行く」と言い残してフィレンツェに移住、カサドと結婚。「子供を捨てた母親」と国内でスキャンダルとなった。01年死去。

『東京アンダーワールド』
『菊とバット』などの日本野球文化論で知られるロバート・ホワイティングのノンフィクション小説（日本語版は00年、角川書店）。東京でピザ屋を営む裏側で裏社会を牛耳るマフィア、ニックの闇人脈から垣間見える60年代日本の最暗部を描く30万部発行のベストセラー。映画化が3度噂されたがいずれも頓挫した。なおピザレストラン「ニコラス」は18年に閉店。

キャンティ
東京・麻布台に今も続く伝説のイタリアンレストラン。川添浩史と二番目の妻・梶子が開業。夫妻の人脈や土地柄、深夜3時までという営業形態もあり、幅広い客層の常連が集うサロン的な社交場となる。夜毎集まる若者たちは「キャンティ族」と呼ばれ、60年代サブカルチャーの象徴とされた。中学生だったユーミンも八王子から通ったという。現在は次男光郎の息子・隆太郎が3代目オーナー。

リー・マクレーンと一緒にイヴ・モンタンも出演してて、僕はシャーリーとイヴの映画のプロダクションマネージャーのアシスタントのアシスタントのそのまたパシリみたいなことをやってたわけ。シャーリーとイヴはしょっちゅうここ（キャンティ）にいましたよ。そうこうしてるうちにシャーリーの旦那だったスティーブ・パーカーがラスベガスで大きなショーをやる、と。フィリピン人をかき集めてデカいプロダクションショーをやるっていうんで、僕にそこに来ないかって話になって。たぶん僕を誘ったんじゃなくて、ウチの親父が「ウチのせがれに何か仕事があったら」って。

――言っておいてくれたんでしょうね。

川添 「フラフラしてるしショービズの仕事がしたいらしいから何かチャンスがあったら連れてってやってくれ」って、それでラスベガスに行くんですよ。デューンズホテルっていう大きなカジノホテルでフィリピンの芸人を60人ぐらい集めてやるショーに参加して、最初はセットデザインのアシスタントだったの。といっても大工のパシリみたいなもんでトンテンカントンテンカンやってたわけ。そしたらショーが開いちゃうとセットは関係ないから、今度は舞台監督の助手の助手のまたパシリみたいな仕事に就かせてもらって。そこから舞台監督のアシスタントぐらいに昇格して、舞台監督のライセンスをもらってラスベガスで1年間ぐらい過ごしたんですよ。

――ラスベガスもまたマフィアの世界で。

川添 1960年だったから、もうマフィアの最前線のときだった。サンズホテルっていうのは有名なホテルだけど、これはフランク・シナトラとかディーン・マーティンとかが集まって作ったホテルなんですよ。

――フランク・シナトラ自体がヤバい人で。

川添 そうそう、マフィアの一員ですからね。でもいい人ですよ。そりゃそうだよね、ヤクザだって親分になればみんないい人だもんね。ヤバいのはパシリとかだからね。

極真空手に剣道で挑む!!

――そんな世界でいきなり権限を持って舞台を取り仕切るぐらいになってたわけですね。

川添 そうね、半年くらい経ったら舞台を任されたりしてましたからね、すごくおもしろかったですよ。おそらくラスベガスでステージマネージャーやったのは僕が日本人で最初じゃないですかね。ウチの親父の人脈がすごく大きかったですけどね。ウチの親父は僕が外国に行ってるあいだ一文も送ってくれないんですよ、「自分で稼げ」って。ラスベガスではそうやって稼いでたし、ギャンブルでも儲かったから、その金を握りしめてニューヨークに行って、ニューヨークでもずっと自活してたの。ニューヨークではフラメンコギターを必死に覚えて、それでグリニッジビレッジっていう芸術家が集まってるところにライブやってるカフェがあるんですよ、そこに潜り込んで演奏してお金稼いだりして。

――空手ｖｓ剣道の果し合いをやったときですね。日本から来たっていうだけで極真空手をやっている男に勝負を挑まれたという。

川添 そうそう。ニューヨークのグリニッジビレッジというところに住み始めて、すぐそばにルーマニアの移民のジャックという男がいて、身長190センチぐらいあるデカいヤツなんだ

川添梶子（かわぞえ・かじこ）
旧姓岩元。28年生まれ。戦後まもなく彫刻家を目指しイタリアに渡り、現地で結婚したが、55年の「アヅマカブキ」イタリア公演を手伝った際に浩史と出会い、不倫関係となる。59年に結婚。キャンティでは「タンタン」（イタリア語で「おばさん」）の愛称で慕われ、店の1階でブティック「ベビードール」を経営、ザ・タイガースや布施明など多くの歌手の衣装デザインも手掛けた。74年死去。

引田天功（初代）
奇術師。34年生まれ。68年から始まる『木曜スペシャル』（日テレ）の『大脱出』シリーズで大ブレイクしたが、79年、45歳の若さで死去。「少女隊」の引田智子、声優の引田有美は実娘（母親は異なる）。

ロバート・キャパ
本名アンドレ・フリードマン。1913年生まれの写真家。37年に米『LIFE』誌に載った「崩れ落ちる兵士」で一躍脚光を浴び、以

けど、そいつがカフェを持ってるわけですよ。そこでひと稼ぎしたくて「俺ギターうまいから弾かせろ」って言ったら、「おまえ日本人か？　大山（倍達）先生を知ってるか？　あの人は素晴らしいしファンタスティックだ、俺は一番弟子なんだ。おまえなんかやってるか？」って言うの。「俺は剣道やってる」って言ったら、「そいつはおもしろい。剣道と空手でいっちょ立ち合いしよう」って言うんですよ。僕はやめたほうがいいって言ったわけ。僕は剣道二段だから「木刀は持たないけど竹刀でもぶたれたら痛いよ」って言ったんですね。でも、「空手のほうが強いって大山先生が言ってる！」って言うの。

――極真空手が負けるわけがない、と。

川添　「それじゃあ勝負だ！」って、ブリーカーストリートっていう通りで朝の5時に空手と剣道で立ち合おうって言うんですよ。で、そいつの面をボカーンってやったわけですよ。そしたらかなり効いたらしくて。僕その頃はけっこう強かったんですよ。鹿児島で示現流やってたから。それで「参った」って話になって、えらい仲良くなって。彼はジャック・サンダレスクっていったかな？

――ジャック・サンダレスクは『空手バカ一代』でもおなじみの極真の大物ですよ！

川添　あ、そうですか！　デカいんだよね。

――川添さんは示現流なんですよね。

川添　そうそう、鹿児島でずっとやってたから。竹刀を持ってんだから、かかってくるほうが変だよね。いくら極真やってようが関係ない（笑）。若いときはなんでもありですね。それでジャックと仲良くなって、ジャックのカフェでギター弾いて。その頃のグリニッジビレッジっていうのは芸術の中心がヨーロッパからアメリカ・ニューヨークに移ったばっかりの一番いい時代だったから。いい時代にいい場所にいられた。

――オノ・ヨーコさんとかがニューヨークで活動し始めたぐらいの時期ですかね。

川添　オノ・ヨーコいましたよ。その頃、芸術家を目指す連中、絵描きとかそういうのがグリニッジビレッジの周りにある倉庫を借りて自分で改装してそこを自分のアトリエにしてたの。オノ・ヨーコのロフトにも遊びに行って、なんかくだらないことやってました。

――ダハハハ！　ホントそういう系には冷たいですよね。フランク・ザッパも「つまんねえ」みたいなひと言で終わりますし。

川添　ザッパ最悪！

――偶然デビューステージを観てるのに。

川添　そうそう、途中で出てきちゃった。グリニッジビレッジは自由な気風があったからミソもクソも一緒なんですよ。やっぱりミソじゃないと意味ないですよね。ザッパなんて僕が観たときはクソの部類だったから。

――その当時って、もうアメリカはドラッグカルチャーの時代になってたんですか？

川添　まあ、大麻が流行ってましたからね。ハードドラッグはまだなかったですね。

――そんな流れで日本で『ヘアー』を上演しようみたいなことにつながっていく、と。

川添　もともとフランスの実存主義者の流れでビートニクっていうのがいたんですよ。そこから今度はヒッピーに変わっていくんですけど、ヒッピーの背景にはアメリカの徴兵制度、ベト

来多くの戦場で取材。「ロバート・キャパ」は恋人の写真家ゲルダ・タローが作った2人共同の仮名で、裕福なアメリカ人写真家という設定だったが、ゲルダの死後アンドレがその名を引き継いだ。54年、ベトナム戦争の取材中に地雷を踏み爆死。享年40。

城戸四郎（きど・しろう）
元松竹社長。1894年生まれ。東大卒業後、銀行員となるが、妻が松竹創業者・大谷竹次郎の妾腹だった縁で松竹に引き抜かれ、跡継ぎ候補となる。松竹蒲田撮影所長時代に小津安二郎や山田洋次などを重用、スター俳優中心主義から監督第一主義へと転換し、松竹黄金時代を築く。54年から松竹社長。77年死去。

ゲルダ
ゲルダ・タロー。本名ゲルタ・ポホリレ。1910年生まれの写真家。「タロー」は岡本太郎にちなむ。ロバート・キャパの公私に渡るパートナーとして知られ、「崩れ落ちる兵士」の真の撮影者とされる。37年、スペイン内戦取材中に戦車に轢かれ死去。

シャーリー・マクレーン
女優。34年生まれ。55年、ヒッチコックの『ハリーの災難』でデビュー。83年『愛と追憶の日々』でアカデミー主演女優賞。ニューエイジ思想に傾倒し、宇宙人や霊と交信できるとする「チャネラー」でもある。娘は小森のおばちゃまが名付け親だという女優サチ（サチコ）・パーカー。

ナム戦争があるんですよ。戦争に行くと頭刈られちゃうじゃないですか。それに対するアンチテーゼで髪を伸ばしてドロップアウトしちゃって、自由にマリファナ吸いながらやってる時代でしたね。だからアメリカでは必然性があったんですよ。だってみんな戦争には行きたくないもんね、殺されにね。

――だったら裸で大麻をやるほうがいい。

川添 そうだよね、そっちのほうがハッピーだから。だから『ヘアー』はあの時代に上演される必然性があったんですよ。いまの時代にやったら素っ頓狂だよね。楽曲は全部素晴らしいものだったからそれで持つけど、あのムーブメント自体はいまはナンセンスでしょ。

――ただ裸で大麻、みたいな感じになっちゃう。

川添 裸でとかね、反戦だとかね。でも反戦は普遍的なことだからね。……戦争といえば、ロシアなんとかならないですかね？

――ボクには無理ですね（笑）。

川添 そうですか！

――それで日本に『ヘアー』を持ち込んで。

川添 僕はたまたま加橋かつみくんというザ・タイガースをドロップアウトした青年のレコードを作りにフランスにいたんですよ。そのとき『ヘアー』のリハーサルやってるから観に行こうって話になって、加橋かつみくんが街で仲良くなったカルロスっていう変な青年も一緒に行くことになったんですけど、変なオヤジもついてきたんですよ、カイゼル髭の。それがサルバドール・ダリだったの。

――ホント人脈がすごいですよね（笑）。

川添 変なメンバーですよ、僕と加橋かつみくんとカルロスとダリとの4人という不思議な取り合わせでリハーサル会場に行ったわけ。で、これはおもしろいなと思って、そこにいたプロデューサーのベルトラン・キャステリって人のとこにいきなり行って、「これ日本で上演したいから権利よこせ」って言ったの。ダリが横にいたからダリ効果もあったんじゃないかと思うんだけど（笑）。

――それで、いきなりビッグプロジェクトを任されることになったわけですよね。

川添 そうですね。当時29歳だったかな、すごいお客さんいっぱい入って毎日たいへんだったんだけど、『ヘアー』はマリファナ文化じゃないですか。出演者もそういう連中で若者ばっかりで、そこにマリファナがいっぱい来ちゃうわけですよ。みんな無邪気にへいちゃらに吸ってたんだから。ヘタすると舞台の上で吸ってるヤツもいるぐらい（笑）。

――それくらいオープンだったんですか！

川添 だって大麻取締法なんていう法律があることはまったく知らない。知らぬが仏だからさ、そこらじゅうでみんなやるよね。あれ気持ちがいいじゃない、吸ったことある？

――ないということにしておきましょう。

川添 吸ってるね！ まあいいや。ともかくそれで無邪気にオープンにやってたわけ。たまたまその頃、大麻取締法って法律ができたらしいの。それで見せしめに僕ら全員パクられちゃったんです。でもいまアメリカのほとんどの州がOKになっちゃったんだから。

――そうです、時代が変わりました。

川添 バカにしてるよね。

――大麻で逮捕されて人生が狂った人たちをどうしてくれるんだって話なんですよ。

スティーブ・パーカー
プロデューサー。1922年生まれ。54年にデビュー前のシャーリー・マクレーンと結婚するも58年に別居、2歳の娘サチとともに愛人のいた日本に移住。61年、日本が舞台の映画『青い目の蝶々さん』（シャーリー・マクレーン、イヴ・モンタン出演）をプロデュース（62年公開）。01年、ホノルルで死去。

イヴ・モンタン
俳優、シャンソン歌手。1921年生まれ。46年の映画主題歌『枯葉』は今なおスタンダードナンバー。53年の映画『恐怖の報酬』でフォルコ・ルリと演じたマリオ&ルイージの双子の兄弟は（特に弟が）例のゲームキャラに酷似していることで知られる。91年死去。

フランク・シナトラ
20世紀を代表するエンターテイナー。1915年生まれ。ヒット曲は『ニューヨーク・ニューヨーク』『マイ・ウェイ』他多数。ケネディ支持、黒人歌手の積極的登用など、オープンリベラルな側面と、マフィ

川添　そういうことですよ！　捕まった人たちかわいそうだよね。それにたいした問題じゃないじゃないですか。ただ確実に言えるのは、タバコは百害あって一利なし。大麻はその逆で、百利あって一害なしって、それは断言できますね。（編集に）吸ったことある？

編集　…………。

川添　みんな逃げるんだよな、そうやって。俺はこうやって白状してるんだから。

――過去に吸ったこと自体は罪じゃないんですよね、所持と売買がいけないだけなので。

川添　そうそう、だからぜんぜん問題ない。（カメラマンに）吸ったことある？

カメラマン　ありますね。

川添　飛んだ？

カメラマン　飛びました。

川添　いいよね、あれ。英語でマウンチーっていうんだけど食欲が出てきちゃって。『チーチ&チョン』って映画観たことあります？　最高ですよね、あれ。大麻の話で。まあそんなことはどうでもいいんだけどね（笑）。

――その結果、いきなり『ヘアー』でトラブルに巻き込まれたわけじゃないですか。

川添　そうそう、ひどいよね。悪いことしてる気はまったくないですから。だって法律違反=道徳的に悪いことじゃないんですよ。

――誰に迷惑かけたんだって話ですからね。

川添　そういうこと。おととい来やがれって話。悪いことしたつもりはないし気持ちがいいからさ、その後もずっと続けます

アとの関係は質問さえ許さない闇の深さとの両面性を持った米エンタメ史上最強の「帝王」。98年死去。

大山倍達（おおやま・ますたつ）
空手家。1923年生まれ。国際空手道連盟極真会館の設立者で、フルコンタクト空手を世に広めた功労者。大山がモデルの大ヒット漫画『空手バカ一代』には原作者梶原一騎が創作した「伝説」も多く、大山自身の証言と自著にも食い違いがあるため、虚実入り乱れたまま神格化している。94年死去。「大山倍達最後の内弟子」ことニコラス・ペタスは日本のジャンクフードを食べ歩くYouTubeチャンネルがプチバズり中。

ジャック・サンダレスク
俳優、空手家。1928年ルーマニア生まれ。44年、ソ連兵に拉致されウクライナ・ドンバスの炭鉱に連行。強制労働させられるも西ドイツへ逃亡、戦後渡米し映画界へ。数年後、北米巡業中の大山倍達と出会い弟子となる。極真会館の国際相談役だったが10年に死去。

フランク・ザッパ
ミュージシャン、作曲家、思想家。40年生まれ。大衆におもねらない前衛的作風、独創性と深い思想性……よりも、あまりにひどい邦題で曲がリリースされたことで知られるアーティスト。『ハエ・ハエ・カ・カ・カ・ザッパ・パ』（83年のアルバム）や「黄色い雪の下にはウンコがあるから食べちゃだめ（Don't Eat The Yellow

よね。そうすると次から次へとパクられますよね。

——まあ、すごい人生ですよね（笑）。

川添 ひどい目に遭ったんですよね。

——その結果、大麻はいいけど覚醒剤はやめたほうがいいなって結論になりましたか？

川添 そうですね。あれはヤバいですね、体に悪いね。みんな覚醒しちゃうんですよ。ヤバいですね、あれは。ヘロインもヤバいし。

——でも、大麻ならセーフ。

川添 大麻なら絶対にセーフですよ！

——こういう経験を経て、大麻がいかに間違ってないかをこの歳でいまだに言い続けて。

川添 要するに脳天気なんですよ。だって悪いことしてるつもりまったくないからね。

——大麻で捕まって人生が狂う人が山ほどいるなかで、これだけ動じずにその後もちゃんと活動を続けてきたのもすごいと思います。

川添 悪気がまるでないからね。罪悪感があったら反省するじゃないですか。反省すると地味になっちゃいますよね、みんな。でも、僕はぜんぜん反省してないからね。だから、気にせずやりたいようにやってる。

アメリカから拳銃を輸入

——だって、その後に始めたマッシュルームレーベルはマジックマッシュルームから命名したりとか、ホント気にしてないですよね。

川添 誰も懲りてないんだよ（笑）。あれもおもしろかったな。ミッキー・カーチス、内田裕也、木村英輝、村井邦彦ですからね。

——後のアルファレコードにつながる流れができて。音楽業界的にも、ものすごく重要なことをしてきてるわけじゃないですか。

川添 それは第三者が決めることで、僕らは夢中になって音楽を作ってただけだから。それが評価されるとしたらありがたいですよね。

——いまでこそ、ものすごい評価されているような人たちと仕事してきるわけですけど。

川添 全員新人だからね。すでに有名になってる人なんて一度も触ったことないし。細野（晴臣）くんにしろ（高橋）幸宏にしろ坂本龍一にしろ、アルファレコードのスタジオミュージシャンですからね。ただ優秀ですよ、みんな。それだけの才能がある人たちだから出るべくして出たんですよね。ただ最初は参りましたけどね、テクノポップは。

——3人が組んで何やるのかと思ったら。

川添 最初は細野くんのアルバムを作ろうっていう話だったの。ユーミンのバックトラックなんかやってくれて多大な貢献をしてくれたから。で、細野くんの好きにやっていいよって話になって、「細野くん、どういうアイデアあるの？」って言ったら「イエロー・マジック・オーケストラです」って言うからさ。いろんなミュージシャンたくさん集めて、オーケストラっていうからたくさんでやるのかなと思ったら、「3人です」って。

——それも、いまでこそどれだけ歴史的な作品なのかがわかってますけど、当時は……。

Snow)」「ア、いかん、風呂むせて脳わやや（I Come From Nowhere)」「いまは納豆はいらない（No Not Now)」など、SNSの時代ならレコード会社ごと燃え落ちそうなタイトルが多かった。

『ヘアー』
ジェームズ・ラド&ジェローム・ラグニ脚本・作詞、ガルト・マクダーモット音楽のミュージカル。60年代アメリカの若者の反戦機運とヒッピー文化をリアルに伝える作品で、ロック・ミュージカルの祖。67年のオフブロードウェイ初演以降、世界各地で上演。日本初演は69年、川添浩史・象郎父子がプロデュースしたが、浩史が70年1月に肝臓がんで他界、象郎は2月の東京公演の打ち上げで大麻パーティをしたとして主演の加橋かつみとともに逮捕され、東京公演のみで上演打ち切りとなった。

加橋かつみ（かはし・―）
ミュージシャン。48年生まれ。ザ・タイガースの元リードギター・ボー

CAFFE

川添 どうしようもなかった！ プロモーションでテレビ局に行くでしょ、たとえばＴＢＳだったら音楽番組の渡辺正文っていう名物プロデューサーがいるんですよ。そこに持ってってたら、「こりゃ無理だよ！」とか言われるわけ。「歌もねえし、べつにいい男じゃないし、テレビで何を撮りゃいいんだ」みたいな。だからまったくプロモーションできなかったですね。ホントどうしようもないです！

——ダハハハハ！ それは頭を抱えますよね。

川添 うん。それで苦し紛れにフュージョンフェスティバルっていうのをやったときに、そこにＹＭＯも出しちゃったわけ。

——たしかに渡辺香津美さんが参加してた頃はフュージョン枠にも入ってましたもんね。

川添 そうそうそう。あとでＹＭＯたちが鼻で笑ってね、「僕たちフュージョンじゃないのにフュージョンにされちゃった」なんて文句を言ってましたけどね。よく言うよ、作ってきた音楽がどうしようもないから、しょうがないから突っ込んでやったのに。テクノポップというのは細野くんが作った造語なんだけど、そういうジャンルがまったくなくてジャンルレスだから、どこもかけてくれないわけですよ。それでヒットしたら、ジャンルレスだから全部かけてくれるの。現金だよね。

——歌謡曲枠にもなんでも入っちゃう。

川添 なんでも入っちゃう【ここからアメリカにＹＭＯを連れて行って大成功した話になるが、他誌と被るので省略】。それで、ひと晩でスターができちゃったんだけど、ＹＭＯの連中なんてしばらく売れちゃった病になっちゃって、まあワガママ言ってましたよ。

——坂本さんが当時のことを反省してる的なことを言ってたっていう噂も聞きました。

川添 当たり前だよ！ あいつはとんでもないんですよ！ ＹＭＯの第２回世界ツアーのときに僕はひとりで世界じゅう周って全部セッティングしたの。それでみんなで行こうってなったら坂本龍一のマネージャーがやってきて、「教授が行かないって言ってるんですよ」って言うんですよ。「なんで？」「僕たち、商業的になりすぎちゃったから、これはなんか間違ってるって言ってる」と。「バカなこと言うなよ、ふざけんな！」とは言わないで、「どこにいるの？」って聞いたら「麻布のどこそこのバーです」って言うから、夜中の12時に乗り込んで、教授に「おまえ冗談じゃないよ、行こう」って半分脅かして。

——脅かして！

川添 それで行くことになって。「その代わりツアーちゃんとやったらソロアルバム作っていいから、そっちで好きなことやれ」って言って。それで『Ｂ-２ユニット』っていう無茶苦茶にひどいアルバムっていうか、なんかわけわかんないアルバム作ったんだけど。

——あれはあれで伝説の作品ですよ！

川添 そうらしいね。でも、音大はダメだね。もっとポップにならなきゃね。やっぱり変な芸術意識があるんですかね。

——川添さんはエンタメの人ですもんね。

川添 僕はすごい大衆路線というか……大衆のことをわかってるのかわかってないのかよくわからないけど、いろんな経験しましたからね、刑務所も経験したし。社会の一番ボトムから上は宮様まで全部つき合ってるから。

——その時代に松任谷由実とかＹＭＯを売った人が、２０００年代に入ってからＳｏｕｌＪａと青山テルマとかを売

カル。愛称はトッポ。沢田研二と双璧をなす人気だったが69年に脱退、交代に岸部シローが加入。70～80年代生まれには『ひらけ！ポンキッキ』のOP曲『青い空白い雲』、ED曲『かもめが空を』でもおなじみ。

サルバドール・ダリ
シュルレアリスムを代表する画家。１９０４年生まれ。チーズのように溶けた懐中時計を描いた『記憶の固執』、受話器がロブスターの『ロブスター電話』、真っ赤な唇型のソファ『メイ・ウエストの唇ソファ』、チュッパチャプスのロゴデザインなどで知られる。

ベルトラン・キャステリ
プロデューサー、照明美術家、振付師。１９２９年フランス生まれ。24歳でNYに移住、多くのブロードウェイ・ミュージカルやバレエに携わる。67年、物議を醸す内容で上演会場が見つからなかった『ヘアー』に手を貸し、マイケル・バトラーらの協力を得ることに成功、自らも海外展開の責任者となり世界的成

ったりとか、時代が変わったあとにキッチリとど真ん中で結果を出すってなかなかできることじゃないですよ。

川添 いい音楽とかいい作品っていうのは必ず普遍性がありますからね、人の心をつかむ普遍性がありますから。それさえ心得てればいつの時代も作れるんじゃないですか？

――いいことしか覚えてないって話をされてましたけど、人生で後悔はない感じですか？

川添 ないですね。ありますか？

――多少の後悔はあるけど、それによって現在地にたどり着いてるんで、問題ないかな、と。

川添 それなんですよ！ いまこうやって話していられるのは幸せだと思ったほうがいいですよね。あのときああしておけばもっとよかったとか言い出したらキリないもん。

――結果オーライにしていくしかないですからね。川添さんも何度も結婚したり何度も捕まったりしたけども、それはそれで結果オーライって。

川添 ……サラッと言いますね。気をつけないと巻き込まれちゃうね（笑）。

――ダハハハハ！ ちなみに今回、川添さんの雑誌の記事を相当集めてきたんですけど。

川添 （記事を見て）えぇーっ！！ すごいねこれ！「川添象多郎さんニューヨークで結婚式」なんて挙げてないよ！（現在の夫人に）ママ、これ見て！ よく探しましたね。

――最初の結婚からちょっとずつ溝ができていく過程まで全部報道されてたんだなって。

川添 ホントだ！

――「加橋かつみさんが原因で私たちは離婚」みたいに最初の奥さんが言ってたりで。

川添 え、そんなことないと思うよ。でも、まあいいんじゃないですか、悪いのは男だっていうほうが。しかし、おもしろいねえ。

――不本意な記事もあるとは思いますけど。

川添 不本意だらけだよ！ 人のプライバシーを飯の種にしようって思ってるんだから。（逮捕の記事を見て）あ、（加賀）まり子怒ってるよ（笑）。いまでも仲いい、妹みたいなもんだから。彼女が15歳のときからだもん。

――当時の六本木は改造拳銃も出回ってて、川添さんが一緒にキャンティの看板を撃とうって話をしたみたいな記事もありました。

川添 ああ、それは細野くん。西麻布キャンティの看板を撃ったら音がするなんて話をしてて。あいつおとなしいもんだから、「ヤバいんじゃないですか？」って言いながら。僕ね、本物のガンを持ち込んだことあるの。

――え！

川添 1964年か65年にアメリカから帰ってきたときにアメリカで買ったベレッタというきれいな拳銃を持って帰ってきて。それで羽田を通れちゃったの、弾丸も一緒に。

――えーっ！！ そうか、当時はまだ赤外線とかのチェックがなくて緩かったんですね。

川添 そんなの何もない。だからスイッと通れちゃったの。もっとひどいですよ、そのとき一緒に「マリファナ」って書いてある箱にマリファナを入れて持って帰ってきたの。

――ダハハハハ！ 書いてあったんですか？

川添 書いてあったの。ぜんぜんセーフ。

功をもたらした。08年、メキシコで海水浴中にモーターボートに轢かれ事故死。

マッシュルームレーベル
1971年設立の日本初のインディーズレーベル。72年、ガロの『学生街の喫茶店』が大ヒットして以降、松任谷由実、細野晴臣、鈴木茂、山下達郎、吉田美奈子、ハイファイセットなど錚々たるアーティストの楽曲を発表した。

ミッキー・カーチス
ミュージシャン、俳優。38年生まれ。60年代、平尾昌晃、山下敬二郎と共に「ロカビリー3人男」として人気を博す。俳優としてのドラマ・映画出演も多数。12年の『ロボジー』では子ども時代に作ったという日本名「五十嵐信次郎」でクレジットされ話題に。

内田裕也（うちだ・ゆうや）
39年生まれ。3度の逮捕歴、多くの浮名と喧嘩沙汰、樹木希林との奇妙な夫婦関係、生活すべてがロックンロールだったミュージシャン。晩年多用していた「シェケナベイベー！」のフレーズは、グッチ裕三が内田のモノマネの際に誇張したもののセルフコピー。

渡辺正文（わたなべ・まさふみ）
TBSプロデューサー。愛称は「ギョロナベ」。50年代から来日アーティストの音楽番組を次々成功させ、72年には世界中のアーティストが武道館に集う「東京音楽祭」を企画（90年まで開催）。『サ

――ダハハハ！　すごい時代です（笑）。

川添　ぜんぜん問題なかった。それで拳銃持って帰ってきて、弾はあったから福澤幸雄とかああいう連中とおもしろがって撃ってたんですよ。そこらの板を持ってきて撃ったりしてさ。そしたらウチの親父が通りかかって、「お、俺にも撃たせろ」って言うの。

――え！

川添　そしたら、そのまま拳銃を持ってっちゃってどっかに捨てちゃったの。

――ああ、お父さんなりに考えたんですね。

川添　そう、頭いいから。こいつらに持たせておくとロクなことないからって。誰かケガするに違いないと思ったんじゃない？

――あの時代って、それこそ石原裕次郎さんが試し撃ちしてたって話も聞いてるし、意外とそういうエピソードがあるんですよね。

川添　山下敬二郎なんてひどいもんですよ！

――ウィンチェスター銃を持ってツアーしてたみたいな話を聞いたことがあります。

川添　そうそうそう！　列車のなかでボーヤに「おまえコノヤロー止まれ！」とか言って銃持って追っかけ回してたから。まあ、男の子はみんなヤンチャだよね。平尾昌晃だって青山墓地で拳銃撃ってとっ捕まったりして。

――それをヤンチャの一言で片付けていいのかっていう（笑）。でもまあ、あの頃は東映の俳優さんから大相撲の力士から何から、なぜかみなさん拳銃を密輸してましたもんね。

川添　そうそう。男の子はみんなそういうの好きなんですよ、ヤンチャなの。いまみたいに社会がうるさくなくてさ、みんなヤンチャでしょ、だからやりたいことやってました。

――一緒にレーベルをやっていた内田裕也さんも、いわゆるヤンチャ側の人でしたよね。

川添　あいつキテレツだからね。変なこと言うから、僕がよく脅かしてましたよ。この店に元ボクシングの東洋フェザー級チャンピオンで自分でジムやってる人が来てたんですよ。裕也が酔っ払ってその人に絡んだの。

――うわーっ！！

川添　バカだよね。「表に出ろ！」なんて言って、その人もついてってね、しばらくしたらひとりで帰ってきたんだよ。で、「裕也どうした？」って言ったらさ、「いまあそこで寝てますから」って言うの。その人にコンッてやられて気絶しちゃってさ、裕也（笑）。「起こしますか？」とか言われてさ。ホントにバカなんだよー（笑）。酒癖が悪いから。

――でも、憎めないんですよね。

川添　裕也はおもしろいんですよね、どっか壊れてるから。僕の家に遊びに来てさ、初めてマリファナ吸って痙攣してましたよ。

――痙攣！

川添　「象ちゃん、これは気持ちがいい！」とか言って。思い出したなあ（笑）。

――とにかく川添さんは文化エリートでありつつ文化系の不良って感じがするんですよ。

川添　なんですか文化系の不良って？

――文化エリートな家庭に育ちながらもアウトロー的な生き方をしているというか。

ウンド・イン・"S"』（TBS、74～81年）、『ザ・ベストテン』（78～89年）などの演出を手掛ける。なかにし礼『世界は俺が回してる』（09年、角川書店）は渡辺の伝記的小説。

福澤幸雄（ふくざわ・さちお）
43年生まれ。福沢諭吉の曾孫。外交官の父とギリシャ出身のオペラ歌手の母を持つ。63年に衣料メーカー「エドワーズ」の取締役企画部長となり、ファッションモデルとしても活躍。いわゆる「キャンティ族」で、かまやつひろしや日本人初のパリコレモデル松田和子らと親交が深かった。66年にトヨタのレーサーになるも、69年テスト走行中に事故死。享年25。

山下敬二郎（やました・けいじろう）
歌手。39年生まれ。「ロカビリー3人男」の1人。58年、第1回日劇ウエスタンカーニバルに出演、カーチス・平尾と共に人気を集めすぐにレコード契約。『ダイアナ』が日本のロカビリーの代表曲となる。野球好きで、寺沢武・内田裕也らと

川添　アウトローは間違いないですね。だけど考えてみたら、ウチの親父もかなりアウトローだったし、おじいちゃんはもっとひどかったしね。後藤猛太郎っていう人なんだけど。まず勘当になるんだよ、後藤象二郎のとこ。それで行くとこなくてしょうがないから15～16歳で懇意の芸者のところに転がり込んで居候してたの。そしたらある日、戸籍調べの警官が「おい、誰かいるか！」ってやって来たの。その頃は明治時代だから警官が威張ってるんですね。そしたらドテラ着た後藤猛太郎が飛び出してきて、「貴様、何者だ」って。おまえが何者なんだっていう（笑）。「自分は後藤象二郎の一子、猛太郎だ！」って、ビックリ仰天した警官が這いつくばったとかね。それからミクロネシアに出かけて行って現地人とすごい遊んで帰ってきて、なんか日本の船員か何か殺しちゃったヤツをとっ捕まえて帰ってきてね、ついでにミクロネシアを日本の植民地にして。酋長の家の屋根の上に日章旗を掲げて、「これからおまえらは日本の子分だ、言うこときけ！」みたいなさ。とにかく全てがデタラメなんだよ！

――デタラメすぎますね……。

川添　あと義太夫が好きで義太夫を語るんですよ、ウィーッて。でも、武士のせがれじゃないですか、「義太夫を語るとは何ごとだ！」って言ってきた時の大臣の偉いヤツのところに芸者を連れてって、軒先で義太夫を唸ってね、なんで唸ってるかっていうと、「金よこせ」って言ってるの、大臣のところで。「俺いま金ねえから金よこせ」って。最初に行ったときは大臣が怒って槍をつかんでね、「そこでなおれ！」みたいな感じで飛び出してきたんだけど、3回目ぐらいになったらもうあきらめてさ、「こんな感じで渡してやれ」みたいなさ、しょうがなくて（笑）。

――街宣車みたいなビジネスですね（笑）。

川添　デタラメな人なんですよ。

――その血を継いでるわけですね。

川添　それに比べりゃおとなしいもんですよ。時代も違うけどね。……ところで、いまの日本はどうですか？　なんかすごい管理社会になってると思いません？　みんないい子になって我慢させられてるんじゃないかな？

――もっと好きに生きていいのに。そういう意味で川添さんが自由だと思ったのは、10年ぐらい前のブログを読んでたら、創価学会から何から宗教団体に噛みついてたことで。

川添　ハハハハハ！　なんだっけあの変なの、幸福の科学？　あのインチキくさいの。あの大川ナントカ（隆法）っていうのが僕が住んでたマンションの筋向かいに引っ越してきやがったんだよ。それでいつもパトカーが停まってるの。ムカついて朝の4時頃にそのパトカーをコンコンと叩いて、「おめえ何やってんだよ」って言ったら、「あんたはなんだ」とか言うから、「おまえらが目障りだから文句言いに来た。何やってんだ」って言ったら、「要人の警護だ」って言うの。「どんな要人だ」って言ったら、要するに大川隆法なわけよ。だからお巡りを捕まえて僕が説教を始めたわけ。「お釈迦様もキリストもガードマンなんてつけてねえよ。ガードマンなんかつけないで殉教するからみんな神様になるんであって大川はおまえらみたいな小汚いガードマンつけて守らせてるっていうことは、それだけで宗教人として認められないから、おまえらいなくなれ」って文句を言って。

――自由すぎますよ！

川添　だってあいつらけしからんじゃない。そんなこと文句言

結成したバンド「東京ヤンキース」はアマ強豪チームとしてプロ野球チームとも試合をした。11年死去。

平尾昌晃（ひらお・まさあき）
歌手、作曲家。37年生まれ。「ロカビリー3人男」の1人。57年、ジャズ喫茶で歌っているところをスカウトされ、同年の映画『嵐を呼ぶ男』（石原裕次郎主演、日活）に出演。58年『星は何でも知っている』が大ヒット。65年に拳銃不法所持で逮捕。その後は『よこはま・たそがれ』『瀬戸の花嫁』『カナダからの手紙』『銀河鉄道999』など数々の作品の作曲を手掛ける。17年死去。

後藤猛太郎（ごとう・たけたろう）
日活初代社長。1863年生まれ。1884年、日本人漂着者が現地人に食べられたとの報を受けマーシャル諸島に派遣され、殺害犯として酋長ら2名を逮捕、島の日本領有を独断で宣言（日本政府は却下）。1888年、放蕩生活を理由に後藤家を勘当、しばらく佐藤姓を名乗る（1896復籍）。1897年、父象二郎薨去に伴い伯爵位を継ぐ。1911年貴族院伯爵議員に選出。1912年、日本活動フィルムを設立するが、市場での略称「活フィ」の「フイ」が縁起が悪いとすぐさま社名変更、「日本活動写真株式會社」（略称・日活）とした。1913年薨去。

後藤象二郎（ごとう・しょうじろう）
維新期の土佐藩士、政治家。1838年生まれ。1867年、坂

うのも大人げないけどね。

——だって、「文句あったらかかってこい」ぐらいのこと書いてましたからね（笑）。

川添 ハハハハハハ！

——このお歳でも元気そうで何よりです。

川添 余命半年ぐらいですけどね。

——え！

川添 10年ぐらいそう言ってる（笑）。

本龍馬のいわゆる船中八策に啓発され大政奉還の立役者となる。維新後は大阪府知事、参与、左院議長などの要職に就くが1873年に下野。磊落闊達、新し物好きの豪傑で、高島炭鉱経営で外国資本に騙され多額の借金を抱えたり、板垣退助とともに欧州視察をした際にルイ・ヴィトンの鞄を購入したり、英女王から賜った宝剣をすぐに失くしたりなど、豪快な逸話が多い。

普通の家族ではなかった

高知東生

2020年12月収録

1964年生まれ。高知県出身。1993年に芸能界デビューし、俳優としてNHK大河ドラマ『元禄繚乱』や、『課長島耕作』『新・仁義なき戦い／謀殺』など映画やドラマで活躍。2016年に覚醒剤と大麻の所持容疑で逮捕され、現在は薬物自助グループ「ギャンブル依存症問題を考える会」に関わりながら、依存症問題の啓発活動に取り組んでいる。2020年に、怒涛の半生を綴った『生き直す 私は一人ではない』（青志社）を上梓。

ヤクザに囲まれて過ごした幼少期

――高知さんの本『生き直す』（青志社）には、けっこうな衝撃を受けました。ここまでの濃厚な人生だったとは知らなかったので。

高知　ホントですか？　捕まったあとに自分のことが本になって、いろんな人からも声をいただくんですけど、自分にとっては恥だと思ってたし、これがまさか人の役に立って共感してもらえるとは思ってもみなくて。とにかくいま言えることは、自分が薬物で捕まって依存症の仲間に出会って、あるプログラムを僕も真剣にやってみたら、苦しんでる、恥を感じてる、生きづらさを感じてる人たちがこんなにいるんだっていうのを知らなかったんですよ。でも、いまは自分がネグレクトされていたとか、自死遺児であったりアダルトチルドレンであったり、そういうものを抱えて、人としての教育を誰からも受けたことがないんで、それでもガキでありながら一生懸命突っ走ってきたんだなってことがわかって、自分でもやっと自分を許せるようになったし。

――あの環境だったらしょうがないですよ。

高知　そうですか？

――とにかく環境は重要ですからね。

高知　ホントにそうだなと思います。

――まず自分に親はいないと思ってたんですよね。

高知　ばあちゃんに言われて素直に、俺は犬と一緒に箱に入って川からじいちゃんが拾ってきたんだってホントに思ってましたから。でも、だんだん自分も成長していくと、そんなわけねえだろ、辻褄合わねえじゃん、じいちゃん戦争で死んでんじゃんとかわかるんだけど、つらかったのはたしかですね。

――実際、肩身の狭い状況で育って、ようやく出会った実のお母さんが、また強烈で。

高知　そうですね。決してふつうの家族ではないなと思います。それまでばあちゃんが守ってくれてたら、俺にお袋がいたんだってことで。そしたら今度は僕から見えてた同級生の家族の温かさであったり、目の前にある叔父家族みたいに、僕から見たら寂しかったけど、俺にもそっちに入れることがあるんだ、これからできるんだという喜びですよね。でも、実際はそうではなかったんですけど。

――一番の衝撃は「出入り」ですよ。

高知　うん、ですね。

――突然、母親に事務所みたいなところに連れて行かれたらトラックがそのビルに突っ込んできて、怖い人たちが次々と降りてきて。要は母親がヤクザの愛人で、出入りの現場に子供ながら連れてこられちゃったという。

高知　うん、だから依存症の仲間と出会って自分を振り返ることがなければ、僕はお袋をどっちかというと憎んでたし恨んでたし、むしろそれを逆にパワーにして、ゆがみながらも自分を信じて生きてきたんで。でもいまはお袋は俺のことを愛してくれてたんだなって、決してひとりでは気づけなかったです。

――出入りのときも守ってくれてたわけで。

高知　でも、そう受け取れなかったんですよ。夜中にたたき起こして、よくこんなところに連れてくるなっていう。結局は親父との出会いも、若い衆が迎えに来てキャバレーに連れて行く。おネエちゃん連中にもみくちゃにされながら、「かわいい！」とか言われて。でも、こっちにしたら迷惑な話で。そんなとき

『生き直す』
高知東生『生き直す　私は一人ではない』（20年、青志社）

にいきなり「この人がお父さんだから」って言われて、そのときはうれしさも何もないですね。コンビニもない時代に「タバコ買ってこい」とか、自販機もどこにあるかわからないから、適当にマンションのピンポンを押して、「すみません、タバコくれませんか？」って頼んで。だからホントに逃げたかったし。

——なんでウチはふつうの家じゃないんだ、と。

高知　うん、思いましたね。いきなりお袋、親父というものができて。でも、自分の理想は温かい空気なのにぜんぜん違うわけで。

——ただ、愛情もあったはずだと思うんですよ。出入りのとき我が子を庇って日本刀で背中を切られるなんてなかなかできないはずなので。

高知　そっちの視点が持てなかったんですよ。すべてが自分のつらさに入ってたんで。でも、それが自分が捕まって振り返って、同じ苦しさとかいろんなものを感じた自助グループで話してるうちに、仲間から「それ、ひょっとして愛されてたんじゃない？　守ったんだよ」って言われて。そこがまったくなかったんですよ。でも、そうだよなっていうふうに自分がだんだん洗われていくというか。

——母親の背中の刺青に刀傷があるのを目撃するのも、まあショックだとは思いますよ。

高知　あの当時で考えたら怖いですよ。

——そりゃそうですよ。だって、いまより刺青がポピュラーじゃない時代ですからね。

高知　そうなんですよ（笑）。お袋が帰ってこないと思ったらテーブルに金だけ置いて、最初はいつ帰ってくるんだろうって寂しい思いだったけど、そのうちテーブルの上に置いてる金額を見て、二泊三日だなとか、それがだんだんわかってくる。あとは若い衆が迎えに来て、いまだから当番ってわかるんですけど、そういうヤツらと鍋を食べながら。でも季節によってはみんな墨が入ってるから、男ってみんな墨が入ってるもんなんだなって。

——成人したら入れるものなんだっていう。

高知　そうなんですよ！　極端な話、女性はある程度の大人になったらスーツ着た男連中を4〜5人引き連れて歩くものなんだとか。

——基準がお母さんだから。

高知　そうなんですよ。だってパチンコ屋に入ると、座るとこ座るとこ勝手にチューリップが開いて玉がどんどん出てきたりして。

——お店側がサービスしてるんですか？

高知　じゃないですかね。僕ひとりでは行かないですよ、たぶん何かの時間潰しでお袋と若い人がパチンコ屋に入ったと思うんですけど、それで俺を座らせて、「やってみな」って言われて。そうすると勝手に出てくる。

——確実に常識が狂っていきますよね。

高知　狂いますよ、ホントに。お袋たちと歩いてると大人たちに挨拶されるし、だんだん成長して自分も学校に入り、中学から全寮制に行くんだけど、帰省して自分ひとりで歩いても俺を見て挨拶する人が増えてきたり。

——「あそこの家の子だから」と。

高知　そうでしょうね、わざわざ俺には言ってこないですけど、町ではそういうのが広がってたんだろうなっていう。だから、お袋の場合は話をして僕を教育してくれたというより、お袋を取り巻く男の大人連中を見て自分はこうするんだとか学んで。たとえば、僕は自分より先輩の人たちと一緒に食事させてもらうと、その人たちの靴を揃えるんじゃなくてちょっとハの字にするんですよ。

――履きやすいように。つまり、若い衆としての振る舞いが身についてるわけですね。

高知 そう、子供ながらに、なんでお袋は俺に自分が靴脱いだらちゃんと揃えろって言うのに、若い衆は親父の靴をそうやって置くんだろうと思って。しかも左右のどっちが前なのかはまちまちで。若い衆に聞いたら、その人の一歩目が右か左かで変えるって。

――人間観察をちゃんとしてるわけですね。

高知 いまだにそれが癖でありますね。親父とお袋と車に乗ってると、必ずうしろに2台、前に1台の4台で移動してたんですよ。そのとき親父の車が曲がろうとすると、うしろの2台が先に出てブロックする。自分が芸能界でやってても。車でもどっちに行くかわかると先に出てブロックする。そういう癖はいまだに直らないけど、僕にとっては芸能界に入る前から、そのいいのか悪いのかわからない癖が時として成功していくような。

――そういう振る舞いは、とりあえず芸能界の偉い人のツボには入りそうですよね。

高知 すごいかわいがってもらったし。役に立たなかったと言ったら嘘になりますね。

――その環境で育ったら、当然ケンカとかもやらなきゃって考えになりますよね。

高知 うーん……でも芸能界に入ってまずは抑えました。それまでは、基本的に僕はケンカは好きじゃなかったと思いますけど、親父だと思ってた人が親父じゃなくて、もちろん中井（啓一）の息子っていうことでケンカ売ってくるヤツもいたし、それが実際の俺の親父じゃないんだっていうことがわかると、なんかすべてのものがいらなくなっちゃって。弱い自分を見せちゃいけないっていう。それ以外で自分は学もなければ何もない、当時の荒れたガキンチョの集まりの高知ですから。

――実の父親も稼業の人なわけですよね。

高知 僕の種ですよね、その人も任侠の人で。その人は組を引退して、自分が退いたことによって本来はありえない川の利権を勝手に握って大暴れしてたみたいです（笑）。

――お母さんの話も爆笑しましたけどね、夫の浮気を疑って警察にタレ込んだっていう（笑）。

高知 その後、芸能界に入ってテレビの企画で徳島の親父に再会するんですけど、結局それはお蔵入りになって。そのときは中井の親父も死んでたので、「あなたに会いたい」みたいな感じの企画だったんですけど……。

――足を洗ってれば大丈夫だろうと思って。

高知 そう、そしたらヤクザよりもタチの悪いヤクザで（笑）。でも親父に聞いた話がおもしろくて。お袋が警察に「自宅に拳銃5丁あるよ」ってタレ込んだっていう（笑）。

――浮気を疑っての行動がひどすぎますよ！

高知 ホントそうでしょ？「それマジかよ！」「マジじゃ！」って（笑）。徳島の親父にはそのときがんを患ってた奥様がいて、その奥様が「そうよ！ 若い衆も何百人もおるのに、それを嘘やったらいいけどホントに置いてあるところに5丁あるって言うんだから。この人、持ってかれてたいへんやったんだから！」って笑いながら言って。

中井啓一（なかい・けいいち）
中井組元組長。1924年生まれ。戦中は海軍に召集されるも、終戦後高知に帰郷。57年、高知市議会議員選挙に当選（61年まで在任）。58年、三代目山口組・田岡一雄組長の舎弟となる。84年、山口組が分裂すると、一和会の最高顧問に就任。同年「山一抗争」勃発。88年、ヤクザから引退。91年死去。

――ぜんぜん笑い話じゃないですよ！

高知 笑い話じゃないんですけど（笑）。

――それでお母さんは逃げることになり。

高知 そしたら中井の親父に見初められたんでしょうね。そういうのも全部、徳島の親父は知ってましたから。おかしなもんですよ。

――高知さんが高校で野球部に入ったら、お母さんが部員たちに「卒業したらソープ奢るから」みたいに言うのもさすがでしたよね。

高知 これもね、よく言うよと思うんだけど。いま思うとホントにファンキーなお袋だったんですよね。あのとき、みんな喜んで。

――そりゃ喜びますよ！

高知 あの当時はトルコですからね。「みんな連れてったる！」って言って。お袋は僕の仲間に「おばちゃん」とか呼ばれると、すっごい怒るんですよ、「誰に向かっておばちゃん言うてんねん、陽子ちゃんと言え」って。だから学校では「陽子ちゃん！」「はーい！」とか言って。おかしな人でしたね。

――気っぷのいい姐さん的な。いまの視点だったら仲良くなれたはずなのにっていう。

高知 ホントですよね。ただ、そのときは大嫌いだったし、とにかく逃げたいっていう意識だけで。でもそれも高知という町に帰省すれば、僕に「おまえ中井の？」とは言わなくても、周りの環境が僕に気づかせたんですよ。やっぱりふつうじゃないんだなって。

――高校卒業後はそこから逃げて原宿のテント村で働いて。ボクもテント村のパンクショップで2日だけ働いたことあるんですよ。

高知 うわ、マジですか！？　僕はテント村のプロレスショップで働いてて、新日本プロレスのTシャツやキンチャク作ったり、興行に一緒に行って会場で売ったりしてました。

――新日本が一番人気の頃ですよね。

高知 そう、ホントに！　僕はそれまで田舎でプロレスを観ててすげえと思ったんですよ。なんでみんな死なないんだろうとか。

――完全に真剣勝負だと思って観てて。

高知 そう！　そしたらちゃんとリハーサルやってるの！　乱闘のあとマイクまで持って、リハでセリフまで一生懸命やってて。

――マイクの練習までしてるのを目撃して。

高知 そう！　半分ショックと、見ちゃいけないものを見ちゃった部分と。で、俺も行ってるうちにだんだんかわいがってもらえるようになったから、調子こいて若手が練習やってるときに、あのロープでどれくらいボーンって跳ね返るのか気になって。お願いしたら、「いいよいいよ」って言ってくれて、ブーンってロープに当たったら息できなくて。

――中身はワイヤーですからね。

高知 跳ね返りもクソもないですよね。

――ゴムみたいに見えて楽しそうだけど。

高知 そうです！　それを自分は喜んでどれくらい跳ねるんだろうと思ってやってみたら、ミシッてなって息できなくて苦しんでるところを若手のプロレスラーに背中さすってもらって。それ以来、「やってやろうか？」って言われると、「いやいや、いいです」と。

テント村
80～90年代に原宿駅前にあった露店広場。竹下通りと並ぶ原宿の名所であり、初期にはアイドルの生写真や芸能人グッズ、後期にはハードコア系のTシャツやアクセサリー・革ジャン、格闘技団体グッズなどの露店がひしめいた。テント一張り分のスペースを週払いのテナント料で借りられたため、資金のない若者や外国人がこぞって店を開いた。

――ショーだからってナメちゃいけない。

高知 いけないいけない！

――初代タイガーマスクぐらいの頃ですか？

高知 いました。そのテント村のうしろに事務局があったんですよ、バラックのような。

――ちなみにボクの頃には金髪禁止になってて、ボクは金髪がバレて辞めたんですよ。

高知 マジっすか！

――帽子で金髪を隠してたら、「取れ」って言われて。1989年ぐらいなんですけど、その前はもっと自由だったはずなんですよね。

高知 自由どころじゃないですよ！ パンク系の店ってテント村の左奥にあるんですよ。

――ジムズインとかデッドエンドとか。

高知 そう！ それが俺はもううらやましくて。そこのパンク系の若い女の子たちが、俺は田舎から出てきてるからオシャレに見えて。すごいカッコよくてきれいな子たちのたまり場みたいになってて。俺から見たら異次元というか、世界がぜんぜん違うから。

――矢沢永吉に憧れて家出した人だから。

高知 そう、わかんないし。でも、すげえと思って。僕は家出して毎日ウロウロしてたから事務局でテント村を管理してた人に声かけてもらって、仕事をもらって。住むところもなかったから、事務局で寝ていいからって言われて、それでプロレスショップで働いて。

――プロレスショップからしたら、パンクショップはカッコ良く見えるでしょうね。

高知 めっちゃカッコいい！ 俺は「原宿」とか「日本」とか書いてあるTシャツをポールにかけてテントにバーッと吊してるのに、左側のパンク系はオシャレだから空気が違うわけですよ。それで仲良くなって、暇なときに針金で作った名前のブローチの作り方教えてもらったりして。すごいなつかしいなあ。

――テント村人脈は大きいみたいですね。

高知 大きかったですね。みんな夢を持って、それぞれの目標がしっかりありながら働いて、だからそこにいると俺はただ成り上がりたいだけで明確な目標がないな、と。みんな持ってるんですよ。「俺はニューヨークに行ってどうなる」とか「ミュージシャンになって極めるんだ」とか、ハッキリあるんですよね。俺はただ金稼ぐ、金つかむだけ。

――金稼いでいい車に乗っていい女とつき合うっていうシンプルな欲望だけだった、と。

高知 そう、「おまえ、バカじゃねえか、それならこんなとこいたって意味ねえだろ」って言われながら。でもいま振り返ると、あそこに第一歩があってよかったなと思うし。あそこには安心もあったんですよね、みんな田舎から出てきて、それぞれが夢を持ってて、だからいま俺らはやらなきゃいけないことをやりたいからここで働いてるんだっていうのがカッコよくて。俺は何やってんだろって。

――ギターウルフっていうバンドがいるんですけど、テント村のジムズインの店員とフィフティーズの店の店員が組んだバンドで。

高知 そうなんだ！ 俺も仲間に入れてほしいな。まあ、しくじっちゃったけど。

矢沢永吉（やざわ・えいきち）
ロックミュージシャン。49年生まれ。72年にキャロルを結成、『ファンキー・モンキー・ベイビー』などノリの良い楽曲で人気となるが3年で解散。75年ソロデビュー、78年にCMソング『時間よ止まれ』が大ヒット、同年の著書『成りあがり 矢沢永吉激論集』（小学館）もベストセラーとなり、ロックスターとしての地位を不動のものとする。19年、70歳0ヶ月でオリコンアルバムランキング最年長1位記録を更新。

嶋大輔とのケンカで芸能界入り

――その後、大きな夢を追い求めてホストやったりAV業界に入ったりするわけですね。

高知 AVもテント村で出会ったひとりがきっかけなんですよ。ホントか嘘かわからないけど、九州の陣内孝則さんが地元でバンドをやってるときのギタリストだったって。彼とバッタリ会って。「いま俺AVやってるんだけど、女の子紹介してくれよ。1本無事に撮り終えた段階で紹介料40万払うよ」って言われて。でも、なかなかそんな子いないなと思ってたら、縁があってアパレルで働いてたとき仲良くなった女の子が事情がある子で、最初は顔を隠してなきゃ嫌だって言ってたんだけどやってみることになって。それで40万もらって、ホントにもらえるんだと思ったら、ある日突然、企画ものどころかフルオープンでバーンと出て、その子がブワッと売れて。本には書いてないけど●藤●っていう子。

――え！　あの大物AVアイドルの？

高知 あいつなんですよ。いま思うと彼女ひとりでどれほどその事務所は稼いだんだって話なんですけど。そのあとも不思議と声かけたらやりたい、女優になりたいって子がいて。でもそのうち、プロダクションよりスカウトするヤツのほうがたいへんだし、だったら自分でプロダクションやったほうがいいんじゃないかと思ってアパレルを辞めて田舎の仲間とプロダクションを始めたんですよ。

――AVの世界って怖い世界だと思ってて。

高知 ……どう怖い？

――いまも怖いですけど、当時はもっと危険な世界ではあったと思うんですよ。そこでやっていくのはなかなか根性が必要なのかなって。

高知 ぶっちゃけた話、僕らの時代はコレ（暴力団）関係、もしくは準構成員は誰ひとりいなかったの、不思議だけど。その後、年月が経って参入してきたみたい。僕らのときはまったくノーマークだったんですよね。

――某AV女優が移籍してきたときはちょっと危険だったんじゃないか、みたいな記事を見たことがありますけど。刃物かなにか持って戦いになることを覚悟したっていう。

高知 ……もともと彼女が入ってた事務所は暴力団が関わっていると噂のところだったんですけど、それも環境が環境だったから全然怖いとは思わなかったなぁ。

――あ、そうか！

高知 そうなんですよ！

――ボクらにとっては別世界みたいなものだけど、高知さんには故郷みたいな（笑）。

高知 うん。だから呼び出されて、「おまえどこの組だ？」「組なんかねえよ」「バックいるなら連れてきていいから話つけよう」って言ってきたから、「いや俺ひとりで行くよ」って。●●の幹部連中が3人いて若いヤツがいて、当時の事務所の社長がいて、それで僕が話をつけて。向こうは金が欲しいだけだから、「いいよ、あげるよ。でも本人がこっち来たいって言ってるんだから文句言うなよ」って言ったら、「おまえひとりで来ていい度胸してるな」って言ってたけど。ホントにゆがんでるんですよね、いま思うと。

――ですよね、そこは常識が違うから。

高知 むしろ僕は一般の人のほうが何考えてるかわからなくて

陣内孝則（じんない・たかのり）
俳優。58年生まれ。ザ・ロッカーズのボーカルとしてデビュー。82年のバンド解散後本格的に役者に転向。『君の瞳をタイホする！』（88年、フジ）などのトレンディドラマで人気を博す。バラエティでは、福岡出身の芸能人が集う「福岡県人会」のリーダーとしての出演も多い。

怖かったです。モノホンとグレてる人、そういうヤツらのほうが僕は得意なんですよ。

——そっちの常識のほうがわかりやすいですよね、男のメンツだとか筋とかの世界で。

高知 そうなんですよ。むしろ向こうは縦社会だったり筋だったり、そういったものを変に大事にするから話が早いんですよね。

——そして芸能界入りのきっかけの話も最高で、大好きだった嶋大輔さんとバッタリ出会って。

高知 はい、ディスコで。俺、嶋大輔の大ファンだったんですよ。俺がＶＩＰ席にいる嶋大輔を見つけて、「うわ、嶋大輔だ！」と思って。それで握手してほしくて、「大ファンです、まさか会えると思わなかった」って俺は素直に行きたくて。同い年って知ってたから余計に勝手な親近感があって、それでＶＩＰ席に行こうと思ったら黒服に１回止められたんですよ。その黒服にめっちゃ腹立って。「違う、俺はただ握手をしたいだけなんだ、ファンですって言いたいんだ！」って言ったんだけど、「ダメ！」って言うから、じつを言うとそこで黒服を一発殴ってるんですよ。

——ダハハハハ！　なるほど（笑）。

高知 その勢いで入っちゃったから、自分の感情がコントロールできてなくて。俺のイメージでは大輔を笑顔で見てるつもりなんだけど、後に大輔から聞いたら「おまえ俺にすげえガン飛ばしてたぞ」って。大輔がモデルなのかレースクイーンなのか、きれいなネエちゃんを横に置いて、あとはタニマチなのか友達なのか、グループでいたわけですよ。そこにバッと行ったら俺をすごいにらんでるように見えて、そこからチャンネルがおかしくなって。「嶋大輔さん」って言えばよかったんですけど、同い年だからっていうのもあり、「おまえが嶋大輔か！」って言っちゃって。

——そんなのわかってるじゃないですか！

高知 そうなんですけど、そしたらあいつも「あん？　おまえなんや」みたいなことを言ってきたから、「おまえ、表出ろ」と。

——なぜ！

高知 あいつ出て来ましたからね（笑）。

——腕に自信があったんでしょうね。

高知 あったんでしょうね。それで、もうホールでケンカですよ。で、もみくちゃになってふたりで倒れ込んだときに、あいつの肘が僕の口にガッツリ当たったんですよ。「おまえ！」って言おうとしたら、なんか空気がパフッとなって。歯がないんですよ（笑）。

——うわーっ！！

高知 パッと見たらもう血みどろになってるし酒も入ってるし、「ちょっと待て、人の歯を折りやがって。拾え！」って言ったんですよ。そしたらあいつ、拾ってくれたんです。

——拾ってなんとかなるものでもないです！

高知 そしたらあいつがツレになんか言って、そいつが買ってきてくれたのがアロンアルファ。「悪かったな」ってアロンアルファくれて。やっぱりこいついいヤツやんと思って。それですごい意気投合して、その日に一緒にカラオケ行って仲良くなったんです。

——ふたりともどうかしてますよ！

高知 吉田さん、あいつすごくいいヤツなんですよ！　俺が酔っ払って歌うと歯が飛ぶんですよ。そうすると「おまえよー」

ってあいつが拾ってくれて。それですごく仲良くなって、ふたりで『徹子の部屋』に出てこの話をしたら、徹子さん大笑いで。そのときも、「いま思うたら俺が訴えたらおまえから金を取れたな」って言ったんですけど。徹子さんに「あんたらバカか」って言われて（笑）。

――それがきっかけで芸能界入り。

高知 そこから何年もあるんですけど、28歳のときに大輔がサウナに誘ってくれて、僕はAVやってるときで金には恵まれてましたけど、いま思うと人間関係が、類友じゃないけど僕の周りは心でつながる人間関係じゃなくて金でつながる、もしくは落とし合いであったりかまし合いであったり駆け引きであったり、表ヅラは仲良くしてるけど、そういう人間関係のトラブルに疲れてきてたのと、最初の結婚もあったから。AVをやって金を稼いでるときの諸先輩が、「おまえこれ税金で持ってかれたらバカらしいからもっと遣うたほうがいいぞ」って、バブルの中途半端な煽りもあって、まともなアドバイスくれる人がいなかったんですよ。だから散財したけど、結婚もしたしまともに考えなあかんなっていうとき、大輔とサウナに入ったら、お亡くなりになったフロムファーストの小口（健二）社長がいて。大輔が「あ、社長！」って話してて、僕は「どうも」って挨拶した程度だったんですけど、その夜に大輔から電話が来て。「社長が会いたいって言ってる。副業でいろんなことやってるから、バーの店長も辞めたらしいし、そういうところで働かないかっていう話ちゃうか？」って言うから、僕も次の目標も見えてなかったし、とりあえず女房もおるし、場つなぎでいいかと思って、「会ってみる」って言って、大輔が迎えに来てくれて。その道中、大輔がよからぬことを言ったんですよ、「もし社長が『人生を僕に預けないか』って言ったら、おまえ芸能界入りやぞ」「そんなわけないやろ」って話しながらキャピトル東急のオリガミって店に行って。

――ジャイアント馬場さん御用達の。

高知 そこで社長と奥様に「どうも」って言ったら、一発目に社長が「君、僕に人生預けないか？」って言ったんですよ。大輔の顔を見たら口開けて驚いてて。そこで「お願いします」って言って僕が芸能界入りをして。そこから1カ月もしないうちにモッくん主役のドラマに出て、次に唐沢寿明と牧瀬里穂ちゃんの『西遊記』に出るわけですけど。

――すごいですよね、小口さんの力。いきなりちゃんと大々的に売り出すんだっていう。

高知 すごかったです。おもしろかったのは芸名を決めるとき、最初は本名でいこうって話だったんですけど、「なんかおまえの目の奥には見えてるおまえではないおまえも見えるような気がするから、プロフィールを作る意味でも正直にいままでどうしてきたかを教えなさい」って言われて、たぶんそのとき僕は人生で初めて小口社長に「じつは……」って父親のこととか話したんですよ。そしたら社長が、「……そうか、本名はやめよか」と。

――ああ、何かがバレちゃうから（笑）。

高知 「やめとこう。高知か……28歳でデビューは遅いな、だったら高知から東に急いで上るということで東急でノボル、これでいこう」って決まって。まあ、後に……。

――東急とトラブルになって（笑）。

高知 訴えられて（笑）。社長は笑ってるんですよ、「高知、訴えられたぞ！」って。

『西遊記』
日本テレビ系列のドラマ。94年放送。78年の堺正章版『西遊記』のリメイクで、孫悟空に唐沢寿明、三蔵法師に牧瀬里穂、沙悟浄に柄本明、猪八戒に小倉久寛が配役された。高知は敵の女ボス羅刹女（余貴美子）の部下役。

――いい宣伝になるぞっていう（笑）。

高知 それもあったと思います。俺的にはマジかよっていうのがあったんですけど、社長は「高知、勝負するぞ。今後の芸能界にそういう判例を作るわけにはいかない！」って言うわけですよ。これは勝負だなと思ったら、案の定負けるんですけど。ただ、負けたときも早かったですね、「負けたな！」って（笑）。

――ダハハハハ！　引きずらない（笑）。

高知 「これまでは東に急いで上るだったけど、今度は東の地に足を着けて生きろ。それでノボルだ」と。それで東生に替わって。

――しかし、父親とかのバックボーンを知ったうえで売り出すのもすごいですよね。

高知 だから僕はそれまで人を信じないとか、自分の狭い範囲で自分を信じて必死で、一生懸命自分を鼓舞して前に進んでた。だけど28歳で小口さんと出会ったとき兄貴に思えたし、親父にも思えたし、あの人は絶対に僕を怒らない。だって芝居の練習も何もしたことないのに、あの人が言ってくれるのは「おもしろかった！」「よかった！」。自分は棒読みだし、周りの芝居についていけてないすごいレベルの差を感じるわけですよ。でも、「社長、芝居の練習とか……自分が苦しいんです」って言うと、「なんで練習する必要あるんだよ、そんなのする必要ねえ。おまえはロボットじゃねえんだから。俺がおまえをいいと思う、おまえにとって足りないのは場数だからいいんだよ」って言うんですよ。

――最初はできなくて当たり前だ、と。

高知 そう。とにかく誉めてくれたし、いま思うとそこも僕のターニングポイントです。事務所に木村一八もいたし、やんちゃな奴をよく面倒みてくれました。ホントにそういう人だったんですよ。

――ボク、木村一八さん仲いいんですよ。

高知 うわーっ、ぜひよろしく言っといてください。俺、一八が2回目に捕まったとき面会に行ったんですよ。俺が座って待ってて一八がサッと入ってきたとき、めっちゃカッコよかったんです！　あいつはすごく純粋でまっすぐなヤツでホントに大好きで、めっちゃ仲良かったから。フロムファースト時代は一八と一番仲良かったんです。

――そんな恩人の小口さんに対して牙を剥く展開にも爆笑しました。金子正次さんの『竜二』が好きでシナリオを書いて、「10年早い」とか言われたらブチ切れて灰皿を投げて。

高知 おかしいでしょ？

――おかしいです！

高知 ホントにおかしいんですよ。それはすごく大きな後悔のひとつ。「あんた俺に人生預けろって言ったやろうが！」って。そのとき仲良かった一八がVシネでこういうのやりたいって言ったら小口さんが「よっしゃやれ！」って言ってたのを横目で見てたから、俺もって思って。そのとき初めて僕は『無縁坂』っていう題名で、お袋との話を書いて映画にしたくて。社長もじっくりと読んでくれたんだけど、「何年も早い」と言われて、「なんで一八にはやるのに俺にはチャンスくれんのや！」って。そのとき薬物はやってなかったのに、なんであんなことを……捕まったあと、その前にもう1個反省すべきことがあったな、小口さんに会いたいなって。周りからは「絶対クビだろ」って。覚悟はしてたけどそのときもクビにならなかったんです。

――軽く干されたぐらい。

木村一八（きむら・かずや）
俳優。69年生まれ。漫才師・横山やすしの長男として幼少期からバラエティに出演。中学卒業後に吉本興業所属となる。85年『毎度おさわがせします』（中山美穂ほか、TBS系）の主役に、87年には映画『シャコタン☆ブギ』の主役に抜擢され一世を風靡するも、19歳だった88年、飲酒後路上でタクシー運転手に一方的な暴行を加え逮捕、復帰後の95年に再び暴行容疑で逮捕された。現在はVシネマで活躍。

『竜二』
川島透監督、金子正次脚本・主演の映画。83年公開。歌舞伎町でルーレット場を開くヤクザ・竜二が妻子のために足を洗うが、カタギの生活に徐々に違和感を感じていく。主演の金子は映画公開期間中に胃がんで33歳の若さで死去。

高知　そう。しっかり反省期間をいただいて、そのあとも死体役だったんですけど仕事やれて嬉しくて。反省期間も、仕事はないのに給料だけはずっと入ってたんですよ。あの人は一八にしても俺にしてもひとりひとりの個性を大事に愛してくれましたね。あらためてこうやって小口さんの話をすると思い出して涙が出てしまうんですけど、それでも社長は「おまえ役者に向いてるから頑張れ」って言ってくれて。

――当時、報道されたのは、熱愛が報道された方が同じ事務所に入ってきて、その関係で事務所を辞めることになったっていうことでした。

高知　タイミングが悪かったんですよ、僕が結婚してて。事務所が考えたことやし僕はなんとも思ってなかったんですけど、これはあんまり書いてほしくないんですけど……（以下、諸事情で省略）。俺の一度目の結婚も、本当にいいご両親で。

――当時の記事でも、ご両親がまったく悪く言ってなかったんですよね。

高知　そうなんですよ。僕は自分の家族の環境があれやったから、自分が結婚して家族が温かくてっていうのにあこがれてたんです。実際にホントにいいご両親で、彼女もホントにいい子で、料理も一生懸命してくれて上手かったし、何ごとも一生懸命な子やったんだけど、実際その温かい家庭に自分が入るとどう接していいかわからなかったんですよ。

――正解を見たことがないですからね。

高知　そうなんですよ。これもいま思うと頭を下げたかった大きなひとつですね。そんななかでその熱愛が報道されたときは2回目の結婚やったし、嫁を悲しませたり誤解させるのは嫌やし、今度こそはっていうのがあったんで。小口さんに全部話して、「あの子を入れるなら僕は辞めます」って言ったら、「高知、プロダクションの社長としてじゃなくひとりの男としておまえに話をしたい。事務所を辞めたほうがいい」って言ってくれて。その選択が正しかったのか間違いだったのかはわからないけど。だって大阪のレギュラー番組とバラエティと連ドラも立て続けに3つぐらい、こっちの勝手で終了しなきゃいけないし。フロムファーストから離れてもたまに小口さんと会うと冗談で「ウチの事務所やない、敵やな！」とか言われて（笑）。小口さんが急にがんになって亡くなって……僕の芸能生活というより、東京に出てきて初めてひとりの人を信じられた、あそこまで僕を誉めて応援して、あれほど温度差なく僕を引っ張ってくれた人は、いまだに小口さん以外にお会いしたことないですね。

――育ってきた環境ゆえなのか、芸能界の怖そうな人とも平和にやれてるんでしょうね。

高知　うーん……そうですね。いまになって振り返ればいろんな部分で僕は目が覚め、いろんな部分で僕がふつうだと思ってたことがゆがんでたなって気づけたんですよ。でも、僕はすべてに対して一生懸命だったし、ふつうの人が怖がる人は僕にとってすごく親しみやすかったし、むしろふつうの人が怖かったし、何を考えてるかわからなかった。それによっていままでがあったし、だから今日という日に吉田さんとお会いできて話をさせて貰うこともできました。だから後悔はしましたけど、今は悔いはない。

刑務所は一番悪い知恵がつく

――子供の頃、若い衆で薬物やってる人は？

高知 まったくいなかった。そんなの見たことない。むしろ、たまに帰省するときは基本的に家に帰りたくなかったから小学校からの友達の家に泊まってたんですよ。そんなときにシンナーとかは。正直な話、当時のちょっとヤンチャなありきたりの道を歩んで行く登竜門かな、ぐらいでしたね。ただ組では一切そういうのは見たことなかったですね。

――最初に薬をやったのが上京後のディスコってことは、地元ではなかったんだなって。

高知 そうなんですよ、それも東京に出てきてなんでもやってやろうというか、NOを言うのをやめようって自分で勝手に決めて。

――ナメられたくないから。

高知 そうなんですよ、結局は。見るものすべてがカッコよく見えたし、都会すげえっていう。そんなときに、ただ漠然と成り上がりたい、金をつかむと思って自分なりにアンテナを張って、金を稼いでる人と出会いたいなと思ってるときにつながりができた人が渋谷のディスコのVIPで、僕とそんなに歳が変わらない人が仕事をバリバリやって金稼いでええ車に乗ってええ服着て、理想の女性をバーンと連れて。粋やなあ、俺もこういう人になりたいと思って僕も近寄って行ったとき、そのグループでオシャレに薬物を使ってた。

――オシャレに炙ってた（笑）。

高知 炙ってた（笑）。そこで「おまえ田舎者だからこんなことやったことないだろ」とかナメられるの嫌やから。まずそこに入れたのがうれしくて、みんなで回し吸いしててだんだん自分のところに回ってきたとき、「そうか、これは絆作りだ、契りや」みたいな。

――兄弟盃みたいな感じですよね。

高知 そうなんですよ。それで自分に回ってくるまでのあいだ、「ああするのか、なんでライターをあんなに離してやってんのや？」とか、見よう見まねで一生懸命吸って。ぶっちゃけた話、なんじゃこれと思ったんです。

――シンナーのほうが効くぞ、くらいの。

高知 そうなんですよ。これやったらいつでもやめられるし何が楽しいんやろうって。拍子抜けだったんですけど、そこが僕の入り口。そのあとグループで出会った女の子と遊んだ帰りにその子の家に泊まることになって、その子が「あるけどやる？」って言うから、こっちはもう拍子抜けしてるから、「いいよ」ってやったときに、なんじゃこれって。

――セックスドラッグですからね。

高知 そうですね。いまだから言えますけど、そのせいで俺は日本で一番のテクニシャンじゃないかと勘違いしてしまって。

――相手の反応を見て（笑）。

高知 そうそうそう、大きな勘違いでしたけどね。その夢から解けてよかったですよ。当時は田舎から出てきて右も左もわからない、でも自分があこがれた人が目の前にいる。だから僕は自分から飛び込んで行ったし、仲間が好きだったんですよね。親を見ても大人数でいるし、自分は野球をやってきたからひとつの目標に対してみんなが同じ方向で頑張るし、ヤンチャやってても仲間意識があって。いま思うと田舎のほうが、相手が金稼ごうが稼ぐまいが捕まろうが捕まるまいが関係ない、ありのままの関係で。でも都会に行くとどっかでみんな心の防弾チョッキを着ながら表と裏の顔じゃないですけど、真実を隠しながらそれぞれが生きてるように思えて。

――捕まったら連絡が取れなくなったりで。

高知 でも、そのなかで薬物をやったけど、やったことによってその仲間からの広がりというか成功体験もあったから。仕事にもつながったし、そのときその僕にとっては必要だったものかもしれない。そこでいつでもやめられるという意識ができて、芸能界に入って平気で10年以上やってないですから。

――それがラブホテルで逮捕されて不倫もバレて離婚へと至るわけですけど、だいぶ世の中が変わってきましたよね。田代まさしさんが前ほど叩かれなくなったり。ある程度の理解が広まってきているなという実感はあります。

高知 刑罰より治療っていうことが耳に入るようになったとき、最初は理解できなかったんですよ。でも、ホントに依存症は病気だし、いま全国でセミナーやサービス活動や講演もさせてもらうなかで僕も学んだんですけど、再犯率80パーセントとか、テレビで言う50歳以上の再犯はどうだっていうのは、治療に繋がった人とそうでない人とでは全く違うんですよ。支援に繋がっていない人は、刑務所に入って出てきてもその歳だとホントに就職口もない、そういった人たちの居場所となるようなコミュニティにもたどり着けない。それで孤立するからなんですよね。マスコミもそこまで話してくれたらいいのに。田代さんの場合は、僕はあの人と会ったことありますけどホントに一生懸命頑張っていたのに、再犯してしまったわけですが、田代さんも言ってたように刑務所は治療には役立たない。むしろ刑務所が一番知恵つくらしいです。

――悪い仲間がいくらでもいますからね。

高知 自分も依存症で、僕は執行猶予が無事明けて1日1日回復してますけど、これは依存症の仲間たちとつながり続けてるからなんですよ。「まだ薬物をやりたい気持ちはありますか?」って言われたら、そこはホントにないんですよ。なぜなら繋がり続けてるから。だから田代さんが捕まって僕らができることは、どこと繋がり直すか。田代さんも出てきたら一度、僕らと繋がってみて回復することが残りの人生を……いまホントに心の防弾チョッキを全部外してさらけ出したから、この大きな楽さはありますよ。僕はそうやって生きづらさを感じて再犯する人の何か力になれないかなという気持ちです。

――ボクもこういう仕事をしてて思うのは、「吉田豪も、そういう犯罪者と仕事をするのはよくない、ここは突き放すべきだ」って言われることがあるんですけど、突き放すとまたやりますよって思いがあるんですよ。みんなが見捨てるほうが危険なはずですよっていう。

高知 そうですね。そこも大事なことは、僕も捕まったあとほとんどの人が離れていったんです。そりゃ当たり前ですよ。そのなかでも残った数少ない友達がいて、マスコミがバンバン叩いてて外に出るのも怖い、そしたら友達が僕の手となり足となって動いてくれた。ありがたかったんですよ。でも人間って不思議で、向こうの都合で来てくれるだけでもありがたいんですけど、実際に自分が苦しいとき、寂しいとき、いてほしいときはいないんですよ。「遠慮しないで言えよ」って言うからそういうときに勇気を持って電話すると、「ごめん、ちょっと仕事が忙しくて」って、そりゃ当たり前なんですよ。

――向こうも自分の人生がありますからね。

高知 そうなんですよ。けどもこっちはつらい。「来週、仕事が終わって空いたときに顔を出すよ」って言われても、僕の場合はそれがだんだん怒りに変わっていったんですよ。「だったら気安く言うなよ！」って。マスコミはあることないこと言ってるし、「おまえ、いま外に出たら元の奥さんのファンに殺される。日本じゅう敵に回してるみたいなもんだから絶対に出ないほうがいい」とか、そういう言葉の置き土産をするから僕は自分を責めて十分苦しんでるのに、その数少ない優しさが逆に僕にとっては毒だったんですよ。結局はどうなったかというと、俺は4年の執行猶予は持たない、と。ここまで頑張ってきたけど結局引きこもり、どんどん孤立して孤独になる。そうなって俺はもう死んで償ったほうがいいんじゃないか、日本じゅう敵に回してるとするならそのほうがわかってもらえるんじゃないか、と。よかれと思うひと言が僕にとってはすごくキツい言葉になって、ホントに死んだほうがいいんじゃないかとまで考えてしまったから。いま僕が当事者に言えることは、目の前のヤツがSOSを出すまでそっと見守ってあげること、とにかく空気のようにいてくれるだけでいいんだっていう。そいつらが悪いわけじゃないんですよ、ただ当事者からしたら、正しい知識のない人の支援は時に本人を苦しませるんだってことを伝えたいですね。それがかえって苦しめんねんっていうのが僕の経験ではありましたね。だからいまの自殺にしてもマスコミにしても、残された家族のことを考えたときになんでそっとしておいてあげないのかなとか。当事者は当事者で自分を責めてるし十分反省してるし、残された家族もじゅうぶん傷ついて、自分が悪かったんじゃないかって責めてるし、それなのに視聴率と購買数のためにおもしろおかしく書き立てる。

――人を追い込んだら意外と簡単に死にますよっていうのがわからないんですよね。

高知 ホントそうですよね。そういうのも含めたら、自分がこれから生きていくなかで、もう言い歳ですから自分の経験を活かして人の役に立てるような人生を送りたいなって。

――いい話が聞けましたよ。

田中紀子 吉田さん、もし石野卓球さんにお会いすることがあったら、依存症界のみんなが感謝してるとお伝えください。あの方のおかげで流れがガラッと変わりましたんで、ホントにみんなでお礼を言いに行きたいぐらいなんです。

――ピエール瀧さんが捕まっても仲間を決して見捨てないっていう。

田中紀子 自分が叩かれること覚悟で変わらぬ友情。素敵でした。ホントに感謝してます。あれで空気が変わったと思ってるんで。それと高知さんと私が繋がったとき、合言葉にしていたのが「このまま回復していって、いつか吉田豪さんにインタビューされることを目標に頑張ろう」ってことだったんです。

――え！

高知 夢が叶って良かったですよ（笑）。

田中紀子（たなか・のりこ）
高知さんのサポートをしている依存症問題のプロ。公益社団法人ギャンブル依存症問題を考える会代表。インタビュー時点での高知の取材窓口。祖父・父・夫がギャンブル依存症者で、自身もギャンブル依存症と買い物依存症から回復した経験を持つ。著書に『ギャンブル依存症』（15年、角川新書）、『家族のためのギャンブル問題完全対応マニュアル』（21年、アスク・ヒューマン・ケア）ほか。

いいも悪いも すべてひっくるめて 千葉真一だから

岡崎二朗

2021年9月収録

1943年12月26日生まれ。鹿児島県出身。俳優。ミスター平凡コンテストに入選後、東映に入社。64年公開の映画『狼と豚と人間』でデビュー。翌年、『おゝい、雲!』で主演を務め、千葉真一とも共演。67年に日活に移籍し、『斬り込み』(70年)、『野良猫ロック セックス・ハンター』(70年)などに出演。近年はVシネを中心に活躍。

高倉健の意外な素顔

――（岡崎二朗さんのシングル全種や、表紙になっている『東映の友』、当時の雑誌記事コピーを並べて）よろしくお願いします！

岡崎 うわ、なつかしいのが！ こんなのよく手に入りましたね。図書館とかですか？

――オークションと国会図書館ですね。真樹日佐夫先生によくしていただいてたので、岡崎さんのことはパーティーでお見かけしてました。

岡崎 そうですか！ 先生おもしろいですよ。出演もするんですが、照れ屋ですからビールをカメラの前に置くんですよね。それで「ちょっと待て」って言って飲んでセリフを言うから、だんだん顔が赤くなってきて、最初と最後の顔が全然違うんですよ（笑）。（『東映の友』を見ながら）懐かしいなー。東映は京都は岡田（茂）で、東京はこの今田（智憲）っていう東京撮影所の所長に私はかわいがられてたの。

――もともとこの世界に入ったきっかけはミスター平凡コンテストだったんですよね。

岡崎 そうですね。それでミスター平凡になりました。コンテストには日活・東映・松竹が来ていて。日活に入りたかったんだけど、東映に呼ばれて行ったら監督の深作（欣二）さんがいて。「日活に行くことになってたんですよ」って言ったら、「次の作品はひとり決まったな」って言うんですよ。それが『狼と豚と人間』って作品で、高倉健さん、三國連太郎さん、北大路欣也、この3人が兄弟で、グループのリーダーみたいな役柄を探していたらしく。そこで「やってみないか？ 日活や松竹に行ったってすぐには出られねえぞ、いいんじゃねえか？」って言われて、それでいいかと思って日活をすっぽかしちゃったの。

――え！

岡崎 それで東映の撮影所に行ったら今田さんが「名前は俺が考えてきた。日活では裕次郎が売れてて、東映は中村錦之助だから、中村裕次郎はどうだ」って言うから、えらいことになったなと思って、「自分で考えさせてください」って言って。徳川信康がご幼少の頃は岡崎三郎（竹千代）だったので、その上をいこうじゃないかって岡崎二朗って勝手につけたんです。

――（持参した資料に夢中になってるのを見て）当時の記事とか岡崎さんは持ってないんですか？

岡崎 なんにもないです、物持ちが悪くてね。でもね当時の千葉（真一）さんが4年先輩なんだけど、千葉さんって日本体育大学の出身で鉄棒もアクションも抜群だったけど、当時は空手の経験はなかった。

――そうだったんですか!? 岡崎さんも剛柔流空手の黒帯だってことは知ってますけど。

岡崎 だから、千葉さんが「教えてくれよ」って。「俺はケンカ空手でケンカ強くなるためにやっただけですから」って言ったら、「いやいや、ちゃんといい格好してるよ」って。だから空手は私のほうが先輩だったんですよ。そこから大山空手に入って、とんでもない練習してもうぜんぜん敵いませんけど。当時は渡哲也とよく雑誌でふたりで戦うところが載りましたよ。

――最初はギャラも安かったみたいですね。

岡崎 その頃は千葉さんあんまり仕事ないんですよ。梅宮（辰夫）さんもなかったの。ヤクザ映画とかギャング映画みたいなのはありましたけど、流行ってなくて。あの頃は社会状況もよ

『東映の友』
60年創刊。「東映友の会」（ファンクラブ）の機関誌。友の会に入会すると毎月届き、新作映画情報やスター対談、読者（各地の友の会会員）交流欄、プロ野球・東映フライヤーズ（現・北海道日本ハムファイターズ）情報などで構成されていた。65年頃休刊。

岡田茂（おかだ・しげる）
東映社長・会長。1924年生まれ。47年の東横映画入社直後から映画プロデュースの才覚を発揮し、49年に東映京撮製作課長に大抜擢、71年に社長就任。日本アカデミー賞創設など映画界全体への貢献も大きい。『温泉みみず芸者』など印象的なタイトル命名にも定評があり、「㊙」という表記は岡田がエログロ映画の題名として発明したもの。11年死去。

今田智憲（いまだ・ちあき）
東映アニメーション社長・会長。1923年生まれ。64年から東映東京撮影所長。派閥争いに巻き込まれ一度は東映を退社するも、71

くないし、みんなお金がなかったですね。私が東映に入ったとき、千葉さんの部屋に挨拶に行ったら、千葉さんが「おまえのぶんも頼んでおいたからな、餃子とラーメンでいいだろ。もうすぐ来るから。俺は窓から隠れて見てるから、明日一緒に払うって言え」って言うわけ。それで出前が来て、「お代は?」「千葉さんが明日一緒に払うって」「明日明日って、それもう5回目なんですよね」。それでヤベえんだなと思って、「わかった、5回ぶんいくら?」って言って払ってあげたら千葉さんがすごい喜んでかわいがってくれて、「おまえいいヤツだなあ!」って(笑)。

――それで仲良くなったんですか(笑)。

岡崎 当時、地方に行って劇場周りで歌うから、それがちょっとしたお小遣い稼ぎになったんですね。歌とかろくに歌えねえのばっかりが、大原麗子とか、小川知子はうまかったけど、4人ぐらいで北海道から九州の劇場に夜行列車で行くわけですよ。映画のギャラが安いから地方周りが楽しくて、美味いもん食わせてくれていいところに行かせてくれるんでね。誰かがホテルに忘れ物したって言ったとき、駅からホテルまで歩いて10分ぐらいのところだったんだけど、「何忘れたの?」「コート」って言った瞬間、もう千葉さんいないんだよ。聞いた瞬間にもう走り出してて。それで3〜4分ぐらいで帰ってくるの。汽車の時間がギリギリで、行くだけで10分かかるから帰ってこられないよと思ってたら、「はいよ」って持ってきてくれるの。アクションスターってこれくらいじゃなきゃいけないんだって。鉄棒で大車輪バンバンやるんですよ、こりゃダメだな、映画俳優ってこんなことできなきゃいけないのか、と。

――千葉さんは特殊ですよ(笑)。

岡崎 だけど売れない。車だけいいの乗ってるんですよ、梅宮さん。これ名前を出しちゃいけないけど、先輩に「二朗おまえ銀座で人気あるぞ。銀座の女でおまえに会いたいっていうの何人かいるからつき合え」って言われて、行ったら女の子8人ぐらいつけて、すげえ構ってくれるわけですよ。自分は一番いい女を連れて、「俺にもやっと後輩ができたよ、岡崎二朗っていうんだ、よろしく頼むな。じゃあな」って金払わないで帰るわけ。「『じゃあな』って、飲めるんですか?」「それはおまえもチョクチョク来ればいいんだよ、女の子が喜んでるんだから」「いやチョクチョクこんなところ来られないでしょ」「バカヤロー、金なんていうのはいい仕事してやればその女が適当にほかの客につけとくからいいんだよ」と。名前は言えないけど、そう言ってた人の娘が梅宮アンナっていうの(笑)。

――そうだろうと思いました(笑)。

岡崎 スポーツカーで来るんですよ。「おまえ主演やってるんだから車ぐらい買え。車屋を紹介してやろうか?」って言うから、「いや紹介してもらっても車代は払えないですよ」って。当時、月賦屋さんってしっかりした書類とかなかったんですね、昭和39年とかですから。ある人が「車のトランクのゴムをはがすから手伝ってくれ」って言うんですよ。「え、これはがしちゃうんですか?」「いいから!」って。それで「おまえ、余ってる洋服あったらなんでも入れろ」って言われて、入れたらホースでジャーッと水掛けて、ゴムはがしちゃったから洋服が濡れるじゃないですか。車屋呼んで、「なんだよこの車、雨降ったら衣装こんなんなったじゃねえか、弁償しろ!」って。「いや弁償と言われても困るんです。クリーニングで」「バカヤロー、こんな車、使いもんになんねえよ、残り払わねえぞ。おまえが

年、小学校からの盟友岡田茂が社長に就くと東映に復帰、東映動画・東映ビデオの社長として「Dr.スランプ アラレちゃん」「キン肉マン」「北斗の拳」など多数のアニメ作品製作を指揮。アニメの海外輸出やデジタル化、商品化権管理など、営業面から今日の日本アニメ業界の礎を作った。06年死去。

深作欣二(ふかさく・きんじ)
映画監督。1930年生まれ。53年東映入社。千葉真一の初主演映画『風来坊探偵 赤い谷の惨劇』で初監督を務め、以降、千葉とのコンビでヒットを量産する。73年からは『仁義なき戦い』シリーズが大ヒット。03年死去。遺作は大コケしたPS2向けゲーム『クロックタワー3』(カプコン)のイベント用CGムービーだった。

『狼と豚と人間』
64年の暴力映画。貧民窟育ちの三兄弟がヤクザの組員、一匹狼、愚連隊になり、互いに憎しみ合いながら自滅していく。深作欣二の埋もれた傑作。岡崎は三男北大路の愚連隊の一員として登場。

高倉健(たかくら・けん)
俳優。31年生まれ。55年、マキノ光雄に見出され東映ニューフェイス2期生として東映入社。64年『日本侠客伝』シリーズ、65年『網走番外地』シリーズのヒットで看板スターとなる。やくざ映画ばかりに出演させられることに嫌気が差し76年に東映を退社。『八甲田山』『幸福の黄色いハンカチ』などで好演、

払っとけ！」。そんなことが通用した時代です。これも名前は言えないんだけど、真剣佑のお父さんです（笑）。

――うわー！　なるほど、東映は先輩がそういう人ばっかりだったんですね（笑）。

岡崎　私が東映でちゃんと契約したときにお祝いをしてやろうって梅宮さんが言ってくれたのかな、（松方）弘樹と（山城）新伍で「例のお祝いしてやる」と。撮影が終わったら新伍ちゃんと弘樹ちゃんに「車乗れ」って言われて、乗ってたら神戸に着くんだよね。変な一軒家みたいなとこに行って、こういうとこで飲むのかと思ったら女が90人いるんですよ、ギッシリ。それで野球選手の名前が書いてあるの。「王、長嶋」とか。「好きなの選べ」って言うから、長嶋っていう子がべっぴんさんでね、もうひとり大原麗子みたいなのがいて、「あのふたりのどっちかでいいです」「どっちかじゃダメなんだよ、どっちか言え！」って言われて、「いや両方いいんですけど」「じゃあふたりでいいよ、ふたり連れて行け！」って言われて、「そのふたり連れて行くから、部屋で先に風呂に入ってろ」って言われて、案内された部屋で風呂に入ってたら王と長嶋がチャパチャパッと入ってくるんですよ、素っ裸で。要は、それがソープランドだったんだよね。

――いきなりソープに連れて行かれて。千葉さんとは当時、組手とかはしてたんですか？

岡崎　いや、トレーニングは一緒にしてました、健さんたちと中庭で。千葉さんが群を抜いてましたよね。健さんも初めはボテッとした感じだったけど、トレーニングにハマッてからはもう脱ぐのが早い早い（笑）。昔は恥ずかしがって脱がなかったんだけどね。

――健さんとイタズラもしてたんですよね。

岡崎　あの人はイタズラッ子だし、おしゃべりだしね。塗ると毛が取れるクリームが薬屋に売ってるんですよ、エバークリームっていうものを「明日買ってこい」って言うの。

――要は除毛剤を。

岡崎　そう、それでまた宴会ですよ。ダテっていうおっちょこちょいがいて、これは「健さんにサインもらってやろうか？」ってロケ地でプロの女の子とヤッちゃったの。それで健さんのとこにクレームがきて、「ヤッちゃったもんはしょうがねえじゃねえか。表沙汰にならないようにうまくやっとけ」って。健さんは文句を言ってきた人にお金渡してますから。それで「ダテが寝てるとこわかるか？　あいつの頭に円形ハゲができるようにこれ1本塗ってこい」って言うの。だからソーッと行ってエバークリームを塗って、朝起きたら髪がボトボト落ちるんだよ、青い顔してさ（笑）。「あれ？　ダテ、ハゲてるけどどうしたの？　カッコ悪いから俺が塗ってやる」って墨で塗ってやったの。それで次の晩、健さんに、「あいつ落ち込んでクマできてますよ、眠れなかったみたいですよ」って言ったら健さんが「反対側もやってこい」（笑）。

――容赦ない！

岡崎　最後は「眉毛抜け」とかね。それから催眠術を健さんが丹波哲郎さんに教わったら、スタッフに「おまえ目つき悪いな、ちょっと来い」って健さんがジーッと見るの。「やめてください、見ないでください！」「疲れたな、疲れただろ？　よく仕事してるな、俺の目ちゃんと見てるか？　疲れたら人間休まなきゃダメだ、眠くなってきちゃったな、じゃあ寝ちゃえ」って言うとコトンと寝ちゃうの。それで「おい、どこにいるかわかるか？

任侠イメージの払拭に成功した。主演映画は２０５本。長嶋一茂の名付け親。

千葉真一（ちば・しんいち）
アクションスター。39年生まれ。東映ニューフェイス6期生。『キイハンター』（68〜73年、TBS・東映）のアクションで人気に。70年JACを創設。74年、香港カンフー映画に触発され制作された空手映画『激突！殺人拳』が「The Street Fighter」のタイトルでニュー・ライン・シネマで配給され、国際的ヒットとなる。21年、新型コロナウイルス感染症で死去。本人の意思でワクチンは接種せず、対策として水素サプリを服用していた。23年、長男・新田真剣佑と次男・眞栄田郷敦の同時入籍発表が話題に。

おまえいま何してる?」「撮影」「撮影で香港に来てるんだぞ、クーニャンが手振ってやるぞ、手振ってやれよ」って言うと手振るんですよ。「お、女の子が近づいてきたよ、おまえ歳いくつだっけ?」「28」「おまえ足長いよな、スタイルいいって言われてるぞ」「エヘヘ」「おまえ独身だろ? この子連れてって結婚するか?」「フゥーッ!!」なんてずっとやるの。そしたら別のスタッフが、「健さん勘弁してやってください、仕事ありますんで」って来たんで、「はい起きろ、ハイ!」ってやるともう解けてるの。だから「健さん、女の子は一発ですね」って言ったら、「そういうことを考えるからおまえはダメなんだ、そういうヤツには教えられない。そういう気持ちでやったら相手にかからないよ。こっちも澄んだ心でやってるから」って。澄んでねえだろと思ったけど(笑)。

——邪心だらけですよ(笑)。

岡崎 健さんは体を鍛えたらもう素っ裸になってクリームとか塗るのも顔だけじゃないんですよ、あの人は全身を顔だと思ってるから。それでスチールマンにケツだとか背中だとかバンバン撮らせるの。そういうこともあるから、部屋に入れたのは千葉さん、中村錦之助兄弟、私と谷隼人もOKなんですよ。あと付き人ぐらいかな、そんなもんですよ。それで健さんの『網走』にも出たかったから、『網走番外地』に私もちょっと出てみたいんですが」って言ったら、「岡崎は脇も芯もどっちもイケるからな。鶴田(浩二)さんに挨拶したか?」「いや、お辞儀しても知らん顔されちゃうんです」「挨拶しに行ったかって言ってんの」「いや、行ってません」「いいか、いてもいなくてもいいから何か持って、奥さんはいるんだから、東映に入りました岡崎二朗と申します、ご挨拶に参りました、くれぐれもよろしくお伝えくださいって言ってこい」と。そしたらさ、2~3日経ってから「岡崎ぃ!」ってすごい声が聞こえて、見たら鶴田さんなの。「おまえ義理堅いヤツだなあ、おまえは高倉のとこばっかり行ってると思っとったけどな、ワシの女房がええ青年や言うとったぞ。次は何に入るんや?」って言うから、「もうすぐこれが終わって、そのあとは決まってません」。あの人は全部身内で固めるの。「おい、誰か降りろ、岡崎を入れろ」って。

——いきなり抜擢。

岡崎 舞台もそう。日活に移ってから朝日放送の仕事でホテルに泊まってたら鶴田さん一行がいたんだよね。「おまえ日活に行っていま何してるんや」「遊んでます、今日はテレビで来ました」「おい舞台やるか? 新宿コマや、出るか?」。そしたら連れてたヤツらに「おい、誰か休ませて岡崎を入れろ」と。鶴田さんはそういう人なの。それから先生と呼ぶようになって、舞台もテレビも出してもらって。それで「先生、私はご挨拶の仕方もロクに知らなかったんですけど、高倉さんに言われてご自宅へ行ったんです」「そうか、高倉が……」って健さんを見直したような。

——派閥がややこしかったですからね。

岡崎 うれしかったんだろうね。健さんは健さんで、東映では俺のほうが古いっていうのがあるから。映画界では鶴田さんのほうが先だから、会ったときに鶴田さんが「おう!」って言ったら、健さんはキチンと挨拶する。でも拮抗してましたからね。たくさんのいい映画がそのおかげでできたから、あんまり仲良くなっちゃうとつまんないですよ。だから千葉さんとも少ないですよね。普段仲いい人って仕事の縁はあんまりないかもしれない。

梅宮辰夫(うめみや・たつお)
俳優・タレント。38年、満州生まれ。東映ニューフェイス5期生。新人時代は『少年探偵団 敵は原子潜航艇』『遊星王子』(いずれも59年)など子供向け活劇映画に主演したが、次第に「酒・女・車」の奔放な私生活に合ったプレイボーイ役やヒモ役を演じることが増え「男を泣かせる鶴田 女を泣かせる梅宮」の惹句で知られるようになった。代表作に『不良番長』シリーズ(68~72年)ほか。19年死去。梅宮アンナは娘。

松方弘樹(まつかた・ひろき)
俳優。42年生まれ。俳優一家の長男として生まれる。多くのヤクザ映画・時代劇に出演したほか、74年のNHK大河ドラマ『勝海舟』では病に倒れた渡哲也の代役で第10回から急遽主役の勝を演じる。女性ゲストと酒を飲み毎回セクハラ発言を繰り返す『週刊ポスト』誌で連載する「松方弘樹の突撃対談」など、酒豪・女好きのイメージが強いのは「不良路線」を狙う岡田茂の企みだったという。『仁義なき戦い』シリーズでは計3作に登場、全作品

勝新太郎の豪快な飲み方

――そもそも岡崎さんは、どういう流れで日活に移籍することになったんですか？

岡崎　最初は東映でも期待されて、ブロマイドは売れるし、千葉さんが教育係だったから、「俺が演技を教えてやるから、このままじゃダメだから」って。そりゃそうですよ、空手部から来てるわけだから。「こんな本がある」って持ってきて、ジェームス・ディーンの厚い本なの。「俺、ジェームス・ディーン大好きなんだけど、俺は体もガッチリしてるし、こういう弱々しいのは好きなんだけど、どうもこういう役が来ないんだ。二朗ちゃんはこれイケるから、この本見とけよ」って言われて。映画も観たことないけど、その本を見てたら、次の台本で自分の役とジェームス・ディーンが重なってくるわけですよ。この『おゝい、雲！』の前ですね。自分がジェームス・ディーンっぽくなっちゃって、そのままやったらドーンと売れちゃって、もう渋谷の駅を歩けない、人がガーッと来ちゃって。ブロマイド1位。そこで主役を用意されるんだけど、ジェームス・ディーンばっかり同じことやってもダメなのね。自慢するわけじゃないけど、『おゝい、雲！』は期待されて、いまでいうと3億円、オールカラー。同じ年のもう1本の映画が『網走番外地』。

――おおっ！

岡崎　白黒、予算1500万。ところがお客さんはよくわかってますよ、2本観た人はもう『番外地』。俺は1週間で降ろされるの。梅宮さんも『ひも』が東京で当たって、そのとき京都で鶴田浩二さんの『飛車角』が爆当たり、今田っていう撮影所長が「若手でいくぞ！」って本間千代子、大原麗子、岡崎二朗を売りにかかったの。これが売れない。1年ちょっとしかもたなくて、それで東映は完全にヤクザ映画に切り替わったの。そうすると鶴田さん、健さんのところでは何もできない子分の役しかないんですよ。日活に行くと渡哲也と高橋英樹と小林旭さんの弟分ができたんですよね。それでちょっといい弟分が浜田光夫とか和田浩治とかしかいなかった。東映よりギャラも3倍ぐらいいくわけ。もう行っちゃおうと思って。女優も浅丘ルリ子、松原智恵子、吉永小百合、けっこういるな。こっちは佐久間良子と三田佳子でしょ、これは手出しちゃヤバいしな、よし日活に行こう、と。

――それで移籍したわけですね。

岡崎　それで行って7〜8年は毎日のように藤竜也、梶芽衣子、渡哲也、そのへんと長谷部安春監督のバイオレンスアクション。『野良猫ロック』とかそういうのでしばらくはいけました。日活が撮影所を売りに出した頃から苦しくなりました。ギャラが手形で来るから、貰えるのが半年先とか9カ月先とかになるの。それでも銀座に行きましたよ。「日活の手形だからいいでしょ」って、それで飲んで。（笑）

――今回、資料を集めたら日活の頃の岡崎さんが、千葉さんとふたりで空手着で向き合っている写真が載ってましたね。

岡崎　この頃は東映と日活が競ってましたから、どっちかがやられてる写真はダメなんです。だからお互い構えてるだけなの。受けてるのもやったり何通りかやるんですけど、おもしろかったですよ。（記事を見ながら）最大の失敗は、この『おゝい、雲！』っていう作品です。石原慎太郎さんがお書きになった小説なんですよね。この主役は映画のなかであんまりいいとこないんですよ。二番目の役がちょっとジェームス・ディーンみたいで、

内で相手のヤクザに殺される。17年死去。

山城新伍（やましろ・しんご）
俳優。38年生まれ。東映ニューフェイス4期生。60年、子供向けTV時代劇『白馬童子』で人気に。『不良番長』シリーズや東映ポルノに出演、76年東映退社後はTVバラエティ、特にクイズ番組の司会などで活躍する傍ら、日活ロマンポルノの監督も手がけた。関西では「火曜洋画劇場」（79〜02年、サンテレビ）の顔として知られる。09年死去。

丹波哲郎（たんば・てつろう）
俳優。22年生まれ。『丹下左膳』（63年、松竹京都）などで人気を博し、ジェームズ・ボンドシリーズ5作目『007は二度死ぬ』（67年）ではショーン・コネリーと共演。TVでは『キイハンター』『Gメン'75』（75〜82年）などに出演。霊界研究でも知られ、89年の映画『丹波哲郎の大霊界 死んだらどうなる』は原作・脚本・総監督。主演は長男の丹波義隆。06年死去。

中村錦之助（なかむら・きんのすけ）
歌舞伎出身の俳優。後の萬屋錦之介。32年生まれ。54年に映画界に転向、東映入りし100本以上の映画に出演。66年に独立し、テレビ時代劇に本格進出、『子連れ狼』などで人気に。82年、個人事務所が15億円もの借金を抱えて倒産、直後に大病となるなど、晩年はトラブル続きだった。97年死去。弟の俳優・中村嘉葎雄も一時期東映に所属。

もともと私がそこにキャスティングされて、北大路欣也が主役をやるはずだったの。それで美味しい役ができてよかったなと思ってたら、欣也ちゃんがこの役はやりたくねえって降りちゃって私が繰り上げになっちゃって、このボンボンをやることになって、私がやりたかった役は石坂浩二がやるの。

――どう考えてもイメージは逆ですよね。

岡崎 それで石坂浩二がダーンとメジャーになって私はダメだったの（笑）。役って大事ですよ。その後、NHKでふたりが主役の『太郎』ってドラマをやるんですよ。そしたらこっちはどんどん悪者になっていくから、「やめた！」って降りちゃうんですけど。

――え！

岡崎 ここらでバカばっかりやってたからいまダメなんだろうなって、もう一回やり直したい感じになってますよね。ちょっとダメになったから、すぐ日活に移っちゃうわけ。これが間違いの元。日活は下り坂になるわけですよ。

――経営不振でまずポルノ路線になって。

岡崎 逆に東映は上り坂。東映は『キイハンター』が大ヒットでしょ、こっちは千葉さんとも深作さんとも関係いいわけだから。深作さんとか千葉さんがガーンといって。私がやめたあとですよ、『仁義なき戦い』とか。そんなの当たる兆しもなかったわけですから。

――あそこにもハマれたはずなのに。

岡崎 ハマりますよ。深作さんにも、「おまえどこ行ってんだよ！」って言われましたから。いやあ惜しかったなって感じはします。日活で主演映画もやりましたけど、お客が入らなくなってた。私が目指してたのは赤木圭一郎、裕次郎、小林旭、そのへんが全盛の頃に子供時代を過ごしたんで、そういういい時代が10年ぐらいでガタガタガターッとなっていくんですね。裕次郎さんがやめちゃってるわけですから、自分で映画やるんだって言って。それで日活の正月映画には裕次郎の名前がないとダメだっていうんで、裕次郎さんとは正月必ず映画で共演しました。

――そんな日活時代は、現金はなくても気にせず飲んで。

岡崎 田宮二郎、梅宮辰夫、そういう人たちが銀座に溢れてました。小林旭さんは超一流のとこ行くんですよ。裕次郎さんは冗談で「今日はひとり3万でお釣りよこせ」なんつって10万円ポンと置いて帰っちゃう人で。そこで裕次郎さんが飲んでると勝新さんから電話かかってくるの。「兄弟から電話だよ。じゃあ赤坂に行ってみるか」って、力道山が殺されたニューラテンクォーターね、フランク・シナトラとかが歌ってるようなとこですから。そこの女ボスが「好きな子連れてきますよ。お勘定なんか払ったらダメだよ、スターはお金払うなんてみっともないことすんじゃないよ。好きなの連れてって大事にしてやってくれればいいんだから」って。それで裕次郎が入ると全員がバーッと見るわけですよ、入ってくるだけで。勝さんはロシア人を4人置いて、オッパイ揉みながら待ってるわけ。（笑）

――勝新さんらしいですね（笑）。

岡崎 「おう兄弟、来たか」と。裕次郎さんはまじめな人だから、「紹介するよ、これが岡崎二朗」「おう知ってる知ってる、週刊誌で知ってる。岡崎くん、たまには女の子やってんのか」って言うから、「ええまあ、ときどきやらしてもらってます」「4人いるから好きなの連れてけ。どれがいいんだ？」って言うわけですよ。勝さんの隣がバツグンにいい、あとは落ちるわけ。「そ

谷隼人（たに・はやと）
俳優。46年生まれ。66年に東映入社。『網走番外地』シリーズや『不良番長』シリーズに出演。『キイハンター』でお茶の間の人気スターとなる。『痛快なりゆき番組 風雲！たけし城』（86～89年、TBS）の攻撃隊長としても有名。

鶴田浩二（つるたこうじ）
俳優。24年生まれ。松竹・東宝のスターだったが岡田茂の誘いで60年に東映移籍。高倉健とともに東映ヤクザ映画の黄金期を築く。戦中は特攻隊の整備士で、多くの特攻隊員の出撃を見送ったという。85年死去。

ジェームス・ディーン
俳優。31年生まれ。55年公開の『エデンの東』『理由なき反抗』に出演。映画界での成功を夢見た矢先、次作『ジャイアンツ』撮影終了直後に愛車のポルシェで衝突事故死。そのあまりに鮮烈な人生が、その後、多くの若者文化に影響を与える。享年24。

『おゝい、雲！』
65年の青春映画。石原慎太郎の同名小説の映画化。浪人生の主人公（岡崎）が勉強に嫌気が差し金持ちの友人（石坂浩二）とドライブ、その道中で衝突事故に合うところから物語が始まる。瀬川昌治監督。

『ひも』
65年の映画。関川秀雄監督。「夜の青春」シリーズ第1作。東映のいわゆる「不良性感度」映画の一つで、

の子がいいです」って勝さんの横の子を。「おまえ、おもしろいヤツだな。よし、ここ座れ」って。だけど連れて行くわけにはいかないから。

――勝新さんのお気に入りだろうから。

岡崎 そこでママが来て、「親分が来て、裕次郎と勝を挨拶させろって言ってるんだけど、お兄ちゃんどうする?」って勝さんに聞いたから、これはおもしろい会話だなと思って聞いてたら、「何人いるんだ?」「18人ぐらい」「そうか、フルーツの一番デカいのを3個と、これとこの酒を4本届けて、あとで顔出すからって言っといてくれ」「わかりました」と。そしたら親分が「先生、ごちそうになりました!」って来ちゃって。「いやゆっくりして。またあとで顔出しますよ」と。「いいか、役者っていうのは出が肝心なんだ、呼ばれたからってサッサと行くんじゃないぞ、向こうからああやって来るんだから」と。そういうのが勉強になりました。

――遊びながら学んでいって。

岡崎 深夜12時になると音楽が終わるんですよ、それまでチークダンスを踊ったりなんかしてるんだけど。バンドの音が止んだら、「バンマス呼べ」って、あちこちのポケットからお金がおにぎりみたいになって、グチャグチャの1万円札が20~30枚ありましたよ。勝さんがそれ渡すとまたパーッと演奏が始まる。それでお勘定の時は「悪いな、金がねえ」って言って帰るんですよ。私は『水戸黄門』出演でホテルの近くの小さいバーで飲んでたら勝さんが5~6人で入ってきて、「おう、このへんどっかいいとこあるか?」って言われて。そこは勝さんに払われちゃったから次は俺が払わなきゃいけないなと思って、「オカマのおもしろいとこあります」って言ったら、「オカマ? いいじゃねえか、すぐ行こう!」ってなって。その店、ガラスケースにナポレオンとか誰も頼まないようないい酒が飾ってあるんですよ。勝さんはパッと見てこれが一番いい酒だってわかるから、バーンと開けて2本取ってテーブルでガーンガーンと割っちゃって、ガラス入って飲めないんじゃないかと思うけど、「おう、今日はこれでいくぞ」。もう払えねえわと思って。

――高い酒を選んじゃったから。

岡崎 それで「勝プロに来い、俺は酒の値段ぐらいはわかってるから」って言うんだけど、勝プロに行ってもお金ないんですよ。あの裕次郎さんと勝さんが偉かったのは、自分の店じゃなくて銀座に2軒スナックがあって、勝さんのブレーンはこっちに来て、共演者、テレビ局、雑誌、新聞、マスコミ全部が自由に飲んで帰れるの。この金だけだってたいへんですよ。裕次郎さんもそう。どっちが真似したかは知らないけど。勝さんもそこがあったんで助かったんじゃないですかね。事件を起こしたときもマスコミは全部勝さんのファンですから悪く書かないわけですよ。

――芸能レポーターも誰も悪く言わなくて。

岡崎 「もうパンツ穿かない」って。それでパンツ一丁で笑い話にして夜中の3時頃に勝さんの家で記者会見やって。あの人は私利私欲が一切ないから、財産は残さずに終わりましたよね。私の思い出は勝さんの話ばっかりになっちゃうんだけど。「サンダーバードが届いたから勝プロに来い」って言われて。あの人はお金があるときとないときよくわかるの、「腹減ってるか?」って聞くの。「減ってますよ」。金があるときは「じゃあ肉でも食いに行くか」って言うの。その日は車に金がかかったかなんだか知らないけど、「美味い天ぷら蕎麦があるんだよ。

この作品から梅宮辰夫の「女たらしのプレイボーイ」路線が本格化。共演は緑魔子。

『飛車角』
63年の任侠映画『人生劇場 飛車角』。『人生劇場』は幾度も映画化された尾崎士郎の自伝的大河小説だが、侠客の飛車角が主人公の「残侠篇」は34年に日活で一度映画化されたのみだった。そこに目をつけた岡田茂が、時代劇に定評のある沢島忠を京撮から呼び寄せ監督させた作品。低迷する東映を救った任侠路線の原点。

長谷部安春(はせべ・やすはる)
映画監督。32年生まれ。「日活ニューアクション」路線を支えた監督の1人。66年『俺にさわると危ないぜ』で監督デビュー。70年の『女番長 野良猫ロック』は、非行少女役の和田アキ子が新宿で暴れまわるバイオレンス作品で、シリーズ3作目以降は梶芽衣子が主演。長男は『相棒』シリーズの脚本なども手がけるハセベバクシンオー。

おい、3個頼めよ」って天ぷら蕎麦で終わりました。今日は金がねえから飲みに行かないなと思って。車のシートにかかってるビニールを一生懸命はがして乗せてもらって、トーアのビル、いまみずほ銀行のとこの細道、電信柱が2本立ってるんですよ。「おい、これ通れるか?」「いやバックしたほうがいいんじゃないですか?」「俺の字引にバックという言葉はねえ」って進んだらガリガリガリーッ!

——あぁ……。

岡崎 「ダメじゃないですか! ちょっと降りて見ますよ」って言ったら、「見たって直らねんだよ、これは明日返す」って。

——ダハハハ! 新車を返せるんですか?

岡崎 車屋とかいい加減だったんだね。「新しいの持ってこい」って、それで終わり。

——うわっ!!

岡崎 だからいまの人はかわいそう、そんなことやったらプロダクションもクビでしょ。

——大問題ですよ!

岡崎 スポンサーもみんな離れるでしょ? 昔のあんなことやってたらみんな捕まっちゃってますよね。梅宮さん、千葉さん、渡哲也、田中邦衛さん、田村正和、ここんとこ一斉に逝っちゃったけど、千葉さんなんてまだまだ私の倍ぐらいやれるんだから。Vシネマで『日本統一』っていうのが50何話やってるんだけど、1本目から3本目は私の手を借りないとキャスティングができないぐらい予算があったの。小沢仁志とか本宮泰風とかの上の親分は梅宮さん、千葉さんクラスをつけてくれって言うから、まず梅宮さんに電話して、「Vシネマなんですけどまたお願いしたいんですよ」って言ったら、「Vシネマなんて誰が観てるんだよあんなもの」「いやけっこうファンがいるんですよ。割り切って1日だけお願いします」「セリフあったら降りるぞ、俺はセリフ覚えられねんだから」「なるべく少なくしますからマネージャーよこしてください」って言って台本渡したら、「おまえこんなベラベラしゃべらせやがってコノヤロー! 1日でこんなに覚えられるわけねえだろ!」「じゃあ減らしますから」って、全部子分にしゃべらせるようにして。

——梅宮さんが楽しくやれるように(笑)。

岡崎 その撮影が5日ぐらい延びたんですよ。「おい、撮影が延びたから俺別荘にいて元の台本全部覚えたよ」って言うから、「いいじゃないですか、じゃあ元の台本でいきましょう」って、軽くテストやったら覚えてるんですよ。本番始まったら「あぁ……最初なんだっけ?」と。「最初と最後がわかればあとはやってるあいだに言えるだろ」って撮り始めたらトラック8とかになっちゃって、「おい、やっぱり新しい台本でいこう」と。それで夕方5時になりました。まだ撮影は残ってるんですよ。「ちょっと飯ずらしますか?」「ダメだ、俺は夜7時に寝るんだよ、そんなにやってられるわけねえだろ。おい車を回せ!」って帰ろうとするんですよ。

——うわー!

岡崎 帰っちゃうと台本がまだ2ページぐらい残ってて作品にならないんで、「わかりました、あとで返すから上着を脱いでってください。私がそこに座って子分だけ映すんでオンリーだけください」と。それで「おう、ワシは帰るぞ」と「おまえらの話も参考になった」とか、「最後は頭に決めさせろ」とか3つぐらい面倒くさそうに音声録って、「おう、金はいつだ」とか言うんですよ。梅宮さんほとんど同期生ですよ、向こうが1

北大路欣也(きたおおじ・きんや)
俳優。43年生まれ。父は東映のスター俳優で取締役の市川右太衛門。東映の御曹司として若くからキャリアを重ね、58年『少年三国志』で15歳にして初主演。早大演劇科卒業後は大河ドラマ『竜馬がゆく』(68年、NHK)で主演するなどの活躍の一方、エロと暴力の「不良性感度」路線作品に「御曹司」が出るわけにいかず、73年『仁義なき戦い 広島死闘篇』まで東映映画への出演がなかった。

『太郎』
66~67年放送の一話完結ドラマ。石坂浩二主演。熱血サラリーマン大文字太郎の周囲に巻き起こる悲喜こもごもをコメディータッチに描く。全43回。

田宮二郎(たみや・じろう)
俳優。35年生まれ。55年大映入社、61年の『悪名』での勝新太郎の弟分役が好評を博し、以降シリーズ計14作に出演。66年『白い巨塔』での財前五郎役で人気は頂点に達した。68年、ポスターの名前の並び順を巡り永田雅一と対立、映画界から一時追放される。『田宮二郎ショー』『クイズタイムショック』などテレビ界で活躍ののち、78年にはドラマ版『白い巨塔』で再び財前五郎を演じたが、放映終了直前に猟銃自殺。躁鬱病であったとされる。

勝新太郎(かつ・しんたろう)
俳優。31年生まれ。長唄師範の家に生まれ、自身も三味線方となるが、54年の米巡業中に出会ったジェー

期先輩。千葉さんは半年ぐらい先輩。それでも差はハッキリつけるんですよ。「千葉コノヤロー、おまえ俳優を辞めたってこないだテレビで観たぞ、なんで今日来てるんだ？」って。

――梅宮さん、千葉さんには昔から当たりが強いんですよね。

岡崎 千葉さんにお願いしたときは、梅宮さんとちょっと絡みがあるんだけど、なくてもいいんですよ、千葉さんは威張られるのあんまり好きじゃないから。「何？　一緒になるの？」って言うから、「いや、ならなくても大丈夫ですよ、すれ違いで」「とりあえず脚本見せて」。見せたら、「こんなじっとしてるだけの親分つまんねえよ、アクションないの？」って言うわけですよ。「アクションっていっても85歳ぐらいの役だからあんまり動かないほうがいいんじゃないですか？」「まあいいや、この親分はどんな生い立ち？　刑務所には何回入ったの？　この組は何代目？」「脇役なんでそんなこと書いてないんですよ」「二朗ちゃんも知らないの？」「知らないですけど、まあ貫禄のある親分っていうことでやってください」「あんまりそういう仕事したくねえんだよな。じゃあいいや、俺が少し書くから」って、出番は3ページか4ページしかなかったのに20ページぐらい書いてきちゃって主役になってるんですよ。

――ダハハハハ！　千葉さんらしい！

岡崎 それで千葉さんは梅宮さんよりセリフ覚え悪いの。NG連発でトラック21まで。「俺は覚えないわけじゃないんだよ。ひと晩寝たら忘れちゃう」。それ覚えてないっていうんだけど。同じ作品でそれだから、千葉さんの主演映画を作ろうってことになって。健さんでいう『居酒屋兆治』みたいなのをやりましょうってプロデューサーに言って、それ千葉さんに言ったら「お、いいんじゃない？」って。だから健さんばりで来るかなと思ったらニット帽被って、片目はちらりでブルーコンタクトかなんか入れちゃって、気味が悪い。そんな居酒屋、誰が来るんだよって。

――怪しすぎる（笑）。

岡崎 真剣佑がまだデビューする前で真剣佑を連れてきてるもんだから、立ち回りなんかないのに、「動けるヤツ4～5人用意しておいて。最後はこいつの敵を討ちに行くから最後の日は10人ぐらい用意しておいて」って言うんですよ。『居酒屋兆治』で何やるんだろうと思ったんだけど、一応動けるヤツは用意していったら、朝から膝と肘をテープで固めちゃってるんですよ。私はカウンターの隅に座って千葉さんが入ってくる、「おう兄弟」って言って近づいてくるのかなと思ったら、裏で監督と「カウンターにいるヤツはスパイってことにしよう。悪者が二朗ちゃんに向かって歩いて行って、目をバッとやったら俺はカウンターを越えてそいつをボコボコにするから」っていう打ち合わせをしてて。

――完全にアクション映画になっちゃって。

岡崎 それで、いきなり千葉さんがカウンター飛び越えてボコボコにしたんだけど千葉さんは膝が外れちゃって。あの人、外れやすいの。あの人の足、何回も引っ張りましたよ。まあ気合いほど現実はうまくはいかねえなってことなんですけど。4～5年前かな、喘息がすごいことになってセリフ言えないから点滴打ちに行くって、それが御殿場の小山町っていう往復3時間ぐらいかかるところに行って、4時間帰ってこない。そのあいだに東京から電車に乗ってそこからバスで帰るような人たちいっぱいいるんだよ。これ以上待てない、こっち側だけ撮っちゃえってことで、俺が千葉さんのとこ座って、いろんな話を撮っ

ムズ・ディーンに感化され俳優になると決意、大映と契約。『悪名』(61年)『座頭市物語』(62年)、『兵隊やくざ』(65年)がすべてシリーズ化する大ヒットとなる。67年、勝プロダクションを設立、時代劇・刑事物など王道の映画制作を続けるも、完成度へのこだわりと奔放な金遣いが災い、ドラマ『警視‐K』での大赤字が決定打となり81年に倒産、12億円の負債を抱えた。97年死去。

力道山（りきどうざん）
プロレスラー。大相撲力士廃業後、52年、プロレス転向を目指しハワイに渡り修行。翌年帰国し日本プロレスを設立、テレビ中継が行われ大ブームに。63年、赤坂のナイトクラブ「ニューラテンクォーター」で住吉一家傘下の暴力団組員に刺された傷がもとで死去。

『日本統一』
13年、オールインエンタテインメントよりリリースされた任侠Vシネマ。現在の販売元はライツキューブ。本宮泰風演じる氷室と山口祥行演じる田村が、任侠団体

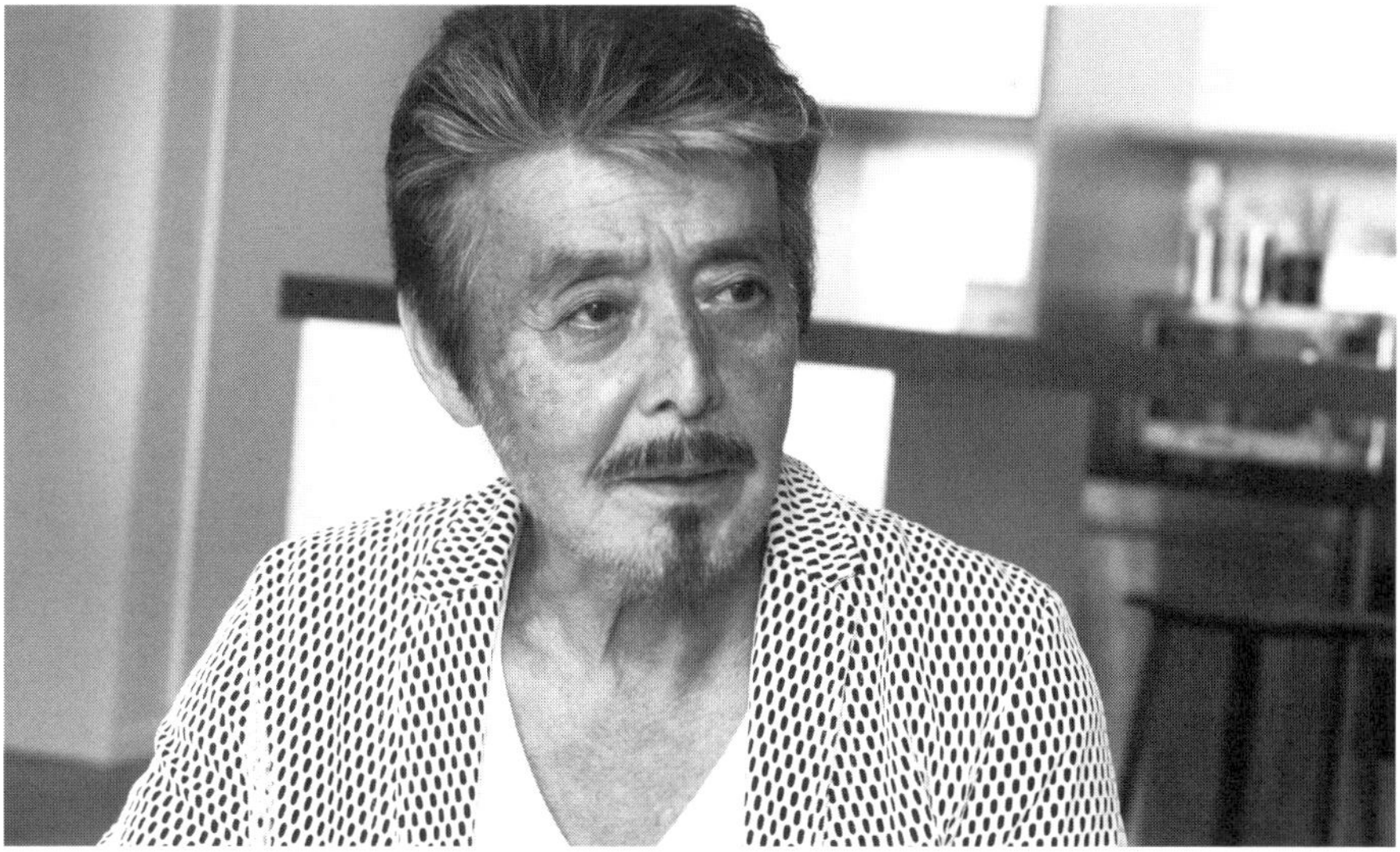

ちゃったの。そしたら千葉さん帰ってきて怒っちゃって、「誰もいないじゃないか！」「そりゃいないですよ」「明日やりゃいいじゃないか」「昔はそれでよかったんですよ。もう1日スタッフ集めると何百万かかるから、これで終わりなんですよ。このあと最後の立ち回りから何から全部やってもらわなきゃならない」「いや俺はそんなの無理だ、日を延ばしてくれ」「じゃあ本社と掛け合って話すから今日は帰ってもらっていいです」って千葉さんを帰らせて、兄弟分の俺が殴り込みしたり全部やっちゃった、徹夜で千葉さんの代わりに。千葉さんの使えるとこだけ使って、倒れちゃったっていうことにして、千葉さんと俺が話すところはもうなしで、千葉さんがやるべき最後の立ち回りは、「兄貴がこんなことになったんじゃ」とかセリフ作ってやっちゃったら初めてものすごい怒ったの。

——あの温和な千葉さんが。

岡崎 「だって足ケガして喘息でやらせられないじゃないですか」「それはどうやったの？」「自分がやりました」「そういうこと最初から考えてたの？」「最初からケガしたり喘息のこと考えないでしょ。全部やってもらうつもりでいましたよ。だけど1回点滴打ちに行くと4時間もかかるんですよ、現実にできないじゃないですか。あの日もあれ以上できました？」「いやぁ……二朗ちゃんだからしょうがないけど俺はふつうだったら許せない」と。そんな状態になっても昔から千葉さんは仕事への執念、思い込み、半端じゃない。企画が上がってくると、誰がやるかって話になるわけですよ。「自分だ！」って思うの。思い込んだら命懸け。それが決まらないうちに撮影所に来てますよ、アピールに。こういう人がスターになるんだなってすごい思いましたよ。梅宮さんはそんなにない。

「侠和会」による極道界の日本統一を目指す。15年からはほぼ隔月のペースでリリースされ、23年1月現在で55作、外伝・エピソード集計14作。22年にはUHB北海道文化放送で連ドラ「日本統一　北海道編」が放送され、23年には連続ドラマ『日本統一　関東編』（日テレ）の放送も予定されている。

――それはないですね、まったく（笑）。

千葉真一の狂った金銭感覚

岡崎　梅宮さんと千葉さんたちと映画について夢を語ったことがあるんですよ、「いまの映画界はなってない、日本の映画はダメだ、ハリウッドにぜんぜん負けてる、韓国にも負けてる、中国にも負けてる、それは国が協力しないからだ。まずはお金を集めて、こういう映画を作りたい、ああいう映画を作りたい」って言ってると、梅宮さんは「早く終わればいいな、この話」と思って聞いてるの（笑）。

――そういう人なんですよね（笑）。

岡崎　三田佳子さんが「それいいわね、やりましょう、やりましょう」って言ったら、梅宮さんが「おまえらふたりでやれよ、どうでもいいよそんなもの、若い子に任せておけばいいだろ、ジジイとババアが出しゃばってもしょうがねえんだよ」「いやハリウッドは歳とってからがいいんだよ！　これからの時代はわれわれの年代で映画でアピールしていく」「そんな時代は来ねえから」って話が続かないんですよね。千葉さんが最後に私のところに来たのは、「どこにいる？」って電話がきて、「家にいますよ」「いま二朗ちゃんの家の近所にいるんだよね」「え、どこですか？」。「裏のレストランにいる」「わかりました、すぐ行きます」って、行ったらひとりで鞄に企画書いっぱい入れて、「僕は動き出します、お金も揃いました」と。千葉さんは『座頭市』をどうしてもやりたいんだけど、『座頭市』は勝さんには敵わないんで、じゃあ現代劇でサングラスかけて目が見えないっていう設定で、中村玉緒さんでも呼んで、『ザ・トイチ』っていうのをやろう、と。

――千葉さん、そういう企画ばかり考えて、いつもプレゼンしてましたよね。

岡崎　そうそう。それで、いい脚本家いますか、と。「俺こないだ『ヤクザと家族』観て泣いちゃったんだ」「監督知ってますよ、藤井道人さん。千葉さん、脚本１０００万ぐらい出せます？」。「当たり前でしょ、昔の脚本家は２０００万だ３０００万だ取ったんですよ。いい脚本ができれば金も集めやすいしいい役者も来ますから、それお願いしてください」。それをお願いしたあと1週間ぐらい連絡取れなくなったの。それで「二朗ちゃん、俺、秋に車を買うんだよ。ちょっといい乗ろうと思ってるからレクサス乗らない？」って言うから、「くれるんですか？」「うん。ちょっと待って、もう申し込んであるから」って、それ待ってたんだけど亡くなっちゃって、遺族に「この車持ってくよ」ってわけにいかないじゃん、死人に口なしだから。

――「約束したんだから」って（笑）。

岡崎　千葉さんのコートとメガネは持ってきた。それが最後になっちゃったんだけど。

――千葉さんの件では報道もされてましたよね、「二朗ちゃん、ワクチンだけは絶対に打っちゃダメだ」「俺は水素を飲んでるからコロナには罹らない」ってやり取りとかが。

岡崎　千葉さんは身内みたいなもんですからね。ある年の12月31日に「ちょっと家行っていい？」ってウチに来たら落ち込んでて、「1杯飲みますか？」「酒はいい。参った参った……」ってため息ばっかりついてるの。「どうしたんですか？　明日、正月ですよ。そんなため息ついてどうしたんですか？」。その頃、

大河ドラマの『風林火山』をやってて、「NHKの馬が1頭25万するんだよ。それ500頭ぐらい使ってるの。人間のギャラより高いじゃないか。だから俺はプロデューサーに『西部劇で使う馬、5万で何百頭も連れてくるよ俺』って余計なこと言ったら、それはぜひお願いしますってことになって連れてきたら、その馬、ピストルはビックリしないけど刀にビックリして主役を蹴飛ばしちゃったの。それで1500万弁償しなきゃならないから、それ払わないと俺は『風林火山』を降ろされちゃう」と。

――かなりの危機的状況で。

岡崎 「そりゃ無理ですよ、こんな暮れに」って言って。58年間あんな寂しそうな顔は見たことない、落ち込んで白目になっちゃって、荷物をゆっくり片づけだしてさ、「帰る」って言うから、「ちょっと電話してみます」って、地方の金持ちに電話して、「千葉真一さんわかります？」「おう、『風林火山』観てるよ！」「千葉さんが今日中に1500万ないと正月が来なくなるっていまウチにいるんですよ」「それちゃんと返すの？」「NHKでレギュラーやってますから、そのくらいのお金は私もお手伝いして返しますよ」「じゃあ来れば？」って言われて飛んだらピン札が置いてありましたよ。それで選挙応援となると民主党も来れば共産党も来る、同じ地区で。両方応援しちゃえって100万ずつもらって（笑）。名前もわかんないからカンニングしながら、「たいへん親しくしております。立憲民主党の……ん？」なんつって。

――何のこだわりもなく応援演説して。

岡崎 そんな感じで付き合っていたから最後、もう電話ガンガン鳴るんですよ。それが『週刊新潮』で、「たしかな情報かどうか確認したいんですが、千葉さんがお亡くなりになったと」「え、嘘に決まってる！ 2週間にいっぺん医者に行ってるんだよ。バーベル20キロ持ち上げてるんだよ、死ぬわけないじゃないか」。そこは俺も取り乱した（ここから亡くなった後のゴタゴタについて語るが、いろいろデリケートそうなので割愛）。千葉さんも借金がいっぱいあったから。千葉さんは何に遣ったかっていうと、お金はあんまり遣わない人。飲み代も遣わないし、ハリウッドに行くときに日本で作った借金は何十億もあったけど、みんな死んじゃったり、そのへんラッキーなんですよ。その暮れの1500万も600万残ってるだけで頑張って一緒に返しました。電話では一応「ご挨拶に行きます、これしか残ってないから相談させてください」って言ってはありますけど、「香典にしてください」と。いまもしつこいのが来るらしいです。

――金銭トラブルは多い人でしたもんね。

岡崎 多いから。お台場にガラス張りのマンションができて、各部屋から全部景色が見えるの。そこが1億で売りに出たの、それも『風林火山』の頃ですよ。「俺これ買う、申し込みした」って言うの。「金返してないのに？ 金あるの？」「ねえよ、こんなものはどうにでもなるよ」。また頭金の1000万誰かに借りてきたのね。1億全部借金で買おうと思ったんじゃない？

半年経ったら「二朗ちゃん参ったよ。この家、返さなきゃならないんだよ。金返せってうるさいんだよ」それで「買い手を見つけてくれ」と。だから当時儲かってた人に話して、「彼女と見に行きましょう」って連れてったら気に入ってくれて、「1億でいいの？」と。女が喜んじゃって、「パパ、こんなところに住んでいいの？」って。それで千葉さんに1000万戻し

『風林火山』
07年の大河ドラマ。内野聖陽主演。井上靖の同名小説をドラマ化したもので、武田信玄の軍師・山本勘助の生涯を描いた。上杉謙信をGacktが、武田信玄を四代目市川猿之助（当時は亀治郎）が演じたことも話題となった。後にテレビドラマに引っ張りだことなる猿之助はこれがドラマ初出演で、信玄の家臣役を演じた千葉真一は、猿之助にテレビドラマ・映画のイロハを付きっきりで教えたという。

たの。あのときぐらいは50万や１００万くれると思ったんだけど、「ありがとね!」って素晴らしい笑顔で帰って行った。

――さわやかに(笑)。

岡崎 突然の訃報には落ち込んだし、目をつぶれば笑顔だけ残ってるの、あの人の笑顔はよかったな、あれで騙されちゃうんだよな。俺は金周りのこともあるし映画のこともあるから。それであいつの一番弟子は、「二朗さんほかのヤツに持ってかれないうちに持ってってください」って千葉さんが使ってた一番いいメガネとコートを渡してくれて。そしたらレンズが入ってるからなんにも見えないの。これじゃ使えないからレンズ取り替えるのにメガネ屋に持ってったら、「岡崎さんの目を全部調べます、マッサージもします」って、可愛い子がマッサージしてくれて。レンズの値段表があって、20何万から2万ぐらいまであるわけ。千葉さんのメガネだって言っちゃった手前、一番安いのってわけにもいかないんで、「じゃあこのへんでいいよ」って4万ぐらいので頼んで計算したら6万８０００円なの。「4万が6万になっちゃうの?」「調べるのとかマッサージとか電気治療とか」って。それで「フレームはいくらぐらいするもんなの?」って言ったら、「1万円ぐらいだと思います」だって(笑)。千葉さんも天国で笑ってるんじゃないですか(笑)

――ダハハハハ!

岡崎 あ、そのコート取ってもらえますか? せっかくだから、これで写真を撮ってもらおう。これは千葉さんが大好きだったコートで遺品としてもらったのよ。あとは関根勤さんとか千葉さんがお世話になった方たちに遺品として10点ぐらい配りました。みんな喜んでくれて。関根さんはエルメスのネクタイを渡したら、「これでテレビに出る」って言ってましたよ。いろいろあったけど、いいも悪いもすべてひっくるめて千葉真一だからね。

その頃はおもしろかったよね、シャネルズもいたしロッカーズもいたし

翔 T.C.R.横浜銀蝿 R.S.

2022年3月収録

1958年6月8日生まれ。神奈川県横浜市出身。1980年に、THE CRAZY RIDER 横浜銀蝿 ROLLING SPECIAL のメインボーカル&ギタリストとして、シングル『横須賀 Baby』、アルバム『ぶっちぎり』でデビュー。わずか2年で武道館コンサートを成功させ、日本レコード大賞特別賞を受賞するなど、日本全国に「横浜銀蝿」の名を轟かせたが、1983年に一旦活動終了。その後、ソロでミュージシャン、タレントとして活動する。1998年に、翔・嵐・TAKUの3人で「横浜銀蝿」再始動。その後バンド名を改めつつ、40周年を越えた今も活動中。

アイドル事務所だった ユタカプロダクション

――この前の『銀蝿一家祭』最高でした。ボクより年上の不良ばかりがいる会場ってまずないから、それもすごい新鮮で。

翔 ありがとう。確かに、みんな50歳より上だからね。まあ、大輔も歳とったし、（杉本）哲太の手に包帯巻いてたビデオは超ウケたんだけど。

――出演はできなかったけど、ちゃんと当時のスタイルで映像でコメントはしてくれて。

翔 そうそう、哲太らしくてよかったなと思って。

――人生いろいろあった人たちがああやって集まって。脳梗塞で倒れてからサイドドラム的な立場の嵐（ヨシユキ）さんがドラムの合間に酸素吸入してるだけで笑いになったりで。

翔 そうだね。嵐さんも『一家祭』のときにはまだ元気だったけど、12月31日にカウントダウンを配信で深夜12時過ぎまで頑張ってやって、正月休み三が日入ったらガクンと体調落ちちゃって、それまで気を張ってたから。とりあえずはやり切った。すごかったな嵐さん。

――Ｊｏｈｎｎｙさんも含めて、この4人が揃うことのミラクルは絶対ありますからね。

翔 そうだね。横浜銀蝿 ４０ｔｈでＪｏｈｎｎｙが参加できたのは、たまたま80年代に俺たちを担当してくれてたディレクターの（故）水橋春夫さんのお別れ会でＪｏｈｎｎｙとまた会ったのがきっかけで、すごい価値あることだったと思うし楽しかったし、ファンの子もホントに喜んでくれてたと思うから、それはもうやってよかったなって言うしかないよね。

――水橋さんがきっかけっていうのがまたおもしろいじゃないですか。銀蝿の鍵を握るのが元ジャックスとは誰も思ってないですよ。

翔 攻めてたバンドだからね。水橋さんと会ったときはジャックスというグループでギター弾いてたことは知らないでつき合ってたから。人当たりがいいディレクターで、甘いマスクのくせに言うことはけっこうシビアで。俺らはホントに音楽をわからないで、アマチュアの延長線上でやってたじゃん。曲作りだとかそういうものに関しては軽いアドバイスだけで、レコーディングしていくなかでミュージシャンとして何が最低限必要なのかをこっそり教えてくれたり、仲間みたいな、ちょっと先輩みたいな、俺たちが自由にやりながら武道館だとかテレビの世界に連れて行ってくれる音楽の指導者みたいな部分もあって。

――水橋さん、「俺も昔バンドやってたんだ」みたいな話ぐらいはしてたんですか？

翔 俺には全然してなかった。だから俺はふつうにディレクターとして話を聞いてたから。

――独特過ぎる歌詞の方向性を決めてくれたのも実は水橋さんだったらしいですよね。

翔 そうそう。水橋さんと当時の俺たちを拾ってくれたユタカプロ社長の大坂英之さんだね。俺たちもキャロル、クールス、ビートルズが好きでそういうのを聴きながらやってきたけど、ロックンロールって歌詞がみんな恋の歌じゃん。『アメリカン・グラフィティ』もそうだし、「君が好きだ」とか「アイラブユー」とかすべてのバンドがそういうふうにしてたから、それがカッコいいって認識でやってたんだけど、俺たちの風体とか、デビューするまで夜中ブイブイ走ってた状況で、何か別の特筆する

『銀蝿一家祭』
21年12月、結成40周年を記念してＺｅｐｐ Ｈａｎｅｄａで開催された「銀蝿一家祭〜令和・冬の陣〜」。横浜銀蝿 ４０ｔｈ（嵐・翔・ＴＡＫＵ・Ｊｏｈｎｎｙ）の他、嶋大輔、矢吹薫、麗灑、弟分バンド紅麗威が出演。

杉本哲太（すぎもと・てつた）
俳優。65年生まれ。81年、横浜銀蝿の弟分バンド紅麗威甦（グリース）のボーカル・ギターでデビュー。84年に小柳ルミ子主演の映画『白蛇抄』で日本アカデミー賞新人賞を受賞、役者として人気に。バンド時代はリーゼントで左手に包帯という出で立ちだった。

嵐ヨシユキ（らん・ー）
55年生まれ。横浜銀蝿のリーダーでドラマー。翔の実兄。銀蝿のベストヒット『ツッパリＨｉｇｈ Ｓｃｈｏｏｌ Ｒｏｃｋ'ｎ Ｒｏｌｌ（登校編）』の作詞作曲編曲を担当（タミヤヨシユキ名義）。01年に自由連合公認で参院選に出馬も落選。09年からネット番組「黒船テレビ 横浜城」を企画・出演、その傍若無人ぶ

ものがないといけないって思ってくれたんでしょうね。「大人の言うことなんか聞かねぇってツッパった生き方して、自分たちにしか歌えない歌はないの？」って。自分のボーカルはどうなんだろうって悩んでたときに的確なアドバイスをしてくれたりもしてて。声を潰して強くして、ちょっとドスの効いたボーカルにしようって社長が考えて、俺は社長の言うとおり喉を潰して現在に至ってるわけだけど、銀蝿でなければ歌えない歌はないのかっていうのが俺たちの一番の宿題だったんだよね。２年間で完全燃焼って最初から言ってたけど、水橋さんにはまず売れないだろうねって言われて。

――バンドは基本売れないものっていう。

翔　そう。当時は3カ月に1枚シングル出してたでしょ。アイドルぐらいのスピードでバンバン出してたから、「それを考えたら2年で何枚出すと思ってんだよ。絶対売れるっていう自信作を年間4曲作らなきゃいけなくて、B面もあってアルバムも作るって考えたらホントにできんの？」みたいな。でも俺たちはストックがすごいあったし、最初の勢いで自信があったから「大丈夫です」と。でもその厳しさ、苦しさみたいなものを教えてくれたのが水橋さんで。いろんなディレクターと会ったわけよ、コロムビアからも来てたしソニーからも来てた。そのなかで「出しても売れないよ」って言ったのが、キングレコードの水橋さんだったのね。

――それは自分の経験を経ての発言ですよね。

翔　そうなんだろうね。あの人もいま思えばやりたい音楽をやってきたわけじゃん。俺たちがデビューする前から、ああいうサウンドでやってきて、異端児って言われてさ。いま考えると銀蝿に通じる精神を、「そんなに甘くないよ」とか教えてくれた部分がすごくあって。あとは大坂さんの発想、ウチの事務所はアイドルしかやってなかったから、それがいきなり銀蝿をやるって言い出したわけ。当時、ユタカプロダクションっていうのはレモンパイ、ロッキーズ、横山みゆきとか……。

――ジャニーズ事務所にあこがれてそういう感じのものをバンドでやろうとしてたわけですよね。

翔　そうだよね。コンサートでも自作で雨どいみたいなのをステージの上にくっつけて紙テープを全部横に並べて、どっかのタイミングでパカッてそれを落とすと紙テープがポーンと客席のほうにいく装置を持ってたり。みんなアイドルで甘いマスクだったし。後にアキ&イサオとして一緒にやる（故）上村功ってギタリストはロッキーズですでにデビューしてて、ちょうどクローズするくらいのときに俺たちが入ったから。だから打ち合わせに行くと他の事務所の人が「え、ユタカプロダクションさんどうしちゃったの？」ってみんな言うわけですよね。いままでアイドルしかやってこなかった事務所がいきなり、打ち合わせに行くと革ジャンにドカンの俺たちがいるんだから（笑）。ぶっ飛んでたよね。

――アイドル事務所に入って、ちゃんと社長の言うことをきいてたのもすごいですよね。

翔　そうそう、約束したんだよね。俺たちは36回オーディション落っこちて37回目にユタカプロダクションに拾われたわけなんだけど、まずプロになるのにテープどんだけ持っていこうが事務所のドア叩いて「見てくれ」って言おうがコンテストに出ようが、当時の俺たちは引っ掛かるわけもなく。でも、なんとかならねえかなと思いながら夢だけは捨てないでずっとやってきた。単純にあきらめるっていう気持ちがなかったんだよね。

りが話題になった。22年死去。

Johnny
58年生まれ。横浜銀蝿のギタリスト、ボーカル。82年、作詞・作曲・編曲した嶋大輔『男の勲章』が大ヒット。88年にキングレコードのディレクターとなり、中山美穂らを手がける。09年にキングレコード執行役員、13年からベルウッド・レコードの社長を兼務。

水橋春夫（みずはし・はるお）
49年生まれ。ロックバンド「ジャックス」のリードギター。脱退後音楽ディレクターとなる。キングレコード在籍時に横浜銀蝿を担当。ポリスター移籍後はWinkなどを手がけた。18年死去。

ジャックス
サイケデリック・ロックバンド。65年にリーダーの早川義夫が高校時代に組んだバンドが前身。67年に早川・谷野ひとし・木田高介・水橋春夫の4人体制に。69年に売れないまま解散したが、ザ・スターリンの遠藤ミチロウが「影響を受けたバンド」として名を挙げるなど後世の評価が高く、解散20年後の89年に全曲集『JACKS CD BOX』が発売された。

そんななかでユタカプロダクションが俺たちを拾ってくれたというか、これは豪さんも知ってると思うけど、俺もJohnnyもそのときオーディションでダメだったの。

――そうなんですよね。

翔　「君たちこれからも頑張って」って、オーディション後にその場で同録してくれたテープを渡してくれたのは、「ダメだけどそれ聴いて頑張りなよ」ってことだったのを、嵐さんは「あ、なんか俺たち受かったね」みたいに勘違いして次の日から事務所に行き始めちゃったんだよね。毎日毎日勝手に事務所に来るから、事務所の人たちも「あの人にダメだったんだって伝えたほうがいいんじゃないですか?」って話してたらしいんだけど、大坂さんはおもしろい人で、「ま、いいんじゃない? とりあえずいさせてみるか」みたいな。それで嵐さんが何日か後に「なんであなたはいるんですか?」って聞かれて、「いやこれからも頑張ってって言われたからとりあえず事務所に来てるんだけど」「わかりました、銀蝿はダメだけどあなただけ事務所に残してあげましょう。でもグループとしてはダメだから、バンドの人にそうやって話してみなさい」みたいなことを言われて、それで嵐さんが俺たちに「なんか俺だけ事務所で採ってやるって言われたから、とりあえずバンドはおまえらアマチュアでやっててくれ」って。それで嵐さんだけ残ってグループを作るんだけどさ。そのとき俺もJohnnyも、「え、なんで嵐さんだけ?」みたいなことはぜんぜんなくて、「そうなんだ! とりあえず行って!」みたいな(笑)。

――「裏切られた!」とはならないで。

翔　そうだね。嵐さんは気にしてたみたいで、「行くけど何かが動いたらいずれおまえたちを引っ張るから」「いや、いいよいいよ」みたいな(笑)。そしたら1年ぐらいで嵐さんは信用されて、大坂さんが「おまえが連れてきたヤツらでグループを作れ」と。それで嵐さんはTAKUだけ連れてきて、あとのふたりは大坂さんが連れてきてキャッシュってバンドになったんだけど、これがテレビの収録前にケンカしてパンクしたんですよ。ギターとボーカルがいないって話になって、嵐さんが「ちょっと翔とJohnny戻ってこい」ってことで、そこにワサワサッと入ってスタートしちゃったっていう感じなんだよね。大坂社長は俺もJohnnyも採ったわけじゃないから、合格した人ではないわけじゃん。

――つまり37回目に合格したってネタにしてるけど、正確には合格もしてない(笑)。

翔　そう、落っこちてて。キャッシュはデビューする前から音楽の方向性の違いがあったみたいなんだけど、俺たちからすると音楽の方向性の違いっていうのはそもそも気が合わないってことじゃん。好きな仲間とやってたら方向なんか関係ないんだからさ。それで俺とJohnnyが入ったとき、大坂さんが「あのときよりよくなったね」って言ってくれたんですよ。当然、俺もJohnnyもいろんなコンテスト出たりしてファンもいっぱいついてたから。それで大坂社長と会っていろいろ話して、「自分と銀蝿の関係はすべてイエスと答えるっていうつき合いをしたいんです」と言われたんだよね。

――ちょっとないパターンですよね。

翔　この人は何を言ってるんだろう、でもおもしろい人だなと思ってたから、「いいですよ」って。「じゃあ翔くんはこうしてください」って言われて、もう面倒くせえなと思ったけど、「ああいいよ」と。俺たちも俺たちで「コンサートやりたい」って

大坂英之(おおさか・ひでゆき)
芸能事務所社長、プロデューサー。「モーニング・プロモーション」(のちの「ユタカプロダクション」)設立後、70年代には男性アイドルグループ「フレンズ」「レモンパイ」を手がけ、そのアイドル事務所的手法で「銀蝿一家」も売り込む。グループ内企画ユニット、ソロ活動、新人追加オーディションなどの手法は、後のアイドル戦略の先駆けとも言われる。03年死去。

上村功(うえむら・いさお)
ギタリスト。58年生まれ。アイドルグループ「フレンズ」を母体とするバンド「ロッキーズ」でユタカプロからデビュー。その後、銀蝿一家のバックバンド「大平太三バンド」の一員として活躍。アキ&イサオは大平太三バンドの一員だった佐藤明彦とのユニットで、アニメ「宗谷物語」の主題歌などで知られる。18年死去。

言うと「いいですよ」って言ってくれるから、デビューもしてないのにライブやりましょうかって話になったり。すべての答えをイエスでいこうぜっていうのは信頼してないとできない関係だって途中から気づくわけ。極端な話、「おまえ使えねえから明日死になさい」って言われたら「わかりました」って言わなきゃいけないわけじゃん。そいつが俺に対して「死ね」なんて絶対に言わないことはわかってるから、「全部イエスでいいよ」っていう。

――空手家の「押忍」みたいなものですね。

翔 社長もこっちのお願いに関しては聞いてくれるわけだしさ。デビューもしてないのに「100万くれよ」ってそれは無理でしょ、でもそんなことこいつらは言わないと思ってるし、「ギターを買いたい」とか、そういうことしか言わないわけだから。その関係性が20歳そこそこの俺にはすごいハマッて。この事務所でこの社長とレコード会社の水橋さんと一緒にやっていったら楽しいだろうなって思ったし、それは正解だったんだと思う。

――そういえば、最初の給料が100万円だったみたいな話もありましたよね。

翔 最初は100万もなかったんじゃないかな？ なにしろ給料はデビューしてからだから、それまではお金ないからアルバイトも続けてたし、レコーディングしてる頃もまだ。

――革ジャンを買ってもらうぐらいで。

翔 そうそうそう。だから、デビューしてからもまだアルバイトやってたかな？

――つまり、100万円って聞くとすごいと思えるけど、要は給料をもらえるようになったのが遅かったっていうことですよね。

翔 もちろん。給料制じゃないから。「どうしますか？」って言われて、「給料はいらない。売れたら印税だとかそういうぶんのお金をくれ」と。信頼してたから「金の段取りに関しては任せます」という話でやってきて。

――正解だったんですね、ちゃんと売れたらそれだけのお金が入るシステムになってた。バンドブームの時期の人が印税も知らずに騙された話をいっぱい聞くじゃないですか。

翔 そうだよね。そういう事務所もいっぱいあるし。横浜銀蝿っておもしろくてさ、作詞作曲も横浜銀蝿、みんなで分けりゃいいじゃんってノリでいたから、最初の頃は横浜銀蝿の名前だけで全部やってたのが、いきなり売れたし作家としての部分も必要ってことであとから作った人の名前になっていく。そういうことも含めて全部銀蝿は銀蝿みたいな流れでしたよね。みんなで給料もらってお金がちょっと入ったからって車を買っちゃったり。

杉本哲太は紛れもない不良

――デビューの同期はシャネルズとかザ・ロッカーズとかアナーキーになるわけですよね。

翔 そう。シャネルズはカッコよかったね。

――シャネルズ側は意識してましたよね。

翔 っていうかね、音楽性とか生きざまじゃなくて、川崎の不良の人たちと、俺らは横浜だったからっていうのがあって。『ランナウェイ』が出たときすげえと思ったわけ。顔塗ってるし踊るし、誰が曲を書いてるんだろうとか、そういうことに興

TAKU
60年生まれ。横浜銀蝿のベーシスト。三原順子（84年より「じゅん子」）の『だって・フォーリンラブ・突然』『ホンキでLove me Good!!』（82年、紅白出場曲）、岩井小百合の『恋♥あなた♥し・だ・い！』（83年レコード大賞新人賞）などの楽曲提供でも知られる。銀蝿一家のROSEY ROLLYは元妻で、80年代にはユニット「TAKU&MARY」としても活動。90年から㈱日音でディレクター・プロデューサーとして、槇原敬之らを手がけた。

シャネルズ
鈴木雅之・田代まさし・桑野信義らによるコーラスグループ。80年『ランナウェイ』が大ヒット。「ラッツ&スター」に改名後、83年の資生堂キャンペーンソング『め組のひと』でさらに知名度を上げた。86年に活動休止し、鈴木はソロシンガー、田代・桑野はタレントの道へ。15年、ももいろクローバーZと黒塗りメイクで共演すると、時代錯誤の黒人差別だとして炎上した。

味があったかな。あんな曲が歌えて作れて踊ってコーラスやってトランペット吹いて、不思議なバンドだなーと思ったし、ライバルというかおもしろいなと思ってた。それまではぜんぜん関係ないような、俺らの頃はポプコンだとかそういうのが多かったから、出てくる人たちは俺らのやってる音楽とはまったく別の、フュージョンだったりニューミュージックだったり、さわやかな音楽だったり、そういうヤツらはぜんぜん意識してなかったけど。

——地上波に出る不良2バンドでしたよね。

翔 そうそう。シャネルズにはそういう意識があって。嵐さんは鈴木（雅之）リーダーと仲間になりたかったんじゃないかな、「大勢いるとたいへんだよねー」とか話しかけてたけど、鈴木くんはいきなり嵐さんに話しかけられてビックリしたみたいで、「お、おお」みたいな感じで、仲良くなることもなく楽屋で気軽に声掛けたりもなかったな。ロッカーズに関しては、あんまり知らないんだけど。

——当時そんなに横のつながりはないですよね、一緒のイベントに出る機会もないし。

翔 そうだね。でも陣内（孝則）だけは、「こいつは絶対売れるんだ」ってずっとやってた人がいて、その人とウチの大坂社長がすごい仲良かったの。だからロッカーズは知らないけど陣内は知ってたし、ライブ観に行ったりもしてるのね。その頃はひとりでメイクして赤いジャケット着てギャーッて歌ってて。社長同士が仲良かったからレコードも持ってた。

——アナーキーのお客さんが会場の椅子を壊したから銀蝿がホールコンサートをやりにくくなった、みたいな話も聞きましたけど。

翔 アナーキーも俺は「ああ、いたな」って感じ。出て行く場所も違うし事務所同士のつながりもなかったからぜんぜんわかんなくて。コンサートで椅子壊してどうのっていうのは、銀蝿も「それやったら会場が使えなくなるよ」って社長に言われてて、「盛り上がるのはいいけど、おまえらみたいな格好してるのは最低ルールを守っていかないと2年目にその会場を貸してくれないからね」って。最初に横浜市教育会館でコンサートをやったときにはそういう制約がないから、当時は立ち上がって前に来て。いまは立ってもみんなその場に行儀よくいるじゃん。でも80年の頃ってギャーってなったらそのままうしろの席のヤツらも全員が前に来てかぶりつきになってどんどん重なっていって、椅子なんかあってもしょうがないみたいな感じで。それがノッてるみたいな感じだったから。

——まだオールスタンディングの大会場ができる前で、試行錯誤の時期でしたしね。

翔 で、最初のコンサートでそうなって、こりゃすげえやと思って、「おまえらもっとノッてこい！」みたいな感じで言ったら社長に怒られて。「前で潰れそうになってる女の子をあなた見てましたか？　うしろに残って座って観てた人が何人いたか、翔、おまえはわかってますか？」と。俺が見てたのは目の前にいたヤツらだけだよね、Ｊｏｈｎｎｙと一緒に盛り上がっちゃって。まあ的確なんだよね。そう言われたときに答えられなかったんだよ。それはいけないなと思ったんだよね。

——そこを受け入れたことで道が決まりましたよね、通常のロックバンドから芸能対応もできる、より広い世界に届くものになって。

翔 きっと指摘のされ方が、「何やってんだおまえら、自分

ザ・ロッカーズ
76年結成、80年メジャーデビューの福岡出身のロックバンド。シーナ&ロケッツ、ARB、ルースターズ、THE MODSなど、70〜80年代の福岡を彩ったいわゆる「めんたいロック」の代表格。

アナーキー
パンクバンド。78年結成、80年メジャーデビュー。暴走族上がりで、日本のパンクロックの元祖。86年、ギターの逸見泰成が新宿ロフトで元妻を刺し逮捕されたのをきっかけに活動休止状態となる。逸見の死去後オリジナルメンバーで再結成した現在の正式名は「亜無亜危異」（逸見のパートは「オマモリ」）。

ポプコン
「ヤマハポピュラーソングコンテスト」。69〜86年開催のフォーク・ロック・ポップス音楽のコンテスト。中島みゆき、世良公則&ツイスト、佐野元春、長渕剛、チャゲアス、クリスタルキング、杉山清貴&オメガトライブ、あみん、TOM★CAT、辛島美登里などのデビューのきっかけとなった。

たちだけで盛り上がってんじゃないよ」ってことだったら、「うるせえよ」ってなるんだけど、俺らにしてみたら女の子って弱いものの象徴だからね。それが苦しんでたのをおまえら見てたのかって言われたら、もう弁解できない。「実はうしろで観てるヤツらはホントにつらくなったときも応援してくれるヤツなんだ。前に来られなくなったら嫌だっていうヤツは来なくなるからね」って。そういうことに気をつけろっていうのを教えてくれたから、コンサートでは「悪いけどみんな、最低ルールは守ってくれ。つらいだろうけど最後まで座っててくんねえかな」ってやり続けてきたのは大坂さんの教えを受け入れて。だから「銀蝿はライブではあんなこと言って」みたいなことをよく言われてたけど。ただそれはメジャーになりたかった、そのまま沈んでいくのが嫌だったからそのための手段で、俺も納得したから。でも、毎回それを言うのは俺だからさ。

――注意しなきゃいけない立場だし。

翔 しかも不良しか来ないわけだからさ。そんななか、いきなり頭から「おまえら立たないでくれよ」って言われても、ふざけんなって話で、金払ってんだぜって話にもなるし。だからホントに当時の銀蝿を好きになってくれたファンには頭が下がるというか。

――実際、コンサートで将棋倒しの事故が多かった時代だから正解だったと思いますよ。

翔 うん、多かった。

――銀蝿がそのノリを有りにしちゃってたら、たぶん何か起きてたと思うんですよね。

翔 うん、アナーキーとかも2年目は会場借りられないからライブハウスに行くしかなくなっちゃったわけじゃん。会館とかそういうところは当然最初はダメなんだけど、長野県なんて銀蝿っていうだけで入れてくれなかったからね。県条例が厳しいところだったから全会場ダメで最初から何年かは長野に行けなかった。

――結果的に良かったのはファンへの説得のスキルというか、兄貴的な立場からいろいろしゃべる能力がそれで鍛えられたと思うんですよね。

翔 ああ、そうかもしれない。それが対話集会みたいなのになっていったんだと思うね。

――後のラジオやバラエティ番組でのトークスキルの高さにつながって。普通、バンドのMCだとそこまでしゃべらないわけだし。

翔 ああ、そうだね。アマチュアの頃は曲紹介ぐらいだったのが、そういうことをやっていくうちにヘタしたらさだまさしかっていうぐらいしゃべるようになっちゃったから。

――テレビではキャラクター的に笑わないルールがあったっていう話もありましたよね。

翔 笑わないルールっていうか、しゃべる人を決めよう、と。嵐さんか俺がしゃべって、それ以外はしゃべらない。ニコニコしてると話を振られちゃうじゃん。でも怖い顔してると大丈夫だから、「どうですか?」って言われたときは嵐さんか俺がしゃべる。笑わないっていうのもあったのかな、あと嵐さんは社長に「低い声でしゃべりなさい、おまえはすぐ高い声になっちゃうから」って言われてたから、一生懸命低い声でやってたと思う。

――そうだったんですか!

翔 またそれが愉快だったけどね。

――素でしゃべるのはラジオぐらいですか？

翔　そう、だからそのギャップがおもしろかったんだと思う。そこは好きにやろうよって話で、嵐さんも高い声だし俺もずっと素で話してたから、ラジオ聴いてた人はみんなおもしろい人だと思ってるし、テレビだといかついし、コンサート行ったらおもしろいし。そういうギャップがよかったのかな。ラジオも楽しかったよね。後に『パックインミュージック』とか『オールナイトニッポン』とかやりますけど、『横浜銀蝿只今参上』っていう15分番組みたいなのを録音してやってたのはすごい楽しかったな、全員でね。聴取者プレゼントにコンドームを送ったのよ。それがバレて番組できなくなっちゃったの。

――そんな理由だったんですか！　いまだったら、それはそれでセーフセックス的な意味でぜんぜん間違ってないじゃないですか。

翔　だけどそのとき「おたよりがおもしろかった人に銀蝿頭巾をプレゼント」って言ってたんでハッキリ言わなかったんだよね。「ナントカちゃんにおもしろいハガキもらったから銀蝿頭巾を差し上げます、おめでとう！」とか言ってて。で、ラジオ局から送ってくるじゃん、それお母さんが見ちゃったらしくて、「これはなんだ！」って話になって、クレームがバンバン入って「次のクールで終了です」って。しばらく経ってから、「銀蝿頭巾がマズかったらしいよ」って言われて（笑）。

――下ネタを売りにはしていたけど。

翔　そうそう。だけどセックスとかそういう話も、ちゃんとしていこうよっていうラジオもしてたわけだから。どうせやるならコンドーム着けなきゃダメだよねっていうことも平気で言ってたから。それでラジオがダメになっちゃったのはビックリしたね。でもラジオは楽しかったね、一家もいたから大輔が出てきたり、桃太郎と哲太と一緒にやったり、そういうことができたのが楽しかったかな。

――嶋大輔さんは会場でタバコを吸ってたらスカウトされたって、ホントなんですか？

翔　そう、ホントホント。トイレでタバコ吸ってる若いヤツがいるって聞いて、嵐さんが「ふざけんな！」って言いに行ったらデカいし、これはおもしろいってなったみたいよ。

――杉本哲太さんは街でケンカしてるところをスカウトされたのはホントなんですか？

翔　哲太はどうだったんだろう？　後に哲太が途中で紅麗威甦を辞めるって言い出して急に来なくなっちゃったんだよね。それを聞いてカチンときちゃって、家を知ってたから茅ヶ崎まで行って、「てめえ出てこいコノヤロー！　駅前の喫茶店で待ってるから」って言って。そしたら、あいつは筋金入りの不良だから、そのときもうロックンローラーの杉本哲太じゃないの。地元じゃん、ガシャガシャーンと入ってきて、何かと思ったら哲太なんだよ。俺もブチ切れてたから、「辞めるなら辞めるでいいけど途中で来なくなるってなんだよそれ。辞めるなら辞めるって言いに来いよ、こうこうこういう理由だからできないっていうならわかるけど、女みてえに嫌になっちゃったからもう行きませんって話にならねんだよ」って言ったら、「わかりました」って。そしたら次の日かな、事務所に来て「またやりたい」みたいなこと言ってたからよかったなと思って。だから哲太がケンカしてるところを誰かがスカウトしたっていうのは俺は知らないけど、哲太は紛れもない不良。

――ヤバいオーラは出てましたね。

『横浜銀蝿只今参上』
81〜82年のTBSラジオ「夜はともだち 松宮一彦絶好調！」内のコーナー。月〜金の22時45分〜23時の放送。打ち切り後は原由子の「ハラハラクラブ」が開始。

桃太郎（ももたろう）
ドラマー、ボーカル。65年生まれ。82年、バンド「紅麗威甦」（グリース）でデビュー。「BLACK SATAN」「Miss青森」「BARAKI」などのバンド遍歴を辿り、10年からは哲太以外の紅麗威甦メンバーで「紅麗威（グリイ）」を再結成。

紅麗威甦（グリース）
82年デビューのロックバンド。銀蝿の弟分という位置づけで、メンバーは杉本哲太（ボーカル、ギター）、桃太郎（ドラム、ボーカル）、ミッツ（ベース、TAKUの実弟）、Leer（ギター）の4人。84年、杉本哲太の俳優業への専念に伴い、活動休止。06年一夜限りの復活ライブを行ったほか、10年からは「紅麗威」として再活動。

翔　すっごい出てた！「辞めてやるよ！」ってなったときに、それまで頑張ろうと思ってたときの顔つきとは出すものが変わるんだよね、一瞬で元に戻ってたもんね。こいつこうやって過ごしてきたんだろうなと思うような不良だったよ、ビックリした。でも杉本哲太というのは不良の匂いをプンプンさせてたけど、俺と相性がいいというか、生き方はすごく似てて。音楽を辞めて役者をやり始めて、ホントに泣きごとひとつ言わず、長い時間かかったけどコンスタントに上がっていっていまじゃみんなが知ってる俳優になってるし。そんな階段を上ってる最中に哲太がなんかの番組に俺を呼んでくれたのね。お世話になった人に蕎麦を作って食べさせるみたいな企画で、それにあいつが呼んでくれて番組で蕎麦食ったんだよね、クソ不味いヤツね。

――ダハハハハ！　味はイマイチ（笑）。

翔　それはうれしかったよね。あいつは辞めてもう銀蝿一家でもないのに、そういうのにチョイスしてくれたのは。『銀蝿一家祭』出られないけど」って言って左手に包帯巻いて「ヨロシク」って言ってくれたあいつのジョークが俺は大好きだし。紅麗威甦で歌ってたとき、「おまえ『さしすせそ』が言えねぇんだよ！」とか言われてたあいつが役者になってセリフもぜんぜん言えるっていうのは、よっぽど苦労してちゃんと勉強していまの地位があるんだなと思うと感動してるよね。

――90年代半ばに別の役者さんの取材をしたとき、撮影の合間に杉本哲太さんがツイスト踊ってたって聞いて、やっぱり原点を忘れてないんだなと思ったんですよ（笑）。

翔　ハハハハハ！　そうだね、もともとロックンロールは好きだったみたいよ。ただそれがうまく表現できなかっただけで。哲太は左利きだからギター逆じゃん。哲太が辞めてから、TAKUが「あのギターどうした？」って言ったら「家にあります」って言うから、「よかったら持ってきてくれよ」って言って、見たら裏に彫刻刀で「グッバイロックンロール」って彫ってあったらしいんだよね。ホントは辞めたくなかった気持ちもあったんじゃない？　でも自分の道を自分で選んで。

――最近になってBOØWYが群馬暴威と名づけられそうだったとか、横浜銀蝿の当時の影響力のすごさがそこからも伝わってきますよね。銀蝿一家のドラマ『茜さんのお弁当』にもBOØWYのメンバーが出てたりして。

翔　そうだよね。あの頃いろんな影響はあったと思うよ。トラブル（虎舞竜の前身）も、ホントは80年デビューだったのを遅らせたみたいで。トラブルのギターだったユウジってヤツが俺の1コ上なんだけど仲良くて、「翔のおかげで俺らデビュー1～2年遅れたんだぜ」「え、マジで!?」「デビューの話を進めてる最中に、これからとんでもないのが出てくるぞって話になって、そしたらデビューした次の1月に『ザ・ベストテン』とか出るようになって、同じタイミングでやると引っ張られちゃうから遅らせたんだよ、もうなんとかしてくれよ」って言われたけど（笑）。

――どうにもならないですね（笑）。

翔　でもその頃はおもしろかったよね、シャネルズもいたしロッカーズもいたし。そこにアイドルの（松田）聖子ちゃんや（河合）奈保子ちゃんとか、いろんな子たちがいたからね。

イクラちゃんとのやりすぎタッグ

――銀蝿解散後の翔さんはバラエティタレントとしてすごい

『茜さんのお弁当』
81年のドラマ。八千草薫主演、TBS制作、全11回。杉本哲太、嶋大輔のドラマ初出演作品。横浜銀蝿も登場する。八千草薫の経営する仕出し弁当屋に少年院出身の非行少年4人が勤めることになり、トラブルを起こしながらも成長していく。BOØWYのギターだった諸星アツシも出演。主題歌はJohnnyの1stシングル『ジェームス・ディーンのように』。

適性があったと思っていて。
翔 そうかな？
――『上海紅鯨団が行く』とか大好きで。
翔 ああ、なつかしいねえ！ あれとんでもない番組だったよ、鶴ちゃんと京本政樹と。
――中川比佐子さんとか。
翔 ああ、中川比佐子にケラとか、すごい人たちがいたよね。あと桜金造さんってあの人不良だよ。『上海紅鯨団』楽しかったなあ。最初、立ち位置がぜんぜんわからなくて。濃いヤツばっかじゃん、鶴ちゃんおもしろいし。みんなワイワイしながらしゃべってるとうるさくなっちゃうじゃん。最初は戸惑ったけど、鶴太郎さんと桜金造さんに教わったのかな。もっとズケズケ入り込んでいいとか。あと優しい部分もいろいろ教わったかな。
――それが後に『トンガリ編』でのイクラちゃんとのタッグで花開くわけですね。
翔 そうだね。『土曜深夜族』が始まったときは司会でやるって言われて、イクラもおもしろいんで一緒にやろうよって言って。あいつホントに何も知らないでやってるから。
――あの時期に、まだ知名度もなかったイクラちゃんを抜擢するのもすごいですよね。
翔 恐ろしいよ、俺じゃなかったら仕切れなかったと思うよね。イクラはいつも好きなことやってるし（笑）。でも仲良かったからね、アメ車も好きで音楽にもあいつのコーラス入れたりしてて、家族ぐるみじゃないけど、あいつの家に行ったりいろいろして遊んでた時期だったから、あれは楽しかったね。すっごいクレーム来てた。
――ダハハハ！ やりすぎで（笑）。
翔 やりすぎで。最初の頃はスタッフさんが「たいへんです！ クレーム来てます！」って、「なんでサングラスかけたヤツが夜中に司会やってんだ」から始まって、「ふざけてんのか」とかそんなのがいっぱい来てて、「なんとかしてください！」みたいになってたんだけど、あれ不思議なもんで、毎週クレームが来ると電話で脅かされることに慣れちゃうんだよね。「あーはいわかりました言っときます」みたいになってきて、1カ月過ぎると「またクレームでーす」って、ぜんぜん平気になっちゃって。あと覚えてるのは真夜中の運動会みたいなのがあって、ニワトリだかチャボをスタジオに放して、背中に花さかじいさんみたいなカゴをリーゼントの不良がみんな背負って、「用意スタート！」って言ったらみんな走ってニワトリだかチャボを捕まえて入れるの。不良がトサカ頭でトサカついたヤツを追っかけて、超盛り上がって。そしたら動物愛護団体かなんかから「すぐにやめさせろ！」ってクレームが来て、さすがにすぐ「このゲームなし」って。ホントは捕ったニワトリを「いっぴきー」って投げながら数えるっていうのがあったんだけど（笑）。
――それだけクレームつきながらも、タイトルが変わっても番組は続くわけじゃないですか。
翔 そうそう、『平成名物TV』にね。
――『イカ天』時代になってからも続いて。
翔 続いてたね。『出て来いお笑い君』ってコーナーもやってたから、さまぁ～ず（バカルディ）とかくりぃむしちゅー（海砂利水魚）とかも名前が違った頃に出てたし、ウド（鈴木）ちゃんもそうだし、だから当時はお笑いの子たちとも交流があって。バラエティ番組もおもしろかったですね。何しろイクラと

『上海紅鯨団が行く』
86～87年のバラエティ番組（フジテレビ系列）。港区白金台の雑貨屋を隠れ蓑に暗躍する「上海紅鯨団」の活動を報告するという体裁で様々な企画が行われた。後期は視聴者参加型の勝ち抜きゲーム企画や男女カップリング企画が主流に。団長役で片岡鶴太郎、団員に上述メンバーのほか柳沢慎吾・森尾由美・田代まさし・ダンプ松本他。『ねるとん紅鯨団』はこの番組の後継であるためその名が引き継がれた。

イクラちゃん
井倉光一。61年生まれ。元暴走族のリーダーで、81年、シャネルズに憧れ「MOON DOGS」結成、84年にデビュー。『シンデレラリバティ』（横山剣作詞作曲）がヒット。88年『SUPER WEEKEND LIVE 土曜深夜族』に翔と出演、人気を博す。92年から日本最大級のアメ車イベント「アメフェス」（旧・アメリカンフェスティバル）を開催、車、バイク、時計、サーフィンといった自身の趣味をベースに活動中。

『土曜深夜族』
88～89年放送のバラエティ番組「SUPER WEEKEND LIVE 土曜深夜族」（TBS）。「トンガリ編」は2部（27時30分～29時）で、TBS日比谷シャンテスタジオからの生放送。翔・イクラちゃん・及出泰（久保田泰弘・YASU）らが出演。主要出演者が全員リーゼントにサングラスという特殊バラエティ番組だが、内容

の話が新鮮だったし、いいのか悪いのかわからないけど、まあ夜の番組だからいいだろって。ちょうどあの頃、とんねるずも『オールナイトフジ』やってたし、めちゃくちゃやってたもんね、深夜の時間帯は何してもいい、みたいなのがあったから。

――どこのテレビ局もひどいことやってて。

翔 ホントだよね。まだテレビがそういう時代だったのかなと思うけど。いろんなところでバラエティに出るのも楽しかったけど、そういう活動が横浜銀蝿の一面にどこかでつながればいいなとは思ってたんだけどね。

――バラエティスターとしての可能性もすごかったと思ってるのでもったいないなって。

翔 そっか。やりたいのは音楽だから、どうしても音楽やってる人がバラエティ畑に行ったり、音楽やってる人が映画に出たりっていう、名前でだけ来ちゃってるところの申し訳ない気持ちはちょっとあったかな。映画とかやり始めたら、ホントに役者の卵みたいなところで真剣に頑張ってる大部屋の若い子たちと話したとき、俺は銀蝿が売れたから、顔が似てるから『湘南爆走族』の権田二毛作で出たり、まあそれも人生だし、「すまねえな」とは冗談で言うけど、そういうことで行ってはいけない場所もあるんだなって感じたし。

――俳優は、杉本哲太さんぐらい本気でやらなきゃいけない世界だと思ったわけですね。

翔 そうだね。そういうのは撮ってる側にもあったと思うんだよ。ヤクザ映画やったとしても、俳優がたくさんいるなかでロックやってたヤツがコワモテだからって抜擢されてると、照明さんとかカメラ回してるヤツらもいろいろあったから、コミュニケーション取って俺もこういう思いでやってるって伝わると仲良く仕事できるけど、最初はそこで壁があるしね。音楽やってるときが一番居心地はいいよね。違った可能性にチャレンジするのもミュージシャンとして必要なときもあるし、名前を売るという部分ではいいのかなと思うけど、一生やろうとは思わないね。

――とんねるずの名前が出ましたけど、とんねるずのデビュー曲も作ってましたよね。

翔 うん、『ピョン吉・ロックンロール』。

――超名曲ですよ。

翔 （木梨）憲武くんも歌うまいから、レコーディングとかまで行ってあげたかったなと思う。でき上がったのを聴いて、キーの問題とかいろいろあったから、もっと関わりたかった。当時は西城秀樹さんとか中森明菜にも曲を書いてるけど、作ってちょっとアレンジしたらもう向こうに任せてって感じになってたから。ホントはレコーディングにもね……でも先輩のとこになかなか行けないか。

――三原じゅん子さんのときはどんな感じでした？　三原じゅん子さんも、あの当時は銀蝿一家に見えるぐらいハマってましたよね。

翔 そっか、不良に人気あったしね。じゅん子ちゃんはTAKUが『だって・フォーリンラブ・突然』を書いて。もともと同期だったし、いまもけっこう会ったりしてるよ。

――そうなんですか！

翔 ヤンキー先生いるじゃん、義家（弘介）。あいつが議員だなんだかんだやる前にけっこう仲良くて。議員さんになったから、友達だけどベタベタ会ったり連絡するのやめようね、みたいなのあるじゃん。会っちゃうとどうしても「おう義家」っ

は視聴者参加型障害物レースやお笑いコーナー、歌のコーナーなど、下らないながらも明るく健康的。後継番組『平成名物TV』の3部として続き、90年3月終了。

『湘南暴走族』
吉田聡による人気暴走族漫画が原作の映画。87年東映。今作が初主演の江口洋介が主人公の江口洋助を演じる（偶然だという）。翔が演じる権田二毛作は主人公と敵対する暴走族の総長。織田裕二・清水美砂のデビュー作でもあり、お宝的な評価が高い。

三原じゅん子（みはら・じゅんこ）
参議院議員。64年生まれ。子役出身で、79年の『3年B組金八先生』（第1作）の女番長役の特に「顔はやばいよ、ボディやんなボディを」の台詞で不良イメージが定着。82年に紅白出場。87年に国際B級ライセンスを取得、レーサーとしても活動。99年、アニマル梯団のコアラ（ハッピハッピー。）と再婚するも07年に離婚。10年に自民党から参院選出馬。16年に24歳下の元秘書と

てなっちゃうから。でも彼とはつながりがあって、ライブにも来てくれてたし。千葉真一さんが亡くなったときのお別れ会でも会ったよ。俺もJAC（ジャパン・アクション・クラブ）の人たちと仲いいんで、そのときも義家と会って話したりして。三原じゅん子ちゃんも「なんかあったら来てよ」って言って、たまに来てもらうけど、彼女も分刻みだからホントに来ても、「三原じゅん子です、イベント頑張ってください。じゃあ翔さん行くね」ってピッて帰られちゃって。

――この前も出てほしかったですもん。

翔 そうだ、『一家祭』にじゅん子ちゃんを呼ぶ！ それがあったね。言ってよ、「三原じゅん子呼んじゃいましょうよ」って！ まあ、たぶん来られないとは思うけどね。映像だけでもなー、忘れてたわ。だから、いろんな人の音楽に携わってるのは楽しいよね。向こうがどこまで俺たちの楽曲に対する気持ちが残ってるかわからないけど。『一家祭』やったとき、紅麗威も麗灑も「銀蝿さんが作ってくれた曲をやります」みたいなのがうれしかったよね。

――『一家祭』はまた観たいと思いましたもん。ユタカとかも観てみたいですよ。

翔 岩井小百合ちゃんにも声掛けたんだよ。だけど、なんかタイミングが合わなくてNGになって。ユタカはどこにいるんだ？ みたいな話になって、全員で「誰か知ってる？」みたいな。おもしろかったなあ。

――ボクがやってるSHOWROOMの番組に松村邦洋さんが出たとき、ぜんぜん関係なく銀蝿一家の話ばっかりしてましたよ。

翔 あの人もホント詳しいよね。

3度目の結婚。22年参院選で3度目の当選。

麗灑（りさ）
歌手。62年生まれ。82年に銀蝿一家のソロ歌手としてデビュー。リーゼントに革ジャン姿で「女王蝿」の異名で話題になるも、84年に引退。16年に復帰。

岩井小百合（いわい・さゆり）
アイドル歌手。68年生まれ。子役・チャイルドモデル出身で、83年『ドリーム ドリーム ドリーム』（TAKU作詞作曲）で歌手デビュー。『恋♥あなた♥し・だ・い！』で第25回日本レコード大賞新人賞ほか17個の賞を受賞。同年9月に日本武道館でソロコンサート。15歳1ケ月でのソロコンサートは現在でも武道館史上最年少記録（グループ記録は04年にBABYMETAL（平均14・7歳）が更新）。87年、東京ディズニーランドのスペースマウンテンで、一緒に乗った恋人が急死し、スキャンダルになる。芸能レポーター、パチンコアイドルなどを経て、現在は主婦。

――勝手に曲も歌い続けてましたよ。

翔 そうそう、ラジオ行ったときもずっとひとりで歌ってるから、「いやいや、本人の前で歌ってんなよおまえ」って言うんだけど、『横浜銀バウ』って企画もやったから。そう思うとくだらないことずっとやってきたね。豪くんそんなのずっと見てるんだね。

――大好きですよ。前のインタビューでも言いましたけど、横浜銀蝿は芸能史には残ったけど音楽史には残らなかったってJohnnyさんも言ってたし、音楽雑誌的には評価されなかったかもしれないですけど、そこがいいっていうか。

翔 そうだね。どこに爪跡残してんだって話なんだけど、いまさらそこで無理やり音楽史に残るみたいなことをしたいとは思わないよね、これが生きざまだと思ってるから。芸能史に残ればそれはそれでいいかなとは思うし、俺たちはそれでしかないんだなと思うし。

――それまでのロックバンドのイメージを変えたのもあると思うんですよ。シャネルズも含めて、怖いけどしゃべれる人たちという。

翔 ああそうか、そうだね。シャネルズおもしろいもんね、田代（まさし）くんもおもしろいし、山崎（廣明）なんてバラエティ出てもおもしろかったもんね。そこで評価されるっていうのもシャネルズと銀蝿ぐらいだよ。……自分のことはよくわからないけど、そうか、そういうバンドだったんだっていう認識を新たに明日からやっていこう（笑）。

――その可能性もあったんだとずっと思ってたんですよ。マーシー桑マン的な道という。

翔 そうだよね。ただ、芸能界は好きだけど、やっぱり音楽だなって思いがずっとあるから。でもよく考えたらさ、俳優やってたヤツが音楽にピュッと来て寺尾聰みたいに、俺たちの1位を奪ったからっていって、なんだよとは思わなかったから。もしかしたら気を遣いすぎなのかもね。こっちが気にしてるほど向こうは気にしてないのかな？

――寺尾さんみたいにちゃんとカッコよければよしというような世界なんだと思います。

翔 そうそう、アイドルもぜんぜんありだし俳優だったヤツがポーンと来て売れたとしても、それは同じところで勝負するっていう気持ちがあったから、「なんだあいつら！」とは思わなかったね。でもやっぱりどっちかというとバラエティが一番楽かな、もし音楽以外にやるならね。夜中に適当なこと言うような、それはこれからでもやっていきたいと思うよね。でもそうか、俺は才能あるのかな？

――間違いなくありましたよ！

翔 ホントに？ まだできるかなあ？

――ダハハハハ！ いけると思います！

翔 60過ぎてもできるかな。じゃあJohnnyに言って番組1本作ろうかな。「俺、才能あるかもしんねえからどうにかしてくれよ」って。「その前に曲作れ」って言われちゃうけど（笑）。豪くんいつもありがとうね。俺たちも思い出話はいっぱいあるけど、ちょっと違うところで深く思ってくれてたことを聞くことによって、これから進んで行く道に対しての感情がちょっと変わるから、たまに話ができるといいよね。……そうか、バラエティ番組やって豪くんを呼べばいいんだな。

――ダハハハハ！ ゲストとして（笑）。

翔 そう、こっちから質問しちゃってね。

山崎廣明（やまざき・ひろあき）
59年生まれ。元シャネルズ（ラッツ&スター）のキーボード・ピアノ。92〜97年には「ザ・クールス」（クールス。かつて舘ひろしが所属していた、佐藤秀光のバンド）のベース。現在も女性ドゥーワップグループ「オシャレルズ」（プロデュース&ピアノ）やムード歌謡コーラスグループ「浅草ロマンス」などで活動中。

こんなこと言っちゃっていいのかな？

嶋大輔

2022年4月収録

1964年5月22日生まれ。神奈川県横浜市出身。1981年、横浜銀蝿のライブを観に行っていたところスカウトされ、横浜銀蝿の弟分としてデビュー。嶋も出演した石立鉄男主演のドラマ『天まであがれ！』の主題歌となったシングル『男の勲章』が大ヒット。リーゼントヘアーでツッパリの風貌から、当時10代の若者を中心にカリスマ的存在として支持を受ける。80年代中盤以降は俳優としても、ドラマ・映画・Vシネマ等、様々な作品に出演し、バラエティにも多数出演するなど、歌に留まらずマルチに活動。

詳細が微妙に違うデビューのエピソード

——年末の『銀蝿一家祭』で嶋さんがボロ泣きしてるところを観ましたよ、まったく歌えてなくて（笑）。

嶋 いらしてたんですか！ ホンットそうなんですよ（笑）。最後に銀蝿さんが『男の勲章』を歌ったのってセットリストにもなくて。僕が泣いて半分以上歌ってないんで、銀蝿さんがやったってことだと思うんですけど。

——みんなちゃんと聴けてないから（笑）。

嶋 やっぱりお客さんを入れて銀蝿さんとやること自体、30何年ぶりだったので。『男の勲章』に関しては恩人であり恩曲であるので特別な思いがどうしてもあって。『銀蝿一家祭』っていうのがこんな時代にできるって幸せだなーなんて思いながらステージに出てたので、ちょっと感極まっちゃったというか。自分でもなんでなんだろなーと思って。

——しかし、しばらく歌ってない麗灑さんとか矢吹薫さんが感極まるならわかるんですけど、一番歌い慣れてそうな嶋さんがああなるとは（笑）。

嶋 もうね、いつもヘラヘラしてるんでね（笑）。あれはホント参りましたね。楽屋に帰ったらみんなに「芝居うまいなあ！」なんて言われて。芝居じゃなくてホントなのに！

——今日はようやくお会いできたので、じっくりいろんな話を聞きたいと思います。もともと嶋さんは兵庫生まれで中学で横浜に引っ越して。

嶋 それいろいろ誤差があって。小学校6年生のときに横浜に引っ越してきたんですよ。

——そしたら関西弁をバカにされた、と。

嶋 東京と大阪じゃ電圧（周波数）も違うのを知らなくて当時大阪で使ってたコンセント式の時計を電源入れて使ったら何時間も違うんですよ。それで僕、学校初日に大遅刻して。当時はそんなに関西弁ポピュラーじゃなかったし、僕がしゃべる関西弁がおもしろかったらしくて、真似されたりイジられる対象になって。それがイジられてるだけで終わればいいんですけど、僕の場合そこからイジメられてる感があって、そこで敵対心が生まれたみたいですね。

——それでケンカするしかないような流れになって。いわゆるヤンチャというか不良になったのは、いくつぐらいからなんですか？

嶋 野球やってたので坊主になりながらソリを入れたり、なんか一生懸命やってましたけど（笑）。中2の中盤あたりからですね。

——ただ、いまそのへんの話をどれくらい聞いていいのかわからなくて。

嶋 若い頃の話はぜんぜん大丈夫ですけど。

——本だとアンパンやっただの万引きやっただの書いてましたよね。当時は隠しごとをするほうが良くないって感じだったんですか？

嶋 まあ僕はなかったですけど、中2の終わりぐらいから中3になるとマスクのなかに純トロっていってシンナー染み込ませたのを入れてスースーやってるヤツもいっぱいいましたし、それが当たり前の時代だったので。

——それこそ嶋大輔＆紅麗威甦の本の『ヨ・ロ・シ・ク』だと、杉本哲太さんがアンパン中毒だったってハッキリ書いてま

『男の勲章』
82年の嶋大輔のセカンド・シングルで、嶋大輔最大のヒット曲。作詞・作曲・編曲は横浜銀蝿のJohnny。

矢吹薫（やぶき・かおる）
歌手。64年生まれ。銀蝿一家の一員。83年「嶋大輔、杉本哲太＋1」ギタリストとしてデビュー。後に、自身もソロデビュー。NHK『レッツゴーヤング』内のアイドルユニット「サンデーズ」の84年度のメンバー（同期に中村繁之・太田貴子ら）。現在はライブハウス「四谷ハニービースト」を運営する傍ら、演奏・音楽制作・プロデュースを行う。

すからね（笑）。

嶋　ハハハハハハ！　そんなようなこと話してたら『茜さんのお弁当』っていうドラマで「シンナーがないからガソリン吸おう」みたいなシーンができちゃったりして（笑）。

——当時、不良やりながら石野真子の親衛隊やってたっていうのはホントなんですか？

嶋　中学のときやってました。親衛隊っていうかパシリみたいなもんですけどね、場所取りとかそんなのやらされた時代ありました。

——当時の親衛隊って怖いじゃないですか。

嶋　暴走族か親衛隊かわかんないですよね、みんな特攻服に「真子命」とか書いてて。

——けっこうバイオレントな世界だから、いまのアイドルオタとはあきらかに違って。

嶋　ぜんぜん違いますね。「気合い入ってんのかおまえら！」みたいなとこから始まりますから（笑）。当時、松田聖子さんとか河合奈保子さんとか名だたるアイドルにそれぞれ親衛隊がいて、そんな時代でしたね。

——大磯ロングビーチで場所取りもして。

嶋　そうそう、大磯ロングビーチで場所取りして、炎天下だったんでそのまま日射病になって、姫……あ、姫って呼んでるんですけど、真子さんが出てきた頃には僕もう医務室に運ばれてて。そんな時代もありましたね。

——それくらい体を張った。

嶋　体を張ったっていうか（笑）。

——嶋さんがデビューした頃、「テレビ局とか行っても邪険に扱われてたのが、こうやってチヤホヤされて」とか取材で言ってて、なんでテレビ局に行ってたんだろうって謎だったんですけど、親衛隊活動によってそれなりに芸能界との接点があったわけですよね。

嶋　でも、ただひたすら石野真子というアイドルに没頭してたというか。だって、まさかそんなチャラチャラした田舎のツッパリが芸能界うんぬんなんて思いもしなかったですし。そういうのは見てたんですけど芸能界にあこがれるとかはなかったと思うんですよ。

——当時どんな将来設計だったんですか？

嶋　なんにも考えてなくて、毎日楽しく友達とワイワイやってる時代だったので、将来の話を友達とすることもなかったですね。

——それが横浜銀蝿のコンサートに行ったら運命が変わるわけですけど、これもいろんなインタビューでディテールが違うじゃないですか。最初はトイレでタバコ吸ってたところを事務所の社長の大坂（英之）さんに発見されたって話だったんですけど、ある時期からゲームセンター経由でチケットをさばいてたってエピソードが加わってきたりして。

嶋　そう、なんかゴチャゴチャになってるんですけど、銀蝿さんを知ったのが横浜の戸塚っていうところで、ダイエーの前にゲームセンターがあるんですね。そこにみんな溜まってて。そこに銀蝿さんたちも昔よく来てたって話があって。僕たちが遊んでたらそこの大将が、「おまえちょっとこっち来い」ってチケットを１５０枚もらったんです。

——「これをさばけ」ってことですよね。

嶋　はい。金取らなくていいからって。それは銀蝿さんのデビュー前のお披露目の横浜市教育会館で。いまは聖地みたいに

『ヨ・ロ・シ・ク』82年、オーロラブックス（近代映画社）。

石野真子（いしの・まこ）
女優、アイドル、歌手。77年『スター誕生！』（日テレ）で16社からスカウトを受け、78年『狼なんか怖くない』でデビュー。同年3作目のシングル『失恋記念日』で日本レコード大賞新人賞。トップアイドルとなる。82年に長渕剛と結婚、引退を宣言したが83年離婚と同時に復帰。現在も女優として活躍中。フロム・ファーストプロダクション所属。

なってるところがあるんですけど、そこだったんです。僕は「何この横浜銀蝿って？」みたいな感じで、「とりあえず行ってくれ」って言われて、僕は学校で友達にチケット撒いたのがきっかけなんですよね。それで行ってタバコを吸ってたら警備員ともみ合いになり……。

――最近のラジオでの発言で謎が解けたんですけど、そもそもトイレでタバコ吸ってたはずが、もっと悪い話だったわけですよね？

嶋　ハハハハハハ！　なんだかんだいっても未成年なのでどこまでホントのこと言っていいのか僕たちにはジャッジできなかったんで、「トイレで隠れて」って話になってて。

――「一応隠れる気持ちはあるんです」と。

嶋　そういうことにしよう、と。ホントは隠れてないんですけど。だからそういう話いっぱいあります。『夜のヒットスタジオ』にギブスして出たことあって、それバイクでコケたんですけど、芳村真理さんに「体育の時間に怪我をされて」とか言われて、「え?」って。僕、生放送でキョトンとしてるんですよ。不良のなかにもちょっとかわいさを残すみたいなのがあったのかもしれないですけど。でも、あの骨折はすっごい怒られましたね。

――話を戻すと要はトイレじゃなくて会場で堂々とタバコを吸ってたわけですね（笑）。

嶋　「禁煙」って書いてある前で堂々と吸ってました（笑）。トイレまで行くの面倒くさいんで。そしたら騒動になりましたね。

――警備員の人に警察を呼ばれたんですか？

嶋　呼ばれました。そこでおとなしくしてればよかったんですけど警察呼ばれて補導されて家に連絡されて。このままだとライブがうんぬんってなっちゃうんで、大坂さんが身元引受人になってくれて連れ戻してくれて。それでライブ終わったらスタッフがひとり飛んできて「ちょっと来てくれ」って言われて、また俺だけ説教されるのかと思ったら、「今度渋谷に来なさい」って言われたんです。

――渋谷の事務所に。ちなみにタバコを吸ってたのは仲間みんなだったわけですか？

嶋　はい、仲間と7～8人で吸ってました。

――それなのに嶋さんだけが呼び出されて。

嶋　そうなんです。なんでだろと思って、まさかスカウトの話なんて夢にも思ってないんで、ガタイが大きいから目立つんだろうなって。渋谷なんて都会に行ったことなかったんで、これもいいきっかけかなと思って行ったら、「おまえ芸能界に興味あるか？」って話をされて。言われてることがあんまり理解できなかったです、どういうことなんだって。

――ましてや銀蝿を手掛けてるとはいえ当時はまだアイドル事務所に近い状態ですよね。

嶋　だから「とりあえず両親に話して、自分の力で両親を納得させてからまた電話してこい」みたいな話をされたのは覚えてますね。

――それでやろうって気持ちにはなった。

嶋　半信半疑だったような気がします。銀蝿さんもまだお披露目したばっかりだったので。両親に話したら、「おまえなんか絶対無理だ、全部が中途半端じゃねえか」みたいなこと言われたんですけど、初めて自分でやってみようかなと思ったんで、なんとか親を説得して電話して、「お願いします」ってところ

芳村真理（よしむら・まり）
35年生まれ。50年代に『週刊朝日』のグラビアなどでモデルとして活躍。60年から女優として活動。66年からは司会者に専念し、『料理天国』（75～92年、TBS）、『新春かくし芸大会』（71～90年まで担当、フジ）、『夜のヒットスタジオ』（68～85年まで担当、フジ）など数々の長寿番組を支えた。

から始まって。学校が休みの日に銀蝿のライブがあれば行って荷物持ちしてました。

——ものすごく重い鞄を持たされて。

嶋 アルミの硬い、なんであんなの持つんだろうって当時は思ってましたけどね（笑）。

——鞄持ちから始まるのもすごいですよね。ロックの世界でそのレベルの下積みから。

嶋 ハハハハハ！ そうですよね（笑）。

——事務所に入って何するのかと思ったら、「まずはサーキットトレーニング」って。

嶋 ホントですよ！ 俺どっかの体育会のクラブに入っちゃったのかと思って。マラソンさせられて、やっぱりロックンローラーはかすれた声がいい」とか言われて、「でもマンションで大声出すと近所迷惑だから口の中にタオル突っ込め」って言われて、タオルつっこんで「アーアー」って大声でずっと言わされるんですよ。それでもう喉から血が出るし。

——えぇっ!?

嶋 出ますよ、「アーーーー!!」ってずっとやってると。そんなことやってましたね。

——翔さんが自分で喉を潰した人だから、そういう発想になるんでしょうけどね。

嶋 よくわかんなかったです、最初。

——ダハハハハ！ わかるわけないですよ！

嶋 ホントにわかんなかった。それでずっとメトロノームでチーンチーンチーンって鳴らして、あれでずっと縦揺れするんですよ。

——縦揺れ？

嶋 はい。ずっとやらされるんですよ、1時間半ぐらい。

——それはリズム感の練習なんですか？

嶋 はい、ずっとこうやって。だから俺、違うとこ来ちゃったのかなって途中から。

——ある種の戸塚ヨットスクールみたいな。

嶋 ホントそんな感じです。ギターもやったことないのに「ギター弾け」って毎日練習させられて、指から血は出るわ、たいへんでしたけどね。でも、『ツッパリHigh School Rock'n Roll（登校編）』出したときにバーンといきそうになる雰囲気が事務所内でもあったので、「お、これ乗っかんなきゃ」みたいなのはありましたね。で、なんだかんだしてるうちに『茜さんのお弁当』っていうドラマのオーディションがあり、（杉本）哲太とふたりで受けに行って、それでだんだん線路に乗っかっていったって感じですかね。

——哲太さんのスカウト伝説も1回ちゃんと検証したいとは思ってるんですけどね。

嶋 あ、ぜひ検証してください。ケンカしたらスカウトされたってヤツですよね。

——横浜駅で1対5でケンカしていたところを嵐さんが仲裁したって話ですけど、これも嶋さんと同じで、リアルが小さくなってるのか、それとも大きくなってるのかっていう。

嶋 なるほど。僕もあのとき誰がああで誰がこうでっていうのはあんまり聞いてなくて。紅麗威甦っていうバンドだったんですけど、いきなりボコボコッと入ってきて始まったので、最初はみんな他人行儀でしたね。

——『大輔★哲太のロックンロール』ってシングルでユニットも組んでたから仲いいのかと思ってたんですけど、ピリピリ

『ツッパリhigh school rock'n roll（登校編）』
81年の横浜銀蝿の2枚目のシングルで最大のヒット曲。作詞・作曲・編曲はタミヤヨシユキ（嵐の別名義）。

『大輔★哲太のロックンロール』
83年のシングル『大輔★哲太のRock'n Roll』。作詞・作曲は翔。クレジットは「嶋大輔、杉本哲太＋1」。＋1とは矢吹薫のこと。

していた。

嶋　最初はピリピリしてましたね。だから紅麗威甦のなかでもいろいろあったみたいですよ。『銀蝿一家祭』のときに30年以上ぶりに紅麗威甦のみんなと会って、「当時はこうだったんです、ああだったんです」「え、そんなことあったの!?」みたいな、初めて聞く話もいっぱい聞いてビックリしましたね。それこそ事務所の中でケンカしてたとか。

――僕もこの前、翔さんのインタビューで初めて知りましたけど、哲太さんが辞めるときにちょっとピリッとした感じの話があったとか。

嶋　こんなこと言っちゃっていいのかな？　俺が一家のなかで最初に辞めたんですよ。納得いかないことがあったんで（笑）。「これは納得いかない！」って飛び出して。だから哲太が辞めた理由がわからなくて。これも『銀蝿一家祭』のときに紅麗威甦のミッツにこと細かく聞いて、「そうだったの!?」っていうのがあったんで。「ああ、だからか！」って辻褄が合っていくっていう感じですね。

――それでも筋を通して『銀蝿一家祭』には出なくても映像でコメントは出すっていう。

嶋　あれだけしつこく言われたら（笑）。でも哲太もそういうふうに思っててほしいんですけど、俺たちの原点はそこだし、そこがなければホントに杉本哲太も嶋大輔もいないので、だからいろいろあったとしても筋を通すっていうのがあるんじゃないですかね。

シメに来る不良だらけ

――嶋さんはもともと役者志望でしたよね。

嶋　だから僕も当時、「歌いたい！」と思った曲ってそうないんですよ、レコード出していながら。自分はロックンロールといってもビートルズ系のポップンロールみたいなのが好きで。最初は歌よりお芝居をやりたかったなっていうのがすごくありましたね。

――それで『茜さんのお弁当』に出演して。

嶋　そうですね。当時の売り方としてそれが流行ってたんですよね。たのきんトリオは『金八先生』出てから歌を出す、シブがき隊も『仙八先生』に出てから歌を出すみたいな。

――『金八先生』も『仙八先生』も不良要素がたっぷりだったし、あのとき『茜さんのお弁当』は不良の友達みんな観てましたよ。

嶋　ホントありがたい番組で。1話のオンエアのとき、あまりにも数字が低くて、堀川とんこうさんっていうTBSの有名なプロデューサーの人が頭抱えてて、「やっぱダメか！」みたいな話だったんですけど、そこから金子成人さんがどんどんいい脚本を書いてくださって、4話ぐらいからガガガッと視聴率が上がり始めたんですよ。それはうれしかったですね。だからロケ行くと変なのが来てたいへんでしたよ。あのとき俺たちはけっこうロケ中止でしたもん。「あんまり外に出すな」みたいな。「外に出すならTBSの敷地内にしろ」みたいな。昔、TBSってゴルフの打ちっ放しがあったんですけど、だいたいそこらへんの近くの草むらとか、カメラワークを替えていろいろロケしてましたけど。

――揉めごとが起きないように。

嶋　揉めごとが起きないように（笑）。

金子成人（かねこ・なりと）
脚本家、小説家。49年生まれ。倉本聰に師事。72年『おはよう』（TBS）の一話で脚本家デビュー。以来『大都会』『茜さんのお弁当』などの現代物から『鬼平犯科帳』といった時代物、連続テレビ小説『チョッちゃん』新大型時代劇『真田太平記』大河ドラマ『義経』などNHKの超大作まで、数々の作品を手がける。14年には65歳で小説家デビュー、以来多数の時代小説を発表。

――いまと感覚が違うのが、当時は世の中の不良の数が尋常じゃなかったわけですよね。

嶋　街歩けば不良だらけでしたもん。

――カツアゲがポピュラーだった時代で。

嶋　ホントに。「ジャンプしろ」って、チャリンチャリン音したら「金よこせ」って。

――悪そうな芸能人が出てきたらとりあえずケンカは売るものだった時代なんですよね。

嶋　「どうせ作りもんだろ?」みたいなのが入ってくるので、どっか行けば何かありますし、ソロコンサートやらせていただくようになったときも、なんか知らないけど地方で僕に対して街宣車が周ったりして。

――なんで（笑）。

嶋　わからないんですよ！　暴走族がグルグル会館の周りをまわったりしてましたね。

――暴走族はまだわかりますけど、街宣車を出させる意味がわかんないですよね。

嶋　意味わかんないんですよ。

――国賊でもなんでもないですからね。

嶋　……なんでだったんだろうなあ?

――ちなみに嶋さんの仲のいい中野英雄さんが当時、堀越学園まで不良っぽいアイドルにケンカ売りに行ったって聞きました（笑）。

嶋　ハハハハハ！　そういうヤツらの集まりのなかでも一番仲いいですし、同級生っていうのがあるので。

――ちなみにＷｉｋｉｐｅｄｉａだと松葉杖でテレビに出たのは地方コンサートで観客に絡まれて負傷したから、みたいな話にもなってて。

嶋　……え、ホントですか!?

――それは交通事故が正解なんですね。

嶋　そうですね、大正解です。地方でケガしたっていうのはコーラの缶を投げられてここ切ったぐらいですね。血が止まらなくなって中止になりました。けっこう血が出るんですよ。歌ってるときだから白い特攻服じゃないですか、だんだん血に染まってきちゃって（笑）。ダメだってなって。で、コーラを投げたそいつはボッコボコになってるんですよ。周りのファンがそいつをやりにいってるんで、もうめちゃくちゃになっちゃって。

――そりゃあ中止にもなりますね。

嶋　そうです。いろんなことありましたね。あのときは「自分のほうが上だ！」ってヤツばっかりだったので。上は上でいいんだよって僕は思ってるんですけど許してくれない。

――そもそも、こっちはケンカが強いアピールとかそんなにしてたわけでもないのに。

嶋　そうですそうです！　ただ「不良でしたよ」ってだけのことをアピールしてたんですけど、「俺のほうが強い！」みたいな話になっちゃうんですよね。だからウチの学校の前でも、俺をシメに来てるのに、シメに来た同士が校門の前でケンカになってっていうのがよくありました。それが日常風景（笑）。

――当時、不良を背負って芸能活動するのはどれだけたいへんなのかって思いますよ。

嶋　だからよく銀蝿さんたちの事務所は俺をひとりで平塚から品川まで電車で通わせたなと思いますよ。何回も危ない目に遭ってて。

中野英雄（なかの・ひでお）
俳優。64年生まれ。暴走族上がりで、16歳で阿佐ケ谷のガード下で哀川翔と喧嘩をしたのをきっかけに劇男一世風靡に参加、付き人としてスタートする。92年『愛という名のもとに』（フジ）のチョロ役で人気に。

——一応、同級生とかが守ってくれて。

嶋 守ってくれました。でも、みんな横浜駅で降りちゃうんで横浜から品川まではひとりなんですよ。「あと何駅だから大丈夫だな」なんて言ってたんですけど、そのうち「あいつは横浜から品川までひとりになる」ってわかっちゃって。

——1回品川でたいへんな目に遭って。

嶋 よく知ってますねえ（笑）。暴漢に囲まれてそのままトイレに連れてかれて。

——え！ ……何もしてないんですよね？

嶋 何もしてないです、ふつうに電車に乗ってただけです。ただリーゼントなだけで。

——理不尽（笑）。でも、しんどいことはありつつちゃんと売れたわけじゃないですか。

嶋 ちゃんと売れたというか、『茜さんのお弁当』というドラマに出させていただいて、『男の勲章』という曲をいただいたおかげだなっていうのはホントに思いますね。

——「デビュー後も2回ほど族の集会に行って日の丸を肩にかけ、片手に木刀を持つ写真を週刊誌に撮られたがお蔵入りになった」って情報があるんですけどホントなんですか？

嶋 そうです。日の丸持ってこうやってるのを事務所に送ってきました。「これ送られてきたんですけど、嶋さんだと当たり前なんで宣伝になっちゃうんでお返しします」って。

——宣伝になっちゃうから（笑）。意外な人がやってるならまだしもってことですね。

嶋 僕がやってたら、「やっぱり本物だ」って話で終わっちゃうってことなんですかね。でも嵐さんにすっげえ怒られました、「おまえこれいつなんだよ！」って。「これでコケて仕事できなくなったらどうすんだバカヤロー！」ってスリッパ投げられて。あの人すぐ自分が履いてるスリッパ投げるんですよ。

——骨折はそのあとなんですか？

嶋 前です。

——ああ、だから「1回やらかしてるのに何やってんだ！　お前、自覚あるのか！」と。

嶋 そういうことです（笑）。

——そんなに音楽やるつもりもなかったのがソロで売れちゃって、どんな感覚でした？

嶋 すごい冷静でした。デビュー前が1年半あるんですけど、たった1年半でデビューさせてもらったんで、当時『トップテン』『夜ヒット』『ザ・ベストテン』の全部に出させていただいて。ライブやっても、俺を観てなんでキャーキャー言ってくれるんだろうって不思議な感覚でしたね。学校でもそんなにキャーキャー言ってもらえるタイプでもなかったんです、そのへんの不良のお兄ちゃんみたいな感じだったので。それがテレビに出たらなんでこんなに一気に変わってくるんだろうっていうのはものすごく思ってましたね。

——あんまり浮かれなかったんですね。

嶋 上がいるんで。浮かれたらひっぱたかれるんで（笑）。それはホントにいいところで育ったと思いますね。

——石野真子親衛隊やってた人がアイドルと同じ番組に出られるわけじゃないですか。

嶋 むちゃくちゃうれしかったですよ。僕がデビューしたときには真子さん引退してて、当時『ベストテン』とか一緒に出てたのが松田聖子さんとか河合奈保子さんなんですよ。まあいい匂いしましたね。当時まだ高校生だったので、それが唯一の自慢で、クラスのヤツがみんな聞きに来るんですよ、「おまえ昨日松田聖子の隣に座ってただろ！」みたいな感じだったので、それが唯一、楽しかった。

――取材で何度もそのいい匂いの話をしてるんで、よっぽどだったんだと思ってました。

嶋 ホントに！ これがアイドルかって。たぶん吉田さんもそうだと思うんですけど、俺らの頃の全盛のアイドルってウンコしないギリギリの時代だと思うんですよ。「俺の隣にあの聖子ちゃんが座ってる？」って。だいたい聖子さんが出てくるのは最後のほうなんでそんなに時間はないんですけど、当時は同じところに座れる立場になってる、みたいな。

――数年前まで場所取りで倒れてた人間が。

嶋 そうですよ！

――そりゃ高まりますよね。それにジャニーズ事務所の競合の男性アイドルが活動しにくい時代に、不良ならいいのかと思いました。

嶋 当時、僕たちの他にも竹本孝之くんとか新田純一さんとか本田恭章さんとかいろいろアイドルいましたけど、全部潰されましたもんね。そういった意味では激動のなか生き残ったんだなとは思います。

高知東生との殴り合い

――さっき最初に事務所を辞めたって話をされてましたけど、資料集めてたら85年の秋に「いろんなことがあってこのままだと自分がダメになる、このままじゃ潰れるとものすごく悩んでこの世界を辞めようと思った」って話をしてたんですよね。それかなと思って。

嶋 ……ただ不良で終わってしまうと思ったんですね。このままでいったらただの不良が田舎から出てきて歌出して勢いで売れちゃった、みたいな感じになっちゃうのかなと思って、すごく悩んでた時期でもあります。

――その後ぐらいに髪の毛も切って。

嶋 そうです、他の役をやりたい、いろんな役をやってみたいっていうのがすごくありました。まず切らせてくれなかったですから。

――それで事務所移籍に至るんですか？

嶋 それもあって、悩んでるときに大事件が起きて辞めることにしたんです。

――これは掘っちゃいけないヤツですか？

嶋 これはヤバいですね、あるグループが絡んできちゃうんで。べつにそのグループが悪いわけじゃないんですけど、ウチの社長が一時預かりをして、ウチの渋谷の合宿所を貸すって話になって。僕たちが仕事から帰ったら僕たちの荷物がエントランスに全部出てて、「ん？」ってなったら、「預かりのグループがあるんで、おまえらしばらく家に帰れ」って言われて、「え、そんな扱いなの？」と。

――事務所には尽くしてきたつもりなのに。

嶋 はい、帰ったら僕の荷物も紅麗威甦の荷物も全部出てて。なんでこういうことするの？ みたいなのがあって、あと当時悩んでた部分もあって、こんな事務所いられねえやってことはありましたね。

――それがなかったら、まだずっとリーゼントの不良キャラのままだったかもしれない。

嶋　ね、いつまでもリーゼントやらされて、切りたいのに切らせてもらえないっていう。

――役者志望だとしんどいですよね。

嶋　しんどかったです。だって不良の役しかこないんですよ。

――10代ならまだいいだろうけど。それで、フロムファーストに移籍するんですか？

嶋　そこからフロムファーストです。これは初めて言ったかな。銀蝿一家のなかでも紅麗威甦と僕ぐらいじゃないですかね。「俺、辞めるから」ってその日に出て行ったんです。で、知り合いの社長さんの家に泊めてもらって、「話したい」って言われたけど、「俺はもう話したくない、辞める」って言って。

――そんなことがあったのに、その後もちゃんといい関係を築けてるのがいいですね。

嶋　嵐さんが怒らなくなったからじゃないですか？　ただ根底には僕を生んでくれたのは銀蝿さんっていうのがあるので。

――ボクは嵐さんが優しくなってからしか知らないんですけど、そんなだったんですね。

嶋　いまいいオジサンですもんね。それは銀蝿さんというよりは当時の大坂さんと僕の問題だったんですけど。そのあと哲太が個人事務所を作って急に出て行くのにつながるんですけど。そこらへんから銀蝿一家がバタバタ分散していったのかなと思いますね。

――当時の記事を読むと、嶋さんとかが「銀蝿が解散しても俺たちで銀蝿一家を守っていくぜ」みたいな話をしてましたもんね。

嶋　言ってましたねえ！　当時はホントに思ってたんですよ。最後の新宿コマのライブはホントに泣きましたし、俺たちにも責任感があったので、銀蝿さんが辞めてこのまま銀蝿一家が終わったなんてなるのは嫌だなってみんなで話してたのはホントなんですよ。そこから急に、やっぱり上が辞めると急にゴタつくってホントだなって思いますね。

――そこに翻弄されながらも、ちゃんと俳優業にシフトできてよかったですよね。

嶋　こんなこと言ったらあれですけど、ホントにいいタイミングで。

――いい具合に不良色も消えて。

嶋　そうですね、髪も切れて。

――ちゃんとトレンディドラマに出られるぐらいになって。すごい転身でしたよね。

嶋　ありがたいです。フロムファーストに入ったときは、これが芸能界かと思いましたね、やっぱりぜんぜん違ったので。一家のときは一家の中でしか生きていなかったので。

――「え、タオルくわえて喉から血出さなくていいの？」って世界ですもんね（笑）。

嶋　ハハハハハハ！　ホントですよ。「ジャンプしてろ」なんて言わないですから。そんなこと言ったら「は？」ってなりますから。この前も麗灑と話してて、僕と麗灑のレッスンが始まったのが最初だったので、「あの練習はなんだったんだ」って言ってましたね。

――だって、麗灑さんなんてちゃんとした音楽のバックボーンがある人ですからね。

嶋　そうなんですよ、演歌ですからね。

――ちょっと前に高知東生さんのインタビューをして、高知さんから嶋さんとディスコで殴り合いをした話を聞かせていた

フロムファースト
フロム・ファーストプロダクション。郷ひろみをジャニーズ事務所から引き抜いたバーニングプロダクションの小口健二（「高知東生」の章も参照）が82年に暖簾分けの形で独立し設立した芸能事務所。07年の小口死去後は、妻の小口文子が社長を引き継ぐ。

だいて。

嶋 あいつはホントに不良でね。大人になってるんだからやめろよって感じでしたけど。

――いまだいぶ大人になってますけどね。

嶋 まあ、いま大人になってないとあいつもたいへんだと思うので（笑）。

――要は当時、高知さんは嶋大輔ファンなのにディスコでつい絡んできたわけですよね。

嶋 みんなに誕生日会してもらってたんですよ。俗に言うディスコのVIPで。みんな気を遣って女の子を呼んでくれて僕が真ん中に座ってて、それが気に入らなかったかなんだか知らないけどケンカ売ってきやがって。最初、遠くから銀蝿さんの悪口が聞こえてきてたんですよ。「横浜銀蝿がどうのこうの」「芸能人が女連れてどうのこうの」って。あまりにもうるさいから、「うるせえ！」って言って、そこからケンカになったんです。

――「嶋大輔さん」って言えばよかったのに、「おまえが嶋大輔か」って言っちゃって。

嶋 「おまえ？」みたいな。もう20歳過ぎてのそういう話はするの嫌なんですけどね。

――で、「表に出ろ」でホールでケンカ。

嶋 はい。ディスコだったんで音楽バシバシかかってるんで。で、グッと殴ったらちょうど顔に当たったんですよね。それで次いこうとしたら「ちょっと待ってちょっと待って」って言うから「ちょっと待て？」って聞いたら、前歯がないって話になって。で、探したらあって、洗ってあげて返して。そのときは俺もう終わったと思ったんですよ、傷害で。

――ああ、ちゃんとした事務所に所属する芸能人が暴力沙汰を起こしちゃったっていう。

嶋 それはすごく焦りました、またやっちゃった……みたいな。

――ところがそれで意気投合するっていう。

嶋 意味がわからないでしょ？

――「一緒に歯を探してくれていい人だった」ってことだったみたいですね（笑）。「悪かったな」ってアロンアルファを渡して。

嶋 ハハハハハハ！　あれはヤバいと思ったんで速攻探しましたね。その裏には、「どうにか穏便に」っていうのがあって（笑）。

――向こうがケンカを売ってきたとはいえ。

嶋 そう、ケンカになってるしこっちがケガさせちゃってるんで、これは訴えられたら完全に負けるなっていう。

――この話を聞いて、嶋さんはやっぱりちゃんとケンカが強いうえに、この時期でもちゃんとケンカ買ってたんだって思いましたよ。

嶋 ハハハハハハ！　いやホント恥ずかしいお話で。もう、それ以降ホントにないです。あいつとの出会いもホント不思議で、意気投合して「ちょっと飯でも食いに行こうよ」って外に出たらものすごい色のどデカいベンツが停まってたんですよ。こいつ何者？　と思うじゃないですか。そしたら「夢を追って高知から出てきた、役者になりたいんや」って。で、話してるうちにどんどん仲良くなって、僕がフロムファーストの社長に会わせて芸能界デビューって話になるんですけど。

――高知さんも、逮捕されてからここまで真っ当な人になるとは思ってなかったですからね。人生いろいろですよ。

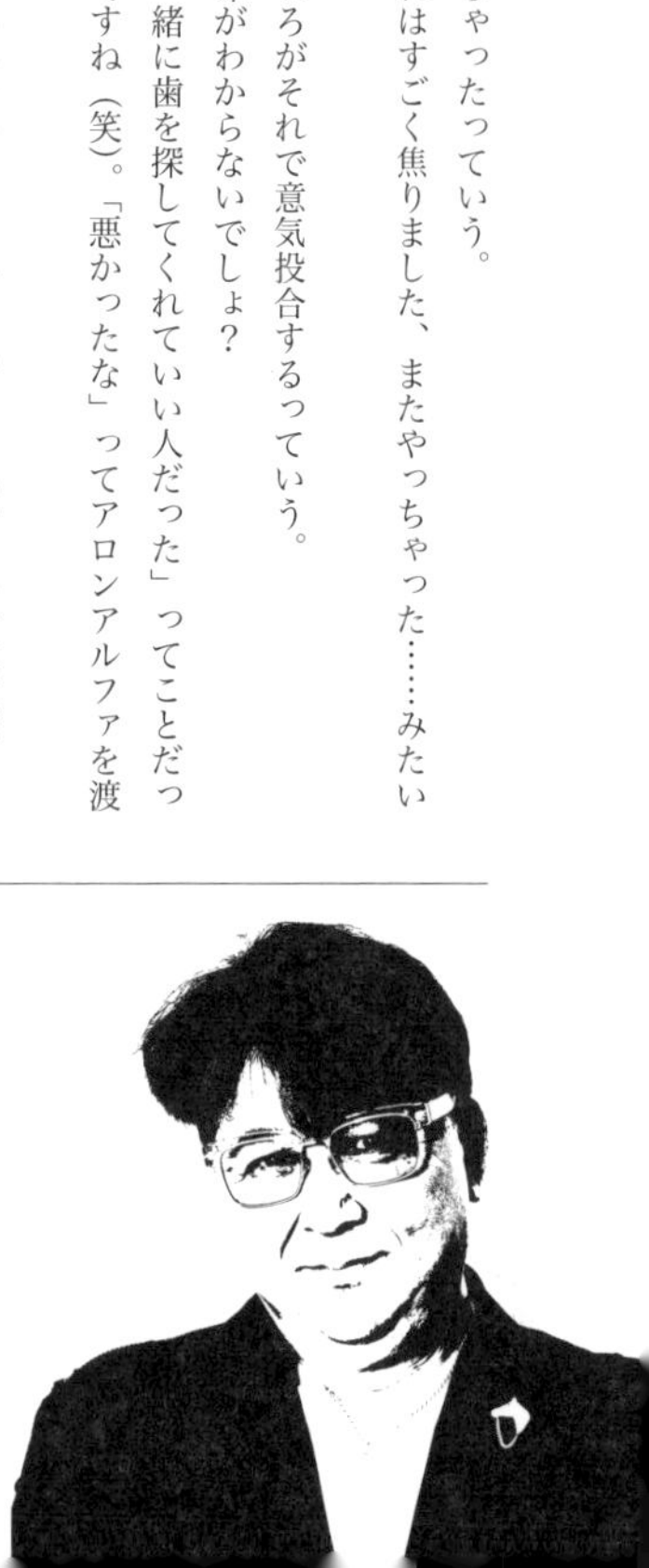

嶋　ハハハハハ！　ホントに反省してるみたいで。出てきてから1回しか会ってないんですよ。そのときもホントに反省してたなと思うんで。ヒデ（中野英雄）ともめちゃくちゃ仲いいんですよ、誕生日が一緒で。だからまたいつかみんなで一緒に芝居とかできたらいいねとは話してるんですけどね。

――中野英雄さんとはドラマの現場で仲良くなったんですか？

嶋　これも違うんですよ。ヒデが哀川翔さんのボーヤの頃、フロムファーストの小口社長と翔さんが提携で事務所を作ったんですよ。それで月に1回家賃とかのやり取りにフロムファーストに顔出すようになったのがヒデで、そこで話してて同級生だってわかって、そこから仲良くなって、「俺も頑張るから」って言ってて、なんだかんだしてるあいだに『愛という名のもとに』が始まったんですよ。

――当時からの関係があって、芸能界復帰も中野さんがきっかけだったんですよね。

嶋　そうです、『龍が如く』ですね。僕、ゲームって『龍が如く』しかやらないんですよ。新しい『龍が如く』が出たから買ったらパッケージにヒデが出てるわけですよ。そのとき芸能界引退してたので、ものすごくジェラシーというかヤキモチ焼きまして。そのとき誰とも連絡取ってなかったんですけど、あまりにも頭にきてヒデに電話したんですよ。

――ジェラシーのあまりに（笑）。

嶋　「『龍が如く』買ったぞ」って。「それよりおまえ久しぶりだけどちゃんとやってんのか？　お茶飲もうぜ」って言われて、新宿のホテルでふたりでお茶していろいろ話してるうちに、「おまえそろそろ芸能界戻れ」って言われて、「いや戻るって言ったって戻るとこねえよ」「いや一緒にやればいいじゃねえか」ってヒデが拾ってくれたっていうのがあるんですね。持つべきものは友というか。

――ホントにいろいろありながらもなんとか芸能界に戻ってきて、『銀蝿一家祭』に出るぐらいまでになって、そりゃ感極まって涙ぐみもするだろうなって思いました（笑）。

嶋　ハハハハハ！　いやいやいや（笑）。ここに自分が立ってると思った瞬間にホントに感情が一気にブワーッと溢れて。また翔さんとJohnnyさんが観てるんですよ、それでまたブワーッと感情が高まっちゃって。ちゃんと最後まで歌いたかったんですけどね。ひとりで歌うのはなんてことないんですよ。

――以前はあまり『男の勲章』を歌いたくなかったみたいなこと言ってたじゃないですか。

嶋　はい。……意固地になってた部分があるんですよね。「リーゼントして出てください」とか、イジられてる感がものすごくあったので。でも、いろんなアーティストが年間何千人とデビューしたなかで、求められる過去もなく終わっちゃう方もいっぱいいるんだから、いくつになっても求められるタレントさんって誰？　っていったらそういないなと思って、イジられようが何しようがいいんだって思い始めたんですよ。そういう考え方になったのは、『男の勲章』が『めちゃイケ』で使われ始めて、その『めちゃイケ』で着メロが1位になったり、『今日から俺は!!』で40年ぐらい前の『男の勲章』が主題歌になって、またガーンときて。そういうのもあると、やっぱり自分の感情も変わりますよね。

――そして気がついたら横浜銀蝿が自分の持ち歌感を出すようになってたという（笑）。

『愛という名のもとに』
92年のドラマ。フジテレビ制作。野島伸司脚本。鈴木保奈美・唐沢寿明・江口洋介ほか出演。大学時代にボート部だった男女7人が恩師の葬儀で再会、それぞれの道でそれぞれの人生に苦しんでいることを知る。中野英雄演じる倉田篤ことチョロはボート部の陽気ないじられ役だったが、心優しい性格故にフィリピンパブの女（ルビー・モレノ）に熱を上げ会社の金を横領、逃亡し自殺してしまう。

『龍が如く』
05年から続くヤクザ疑似体験ゲームシリーズ。Vシネ張りの王道極道ストーリーに加え、No.1ホステス育成シミュレーション、不動産経営シミュレーションなど「シノギ」が体験できるサブイベント・ミニゲームが豊富なことも人気。15年発売の『龍が如く0 誓いの場所』は中野演じる組長がラスボスで、パッケージ中央に載る。

『めちゃイケ』
96〜18年放送のバラエティ番組『めちゃ×2イケてるッ！』（フジ系）。02年に始まったコーナー「単位上等！爆走数取団」では罰ゲームのBGMとして『男の勲章』が繰り返し流され、嶋を知らない世代にも楽曲が浸透したが、06年、レギュラー出演者の山本圭壱が吉本興業を解雇となる不祥事を起こしたためコーナーが打ち切りに。

嶋 いやホントですよ！ 『銀蝿一家祭』のときにもっとしゃべりたかったんですけど、なんか知らないけど俺はただ単に『今日から俺は!!』を応援していただけなのに、乗っかってるとか、『有吉反省会』で2回もそれ引っ張られてイジられて。俺から言わせれば銀蝿さんたちのほうがよっぽど乗っかってんですよ!! このタイミングで曲は出すわPVはまんま真似して作るわ、まあ自分たちの曲かのようにプロモーションして。

――だって、「もはや俺たちの歌だ」みたいなこと言ってましたからね（笑）。

嶋 だから1回、頭にきて銀蝿さんの配信で「差し上げます」って言ったんです（笑）。でも歌ったのは僕だという自負があるので。

――こうして話を聞くと、人生いろいろあったけど結果オーライな感じなんですかね？

嶋 そう思うようにしてます。それが自分の背負ってる過去であって、だからいまがあるんだって思えるような生き方をしたいですし。人生なるようにしかならないって思い始めました。なるようにしかならないのは、どう努力して毎日を過ごすかの積み重ねなんだろうなって感じですかね。まあ、これからもいいことも悪いこともあるでしょうけど。

――芸能界で他には誰ともケンカしてない？

嶋 芸能界でケンカ……してないですね、高知が最後ですね、殴ったとかそういうのはないですね。揉めごとはないようにないように穏便に穏便にってタイプになったんで。ね？

スタッフ はい、優しいです。

嶋 いまの若い役者さんのほうが血気盛んでたくましいなって思いますね。俺なんかのときってアイドルとアイドルがどうのこうのってホント御法度で、実際なかったですからね。

――●●●●さんぐらいですかね（笑）。

嶋 ……あれ？ まあ、そうですねえ、●●●●さんのときぐらいですかね（苦笑）。

スタッフ いまのは載せないでください。

――わかってますよ（笑）。銀蝿一家辞めたあとに哲太さんと共演ってあったんですか？

嶋 いや、ないんですよ。現場でも会ってないですし。『今日から俺は!!』の映画のほうでも、シーンが違って会えなくて。いつか会いたいなと思ってますね。昔のタレントさんって制約がものすごかったので、そのなかで遊んだりケンカしたりいろんなことがあって、仕事しながら成長していって。だから当たり前のことを当たり前にできるタレントさんが多い時代だったなって思いますね。いまの子って結局、上っつらの挨拶しかできない子が多いのかなって思ったりしますし。

――銀蝿一家は挨拶を仕込まれますからね。

嶋 すごいですもう。縦はすごいです。渡哲也さんと『信長』っていう舞台でご一緒したときに聞いたんですけど、ド新人でまだ名前も知られてないとき石原裕次郎さんに挨拶しに行ったら裕次郎さんは立ったって言ってて、「僕はそれをいまでもやってる」って、ホントにそうなんですよ。僕が挨拶に行ったらパッと立って「渡です」ってやるんです。だから僕はそれを真似して、いいところはどんどん吸収しようっていまでも思ってます。

『今日から俺は!!』
西森博之のヤンキー漫画を原作とするドラマ。18年放送。賀来賢人主演、福田雄一脚本。主題歌は出演する俳優で組んだ「今日俺バンド」による『男の勲章』のカバー。嶋自身も冒頭ナレーションで参加（20年に公開された劇場版には杉本哲太とともに出演）。

『信長』
96年10月、大阪・新歌舞伎座で公演された舞台。渡哲也はこれが自身初めての舞台挑戦で、他の出演者に若林豪・なべおさみ・南野陽子・岡田茉莉子ら。第1部が『信長』、第2部は渡哲也オンステージ『男の詩歌（うた）』。

刑務所は悪党の大学

D.O

2022年2月収録

1978年7月7日生まれ。東京都練馬区出身。ヒップホップMC。ヒップホップ・グループ、練マザファッカーのメンバーとして知られる。2006年に『JUST HUSTLIN' NOW』でソロ・アルバム・デビュー。バラエティ番組に出演し、三つ編みとサングラスという容姿や語尾に「メーン」とつける独特の話し方で話題に。2010年にソロ活動再開。翌年の『ネリル&JO』、2012年の『THE CITY OF DOGG』を経て、2014年に『DO THE BEST』を発表。2018年に客演集ミックスCD『悪党 THE MIX-Mixed by DJ BAKU』をリリース。大麻取締法違反により2019年11月から服役中であったが、2021年12月22日に出所。主な著書に『悪党の詩 D.O自伝』『JUST PRISON NOW ～D.O獄中記～』(ともに彩図社)。

獄中の山下達郎人気

——ご無沙汰してます！

D.O いやホントですね。

——たぶん2010年の『BUBKA』で田代まさしさんとの対談を仕切って以来なんですけど、16年には田代さんと9sariのコラボで『リハビリマーシー』を出しましたね。

D.O あれで縁をいただいたんで、コラボさせてもらったときは、おかげさまで昔からの知り合いみたいなテンションで（笑）。そのあと裁判やるのに近所にあるダルクみたいなアパリクリニックっていうのがあるんですよ。そこに行けるだけ行って「行きました」ってハンコもらってこいって弁護士に言われて、けっこう頑張って通ったんです、それ裁判のときにすげえ使えるからって言われて。そこ行ったらマーシーさんがご飯とか配ってる係やってて。「おうD．O！」「マーシーさん！ こんなところで！」って（笑）。

——19年に出た自伝『悪党の詩』（彩図社）が本当に素晴らしくて。すぐにインタビューを頼んだら、今回はタイミング合わないから次号にしましょうか的な話になって、そしたら収監されて取材できなくなっちゃったんですよ。

D.O そうだったんですね！ なるほど、次号が長かった（笑）。すみませんホント。ガッツリ迷惑かけちゃってるじゃないですか。

——いや、迷惑は何も掛かってないです。

小林政広（9sariスタッフ） そのあと吉田さんがSHOWROOMでやってる番組に永野さんが出たときも本を取り上げてくれて。永野さんも一応、裏9sariグループなんで。

D.O 永野さんが本を宣伝してるというか、アップしてくれてるヤツが何かの雑誌に出てて、それを僕は図書工場（官本の貸与作業と差し入れ本の整理をする刑務所の作業場）で盗み読みしてチェックしてました。豪さんのインタビューも相当読ませてもらってます。

——ありがとうございます。ボクもいろんなところでこの本は絶賛してて、書評も書いたんですよ。そしたらライブで印刷会社の人に突然声かけられて。「豪さん！ あの本の印刷担当した者なんですけど、書評タイミングで増刷が決まったんです」って言われて。

D.O うわーっ、お世話になりました。ありがとうございます。収監されてるときも、我々図書工場がみんなのところに配るように段取りして業者に運んでもらうんですけど、僕が自分で自分の本をやってましたね。けっこういっぱい買ってくれてて。僕が同じ施設にいるからっていうのももちろんあるんでしょうけど、より近いというか。僕のヒップホップ的スタンスだと、知り合いか誰かしらの知り合いの知り合いだったりする人がめっちゃいるんですよ。良くも悪くもというか。まあ、良くはないんですけど（笑）。

——すごい本だと思いましたよ。ここまで書いていいんだっていう衝撃がありました。

D.O これでもだいぶ抑えたというか、これはやめようかって半分ぐらい切り捨てて。

——収監が決まっていたからこそ、変に隠すことなくキッチリ書けた本だと思いました。

小林政広 そんなつもりじゃなくて作り始めたんですけどね。もう足かけ3年ぐらい。

田代まさし（たしろ・ー）
56年生まれ。80年「シャネルズ」（後にラッツ&スター）でデビュー。86年頃からタレント・コメディアンとして人気者に。00年に下着の盗撮、01年に風呂の覗きと覚醒剤所持、04年には銃刀法違反と覚醒剤所持、10年にコカイン所持、15年に盗撮、19年に覚醒剤所持で警察沙汰に。依存症治療と社会復帰の問題の深刻さ・複雑さを広く提起する存在となる。

9sari（くさり）
9SARI GROUP。12年から活動を開始したヒップホップレーベル。D．Oのほか、漢 a・k・a・GAMI、HI-BULLET、DOGMA、LORD 8ERZらが所属。

『リハビリマーシー』
16年の楽曲。9SARIのメンバーと田代まさしが、「だいじょぶだぁ」のフレーズをモチーフに薬物依存から逃れる難しさを訴え、薬物摂取をしないようラップで呼びかける。

D.O 「絶対途中でいなくなったりしないでよ」ってすごい言われてて、「そんなわけないでしょ！」って言ってたら、できるかできないかの瀬戸際でまさかのタイミングで。これから行ってきます、みたいな形にできて。この『悪党の詩』とかたるにふさわしい僕の現状とタイムリーに我々のヒップホップと引っかけられたのは不幸中の幸いと言ったら怒られちゃうかもしれないですけど……。大きな目で見たらナイスタイミングですかね。

——ボクもD．Oさんと地元が同じだから、読んでて記憶の扉がパカパカ開く感じで。

D.O あれ、豪さん練馬？

——ボクは江古田生まれの大泉育ちです。だから不良制服専門店マツミとか、「うわ、30年ぶりに聞いた、その名前！ 開襟シャツとか買いに行ってた！」みたいな（笑）。

D.O ハハハハハハ！ わかる人に通じてうれしいです。悪さ自慢みたいなのしちゃうと上には上がいるから、刑務所でそんなこと言い始めたらホントにキリがないんですけど。ヒップホップと僕自身のスタンスと上手なバランスで本にできたかなとは思ってますね。ちなみにこの本（『実話BUNKA超タブー』）、唯一刑務所に入るんですよ。他のシリーズはなかなか入らなくて。『ナックルズ』とかほとんど入らないんですよね。なんか禁止本になっちゃってるんですね。だから僕これ毎月すごい処理しました。たまーにヤクザ情報とちょっとしたドラッグ関係みたいなのが消されてたり切られてたりするんですけどね。刑務所でこのタイトルは購読率めちゃめちゃ高いですね。さすがです。

——ちなみにボクの友人が捕まったときは、TBSラジオがいつも流れてるから宇多丸さんの声は毎週聴けてたって言ってましたね。

D.O 場所によって違うんですよ。チャンネルを選べるわけじゃないんで。栃木はちょっと変なチョイスだったんですけどね。にしてもいろいろ聴けました。福山雅治のラジオが超人気でみんな楽しみにしてるとか、山下達郎のラジオみんな毎週楽しみにしてるとか。

——ダハハハハ！ 獄中で意外な人気が！

D.O 山下達郎さんはすごい勉強になるような音楽かける人で、超いいんですよ！

——あれ、マニアしか聴かない番組ですよ！

D.O はい、でも60年代70年代ぐらいの曲から最近のものまですげえやってくれて。めちゃめちゃマニアックだし、かつものすごくクリエイティブで、あれもホント救われましたね。ヒップホップ関係のラジオはあんまりやらないんですけど、でも栃木に収監される前、川越少年刑務所に行ったときはヒップホップがすげえ流れてたんですね。AK-69の番組も毎週やってたし。月イチでアーティストが替わるみたいなチャンネルがあって、Mummy-Dの月とか、あっこゴリラの月とか、それもおもしろかったですね。

——D．Oさん、もともと文化的な人じゃないですか。ご両親も虫プロの関係の仕事で。

D.O だから漫画家がウチに集まって麻雀してるみたいなこともよくあったんですよ。でも小学校低学年ぐらいの話ですから誰かはまったくわかってないんですけど、あとで聞いたらそんなすごい人だったんだ、みたいな。

——知らないから、漫画家の先生たちに「キン肉マンを描い

『悪党の詩』
D．O著（19年、彩図社）。19年11月のD．Oの収監直前の9月末に出版。恐喝、薬物、殴り合いなど、常人なら表現をボカすアウトローな出来事をストレートに洗いざらい綴った自伝。

永野（ながの）
芸人。74年生まれ。21歳で芸人を始めるも、20年を超えるアングラ生活に。15〜16年ごろから『ゴッホとピカソに捧げる歌』（通称・ラッセン）のネタでじわじわと人気に。ラップは素人だが『フリースタイルダンジョン』にゲスト出演した縁で『悪魔の詩』サイン本をもらい、D．Oが好きになったという。

AK-69
ラッパー。79年生まれ。12年にNYに渡り武者修行を開始、以後、日米の両方を拠点に。独特なファッションセンスも若者に影響を与えており、自身でアパレルブランドもプロデュース。FM Nack5で毎週金曜20時30分よりレギュラー番組『HOT69』を担当。

Mummy-D
ヒップホップMC、トラックメイカー。70年生まれ。早大在籍時の89年、後のライムスター宇多丸らと

N.M.F

てくれ」って頼んで（笑）。

D.O そうそうそう（笑）。漫画には刑務所でもものすごく助けられましたね。僕は梶原一騎あんまり知らなかったんですけど、中にいるときに小林くんに本を送ってもらったらめちゃめちゃ大泉学園の話が出てきて。父親も虫プロで『あしたのジョー』は相当関わってたんで。僕の名前の由来も『あしたのジョー』で。最初は「慈容」でジョウだったんですね。それで読み方を「シゲヤス」にして。逮捕されて留置所にいるとき、留置の人みんな一緒にお風呂入るんですよ。背中にジョーと力石のタトゥー入れてる人といつも一緒に入ってて、運命的だなーと思って（笑）。

――D．Oさんの自伝も漫画向けの題材だと思いました。単純なワル自慢じゃなくて、恐ろしい部分もちゃんと書いていて。ちゃんと痛い目に遭うというか、たいへんな目に遭う。

D.O そこ、すげえ意識したポイントなんですよ。悪さ自慢には入れないというか入りたくないというか。また別のスペースみたいなところでうまく転がしたかったし。いちいちちゃんと学べるというか、ここで本にしたことが大きいですけど無駄じゃないようにできてるというか、やってるし、そのときはそう思ってたし、それも納得してるんですけど。

――捕まったあとにこういう怖いことがあるっていうのは報道されない部分ですから。

D.O ハハハハハハ！ 書き切れなかったことはいっぱいあるんですよ。そこはラップに詰め込んだりしてるんですけど、ラップしてるような流れでもちゃんと決着つけてきてるから。さんざんいろいろあった相手にも、後に「このこと書いてもいいし歌にしてもいいよ」って言ってもらえるというか。それがヒップホップだなっていうのはありますね。

HHCビジネス

――サラッと書いてますけど、「お前のせいで俺たちのシノギは迷惑を被ったから、その責任を取れ、金を払え」って殺されそうになったり、ライブ中にヤバい筋の人が乗り込んできて袋叩きにされたりしたんですよね。

D.O はい、そんなこと何回もあったんで。何十人もその筋の人間がいるところに引っ張り出されちゃって、「これどういうことか説明しろ」だの。ちょっとした揉めごとが二転三転してとんでもなくデカくなっちゃったり。それすらもヒップホップに変換させてもらえるのはある意味幸せですね（笑）。今回もそうですけど、この一連の流れをどうプラスに変えるというか、どうやって展開するかによっては吉とも凶とも出るようなことだと思うんで。そういうのを体現しながら、自分の存在自体がメッセージでありヒップホップであるわけで、責任があると思ってるんですよ。その責任を果たすというか、貫き通すのが僕の運命だなと思ってるんですよね。

――そこの筋は通す人ですよね。反省して「ラップやめます」的な方向ではなく、いかにキャラも変えずにやり切るかっていう。

D.O そこは絶対的にブレちゃいけない部分だって自分でもすごく思ってるんですけど。その責任のなかで、「これで大成功しました」って言えなかったらなんか違うんじゃないかなっていうのがあって。誰が見てもこのヒストリーでこんなに勝ち上がってるんだよこいつっていうふうにカッコつけなかったら

「RHYMESTER」を結成。98年『B-BOYイズム』が大ヒット。17年のドラマ『カルテット』（TBS）では高橋一生を追う謎の男役で出演し話題となった。

あっこゴリラ ラッパー。88年生まれ。11年「HAPPY BIRTHDAY」のドラマーとしてメジャーデビュー。解散後ソロラッパーとして活動を開始。19年からJ-WAVE『SONAR MUSIC』ナビゲーター。

自分が語る責任は果たせてないというか、まだまだやることが山積みなんですよね。

――成功という意味ではビジネス的には真逆の、過酷な思いばっかりしてますもんね。

D.O そうなんですよね。

――音源をちゃんとリリースできたことがないというか、最初は金で騙されたり、次は逮捕でリリース中止&お蔵入りになったりで。

D.O ハハハハハハ！ そうなんですよね。でも、決して1回も落ち込んだことはなくて、なんか俺っぽいなー、どうやったらこれうまくいくのかな、みたいな。ずっとそれで戦ってるんですけど。なんか鍛えられてます。それも9sariで初めてこうやって安定して、作りたいと思ったらすぐ作曲できて、リリースしたいと思ったらさせてもらえてっていうのはホントありがたいですよね。我々の語るヒップホップのなかでは代表というか日本一だと思えるレーベルの9sariが僕をプッシュしてくれてサポートしてくれてることとか、出てきてすぐまた相手にしてくれる人がいっぱいいるとか、自分のステージがあるとかライブ呼んでもらえるとか、そういうひとつひとつが答えになってるというか。

――獄中から発信できたのも大きいですね。

D.O そうですよね。草下（シンヤ）氏が友達として何ができるかなと思って、「俺やるよ」って。だから発注してお金払ってやってるわけじゃなくて、僕のヒップホップに賛同してくれてる人たちが力をくれて応援してくれて期待してくれて。それは一番のやりがいというか、いまの自分の理由みたいな、そういう答え合わせができてるのが何よりのエネルギーというかバネになってるんですかね。

――いまは時代が変わってラッパーが大麻で捕まっても人が驚かない時代になったじゃないですか、「ハイハイ、やっぱりね」ぐらいで。

D.O まあ、自分はそれに一役二役買ってますけど（笑）。でも、おかしくないですか？ ビデオで曲でいろんなメディアでさんざんその話はしてるし、こういうヤツだっていうことも自己紹介させていただいてるなかでおもしろがってもらってるヤツらなわけで。そいつが捕まって何を驚くの？ っていう。

――「まあ、そうなるよね」のひと言じゃないですか。それで反省しろって言うのもね。

D.O そうなんですよね、「反省しろ」は一番なしだと思うんですよね。捕まっちゃったことに反省するわけで、捕まった理由に反省するわけではない。良くも悪くもいまのヒップホップには貢献できてると思ってます。

――のりピーが捕まったときに●●●●が「なんで日本でやるんだろうね」って言ってたって話が好きで。合理的だなっていう。

D.O ハハハハハハ！ でもそうですよね。あの人たち先駆者というか。それこそマーシーさんといるとき、いろんな芸能界の話を教えてもらうんですよ。想像を絶するシーンだったことを超教えてもらったんです。バブル時代というか。ものすごいお金が動きながらとんでもない無茶苦茶を全員がしてるわけじゃないですか。患者さんたちといつもしゃべってて、輪になって話を回していったりして、エミネムのビデオにあるような、ひとりずつ「僕はこういう事件でこうなって」とか「最近こうやってるんだけど」って話すんです。重症な依存症の人とかは

草下シンヤ（くさか・しんや）
編集者、ノンフィクション作家、漫画原作者。78年生まれ。作家を目指し上京、19歳で彩図社に入社。ちびまる子ちゃんに登場する「はまじ」のモデル浜崎憲孝の『僕、はまじ』（02年、彩図社、以下同じ）、TV化された多田文明『ついていったら、こうなった ―キャッチセールス潜入ルポ―』（05年）などの編集の傍ら、『実録ドラッグ・リポート』（04年）『半グレ』（20年）など社会の闇に焦点を当てた作品を発表。『悪党の詩』も草下の編集。

エミネム
72年生まれ。史上最も売れた男性ラッパー。05年、薬物依存でリハビリ施設入り。12年のドキュメンタリー『How To Make Money Selling Drugs』では4年間にわたった鎮痛剤への依存症との闘いと克服について語っている。

世の中に見捨てられちゃってるような、「僕はこないだ刑務所から出てきて、もう7回目なんですけど」とか「10回目なんですけど」っていう人がいっぱいいて。最初の1～2回は家族や友達がサポートしてくれるけど、みんな愛想つかしちゃって。マーシーさんもそうじゃないですか。ああいうふうになっちゃうんですよ。それでまたどうしていいかわからなくなっちゃう、働くところもなくて。やめられないからまた出てきてすぐドラッグまみれになっちゃったり。そうすると話し相手がいないんですよ。仲良くツルんでる友達もいなくなっちゃうから。そうすると頭おかしくなってくるから、みんなが輪になってひとりずつ話して、それを毎日やるんです。それは世界じゅうでやっててエミネムもそこの会員なんですよ。海外から日本に来るけっこう有名なアーティストも世界じゅうでその輪に参加するんですよ。マーシーさんと僕がいるような輪は尋常じゃないプロフェッショナルな輪になってて。ふつうに話したって何もおもしろくないから、みんなどうにかおもしろい話したい。『すべらない話』みたいなテンションで回ってくるんですよね。

――戦後世代の先輩たちは、薬物が身近な世界の人でしたからね。

D.O あの年代の人たちみんなそうじゃないですか。ビートたけしさんとかだってあまりにも頭おかしいヤツを周りで見て、パチンコ屋で打ちながら朝から晩までいるヤツが、玉入ってねえじゃんって、「俺あれ見てやめたんだよ」ってテレビで言ってましたからね。そういう時代だし、すげえ社会科見学させてもらったな、みたいな。僕は最初、裁判用にちょっと行ってきなって言われて、そんなとこ行って気まずいというか、そういうシーンのひとりみたいに見られるのなんか怖えなと思ってたんですけど、行ってみたらすげえおもしろかったですね。ムショのなかでもある時期に3カ月とか半年かけて薬物依存プログラムっていってダルクの講師が来て、収監されてるヤツが何グループかに分かれてそれやるんですよ。当然初めての人ばっかりなんですけど、僕はそのときプロフェッショナルだったんで、めちゃくちゃ場を沸かせることに命懸けてて。すげえ楽しませられたし楽しんでたんですよ。だから行っててよかったな、みたいな。ひとつひとつ無駄なことはなかったというか、無駄にしないでメイクできたなって、それは実感させてもらってますね。

――芸能界で活動するんだったらともかく、ラッパーなら無駄はないはずですからね。

D.O 我々の立ち位置はまた違いますもんね。ただ、当の本人が「関係ないでしょ」って言うのもまたおかしなことになってしまったり、余計な波風立ってしまうのでそこはなるべく気をつけてるんですけど。

――意外とちゃんとしてそうな宇多丸さんとかも、最近は「たかが大麻」的な言い方をするようになってきて。明らかにやってない側の人が言ってくれるのはいいですよね。

D.O あ、それはいいですよね。日本のルールは世界じゅうが「なんで?」って思っちゃうようなルールでもあると思うんで。だから収監されてるときにニュースで使用罪がどうのこうのってなってたときにひっくり返りそうになりましたよね。どんだけ逆行してるんだっていうか。政府頭おかしいんか、みたいな。すげえビックリしましたよね。

――本来、大麻は吸っただけでは捕まらないんですよね、所持と売買がアウトなだけで。

D.O そこがいよいよ使用がどうのこうのってニュースが流れたときはさすがに違和感を覚えたんですけどね。大麻のこと言い始めたらキリないぐらい思うことがありすぎちゃって、その回になっちゃいそうなんですけど。

——いまはCBDオイルとかまで入れたらもう、すごいレベルで一般化してますからね。

D.O そうですよね。さっきかかってきた電話で、HHCっていうのがいまあるんですけど、それがビジネスとして世界じゅうの大麻禁止の国ですごい展開してて、すごいことになってる、と。それが出始めた頃からビジネスとして展開してる人間たちがけっこう周りにいて誘ってくれるんです、「儲かるよ」って。

——それは大丈夫な案件ですか?

D.O ギリギリなんですよ。要は大麻成分はTHCというのがメインで摂取すると効能が実感できて、そのTHCが日本では違法なわけですよ。そのTHC成分が入ってない大麻成分でビジネスを展開してるというか、精製してうまくやってるのがCBDなんですけど。HHCはいつかの脱法ドラッグみたいに記号を換えてるんですよね。HHCの記号を換えてTをHにした成分なんですよ。だから、これは違法ではないじゃないですか。

——脱法ドラッグのときと同じで、現時点ではグレーみたいな状態ってことですかね。

D.O そういうことなんですよ。なのでいまの僕の身分だとちょっと怖いなと思ってて。急に「いや昨日まではHHCよかったけど今日からは違法だからおまえ逮捕」って言われて連れて行かれちゃったら僕は収監されちゃうんで、乗り遅れてる感あってモヤモヤするんですけど。俺も何もなかったらそれで儲けたかったところはあるんですけど、やっぱりちょっと怖くて。その業者たちもわかってて、「このHHCは期間限定というか、すぐまたダメになると思うんですよ。その次のヤツももう開発されてるんですよ」みたいに脱法よりちょっと上手にやってるシーンで、この流れはまだ続くと思うんですけど。それを全部踏まえたうえで、なんかおかしいよな、みたいな。記号が違ったらそれは罪じゃなくて刑務所に入れられなくて、でもその記号だったら刑務所に入れられるみたいな、そういう1個ずつに腹が立ってしょうがないです。

——アメリカみたいに大麻で捕まえてたらキリがないからちゃんと金を吸い上げる方向にっていうのがしっくりくる気がしますよね。

D.O オランダなんてヘロインやって覚醒剤やってみんな注射針で病気が蔓延してるからって、バスで注射針配り倒して捕まえなくしてるじゃないですか。みたいないろんなやり方があるなかで日本のルールももうちょっとうまくやれればいいのになとか、俺だったらこうするのになとか、かといってそれをやるなら吸わない人がやらないといけなくて。

——そう。そこが難しいところで。

D.O そこに関わりながらも決して逮捕されない人じゃないとできないなとか。そうすると僕はもう適任ではないなって(笑)。悩ましいんですよね。最近ストリートでもその話題は尽きないですね。まだまだ儲かる人は儲かるような雰囲気っぽいですね。

——本ではハッキリ書いてないですけど、いろんなことをしてお金を稼いできたっていうのは、そういうことなんだろうな

HHC
ヒドロキシヘキサヒドロカンナビノール。CBDやTHC(共に大麻の有効成分)を水素化した化合物。インタビュー後の22年3月に規制。23年3月にはTHCをアセチル化した類似物質「THC-O」なども規制対象となった。23年にリキッドメーカーDiceとD.Oとのコラボ商品「Super Fly 9」が発売されたが、こちらの有効成分THCH(テトラヒドロカンナビヘキソール)とH4CBD(CBDを水素化した化合物)は23年3月時点で規制対象外。

っていう。

D.O そうなんですよね、合法も非合法もあんまり深く考えないでやってたんですけど。でも人を騙してやったり、お金を払う側が納得できないようなビジネスのスタイルは1回もやったことがなくて。なんでかといったら、そこにはカルマがあると思ってるんですよね。せっかくいろんな徳をもらっていまがあるのに。ひょっとしたらお袋とかおじいちゃんおばあちゃんたちが使いきれなかった徳をもらってるのかな、ぐらいに思ってたんですよ。いつもすげえポジティブに考えちゃうから。そうなったときに、その徳を消すようなことはもったいないな、わざわざ自分のムーブでカルマを増やしていくようなやり方は。これは俺のライフにいらないな、って。

その筋の方々とのゴタゴタ

――恨みを買うようなやり方は絶対あとで返ってきますからね。因果応報って感じで。

D.O ね、そうじゃないですか。僕の場合は自分で納得しながらも動いてたのに返ってくるものは返ってくるのを学ばせてもらったからこそかもしれないです（笑）。もちろん悪いことは相当たくさん挑戦させてもらってきたんですけど、恨まれるようなやり方はしてないんですよ。時にはトラブルがあって揉めてそのいざこざが残ってる相手もいないとは言えないんですけど、大人になってから、それこそ地下格闘技とかと関わるようになって……よくあるんですよ、「決勝戦の前でライブやってくんない？」とか。そういうの日本じゅうで周らせてもらってるんですけど。

――地下格闘技もたいへんな世界ですよね。

D.O そうそう。会場に行ったら、「ガキの頃世話になったな。いまやってみるか？」とかけっこう言われるんですよ。「いやいや、俺ラッパーだから。おまえ鍛えてるじゃん。恨みっこなしでいきましょうよ」って。

――いきなり喧嘩を売られる（笑）。

D.O ガンガンあるんですよ、都内で開催されるヤツは何人にもそれ言われましたね。「あのときとは違げえぞ」みたいな。でも僕がこんなテンションでいるから、向こうも「あれ？　おい来いよ！」「いやいやごめん、できないできない。おまえのほうが強いから」つって治めてるんですけど……。

――手塚治虫先生の教えを守って平和にやってきたはずなのに、恨まれていた（笑）。

D.O そうなんですよ。あの方の教えをさんざん学ばせてもらってるのにまだわかってないというか、そういうふうにやっちゃってた自分を一番悔いなきゃいけないというか。

――やられたほうは忘れないんですよね。

D.O そういうことです。自分が30歳前後になってからはたまにしかなかったんですけど、やっぱりライブで日本じゅう周ってるといろんな土地のいろんなストリートのテンションがあるわけですよね。こちらは呼んでもらってるからパフォーマンスしに行ってるのに、「偉そうに来やがって」みたいなことがけっこうあって（笑）。最近はないんですけど、ひと昔前は「いやケンカしに来たわけじゃないよ」って言わなきゃいけないぐらい。

――道場破りぐらいのノリなんですかね。

D.O そう、行った先の会場全体がガルついてるわけですよ。そういうときは「表に出て白黒つけようぜ」ってなって、実際それが何回もあったんですよ。それは「我々ヒップホップとしてクールにメイクしていこうぜ」って表でやってたんですよね。そしたらムショでヒップホップ好きだってヤツと運動の時間一緒になって、「俺、D．Oくんの最高のライブ見せてもらったことあるよ。どこそこのライブ覚えてる？」「うわ超覚えてるわそれ」って。ライブ中に酒瓶が飛んでくる級に酔っ払いがいるわけですよ、その会場は。「偉そうなこと言ってんじゃねえ、やれんのか」みたいになってて。これはダメだと思って、「外に出て決着つけようぜ」って言って、そこのストリートの代表のヤツらがやってるパーティーなんで、「そこの仲間から5人出せ、こっちも5人出すから」って団体戦というか（笑）。そのライブを楽しみにして来てくれた人が、いざライブが始まったらガラガラガッシャンになって外に出て、「その外の決着までがライブだと思って観てました。あんなにすごいライブはない」って（笑）。

――それは昔話だし、もちろんそんなことはもう一切やってないわけですよね（笑）。

D.O そうですそうです。もうできないよ！　そういう我々の刻んだヒストリーのひとつひとつがいまなお自分の身に降りかかるというか、自分のヒップホップとなって。これからもその責任を背負ってすべて受け止めなきゃいけないんだなっていうのは、いろんな場所で改めて再確認させられてるんですよね。

――10年ぐらい前の時点でクラブ界隈が平和になってるなと思ってたら、やっぱり地方だとその筋の人がみかじめ料を要求してきて、断ったら嫌がらせをされて店を続けられなくなった話とか身近にもありましたから。

D.O 土地によってなんですけど、「東京ってホントいいよね」って言ってるところもたくさんありますね。都内はわりかし自由にできるというか。小さい街だったら、ここで何かやるんだったらここに筋通さなきゃいけないっていうか関係持たなきゃいけないってラップやるだけでもそうなってしまう土地もいっぱいありまして。一時期、暴走族やるとかチームやるっていったらそこの土地の元締めみたいなのにちゃんと挨拶しなきゃいけないみたいな、そういう理論だと思うんですけど。ラップするのもそうなっちゃうなんてホントすごいなっていうのと、上手に言えないんですけど、わかるなって感じなんですよね。僕らみたいなスタンスでいたら当然。

――たいへんなことはいろいろある。

D.O はい。その筋の方々からは注目されるというか。それをどうクリアするかというか、どう展開させていくのかも重要なテクニックというか。ヒップホップのシーンといわれてる市場だったり業界だったり、それと別に我々は警察だったりその筋の業界だったり、またはいまの一般とその筋との隙間にあるものすごい特殊な部分だったり、すべてに対してバランス考えて、すべてと向き合わなきゃ成り立たない時代でもあるし。時代によっていろんな変化というか違いは生まれると思うんですけど。いまはいままでどんどん険しくなってるのかな。そう思っちゃいますね。

――梶原一騎先生の弟さんの真樹日佐夫先生っていうボクがよくしてもらってた人がいて、その人がワルなキャラをやり通したリスクって相当あるわけじゃないですか。アントニオ猪木が最強アピールした結果、「だったら俺の鎖鎌の挑戦を受けろ」って言われたりとか、とにかくいろんなリスクがあって。

D.O それ読ませてもらいました。チャカ突きつけられて監禁されたんですよね（笑）。それわかるっていうのも恐れ多いんですけど、僕らの時代でも似たような環境で似たような事件の数々も経験してきてるんで。自己責任というか自業自得と言ったらそれまでなんですけど、そういうチョイスをみずからして注目されるような流れを作ってる以上は。

――それをどこまで背負っていくか。

D.O 誰のせいにもできないとは思ってるんですけど、そういうのありますよね。そのすべてに対して自分との向き合い方は一生意識しなきゃいけないんでしょうね、我々のような人間は（笑）。でも、それが楽しいんですよね。やりたいことが何もないとか何していいかわかんないんだよなとか、毎日何もなくて退屈で仕方ないってヤツは周りにいるんですよね。地元のヤツらでもくすぶっちゃってるヤツとか、たぶん全国的にたくさんいるんですよ。そのライフで生きて死んでいくんだったら僕らのこの生き方とこの生きざまとこの日常はよっぽど楽しいですよね。誰にも理解されなかったとしても自分が納得できて、死ぬ瞬間にこれでよかったなと思えたらそれが一番いいんじゃねえかなっていうのは常に思ってますね。ちょっと変態なんですけど。

――刺激に飢えちゃってるんですね。

D.O そのぶん良くも悪くも精算できてるっていうか。こんなグチャグチャだったからこんなに楽しかったんだよとか、こんなに無茶苦茶やってるんだからこれぐらいは我慢するでしょとか、そういうことなのかもしれないですけど。おかげさんで刺激的な毎日を十分満喫させてもらって、ありがたいことに。

――十分すぎますよ！ サラッと書いてましたけど、「鈴川

真樹日佐夫（まき・ひさお）
作家、漫画原作者。40年生まれ。兄梶原一騎の紹介で極真会館に入門、80年に真樹道場を設立。漫画原作の代表作は『ワル』（影丸穣也・画）他。高森真士名義で小説も書き、68年『兇器』でオール讀物新人賞。12年死去。

鈴川真一（すずかわ・しんいち）
プロレスラー、力士。83年生まれ。若麒麟として大相撲で活躍も、09年大麻所持で現行犯逮捕。10年に本名でプロレスデビュー。21年再び大麻所持で現行犯逮捕。

真一のセコンドについたら会場に極道が押し寄せてきた」とか（笑）。

D.O ハハハハハハ！　すごかったですよ。ちょうどトラブルのまっただ中で、僕のなかでは解決してたんですよね。そのトラブルが発展して、その筋の人たちと決着つけなきゃいけなくなっちゃって。でも我々は逃げ隠れする場所もないんですよ、いつどこにいるかなんて調べりゃすぐわかるわけですよね、「こいつここでライブやってるよ」とか。そういう感じで逃げられないんですよね。

――こういう仕事をやっている以上は。

D.O バックレられない以上、それもいいエネルギーになってるというか、いいバネになってるんですけどね。なので常に決着つけていかなきゃしょうがないんですよ。で、決着つけに行ってうまく収めたんですよね。そのときはお金がけっこう発生しちゃって。それも我々のペナルティというよりはお互い納得して、これぐらい金かかっちゃったしとか、こういう事件になっちゃったしってことでお金を払ったんですよ。そしたらそのお金を受け取って渡しに行くっていうその筋の世界の人間が我々のお金を持っていなくなっちゃったんですよ。でもこっちは払ってるから、それはそっちの話でしょって僕らは突っぱねてたんですよ。それでこっちは勝手におしまいにしてたんですけど、どうやらまだ収まってなくて。そんななかで鈴川のけっこう大きい試合があって、入場で僕の曲を使ってくれるから、僕は一緒にセコンドとしてというか、連れのラッパーとしてというか、ファイトのときは常に一緒にいたんです。そのとき生中継が入ってるときで、年末だったんですかね。これは何かあってもよくないからみんなで覆面被ってたんですけど、いるのは我々だから何も変わらないわけですよね。

――すぐバレますよ！

D.O 生放送もしてるから、すぐ飛んで来て。楽屋裏までその筋の人間たちが押しかけてきちゃって……まあ、たいへんでしたよね（笑）。「プロレスじゃよくあることでしょ？」ぐらいに思ってたんですけど。

――ないですよ！　阿修羅・原の借金がすごくて借金取りが会場に押し寄せたせいで、クビになったことぐらいはありましたけど。

D.O ありますよね。そういうのに近いのかなと思ったんですけど（笑）。だからちょっと迷惑かけちゃいましたね。道場とか会場まで押しかけることはなかったみたいで、けっこう問題になっちゃって。それもおもしろがってくれる人たちが運よく周りにいっぱいいたんですけど、おもしろくない人もいっぱいいるわけで。絶妙なバランスでしたよね。それでもアントニオ猪木会長はそういうのをおもしろがってくれてたんですけどね。

――さすがだなあ！

D.O 鈴川に関しては相当いろいろあったみたいなんですよね、IGFに入る入らないとか。それも会長がおもしろがって。僕らも存在を理解してもらえてるのかどうなのか最後までよくわからなかったんですけど（笑）。そんな命懸けで食い込ませてもらったのに鈴川は鈴川でまたうるさい動きするんで。

――尿検査を要求されてキレて。

D.O さすが、よくご存じで。またやらせてもらえるのかな、もうダメなのかなって言ってますよね。死んじゃったあとにちゃんと残しておいて全貌を出してもらえたらもっと笑ってもら

えるのかな、みたいな。コンプラなしのヤツをやってもらいたいって現時点で思ってるので。俺が死ぬ頃までにはまた新しいストーリーを作れてそうですよね。

――これを抱えたうえで「メーン」とか言ってたんだ、すげえ！　ってなりますよね。

D.O　ハハハハハハ！　いやいやいや。僕がテレビに出させてもらってる全盛期ぐらいにけっこうデカいストリートビジネスを同時に展開してて。本に書いてある関西のヤツが何千万か持っていなくなったっていう話なんですけど、お金を持ったままバックレちゃったんですね。さすがにデカいし、これ持ってかれたら大打撃だし、捕まえようぜってことになって。こんな東京もんが関西に行ってとっ捕まえるとなるとめっちゃややこしいんですよ。でもやったんです。取り立てに来るのはテレビに出てるラッパーじゃないですか。「メーンが来た！」ってすごいにぎやかになっちゃうんですよ。そいつはそのとき闇スロ屋で働いてて。宗右衛門町の闇スロ屋の前に駐車場があるんですけど、大阪のヤツらに手伝ってもらってそこに張り込んで。目立っちゃいけないからフード被って顔も隠して待ってたんですよね。そしたら東京で世話になってる人から電話かかってきて、「世話になってる姉さんが今日誕生日で、テレビ電話でちょっとしゃべってくんない？　俺これからそこの会場行って電話するから、おめでとうって言ってくれ。いま何やってる？」って言われて、「いやちょっとバタバタしてて出てます」「え、三つ編みしてない？」「してないです」「あのさー、三つ編みしてテレビ出てるみたいな格好でテレビ電話してほしいんだよね」「いやちょっと……いまは……」「いや、してほしいんだよね！」って。

――ダハハハハ！　逃げられない（笑）。

D.O　「やれコノヤロー」って言われてるわけですよ。駐車場の車の裏に隠れて張り込んでるのに、そこで「ちょっと鏡持ってきてくれ」って三つ編みして、プルルッて電話かかってきて、「ハッピバースデーメーン」とか言って（笑）。俺いまキリトリ（借金の取り立て）してるんだったわと思って。そういう毎日なんですよね。そんなおもしろおかしく、かつとてもハラハラドキドキする毎日で。ヒップホップだから成り立つのか、それをやってるからＴｈｉｓ ｉｓヒップホップだと言ってるのか、いまの話は笑い話ですけど、笑えないようなそういう話もいくらでもあって。撮影の合間にとんでもない別世界の電話があったり。誰々が大ケガしたとか、とんでもないトラブルになったとか、誰々が死んじゃったとか捕まっちゃったみたいな。この扉を開ければずっとそのシーンはあって。でもその扉の裏でこのヒップホップを展開しててというか、「メーン」って言ってテレビ出てお茶の間を笑わせて。でも、お茶の間用にやってることってもう1個扉があって、自分のホントのリアルヒップホップを展開するためにやってることだから、ここでやることはニュートラルな自分の世界で考えるにはこうしなきゃああしなきゃ、でもこっちの魔界と連動してしまってるというか、もうひとつの自分の立ち位置とも真摯に向き合ってみたいな、自分でもいま言ってて恐ろしくなってくるんですけど。

――よく精神を保ってやり切ってましたよ。

D.O　そうなんですよ、そのすべてをいかに正気を保ちながら、飲み込まれることなく全部を飲み込むんだっていうのは自分のチョイスの結果であって、自分の納得いくヒップホップのためには絶対に逃れられないことで。だから、これからも続けます！　トラブルは日常茶飯事で、ないことなんてないんですけど。その全部を糧にできるヒップホップというか、それをエネルギーにさせてもらって飯を食う怪物みたいになってますんで（笑）。

——どんなにひどい目に遭おうが、それもひとネタできたってなる世界ですからね。

D.O　そうなんですよね、「やったわ！」って。今回はちょっと高かったなってときもあるし、安くついたなっていうときもあるし。今日、出てきて初めてのレコーディングなんですけど、リリックまとめてて考えさせられることがいっぱいあって。やっぱ全部つながってて、全部自己責任で。この狂った日常と約2年の懲役も全部をエネルギーにして自分のヒップホップに変換できてることが我ながら狂ってて愛おしいなって感じてます。

——結局、人は罰ではなかなか変わらないなっていうのはいつも思いますよね。

D.O　刑務所は人を変えるところじゃないですよね。悪党の大学みたいな感じになってましたもん。いろんなこと勉強できちゃって。仲良くなったヤツに車泥棒がいて、すげえいろいろ教えてもらって勉強になりましたもん。「俺は日本で一番きれいに一番時間をかけないで盗れる」って言ってて。聞いてみたらホントにうまいんですよ。俺が泥棒だったら授業料を払うよっていうぐらいで。

小林政広　そんな人でも捕まるんだからさ。

D.O　はい、絶対はないですよね。ずっと犯罪してて一生そのままいい面だけ見るっていうのはよっぽどじゃないとあり得ない。

小林政広　慣れてくると隙ができちゃうからね。やっぱり『ゴルゴ13』は漫画の世界だから。あそこまで徹し切れないでしょ？

D.O　僕は『ゴルゴ13』大好きで、デュークの兄貴は大師匠だと思ってますね。刑務所でも定期的に入れてもらってたんですけど、あのマインドとかテンションとか、やっぱり学ぶことしかないというか。

——しかも、さいとう・たかを先生自身がほぼチンピラに近い人でしたからね。

D.O　あ、やっぱそうなんですか。

——弟子でチンピラを雇ったことがあって、弟子がケンカばっかりしてて、ふたりで刺青を入れに行ったらしんですよ。そしたら刺青師が自分より絵がヘタなことに怒って、「なんでワシよりヘタな絵入れなあかんのや！」ってギリまでいったっていう話を聞いて。

D.O　いや持ってますねえ、カッコいいなあ。あれを描くくんだからよっぽど内面イカレてないとできないというか。わかるなあ。すげえカッコいいですよね、それこそ今回も『ゴルゴ13』には救われましたもんね！

『ゴルゴ13』
68年から続く劇画。さいとうたかをプロダクション。21年のさいとうたかをの死後もプロダクションの手により新作が発表され、23年4月に単行本第208巻が発行、自身の持つ「最も発行巻数が多い単一漫画シリーズ」ギネス世界記録を更新。

当然のように族系とか反社系の人がいた

澁谷果歩

2020年10月収録

東京都出身。青山学院大学卒業。新卒でスポーツ新聞社に就職し、記者としてプロ野球取材などを行う。退社後、2014年11月にAVデビュー、オムニバスを含め約750本の作品に出演し、18年9月に引退。その後は執筆やタレント活動を続けている。TOEIC満点（990点）。近年は外国での活動にも力を入れ、コスプレイヤーやMCとして海外のアニメイベントに多数参加。主な著書に『女子がAVについて知っておくべきすべてのこと』（サイゾー）。

父の元にレスラーがよく訪れる

――本（『AVについて女子が知っておくべきすべてのこと』）がすごい面白かったんですけど、まずは何を聞いたらいけないかの確認をしておきます。本では、お父さんの実名と、就職した会社名は伏せてましたね。

渋谷 そうですね。実名とか社名については本に残るので職業とかはちょっとぼやかしたんですけど、本の場合は法務の方とか入ってちょっと厳しくしたってことなので、雑誌の記事の場合はそんなに気にしてないです。

――了解です。ボク、じつはお父さんと仕事してて、何度もイベントやってるんですよ。

渋谷 ホントですか！

――お父さんが新日本プロレスのリングドクターをやってた関係でターザン山本とのプロレスイベントに出てもらったり、選挙の前にはお父さんに呼び出されて食事会をしたり。

渋谷 それは存じてなかったです。

――そんなお父さんの話も含めて、AV以前の話も本ではそんなに触れてなかったので、そのへんからお聞きしたいんですけど。

渋谷 本では350ページぐらい書いてたのをけっこう削ってっていうのは、あんまり自分の話ばっかりになるのもあれなので。

――だからこそ客観性がある、ちゃんとした本になったと思います。前田日明さんが直接連絡を入れてきたことで父親にAV出演がバレたのも無茶苦茶いい話ですけど、そもそも前田さんともZST（リングスのスタッフが手掛けた中軽量級の総合格闘技団体）のリングガールとしてつながってるわけですよね。

渋谷 そうですそうです。その前に小さい頃、父の注射を受けに来たりしてたんですけど。だから、ちっちゃい頃に会ってます。

――新日本の選手がよく家に来る環境！

渋谷 そうなんですよ。そこで飾りに置いてたクルミをパキッと片手で割って食べたんですよ（笑）。ちょっと話題になりました、あのクルミを片手で割って食べた人がいるって。

――それが前田日明だった（笑）。

渋谷 はい、甘栗みたいに割ってました。

――無茶苦茶カッコいい時代の前田さんにちゃんと会ってるんですね。ホントに子供の頃からそういう人たちに接して生きてきて。

渋谷 新日本の選手はけっこうすれ違ってて。シャワー浴びたあとの橋本真也選手にお会いしたり。ちゃんとタオルは巻いてましたけど。「あ、お子さんですか。よろしく」みたいな感じでそのまま握手してもらったり。

――会場に一緒に行ったりしてたんですか？

渋谷 もちろん行ってました。最初は怖かったんですけど、だんだん慣れてきて。

――基本はプロレス好きな方なんですよね。

渋谷 ほかのAV女優の人が「プロレスラー大好き」とか「プロレスが好き」っていうのとは、ちょっと温度差を感じるんですけど。

――最近のプロレスが好きな人たちとは。

渋谷 あと、ちょっと選手を狙ってる感あるじゃないですか

『AVについて女子が知っておくべきすべてのこと』
渋谷果歩著（20年、サイゾー）。

ターザン山本（ー・やまもと）
46年生まれ。87〜96年まで『週刊プロレス』の名物編集長として人気を博すが、新日本プロレスに対する批判記事を書いたことで取材拒否を受け、仕事も家族も失う。02年に始まった「ターザン山本と吉田豪の格闘二人祭」は新宿ロフトプラスワンの名物イベントだった。

前田日明（まえだ・あきら）
格闘家、プロモーター。59年生まれ。77年、新日本プロレスに入門しデビュー。その後UWF移籍、リングス旗揚げなど格闘技業界に新風を吹き込む。99年現役引退。著書『日本人はもっと幸せになっていいは

（笑）。実際、選手のセフレだったりする人もいて完全に男として見てる感があるので。私はちっちゃい頃から見てるし父の仕事絡みなんで、そういう目では見てなくて。なんなら棚橋（弘至）選手が背中を刺されたとき、まだちっちゃかったんですごいショックを受けて。小学生だったので。

――棚橋ファンだったわけですよね。

澁谷 ファンというよりも、やっと新しいスターが出てきたなって。闘魂三銃士がいろんな意味でいなくなってしまってワーッと思ったとき、スターだって思ったのに。しかも裸で刺されるっていう最悪の別れ方を（笑）。

――別れ話の最中に背中を向けたっていう。

澁谷 そうですよ、恐ろしいですよね。

――「もうちょっと一緒にいて」って言われて、「わかった」って時計を見ながらカウントダウンしてたら背中を刺されたっていう。

澁谷 ホラーですね、すごい。

――刺した相手がSAMURAIチャンネルに出てた人で、「じつは彼女も二股で、二股の相手は売れっ子ライターG・Y」って、当時とある雑誌に書かれてて。ボクは何も知らなくて、知り合いから「豪さん、やりますねえ！」みたいなことを言われたんですけど。

澁谷 ゴウ・ヨシダしか浮かばない（笑）。

――ボクもSAMURAIにも出てたし。でもボクじゃない。だけど他にG・Yはいない。

澁谷 そうとしか思えないですよ。

――あと山田五郎さんぐらいしかいなくて。で、知り合いだったからその雑誌の編集部に苦情の電話かけたら、「違うんですよ、●田●メスさんのことで」って言われて（笑）。

澁谷 なるほど、そっちか！ でも、勘違いされますよね、そのイニシャル（笑）。

――澁谷さんが英語を得意になったのはWWEがきっかけだったみたいですよね。

澁谷 そうなんですよ。やっぱり新日が落ち目になって、日本のプロレスにあんまり光が見えなくて。ケーブルテレビでWWEが観られるようになって、めちゃめちゃカッコいいと思って。初めて観に行ったのは日本に来た2回目ですね。最初のは間に合わなくて、もうロックはハリウッドデビューしちゃって。1回目のロック来日は行きたかったですね。

――ボクは行きましたよ。

澁谷 やっぱり。でも、2回目はトリプルHがスターになってたんで、そのときにけっこう前のほうの席を取ってもらえて、パパパワーで（笑）。トリプルHの水がザバーッてかかって、素敵！ って。そこから英語を勉強しようと思って。近づくためにはまず言葉からっていうことで、どの仕事に就いても何かしら使えるだろうし。女子校だったんで。

――調べると初体験が19歳になっていたのは、恥ずかしいから年齢を下げて言ってたみたいですね。それくらい奥手だった、と。

澁谷 そうなんです。あとAV女優お決まりの、プロフィール、生年月日ぼやかすっていうのがあったので。だからガチ年齢と合わせると話が合わなくなっちゃうんですよ。

――そう、計算が合わないんですよ。

澁谷 なのでごまかすしかなくて。

――とりあえず、悶々としていた期間が相当長い人ではあっ

ずだ』（21年、サイゾー）で「南海トラフ地震は必ず来る！」と強く警戒を呼びかけている。

棚橋弘至（たなはし・ひろし）
プロレスラー。76年生まれ。立命館大在籍時に新日本プロレスの入門テストに合格、卒業後の99年にデビュー。02年11月、自らの浮気に端を発する別れ話のもつれから交際中の女性タレントに背中を2ヶ所刺され、半年間試合を欠場するほどの重傷を受ける。ナイフが刺さったまま原付で病院に駆け込み、その後意識を失ったという。

ザ・ロック
22年の「世界で最も稼いだ俳優」第1位（約2．3億ドル）、ドウェイン・ジョンソンのリングネーム。97年のヒール転向以来、巧みなマイクパフォーマンスで人気に。02年3月1日、横浜アリーナでのWWE（当時WWF）日本初公演ではクリス・ジェリコに敗れている。

トリプルH
正式リングネームはハンター・ハースト・ヘルムスリー。00年代のWWE人気を支えたトップレスラー。入場時に口に含んだ水を上空めがけて吹くパフォーマンスで知られる。03年1月24日の代々木第一体育館でのWWE日本公演で

たわけですよね。

渋谷 そうですね。高校まで女子校だったのと、大学も文系で女子が多くて、性格的に飲み会も好きじゃなくて。青学なんでチャラそうなイメージあるじゃないですか。男性慣れするために頑張って合コンとかも行ったんですけど、やっぱりちょっと怖かったですね。

――基本はいわゆる腐女子の人で。

渋谷 でも、BLはそんなにですね。オタクではあるんですけど、男性オタクと同じような目線で見てるところがあって。小さい頃はピッコロと家庭を持ちたいと思ってました。

――オナニーに目覚めたのがお父さんきっかけっていうのもいい話だなと思いましたね。

渋谷 そうですね、「『少年ジャンプ』を買ってきて」って言ったら、間違って『ビジネスジャンプ』買ってこられたんですよ。

――それで弓月光先生の漫画に出会って。

渋谷 そうなんですよ! 小2でした。

――奥手で悶々とした人が、なんでまた着エロ的な仕事をやることになったんですか?

渋谷 やっぱり胸がKカップであからさまに大きいので、男性と会話しても、つき合ってもなんでもない人から「胸大きいね」とか、セクハラじみたことを言われるのがすごく気まずいのと、会社員になっても野球選手とかに「エロいね」みたいなことを言われたり、メガネかけてたら「エロメガネ」って言われたり、対応に困ることにどう乗っていいのかわからなくて。「存在がエロい」みたいな。それはもうどうしようもないので。いまだったらセクハラになると思うんですけど、そういう男女差別がその頃の●●●では……。

――某有名スポーツ新聞では。

渋谷 はい、夕刊スポーツ紙っていう男性9割の社会に行っちゃったせいで、初めてそこで女性として生きる苦しさというかジレンマを知って。大学の頃も彼氏ができると「オッパイ何カップ?」とか聞かれて、私は絶対答えなかったんですよ。つき合ってる人にも言わないし、飲み会で聞かれても言わないし。「俺、何カップの子とつき合っててさ」みたいなことを飲み会で自慢されるんじゃないかとか、胸をイジられるのが嫌だったんですよね。女の子ですら男性がいる合コンで私のこと「オッパイちゃん」とか呼んだりして、それがすごくすごく嫌で。それを自分から売りにしたら楽になるんじゃないかと思って、グラビアみたいなことを始めたんですよね。

――グラビアやる人は意外とそのパターンが多いんですよね。巨乳がコンプレックスで猫背で生きてきたけど、人生逆転するにはこれを売りにするしかない、みたいな感じで。

渋谷 だから、そのときは逆にすごく楽で、胸を初めてバーンと自分から出して、背中を丸めなくていい理由ができたので。ただ、今回この本を出したことでフェミの人に良くも悪くも目をつけられたなと思って(笑)。グラビアアイドルとかAV女優とかに、「なんでわざわざ性の対象になるんだ」って怒るフェミの人が一定数いると思うんですけど、でもあれって私からしたら、自分の体を好きになるきっかけをくれたセラピーみたいなものなんですよね。女性は自分が着たかったら谷間が見える服を着てもいいと思いますし。

――その気のない人を胸の大きさでイジるのは駄目だけど、自分から「イジってください」ってやってる人に対してはいいはずだし。

初来日、オリジナルフィニッシュホールド「ペディグリー」で試合を決め、会場を沸かせた。22年、心臓手術を機に現役引退を表明。

弓月光(ゆづき・ひかる)
漫画家。49年生まれ。68年、第1回りぼん新人漫画賞に準入選し漫画家デビュー。幅広いジャンルを描き分ける多作の漫画家だが、『みんなあげちゃう♡』『甘い生活』(ともに集英社)などのエロティックコメディが特に有名。

澁谷 そうなんですよね。そんなこと言ったら芸人さんに、「なんでみずから笑われにいくんだ」って言うようなものなんで。それは自分の人生のセラピーとしてやってることなので、それでほかの女性を傷つけてるとか言われたら困りますけど、私は私で生きにくかった人生を生きやすいようにした感じです。

ほぼ強要でAVデビュー

――グラビア時代はまだ処女だったんですか？

澁谷 そうですね。で、AVデビューの頃にはもう社会人を経験してそれなりの年齢になって。ただ、もともとAVになりたいって言って入ったわけではなかったので、逃げられなかったっていうのもありますけど……。

――その克明な描写にも驚きました。要は、ほぼ強要に近いような流れで業界入りして。

澁谷 そのやり方がいま問題になってるとは聞いてるんですけど。高収入アルバイトから女の子を引っ張ってくるっていうのは。

――澁谷さんの場合は、まずアダルトグッズのモニター募集みたいなのに応募して。気がついたら逃げられない道が作られていて、気がついたら宣材写真を撮られ、契約して。

澁谷 そうです、その日のうちに。宣材写真を撮るとき、「その日のうちに宣材写真を撮るってないんだよ」みたいなことをすごい言われて。誇らしいことなのかな、でもこれはもしかしたら仕事なのかなと思って。「その日のうちに仕事が入ったらプラス5000円」みたいなことが書いてあったんですよ。5000円もらえるんだったらやっとこうかなと思って宣材を撮って。それで帰りに「お仕事入ったら5000円って聞いたんですけど」って言ったら、「いや宣材は逆にお金かかってるから。宣材って仕事じゃなくてPRのためだから逆にお金かかるんだよね」って言われて。これはここで断ったらお金を払わされるのかなっていうのもあって、そういうところからズルズルとですね。「これ交通費だから」って1万円を渡されたこともあって、そういうことをされると、逆にいま辞めますってなったときに私はいくら払わなきゃいけないんだろうとかプレッシャーになって。

――「当時は親が金持ちで大金を払うとかでもなければ、そこで辞めるっていうのはありえなかった」とか書いてたじゃないですか。

澁谷 そうなんですよ。実際に親御さんが大金を払って辞めさせたのも聞いたことがあって。それは宝塚出身の人で、宝塚は学校に入れるのもけっこうお金かかりますからね。私の場合は事務所とメーカー間の契約書があったみたいで、「家族が出すなとか言った場合には、そのお金は全部そっちが持ってくれ」みたいなやり取りはあったって。それは当時は聞かされなかったんですけど、後日談で。

――AV強要問題に対しても、ものすごい客観的な意見が書かれてると思いました。

澁谷 そうですね、当時、すごいバッシングがあったのはご覧になりましたか？ 業界内部から、「そんなんありえねえ」とか。

――あれにすごいモヤモヤして、「そんなの見たことない」「聞いたことない」とか。嘘でしょ、ボクはいっぱい聞いたよっていう。

澁谷 そうですよね！「結局、女がバカなのよ」みたいなこと

を女優も言ったりするので、それ絶対AV業界のイメージのためによくないからやめたほうがいいと思ってて。

――せめて、「聞いたことはあるけど私の周りにはいない」みたいな言い方をしなきゃいけないのに、過剰なぐらい否定しちゃって。

澁谷 そうですよね。「そういうことはあっちゃいけない」みたいにやんわり言えばいいのに。自分の事務所の人が捕まったとか、業界の関係者が捕まったとなったら、まずは自分が悪くなくても「ウチの事務所の社長がご迷惑おかけしました」みたいに謝罪するところから始まるのがふつうの社会なのに、あれじゃそういうのができてない、社会的常識がない人たちなんだって見られちゃうから。

――そうです、「あの女に問題があったんじゃないか」って、そこで言うかっていう。

澁谷 それをTwitterで言っちゃうのもヤバいなと思って。せめてLINEグループで言ってほしいなって（笑）。恐ろしいですね。ファンは「あ、そうなんだ」ってそっち側にサポートしてくれるでしょうけど、まったくファンでもないノーマルな人が聞いたら、ヤバい業界だなって袋叩きに遭うなっていう。

――AV女優の自伝をそれなりに読んできましたけど、騙されて入った人が意外と多くて、「どうせやるなら、私はこの仕事にプライドを持って生きようと思って途中からモードを変えた」みたいな人たちだらけですよ。

澁谷 そうですよね、麻美ゆまさんでさえ。どっちが無知なんだって話で。あれは自分たちがそう思って言ってるのか事務所に言わされてるのかわからないですけど。さすがに内部にいながらちょっと引いちゃいましたね。

――表立って言ってない人からも聞きました、「じつは私も騙されて入った」って。

澁谷 なかには「強要されたって言っちゃうのはよくない」って強要されて入った女優が言ってたり、「それを言ったらルール違反だ」みたいなことが信じられてたりして。

――「私も言ってないんだから、みんなも我慢すべき」みたいなことなんですかね。

澁谷 知らんがな（笑）。あなたいま売れてるからいいだろうけど、売れなくていなくなった子は何も得することないままなので。お金は少し入ったかもしれないですけど。

――テレビで一緒になった有名AV女優も、カメラ回ってないところで、「私も騙されてた」とか言ってたって書いてましたね。

澁谷 そうですそうです。いまもガンガンに女優やってますし、彼女は「私は脱がなくなったら終わりだから」みたいなことを自虐的に言ったりするので。仕事には前向きに頑張ってると思いますけど、ただそんなに仲良くないのによく言ってくるなっていうのはビックリしましたね。誰にでも言ってるみたいで、ほかのスタッフさんも聞いたことあったり。誰かに言わないとやっていけないのかなっていう危うさはありましたね。その子は「私は強要されたって絶対に表では言わない」って言ってました。それは業界に対する感謝なのかもしれないですね。その子は舞台もやってたし、それこそ映画とかにも出てたので、全部AVに出てるおかげだって。

――なんでAVに出ちゃったんだろうみたいな人が1本だけでいなくなることもあるし。

麻美ゆま（あさみ・━）
タレント、元AV女優。05年のデビューと同時に大ブレイクし、テレビや映画にも多数出演。自伝『Ｒｅ Ｓｔａｒｔ ～どんな時も自分を信じて～』（14年、講談社）では、グラドルからAV女優に転向した理由を、「事務所社長から『契約上、AVデビューしない限りグラドルは辞められない』と言われ、自分さえ我慢すれば家族も支えられるからと決意した」と告白。

澁谷　諸事情によりイベントは全部キャンセルされたり。ただ親にバレただけかもしれないですけど。あとバレたときにすぐ辞めてしまうのは、心の準備ができてなかったとか、事務所から辞めたときのアフターケアとか考えてもらってなかったのかなって思うので。

――世の中が極端じゃないですか。強要みたいなものはなかったっていうことにしたい側と、その逆でAVとか風俗みたいなものは女性を搾取しているからなくせ、みたいな側と。「強要はあった、だからなくしていかなきゃいけない」でいいのに。やりたくてやってる人もいるし、悪くない業界人もいるしで。

澁谷　たしかに。ちゃんと税金を払ってる人もいっぱいいるし。この本に関しても、読んでない人がタイトルだけ見て「AVって必要なんだろうか」みたいなことをツイートしてて、そこは論点ではないのになと思ってしまって。私はユーザーではないのでAVっていらないんですよ。エロ漫画とかそこそこエロい一般アニメとかは欲しいですけど。

――ダハハハ！　ただし、エロ漫画も狩られてきた歴史がありますからね（笑）。

澁谷　そうなんですよね。私はそんなにエロいほうにいかないから問題にならないかな、ロリとかSMとかにいかないので。小さい頃は『地獄先生ぬ～べ～』とかでイケるタチだったんで（笑）。AVは、ビジネスとして成り立ってる以上なかなか消えないと思って。

――単純になくそうとしたらアンダーグラウンドに潜っていくだけじゃないですか。女優のケアもない違法動画が横行していって。

澁谷　そうなんですよ。インターネットの時代だから余計にそういうものが普及しやすくなってしまうので、もし入るにしても、入ろうか悩んでたり業界にあこがれを持ったり興味があるのであればちょっと知っておいてもらいたいなっていう部分を書きましたね。

――ちなみにボクは、あんまりAVの人と仕事しないようにしてるんですよ。オファーはあるけど、信用ならない事務所が多いから。

澁谷　ハハハハハハ！

――現場に来るマネージャーが怖すぎたり。

澁谷　ああ！　どう見てもチンピラですよね。しかも●●●の事務所もヤクザ系って言われてるじゃないですか。怖いですよね。いまフリーなのでやっと自由にできるようになって。私もいま直接的なAVの人とは仕事しないようにしてて、徐々にLINEも消していこうかなと思ってるんですけど（笑）。

――ちなみに某大物AV男優と仕事したときに、「じつはボク、AVの人とはあまり仕事しないようにしてるんですよ、事務所が怖くて」って言ったら、「正解だと思います」ってしみじみ言われたこともあるんですよ。

澁谷　ありますねえ……（以下自粛）。

――ボクは地下アイドル関係のゴタゴタには介入したりするんですけど、それは大手芸能事務所でもないし、ボクが戦えるレベルだからできることで、AVの闇はボクが入ってどうこうできることじゃないんですよね。

澁谷　関わりたくないですよね。でも私、ワンチャンこの本出して脅迫とかされたら、それはそれでネタにしたいなと思ってて。

――ダハハハハ！　さすがだ（笑）。

『地獄先生ぬ～べ～』
93～99年まで『週刊少年ジャンプ』（集英社）に連載された学園漫画。原作・真倉翔、作画・岡野剛。霊能小学校教師「ぬ～べ～」こと鵺野鳴介が子どもたちを守るために妖怪や悪霊と対決する。小学校が舞台の少年漫画であるにも関わらず「お色気カット」やグロテスクな描写が多かったことでも知られる。

澁谷　どうやって報告しようと思って。

――この本はバランスがいいから怒りはしないと思いますけどね。「ＡＶの世界に問題点はあって、いま改善しつつありますが、まだ問題はあります」って感じの本なので。

澁谷　「いいこともありました」って。実際、楽しく仕事してたタイプなので。嫌々セックスしたっていうのはまったくないので。

――前田さんきっかけで親バレしたっていうのも、前田さんがＡＶ業界の物騒さを危惧したのが理由っていうことだったんですよね。

澁谷　そうなんですよ。「絶対にヤクザが絡んでるから、危ない業界だからやめたほうがいい」っていう言い分で。私が入ってた事務所は表向きはそうじゃないですけど、もしかしたらオーナーとかが絡んでる可能性はあるし、下っ端はわからないじゃないですか。どう見てもチンピラっぽい人もいますし。

――関東連合の本とか読んでても、反社の人が正業として選ぶのがＡＶの事務所だって書いてありますからね。それこそ男優さんが女優に手を出したときの怖い話とかも聞くし。

澁谷　そうなんです、自慢話のようにしてくる昔ながらのマネージャーとかいて、「当時はカチ込んだなあ」みたいなこと言ってるんですよ。「監督をボコッたんだよ」とか。当然のように族系とか反社系の人がいて。もちろん人生にはセカンドチャンスがあるべきだとは思うんですけど、こういうご時世であんまりそれを表立って言うのはちょっと……。

――風俗でもそうですけど、何か問題が起きたときバックに怖い人がいたほうがいいという部分もあるのはわかるんですよ。

澁谷　たしかに。業界内には手を出してくる人もいますし。合意の上ならいいけど、関係性を持っちゃうと言えなくなるっていうのは絶対にあるので。私もＡＶ女優の頃はプロとしていっぱい仕事をもらおうっていうのがあったので、相手に気に入られることをしようっていうのは確実に考えたし、だから何か嫌なことされても絶対に言わなかったし、ちょっとおかしいなと思っても言わなかったので。自分が仕事をもらうことのほうが大事だったんで、社会を変えるという大きなことよりも、目先の自分の営業のほうが大事で。

――仕事を辞めると客観的になって、あれはおかしかったって気づき始めるんですかね。

澁谷　そうなんです。あと、始める前から、せっかくふつうの人がやらないようなことをやらなくちゃいけないのであれば、取材感覚でいつか本を書いてやろうと思ってたので。

――もともとそういう人なんですかね、これまでヤッた人の名前を全部書いてたりとか。

澁谷　それをいま官能小説のネタにしてますね（笑）。人生ネタ探しみたいな気持ちで生きてるところはあるので。

――ルールがちゃんとしてる人だと思うのは、絶対に相手の実名は出さないことで。

澁谷　変に有名人の名前出して、そっちのほうばっかり先行してただの炎上キャラになっても嫌なので。まずは私が主役でありたいので名前は出さないっていうのはありますね。

――そんな理由！　だから野球選手と何かあったって記事でも実名は一切出さない、と。

澁谷　そうです。逆に予想してもらうのもいいですよね。格闘技選手のときも勝手に取材した側が予想して、「この画像はイメージです」って想像の写真が出てましたけど。

——お父さんと大晦日の格闘技中継を観てたら喰った選手が2人出てたってやつですね。

澁谷 そうです、ヤッた選手が。でも、あれ前日のハイライトとか合わさってのことだったので、その日に試合した選手だけではなかったので。そしたら、その日に出場した日本人選手って勘違いされて(笑)。実際、野球選手も1・5軍以下が多かったんですけど、あたかも一流選手としたかのように思われたほうが自分の女としての格が上がるのであれば、それは利用させてもらおうっていうのはありますね。そこはやらしい感じで(笑)。

——総合格闘技もやってた人なんですよね。

澁谷 そうです、2年ぐらい。観てるだけじゃわからないのでやってみようっていう。その観てるだけじゃわからないからやってみようっていう精神がいろんなことで発揮されて。さすがにスカトロはやってないですけど。

——基本的に書きたい人なんでしょうね、全てがあとで何かを書くための潜入取材感覚。

澁谷 ネタにしたいですね。だから全部、取材的な感じで。ほかの女優さんに誘われて飲み会に行くときも、私は飲み会がこの世で一番苦手なんですけど、でも女優のプライベートな会話を聞いてみたいっていうのもありますし、どんな人と飲み会するんだろうっていうのも気になるので行っちゃいますね。いまは行かないですけど。でも、本って書き下ろしはたいへんですよね。連載を本にしてくれるのはいいんですけど、先が見えない本を書くのはたいへんだなっていうのと、費用対効果が合わないなって。1年以上書いて、月給みたいな額しか初版では入らないので。

——時間かければかけるほど損しますから。

澁谷 そうなんですよ、ビックリしました!

——だからボクも書き下ろしはしないです。連載をまとめるんじゃないと割に合わない。

澁谷 ですよね!

——連載で原稿料をもらって、単行本はボーナスみたいな感じで考えないと難しいです。

澁谷 ビックリしました、これもまたいい経験ですけど。頑張って書いてもその頑張りに編集さん以外は気づいてくれないし、けっこう精神的にキツかったですね。いつまで書いても終わらないみたいな感覚で。頑張ってやっと書けたと思ったらけっこうカットすることになったり。自分のことをたくさん書いたら、文字になると恨み節みたいになっちゃうところもあって。「(笑)」とかもできないので。しゃべるほうが楽だったりしますね。

——その結果、この客観的な感じが出たんでしょうね。淡々とAVの世界を見つめている感じ、ダメなところはちゃんとダメって言うけども、「許せない!」って感じでもなく。

澁谷 身バレした『FRIDAY』を、オーナーに「この子、こんなに話題になったんですよ!」って、初対面のプロデューサーの前で出された件では怒っちゃったんですけど(笑)。

——それほどの有名人だったわけでもないのにバレたときの騒がれ方が異常でしたよね。

澁谷 そうですよね、袋とじられてると思ってビックリして。新聞記者で? みたいに思っちゃって。当時は怖くて見られなくて。

——これですよね、「元●●●記者で名医の娘が熱演する3

作、全部見せます」。しかもラウンドガール時代の写真も着エロ時代の画像まで出して、簡単に特定できるっていう。

澁谷 ホントですよね。でも、逆にこれがきっかけでネタになるんだと思ったので、じゃあ続けようかなっていう気分にもなって。

――着エロ時代がバレたら、当時の芸名からお父さんの名前も特定できちゃいますよね。

澁谷 ね、いろいろ問題が。家族にまでいってしまうと被害が大きくなってしまうので、それはちょっと困りましたけど。

兄に胸を揉まれた

――このときにお母さんに「そんな仕事をやるのは頭がおかしいからだ！」って精神科に連れて行かれた話も衝撃的でしたね。

澁谷 そうですそうです。これを書くことでほかの人のリアクションを知りたかったっていうのもあったんですよ。家族からしたら、「家族のことは書かないでくれ」って言われるんですけど、自分の家族がおかしいのかどうかを世間の目でジャッジしてもらいたくて。自分が特殊なケースなのはわかってたし、周りのAV女優の子って家族に反対されても仕送りとかしてて、親もあんまり強く言えないパターンも多いので。私の場合、いまだに親がたまに1万2万のタクシーチケットとかくれるんですよ。経済的に支えることで私をコントロールしようっていうのが小さい頃からずっとあるので、自分は恵まれてる部分もあるけど、この窮屈な部分ってどうなんだろうっていうのをずっと聞いてみたくて。

――たしかに周りのケースとは絶対に違いますもんね。お父さんがしょっちゅう選挙に出ていたAV女優はあんまりいないですから。

澁谷 そうなんですよね。どちらかというと経済的に苦しい環境とか、親を経済的に支えるっていう子のほうが多いので、相談してもたぶんうまく聞いてもらえないだろうなっていうのがあったので。実家が経済を支えてくれるって嫌味になるかもしれないので。

――これはこれでしんどい環境なのに。

澁谷 しんどいですね、過干渉なのかなって思います。ただ、肉体的な虐待をされてるわけでもないから。いいところもあると思いますし、親が経済力あるってすごいポイント高いと思うんですよ。だけど、ちょっと苦しい部分もあって。私がおかしいのか家族がおかしいのかっていうのは、いまだに思ったりしますね。母には「私の育て方がよくなかったからAVに入ってしまった」って最近でも言われましたし。それを言い出したのは、私が小学校5年生のときに兄に胸を触られたのが初めて人に乳を揉まれた経験っていうのがウィキペディアに載ってたみたいで、「これを消しなさい！」って言われて。まずウィキペディアは本人が管理してるわけじゃないっていうのを親の世代ってわからないじゃないですか。「こんな嘘を書いて！」みたいなことを言われたんですよね。べつに私は書いてないし、どっかのインタビューで言ったんでしょうけど、それは嘘ではなかったんですよ。

――実際にお兄さんがやらかしていた。

澁谷 なのに嘘って決めつけられたこともショックでしたし、「いや、嘘じゃないよ。これこれこういう環境で」って丁寧に説明して、「でも、それふざけてやったんでしょ？」とか、「いや、でも相手は中学校1年生の男の子だから」とか言うんですけど、当時もうベッドの下にエッチな本を隠してたし、わかったうえで触ってるんですよ。

——いちばん悶々としてる時期ですよ。

渋谷　「小2と小4ならまだわかるけど、小5と中1だから」って丁寧に説明したんですよ。だってその年齢で急にくすぐり合いっこをしたらおかしいじゃないですか。それで、最終的に胸ばっかり揉んできたんですよ。

——妹の胸が大きくなってきたから。

渋谷　急にくすぐり合いっこします？　何年もしてなかったのに、いい感じの大人になってきて。それを説明したんですけど、「そんなこといいから消しなさい」って言われて。父親にも最初は「真実じゃないことを書かないで」って言われて、「いや真実ですし、私が小学校2年生のときにお父様がお風呂に入るとき私のリカちゃん人形を脱がせたことも覚えてるし」って。当時は人形の服を脱がせてお風呂に入れるっていう発想がなかったので、父が服を脱がせたことをエッチだなと思ったり。あとリカちゃんの友達の男の子も一緒にお風呂に入れようと思って脱がせたら、「ガールフレンドが裸でいたら興奮しちゃうよ」みたいなことを父親が言ったんですよ。

——大人向けの冗談を。

渋谷　「小さい頃のそういうエッチなことって覚えてるもんですよ」って話をしたらガン無視されて、「そんなことはいいから消しなさい」って感じで。私の小さい頃の、いわゆる性被害でもあるわけじゃないですか、家族とはいえ。子供とはいえ相手も中1だし、性被害のことを完全に無視して家族の評判ばっかり、世間体ばっかり気にするって、ちょっとこの人たちひどくね？　みたいなことをすごい思ってしまって。どうせ向こうはふざけてたとか、加害者のことばっかり庇うのもよくないし。ここで黙っちゃいけないなと思って、親との関係も無視して頑張ってひとりで生きていきたいなって思ってます。ただ、いまだに親からお金もらったらふつうに受け取ったりもしてますけどね(笑)。親との関係性は今後の人生のテーマかなと思います。

——実家で暮らしながらAVデビューしたのも、かなりたいへんだったはずですよね。

渋谷　デビューしてから怖かったですね。「そろそろパッケージ情報が出ますよ」とか言われるとすごい怖くて。せめて親がぜんぜん違う地域に住んでてひとり暮らしなら、無視し続ければなんとかなるんですけど……。

——だいたいそうじゃないですか、上京してAVデビューってパターンが多いわけで。

渋谷　そうなんです。いまも私が住んでるところは親が借りてるところで。親が「AVを辞めるんだったら経済的にサポートしてあげるから」って言って、ちょうど辞める時期だったんでラッキーと思って、私も私で経済的に利用させてもらおうと思ってしまって。

——まだ管理下にある感じなんですね。

渋谷　そうなんです。親とうまくやってたら、毎月最低15万は浮くんですよね。そう考えると、じゃあ2万ガチャに遣って5万ウーバーイーツに遣ってとか(笑)。親とある程度うまくやってたらこれだけお金が浮くっていう、いわゆるこれぞガチのパパ活かなと思ってます。

——AVで経済感覚が狂うじゃないですか。

澁谷 そうなんです。私は両親に経済的に寄生してたから、社会人になる前から「あなたは絶対にひとりではうまくやれない」って親からずっと言われて。社会人になったときもお小遣いの感覚で、初任給で20何万入ったのは全部買い物に遣ったりしてたので、逆にAV女優になって独り立ちしてからちゃんと貯金するようになりました。AV女優になって初めて経済感覚が少し戻った感じですね。

――さっき話に出たお兄さんは、けっこうたいへんな医療事故にあって、お父さんが裁判したりとかしてましたよね。

澁谷 ああ、そうですね。でも、いまは結婚してふつうに生活して。ただ、会ってないんですよ。私が引退イベントをした当日に母親から「お兄ちゃんにバレた」っていうLINEが来て。そこから兄とは一切LINEもしてないんですけど。もう子供もいるから、万が一、元AV女優の親戚ってことで自分の子供が差別されたら困るからっていうことで、兄が実家に行くときは「申し訳ないんだけど来ないでくれる?」ってお金を渡されて（笑）。

――え!

澁谷 「申し訳ないから」って夕食とかランチ代で1000円2000円渡されて、「この時間は来ないでください」って言われたりするんですよね。べつに行きたくもない実家に「いつでも来ていいけど、このときだけはお兄ちゃん家族が来るから来ないで」って言われるのはやっぱり嫌な気分になるので。

――そりゃなりますよ。

澁谷 だから早くもっと実家から離れて暮らしたいので、どこでもいいのでいつかは自分で家を買ってひとり暮らししたいですね。

――単純に収入の話でいうと、いわゆる着エロってまったく儲からないみたいですよね。

澁谷 性的な行為、それもイメージDVDじゃなくてしっかり挿入したりフェラしたりってならないかぎり金額は大きくならないので、グラビアの子はたしかにお金がないイメージですね。グラビアからAV女優になった子で、その子が一緒にいるとみんなの財布からお金が消えてたっていう子がいて。

――ああ、意外とあるあるですよね。

澁谷 スカパーさんの番組で、AV女優vsグラビアアイドルみたいな水泳大会があって、部屋は別々だったんですけど、「グラビアの子もいるから貴重品はしっかり持っててもらおう」みたいになって。普段はぜんぜん気にしないんですよ、AVの現場でも貴重品の管理はあんまり気にしてないんですけど、そのときはみんなマネージャーに預けて。「グラビア怖いから」みたいな（笑）。あとグラビアの人ってどんなにエッチなふうに撮ってても、セックスについてしゃべったらダメ、みたいなところはあるじゃないですか。

――あくまでもファンタジーで。

澁谷 水泳大会中もそういう話になって。アイドル寄りの人は一応、処女っていう感じでいかないといけないって。だからAV女優になったほうがトークが楽にはなりますよね。

――客観性を感じたのは、セクシーアイドルグループに参加したときのダメ出しっぷり。

澁谷 ハハハハハ! そうですね、あれはちょっと強く言いすぎたかなと思って。

――いや、すごいわかります。ホントに運営が何も考えてないで作った雑なセクシーアイドルグループが多すぎますからね。

澁谷 個々のセクシーアイドルが人気だから、絶対そのファンが来てくれるだろうみたいな単純な感じで集めてるのが見え見えで、当時けっこう有名な女優さんがいっぱい、しかも単体ばっかり使ってたので、完全に女優の人気に乗っかる感じだったんですよね。

――基本、雑な昔の曲のカヴァーみたいなのばっかりなんですよね、なんの志も感じない。

澁谷 ハハハハハハ! 私たちも昭和のアイドルグループのカヴァーをするはずが、許可が取れたからって急に平成の渡り廊下走り隊のカヴァー出したから、なんで?と思って。私のソロ曲は『夏のお嬢さん』だったんですよ。それもただ単にオリジナルが元祖巨乳アイドルだからっていうだけで、よくわからなかったです。その子の声質とか本人のキャラに合わせたものにすればいいのになって。ただ女優のモチベーションを上げるためっていうのはわかるんです、事務所の感覚としては完全にそうだと思うんですけど。

――某AV女優さんはそれでしたもんね、スカウトされて歌手になりたいって言ったら、「これで頑張れば歌手になれるから」って騙され、AVに10本以上出て、「このお金でCDを出してあげる」って、それAVに1本出れば自腹で出せるヤツですよっていう。

澁谷 ホントに!

――基本、やりがいのためなんですよね。

澁谷 そうです。裸になってセックス以外にもこれだけ応援してくれる人がいるって、精神的に癒やされる部分があると思うんで。

――芸能活動的なものがあると、「テレビにも出られる仕事だよ!」って言えるから。

澁谷 そうなんですよ。「CDを出せるよ」とか。私も本を出せるのはありがたいですし、そのなかでお金以上の達成感があって。お金はAVで稼げばよくて、そうじゃないプラスアルファは無料でもOKっていう感覚になってましたね。私、本を出すときに絶対にほかのAV女優みたいな、よくあるキラキラエッセイみたいな本にはしたくなくて。

――それはマスコミ出身だからでもあるし。

澁谷 私なんかがそんなの書いてもっていうのはあるんですけど。女性ファンが多いわけでもないし、みなさん一流の、たとえば吉沢明歩さんとか上原亜衣さんとかがキラキラを出すのはわかるんですけど、私はべつにキラキラで売ってないし、ただのエッセイになったらみんなが好きになってくれるようなところしか出せないですし、それを書きたくないのと、あとはよくあるプロレス暴露本みたいな感じもいやらしいなと思っちゃって。ただ、サイゾーから出すって言われて、正直、「え、サイゾー?」って思ったんですよ。AVメーカーのプレステージと同じビルに入ってるので、これは絶対にAV寄りというか。

――もっと言うと、かつてはリングスも同じビルに入ってましたからね。

澁谷 そうだったんですか! だから、AV業界の裏側を書いて大丈夫なのかなと思ったんですけど、「それは気にせず、逆にいまの時代に合った、フェミニズムの時代に合った女性向けの本にしましょう」って言ってくださって。女性向けだったら、こうやって真実を書く意味があるなと思ったんですよね。

――全体的なトーンもいい本だし、随所に入る野球、プロレス、格闘技ネタもいいし。潮吹きのリスクの話を武藤敬司のム

サイゾー
出版社、ネットメディア配信会社。99年、インフォバーンによる月刊誌『サイゾー』の創刊にルーツを持ち、分社独立後は出版事業の他、「日刊サイゾー」「メンズサイゾー」「TOCANA」「おたぽる」「messy」「wezzy/ウェジー」など、様々なwebメディアを展開。22年に移転し、現在はプレステージとは違うビルにオフィスを構える。

武藤敬司(むとう・けいじ)
プロレスラー。62年生まれ。84年に新日本プロレスでデビュー。同期入門の蝶野正洋・橋本真也とともに闘魂三銃士を結成、カリスマ的人気を得る。初代タイガーマスクも膝の負担を嫌い動きを変えたという大技・ムーンサルトプレスをプロレス界に広めたことでも知られる。度重なる故障に苦しみ、何度も復活を果たしたが、23年、膝関節に加えて両股関節も人工関節にする必要があるため引退。

ーンサルトプレスにたとえてるのがすごい好きです。

澁谷 そうなんです、将来的にダメージが蓄積されて。私はまだ膀胱炎とかなったことがないんですけど、でも膀胱炎になったことある女優はけっこういましたし。

――それくらい見映え重視でダメージを受けるリスキーな技だっていうことですよね。

澁谷 そうなんです。水中毒になったっていうのもけっこう聞きましたね。

――とある潮吹きAV女優が引退するときに、「いまだから言うけどあんなもん何も気持ちよくない」って書いてて衝撃でした。

澁谷 私は気持ちいい、イクっていうのをよりわかりやすく伝えるにはどうしたらいいんだろうっていう感じでやってたので。だから潮吹くときは、「よし、ここで吹くぞ」みたいなことを思ってるので、いまこそエルボーとか、いまならトップロープに上ってとか、そういうのを考えながらやってました。

――サラッと書いててボクが一番衝撃だったのは、「いまはややこしい時代になったので、18歳と言ってるAV女優もみんな20歳過ぎてます」っていうことでした。

澁谷 あ、ショックだったんですね。豪さん知らなかったんだと思ってビックリしました。いろんな裏側を見てらっしゃる方だから。それはしみけんさんもTwitterで言ったことがあって。「いまは20歳以上の人しか入れません」って。それはAV強要事件が終わってすぐでしたね。やっぱり未成年だと親バレしたときの親の対応がたいへんなんで。

――これを読むと、最近は想像以上に業界がちゃんとしてきてるのかとは思いましたね。

澁谷 ただベクトルはおかしい部分もあって。契約書を書いたり、撮影中にもう1個カメラを置いて、楽しく撮影してる証拠を撮ってるのがすごく嫌で。そっちはボカシも入ってないから、これ流出したらどうしようとか、あと、ずっと撮られてるから気持ち的に休めないんですよね。万が一それを誰かが見返したときに、「うわ、この子オフのときこんな感じなんだ」って思われたら嫌なので。

――映像の管理に関しては昔からズサンな業界じゃないですか。ちょっと会社が危機的状況になるとすぐに映像が流出し、裏で売られ、ってことが当たり前のようにあって。

澁谷 そうなんですよ! 実は今回の本でカットせざるを得なかった部分があって……(以下自粛)。そういうふうに夜逃げしてデータを持ってっちゃう制作の人がいて。それはいまだにあったりするので、いくら強要と言われたときのための保険だとしてもやめてほしいなと思うし、これって逆に人権侵害なんじゃないかって。あとずっと状況を撮る人が、「『これから頑張ります』とかひと言もらっていいですか?」って言うんですよ。

――ポジティブな発言を証拠にするため。

澁谷 そうなんです、「強要じゃない証拠を撮りたいので、『これから頑張るぞ』みたいなひと言ください」って言うんですけど、「それ言わせるの強要じゃない?」って。

――ダハハハハ! 確かに(笑)。

澁谷 それ言わないと続きが撮れないんですよ。その人も下っ端のADさんなので、「これ、どうしてももらわなきゃいけないんですよ」って言われたら助けるしかないし。

――結果、ものすごくつらい状況の人が、「これから頑張ります……」って、心にもないことを言ってる可能性もありますよね。

渋谷 そうなんですよ、言わせりゃいいってもんじゃないから。契約書にも最後に備考欄があって、「ひと言、頑張ります的なことを書いてください」って言われて。いや、それも強要じゃんと思ったんですけど、でも私は出る前提だったので言えないですし。そんなの書けって言われたら書くしかないし。

――もしかしたらホントに強要で連れて来られた人が、そういうところでＳＯＳを出せる可能性ができたってことなんでしょうけど。

渋谷 それはあるんですけど、書かせときゃいい、言わせときゃいい、証拠を撮っときゃいいっていう感覚になってしまってるのが危ないなと思いましたね。証拠さえ撮っておけばじゃなくて、もし事務所から強要されて来てたとしたら、「強要なんです」って言える状況に制作とかメーカーがしなきゃいけないのに、あれはバカなのかなと思いましたね。

――「唯一、私が強要だと思う作品があった」っていう話も怖かったですね。アイドルグループ脱退のペナルティ的に出たその作品だけが海外で配信され続けたっていう……。

渋谷 そうなんです。ちゃんと許可もらって『Ｐｏｒｎｈｕｂ』に出してるとか言って。たしかにペナルティの作品も、一応ギャラはちょっと入ってたんですよ、もらえないと思ってたんでそれはうれしかったんですけど。その作品はもうＦＡＮＺＡでは止められてるんですけど、気管支炎で声がまったく出ない状況で、ガラガラだったんですよ。でも、「頑張って」しか言われなくて。もう十分頑張ってるし、頑張って無理をした結果のこれなのに。それなのにナレーションも入れさせられたりして。レビュー見たら、「こんなんで撮り直ししないんだ」ってファンも驚いてましたね。

――ＡＶに行こうとする人にボクは「お金にはなるだろうけど、そのお金以上のリスクがあると思いますよ。確実にバレるし、すぐバレなくても長いスパンでバレる。どこかに動画も画像も残り続けるから、引退したあとにバレる可能性もある」って言ってるんですよ。

渋谷 そうなんです、ＦＡＮＺＡを止めたところでどこかで動画を持ってる人が上げちゃう可能性もあるし、それは理解してもらわないとって思いますね。

――ちなみに最近、蒼井そらさんの本が出たんですけど、それはまた別のおもしろさがあって。名前は全部匿名なんですけど、同棲してた芸人がいかにモラハラのクズだったのかって書いてあって、そこがすごかったです。

渋谷 え、ＬＩＮＥニュースに載ってない！

――騒ぎになってないんですよ、みんな気づいてないみたいで。すごい情報なのに。

渋谷 えーっ、もったいない！

蒼井そらさんの本
藤原亜姫『夜が明けたら　蒼井そら』（20年、主婦の友社）。元AV女優・蒼井そらの実体験をケータイ小説出身の作家・藤原亜姫が小説化。主人公「山本ジュン」が、葛藤の中で人気AV女優となる姿を描く。kindle版には蒼井そらの初体験エピソードやアンチからの心無い誹謗中傷に関するエピソードも収録。

マンコで逮捕された以外は
ごく平凡な人間なんですよ

ろくでなし子

2020年7月収録

1972年3月14日生まれ。静岡県出身。漫画家、フェミニスト。まんこ（女性器）をモチーフに作品を作るアーティスト。1998年講談社『Kiss』の新人賞で漫画家デビュー。2013年秋、まんこを3Dスキャンし、そのデータでマンボートを制作、多摩川にて進水を果たす。その制作費用に利用したクラウドファンドで、出資者へのお礼に3DデータをダウンロードできるURLを送信したことなどが要因で、2度にわたり逮捕される。2014年10月東京デザイナーズウィークのTDWアートフェアにて前期準グランプリ受賞。翌年に、『ワイセツって何ですか？（「自称芸術家」と呼ばれた私）』（金曜日）を上梓。

マンコ事件の裏側

――『実話BUNKA超タブー』という右も左も全方位に攻撃するひどい雑誌なんですけど、ボクのページだけは平和だと思います。

ろくでなし子　うれしいです、いつか呼んでいただけたらいいなと思ってました。ちょうどいま展示会中で、展示しようと思ってたものを持ってきたんですけど、どうしますか？

――せっかくなので撮影用にテーブルの上にでも並べておいていただければ。今回は『BURST』関連の企画で、根本敬さんとかピスケンさんとかと展示やってるんですよね。

ろくでなし子　そうなんですよ。いまちょうど、すぐそこの新宿眼科画廊でやっていて。

ごっしー　ピスケンって生きてたんだ。

ろくでなし子　ピスケンさん、ドキュメンタリーを撮られてたんですよね。亡くなられる前提で撮ってたらしくて。そしたら、元気になられてて（笑）。すごいお元気でしたよ。

ごっしー　ガッカリ。

ろくでなし子　ひどい！

――ホントに数少ない何も気にしない雑誌なので、自由に話してもらえればと思います。

ろくでなし子　ありがたいです、ホント!!

――ボク、なし子先生の顔ファンなんです。

ろくでなし子　……顔ですか？

――そして、じつはリツイートとかも……どう思っているのかはわからないですけど。

ろくでなし子　あれは炎上狙いですよね？

――違うんですよ！

ろくでなし子　え！　どう考えてもケンカを売ろうとしてますよね？

――違いますよ！　ほぼ同意見でリツイートしていることが、実は意外と多いんです。

ろくでなし子　ああ、表現の自由についてはちょっと似てると思ってます。

――そうなんですよ。基本的にボクは「人に迷惑をかけない限りは何をするのも自由」だと思っていて、ろくでなし子先生は「人に迷惑かけてもいいけど、その代わり責任を取れ」って思ってるタイプだと思うんですけど。

ろくでなし子　ああ、そうですね。でも、やっぱり迷惑かけないほうがいいと思います。ただ、そんなにやりたいんだったら撃たれる覚悟でやれよっていうタイプです。

――わかります。今回はそういう話もしてみたいなと思ってお呼びしたんですけど。世の中、面倒くさいじゃないですか、どうしてもザックリとふたつに分けたがる感じで。

ろくでなし子　ホントそうですよね。

――それ以外にものすごいグラデーションがあって、そこがむしろ重要なのにっていう。

ろくでなし子　ホントにそうで。今回、有罪で晴れて前科一犯になったんですけど、新聞さんとかの書き方が、悔しい表情みたいな写真が使われたり、こういうマスク（「けいさつありがとう」と縫い付けられている）もわざわざ作ってはめてたんですけど、「警察に皮肉でやってる」とか書かれてて、案外けっこうホントに感謝してるのに（笑）。

――ダハハハハ！　さすがに伝わりづらいわけじゃないです

『BURST』
コアマガジンが95年に創刊したアウトロー雑誌。初代編集長はピスケンこと曽根賢。元々バイク雑誌だったが次第にマリファナ・身体改造・死体写真など鬼畜カルチャー的企画が主流となる。05年休刊。

有罪で晴れて前科一犯
自身の女性器から取った型を用いた立体作品シリーズ「デコまん」の展示及びその3Dデータ頒布が「わいせつ物頒布等の罪」に問われた事件。14年の逮捕後、16年にデータ頒布のみが「閲覧者の性欲を強く刺激することは明らか」とされ有罪に。上告審に進むも20年7月に最高裁が棄却、罰金40万円が確定した。

か。そもそも警察沙汰になったことで人生が劇的に変わり、知名度が異常に上がった人だってことを思うと……。

ろくでなし子　そうなの、もう楽しくてしょうがない（キッパリ）！

——言っちゃうと、警察沙汰になったことで幸せになった人だと思うんですよね（笑）。

ろくでなし子　ホントに逮捕のおかげで漫画も英語訳とフランス語訳とスペイン語訳が出て、逮捕の報道が海外に流れたことで現在の夫が連絡してくれて、結婚しちゃって。

——さらには子供までできて。

ろくでなし子　そう、子供まで（笑）。

——もっと言うと、それまではまったく売れない漫画家だったわけじゃないですか。

ろくでなし子　まったく！　箸にも棒にも引っかからなくてどうしようかと思ってて。マンコは誰もやってなかったんで、「マンコといえばこの人」っていう隙間産業になれるかもと思って、それで始めたんです。

——いろんなこと頑張ってみたけど、どうもハマらなかった人が、陰唇切除を漫画にしたり、マン拓をモチーフにした芸術作品作りを漫画にしたりで、ようやくハマったら大変なことになったわけだけど、警察が話題作りに協力してくれたぐらいの感じなわけですね。

ろくでなし子　そうそう！　そうなんです。

——ひどい目には遭ったけど、プラマイゼロどころか相当プラスにしているっていう。

ろくでなし子　そうなんですよ、だから逮捕されたときも、まさか逮捕されるとは思ってなかったんですけど、真っ先に浮かんだのは「これ漫画のネタになる」って。震えながら、「すごいネタになった」って興奮して。

——もともと裁判傍聴とかの漫画を描いてたら、自分が裁判の当事者になるっていう。

ろくでなし子　「あ、あのなかに入るんだ！」みたいな（笑）。「ウケるー！」とか言って見てた側になっちゃったんだって。

——それが伝わってないと思うんですよね。

ろくでなし子　うん。あとＴｗｉｔｔｅｒとかでも、ちょっと真ん中的なことを発言すると、右だの左だのってすぐ言われたり。

——右からも左からも叩かれ、フェミニストからもアンチフェミからも叩かれで（笑）。

ろくでなし子　みんなに嫌われてる。私が自分から誰かを攻撃することは一切ないんですよ。みんなから嫌われるんですよ（笑）。

——しかも、すぐ反省しますもんね。「あれはちょっと言い過ぎた気がします」とか。

ろくでなし子　そうですね、石川優実さんにもちょっと乱暴なツイートをしてしまって。ブロックされてるし本人は気にもしないと思うんですけど、丁寧な言葉遣いをしないとその程度になってしまうから、あれはよくなかったなと思ってそこは訂正して。でも、主張に関しては変えていないというか。

——そこも近いところなんですよ。とにかく自分が丁寧に対応することによって、相手のいきり立ってる感じが際立つようにしたり。

ろくでなし子　ハハハハハハ！　そう、豪さんはだいぶ前からそのスタンスですよね。

――ひどい人にはよりジェントルに接して。

ろくでなし子 うまいなあと思って。

――それなのに、世の中ってどっちかにしたがるんですよ。ボクも「どっちなんだ！」と押し付けられそうになるたびに反発してて。

ろくでなし子 「吉田豪はいい人だ」みたいな思い込みの人もいるじゃないですか。

――それもキツいんですよ。

ろくでなし子 いや、けっこう炎上してる人ですよっていう……（笑）。

――だから敵でもないし味方でもないんだけど。心を開いてくれるなら、最終的には損はさせないつもりではいますって感じです。

ろくでなし子 ね、この人は公平にリツイートしてるんだなって。でも過剰に期待してる人がいて、「おまえがそんなことリツイートするのか」みたいに言ってるのをたまに見て、ちょっと同情というか似てるなって。

――「吉田豪はなぜこれをリツイートしないんだ！」って押し付けられるのもそうだし。

ろくでなし子 そうそうそう。

――ホントに「知るか！」じゃないですか。「吉田豪がリツイートしてるから本当なんだろう」とか、それも「知るか！」ですよ。

ろくでなし子 面白いかどうかですよね。

――そうですよ。面白いというか、もっとシンプルに、伝えたい、広めたい。それはいい意味でも悪い意味でも。いいものだから読んでっていうのもあるし、この人はどうかしてるから読んでっていうのもあるし、それを説明したくないだけなんですよ、それぞれが各自で判断してくださいっていう。なのに、「なんでどっちか言わないんですか！」とか言ってくる人がいて、それは自分でリテラシーを鍛えて判断してよっていつも思ってて。

ろくでなし子 やっぱりフォロワーさんがすごく多いから、私より面倒くさいんじゃないですかね。

――意外と面倒くささはなくて。ろくでなし子先生こそ、よりややこしいと思うんですよ。一番デリケートなところをいじるから。

ろくでなし子 まあマンコだから（笑）。

――デリケートゾーンですからね（笑）。

ろくでなし子 しかも「マンコ」って言うだけで怒ってくる人が多くて。女性もけっこう怒ってくるんで、マンコ持ってるのに怒ってくるのがよくわからないんですけど。

――どういう怒り方なんですかね？

ろくでなし子 やっぱりすごい植えつけられちゃってるんですよね、悪いものって。しかも女がやってるみたいな感じで、拒絶！ みたいな。拒絶のわりにはなんで文句を言ってくるのかよくわからないんですけど。

――どうしても何か言ってやりたくて。

ろくでなし子 そうそう！

――騒ぎになる前ってオッサンの週刊誌とかがけっこう食いついてたじゃないですか。

ろくでなし子 そうなんですよ、オッサンメディアしか呼んでくれなくて。

――『週刊大衆』とかああいう系が。

ろくでなし子　そうです。でも、あれのおかげで銀座のヴァニラ画廊さんに呼んでもらったとき、初日は友達しか来なくて、でも『週刊ポスト』に載った瞬間、「え、マンコが見られるの？」みたいな感じでオッサンが。

――ダハハハハ！　すぐにくいついてきた（笑）。オッサンそんなに単純なんですか？

ろくでなし子　そう。どうやらオッサンはネットでマンコが見られることすら知らないみたいで、オッサンが電話かけてきて。

――週刊誌を買う層はそうなんですよね、ネットでエロが見られない人たちっていう。

ろくでなし子　あれからけっこう時が経ってるからいまどうなってるのか、さらに老化が進んでるのかもしれないですけど。

――そういう人たちが週刊誌を読んで来て。

ろくでなし子　そう。見に来て、「なんだよこんなのかよ！」みたいな（笑）。

――ダハハハハ！　怒ってた（笑）。

ろくでなし子　エロくないんで。

――もうちょっとリアルな、たまらなくいやらしいものが展示されてると思ったら。

ろくでなし子　そうなんですよ。ガンダムになってる動くマンコとか、ジオラマが乗ってるマンコとか、ぜんぜんエロくなくて怒られて（笑）。「やらしくねえじゃねえか！」って。あとマンコを見に来たくせに、「マンコとは暗闇のなか、そっと布団をめくって見るものなんだ！」って怒る人もいて。ムカついたから、それをきっかけに私のマンコの型を取ったガラス状のものをいくつも作って照明器具にして、ビカビカ光らせたマンコを作ったんですよ。だから原動力はみんな、怒られてムカついて、もっとやってやろう、で。

――基本は悪ふざけだと思うんですよ。

ろくでなし子 そうです！

――もともと漫画でギャグ的なことをやってた人だから。あと、前に『ワイセツって何ですか？「自称芸術家」と呼ばれた私』（15年／金曜日）本のサブタイトルについてツイートしたことあったじゃないですか。

ろくでなし子 ああ、あれは吉田豪さんの発言が、ちょっと悲しかったんですけど。

――「わかってくれると思ったのに」と。

ろくでなし子 そう！ あれ勝手に編集部で考えられてて。左翼系の出版社から出たので、芸術家が権力と戦うみたいな図式にしたかったらしくて。私はタイトルのどこかにマンコは必ず入れたいと思ってたんですよ。

――もっとマヌケな感じにしたかった、と。

ろくでなし子 そう、もっとアホらしいものにしたかたったんですけど、「マンコとか入れると売れない」って言われて、「わかりました」って。でも結局売れなかった（笑）。

――ダハハハハ！ 実はあのときボクは人生で初めて署名したぐらいなんですけど（ろくでなし子の即時釈放を求める署名。4日間で2万人が署名した）。

ろくでなし子 署名してくれたんですか？ 知らなかった！ ありがとうございます！

――だけど、ただ芸術家が自由のために権力と戦うみたいな構図になっちゃってるのがもったいなくて。ろくでなし子先生をボクは漫画家だと思ってて、漫画家が芸術的な権威も含めてネタにするためにやったことなら全面支持できるけど、「私は芸術家なのに！」って怒りだとしたら、それは乗れないなって。

ろくでなし子 そうそう。でも当時そんなに漫画を描いてなかったから、漫画家って言っていいのかなと思っちゃって。

――そこの申し訳なさがあった。

ろくでなし子 そう、だから逮捕されたときも、いま漫画を描いてないから、それでマンコのアート作ってるから芸術家かなと思って「芸術家」って書いたんですよ。そしたら「自称芸術家」って発表されちゃって。

――なるほど。ボクは最初、大西祥平くんのインタビューで知ったんですけど。

ろくでなし子 あ、『映画秘宝』ですよね。

――そうです。だから漫画家さんがアートという権威もネタにして、女性器を使った破壊活動をしてる、それも漫画にする人っていう認識だったから、芸術家vs権力のバトルにしちゃうのはもったいないなと思ってたんですけど、それはしょうがない状況だった。

ろくでなし子 大人の事情でそうなってしまって。私的にはマンコも使われなかったし、売れもしなかったんで。でも海外で翻訳はされて、そっちのほうは売れてるんですけど。

――世間のイメージだと、権力とも戦うんだから、そういう大人の事情ともちゃんと戦う人ぐらいに思われてると思うんですよね。

ろくでなし子 やっぱりそこはね、本がなかなか出なかったんで（笑）。

――単行本もろくに出せず、出しても売れず、漫画家として苦労してきたから（笑）。

ろくでなし子 そう、だからそこは言うこときかないとって思

吉田豪さんの発言
15年4月16日「モーニングCROSS」（TOKYO MX）での「自称芸術家」という副題に関する発言。「エロスは芸術っていう逃げ道を作れば結構いける部分ってあるじゃないですか。（中略）その権威にたよらないでほしいって思いが正直、僕はあって」。前述のツイートとは「単行本のタイトル、わたしは決定権無い事が多かったな。『ワイセツって何ですか？』のサブタイトルも（中略）編集の意向に従った。後に吉田豪氏にアレコレ言われたが、わたしが決めた訳じゃないからなんか残念だった」（ろくでなし子、18年11月3日）。

『映画秘宝』
映画雑誌。95年、町山智浩らにより創刊。20年、版元の洋泉社の解散に伴い休刊するも、当時の編集長岩田和明が合同会社オフィス秘宝を設立、双葉社発行で復刊。21年、岩田出演のラジオ番組への批判をツイートした女性に公式アカウントが「死にたい」などのDMを送付、騒動に。これを皮切りに雪だるま

って（笑）。そのときは出してくれるだけでもラッキーぐらいだったんで、そこは戦わなかった。

——ダハハハ！　相当戦ってる人なのに！

ろくでなし子　そこは迎合するんで（笑）。

——そもそも漫画家としては、そんなにダメだったんですか？

ろくでなし子　最初はラブコメディとかストーリーものを描いてたんですけど、しかも講談社っていうけっこう大きいところでデビューしたにもかかわらず、だんだん載らなくなってきて、「載りやすいのはショートだよ」って言われて、隙間を埋められるから。そこからショートのギャグみたいなのを描いてたら、その頃からどうも下ネタが好きで。

——女性誌で描いてるときから。

ろくでなし子　そうそう。金玉占いをする女性の話とか。たまたま事故で金玉を触ってしまったらインポが治ったオジサンがいて、それで占いをするOLの復讐劇みたいな話を描いたりしてたんですけど、やっぱり下ネタは求められてなかったみたいで、徐々に載らなくなってしまい。そこから竹書房とか。

——4コマ誌系の。

ろくでなし子　そう、4コマ誌系のほうに行って、そこでも載らなくなってきちゃって、パチンコ系の漫画雑誌に行って、パチンコやらないんだけど当時はパチンコ雑誌さんは仕事すぐくれたので、仕事があればなんでもやって。でも、ぜんぜん売れなくて。それで『本当にあった笑える話』系で、あそこは下ネタ全開だったんで。でも下ネタOKだけど全員セックスにまつわる漫画ばっかり描いてて、差別化ができないなと思って。セックスの話はみんな描いてるけど、本人がマンコについて語る人は誰もいないって気づいて、じゃあ私がマンコといえばこの人っていうポジションになれるんじゃないかと思って。

——マンコの第一人者に。

ろくでなし子　そうそうそう（笑）。

——無事なりましたよね。

ろくでなし子　なっちゃいましたね。

——差別化が無事できて。

ろくでなし子　そのとき差別化できたと思ってたんですけど、なんでマンコの漫画家がいないかっていうと、載せられないから。

——当たり前ですよ！

ろくでなし子　それにあとで気づいて。一応その頃はマンコのアートをしたり描いたりする漫画家ではあったんですけど、そこから先がぜんぜん広がらなくて、マンコなだけに。

——余計な小ネタありがとうございます！

ろくでなし子　で、マンコのアートのほうがだんだん楽しくなってきちゃって、展示の話とかも来るようになったんで、そっち一本でやろうかなと思って、デコまんとかジオラまんとか作ったりしてたんですよ。ただ石膏で型取ってってやってると時間もかかるし、マンコって手のひらサイズなんで何個も作らなきゃいけなくてたいへんだから、もっと効率よくクオリティ高く量産したいなと思って、それで3Dの技術を、これいいなと思って。それだと拡大縮小もできるから大きい作品もできて、それだけで展示会場がバーンと埋まるしカッコいいから。どうせ作るんだったら誰もやったことがないマンコの作品をつくろうと思って、乗り物にしようと思って。

——で、まんボートを作ろうってことになってクラウドファ

式に炎上、現在は再休刊。

『本当にあった笑える話』
実話4コマ雑誌。『本当にあった笑える話』（ぶんか社）の他、『本当にあった愉快な話』（竹書房）、『本当にあった（生）ここだけの話』（芳文社）、及びそれぞれの別冊・増刊号など類似誌が多数あり、素人目には区別が困難。

けいさつ

ンディングで資金を集め、そのリターンで3Dのデータを送ったらたいへんなことになったわけですよね（笑）。

ろくでなし子 ハハハハハ！　たいへんなことになるとは思ってもいなくて。

――最初から最後までマヌケな事件ですよ。

ろくでなし子 ホントにそのとおりですね。

――マヌケな事件感をちゃんと出そうとして、つらい表情を報道で使われるのは嫌だから、写真を撮られるときはひたすら間抜けな満面の笑顔に徹してるわけですよね。

ろくでなし子 そうですね。弁護団の先生に、「怒ったふうにしてくれ」って言われたりしたんですけど、怒ってないからついつい顔がほころんじゃったりして（笑）。

いまのフェミニストとは話が合わない

――ちなみに素朴な疑問なんですけど、いまこういう活動で生計は立ってるんですか？

ろくでなし子 いまは専業主婦です。好きな時間に作品をつくってときどき展示する、みたいな。一応、同人誌で自分の体験を漫画に描くのを去年までやってたんですけど、今年はコロナでコミケがなくなっちゃって、次はどうなるかな、みたいな感じですね。

――芸術家を名乗って活動しても、なかなか儲からない気がするんですよね。

ろくでなし子 儲からないです、ホントに。

――ただ、それ以前の漫画家でも儲かってないからそこに大きな違いはないんですか？

ろくでなし子 一切儲かってない（笑）。

――どっちにしろ。まあ、単行本が出ない漫画家さんはキツいですからね。

ろくでなし子 単行本が出ても重版されなかったらそれっきりで終わりだから、ぜんぜん食えないんですよね。有名な作家さんもだんだん厳しくなってますよね、残念ながら。

――自分のライフプランというか、人生が想像とは違う方向に来てるじゃないですか。

ろくでなし子 プランとか考えたことがなくて、いつも3カ月先までしか考えられないで生きてきたんですよ。いま子供がいるので子育てがメインで、余暇に作品をつくって。

――こうして話だけ聞いてると、すごい平和な主婦って感じですもんね。

ろくでなし子 でしょ？　マンコで逮捕された以外はごく平凡な人間なんですよ。そのへんにいるマンコで逮捕された人間です。

――ダハハハハ！　そんな人いないですよ！

ろくでなし子 いたってコメントもつまらないし、たいしたことも言えないし。

――真っ当なことを言う人だとは思います。

ろくでなし子 真っ当ってつまんないじゃないですか。はあちゅうさんみたいに面白くなりたい（笑）。あれも才能じゃないですか。

――才能ですね。良くも悪くも人に引っかかる何かを言えるっていうのは才能ですから。

ろくでなし子 しかも、どうやら狙ってやってないらしいし。

はあちゅう
ブロガー、インフルエンサー。86年生まれ。慶大在学中に女子大生カリスマブロガーとして話題になり、以降、スポンサーの金での世界一周卒業旅行、電通入社、マーケティング会社広報への転職、オンラインサロン主催、電通時代のセクハラ告発、AV男優しみけんとの事実婚&解消など、「人生すべてコンテンツ」を謳い常にSNS界を賑わせる。発言が頻繁に誹謗中傷の的になることでも有名。

――まったくナチュラルですよね。あれも最高の事件でしたよね、爆笑問題のラジオで、はあちゅうさんがしみけんと結婚したとき、太田光さんがはあちゅうさんを知らなくて。

ろくでなし子 ああ！ なんだっけ？

――「ろくでなし子と結婚してほしかったな、しみけんは」「あとは、ぱいぱいでか美とか」と言って、はあちゅうさんが激怒して。

ろくでなし子 ああ、キワモノ扱いって。

――そうです。名前のマヌケな響きでそのふたりを挙げたらはあちゅうさんが激怒して、「なんとも嫌な気持ちになった」「キワモノはキワモノ同士くっつけとけって思ってるんだな。人を見下してるよ」って言い出して。

ろくでなし子 あ、そうだ、「え、キワモノ枠じゃなかったの？」みたいな。旦那さんがAV男優さんだし、面白枠じゃないですか。

――特にしみけんさんはウンコ大好きで、ウンコが食べたくてAV男優になった人ですからね（笑）。

ろくでなし子 ハハハハハハ！ 太田さんがたまに『サンデージャポン』とかで「ろくでなし子」って言ってくれるのちょっとうれしいから、名前を出してもらえてラッキーぐらいだったんですけど。

――「取り上げてもらえるのは嬉しいから謝られても困る」「むしろ『この人達と一緒にされて嫌な気持ちになった』と言ってる方に、大丈夫かなぁ?と思った」とか言ってましたね。太田さんは単純に名前の響きが好きなだけで、深い意味はないと思うんですよ。

ろくでなし子 絶対ないですよね。あと最近は石川優実さんも、はあちゅうさんと同じ匂いを感じます。

――まじめな人なんでしょうけどね。

ろくでなし子 まじめなんですよね。

――傷ついてきた人なのはわかるし、基本的には応援したいし本も買ったけど、引っかかる部分があるのもわかるんだよなっていう。

ろくでなし子 選挙の日に候補者の名前とかつぶやいちゃいけないのに、立憲の人たちが宇都宮餃子のことをつぶやいて、「いやこれは餃子の話ですよ」って言ってるのに、石川さんだけ餃子の写真に「＃都知事選を史上最大の投票率にしよう＃東京都知事選挙」ってツイートしてバラしちゃって。

――無邪気に（笑）。

ろくでなし子 ホント無邪気（笑）。

――彼女の本『＃ＫｕＴｏｏ 靴から考える本気のフェミニズム』（19年／現代書館）も、彼女に対するクソリプ紹介みたいなページがあったんですけど、彼女にリプを送ったわけじゃない人のツイートをエゴサで発見して反論するやり取りも全部無許可で載せてたから、そりゃ揉めるだろうなと思いました。

ろくでなし子 自分がクソリプ（笑）。

――だから「誹謗中傷に対しての反論集」っていう言い方だったらまだわかるんですけど、クソリプって言っちゃった時点で意味が違うから、そこは気になりましたね。

ろくでなし子 でも、会ったこともないのに、こうして「あの人面白いね」っていう話ができるだけでもすごいですよね（笑）。

――ダハハハハ！ ろくでなし子先生も、そうやって言われてる側だと思いますよ！

ろくでなし子 そうかなあ？ 私はあんな才能がなくて、まじ

『＃ＫｕＴｏｏ 靴から考える本気のフェミニズム』
石川優実著（19年、現代書館）。性被害をＳＮＳで告白・共有する＃ＭｅＴｏｏ運動から発展した＃ＫｕＴｏｏ運動（職場でのパンプス・ヒール強制の告発）の記録。自身の過去の性被害の告白などに加え、＃ＫｕＴｏｏを嫌悪するミソジニストらのツイートを「クソリプ」の実例として挙げ批判したため、この本自体も「著作権侵害」「捏造」などとバックラッシュ被害を受けた。

めな話しかできないんで。

——ちなみに、ろくでなし子先生が元レイシストをしばき隊の代表で花電車という伝説のバンドのメンバーで音楽ライターの野間易通さんと揉めたとき、なぜか一緒にオフ会で飲もうって流れになって、それを呑気にリツイートしたらなぜかボクもオフ会に呼ばれたことがあって。

ろくでなし子　ああ、ありましたね。あのときめちゃくちゃ煽られたんで「ぱよぱよちーん」って言ったらすごい攻撃されて。ふつう炎上したら長くて1週間で終わるのに、あのとき1カ月ぐらいずっと叩かれてたんですよね、しばき隊の人たちに。だんだん飽きてきたし、「12月だし、このメンツで忘年会でもやらない？」みたいにノリで言ったら、向こうも私をシメられると思ったのか、「じゃあ行くよ」みたいな感じになって。「じゃあみんなも来なよ」ってフォロワーさんにも声をかけて、総勢50人ぐらいになって。それで、野間やんが90分遅れで来るっていう。

——だから、ボクは裏でイベント出演があって最初だけ顔を出すことになったら、ビール1杯すら飲めずに会費4900円払って帰ったという。

ろくでなし子　（菓子折りを出して）それが申し訳なかったから受け取って下さい（揚げまん）。

——うわ、わざわざすいません！

ろくでなし子　ホント申し訳ない（笑）。これで気が晴れました。肩の荷が下りました。

——ボクも野間さんに批判されたことあったんですけど、基本ボクは野間さんのことも好きで、ちゃんと本も読むというスタンスで。

ろくでなし子　私も野間やん好きなんですよ、人形も勝手に作ったりして。

——基本、面白がりたい人なんでしょうね。

ろくでなし子　やっぱり嫌いだと作れないんですよ。でも、私は菅野完さんとかすごく苦手で、人形も作りたくないんですよ。

——ああ、なんとなくわかります。

ろくでなし子　なんか邪悪な感じがして。裁判が起きてるあいだに逃げちゃったから、いまアメリカには入れないんですよね。野間やんは大好きなんですよ。ときどき岩井志麻子先生とLINEでやり取りしてるんですけど、野間やんの話とか出てきて、私たちのあいだでアイドルみたいになってて（笑）。

——ボクが杉作J太郎さんとかと花見をしてたら、隣でカウンター周辺の人たちが飲んでたから、野間さんと電話を繋いでもらって「なんで来ないんですか！　会いたかったのに！」と仲良く話したこともありました。

ろくでなし子　たぶんTwitterとかやってないでふつうに会ったらいい人だと思います。

——ですね。難しいのは、人は何か主張するときにどうしても強い口調になりがちだし攻撃的にもなりがちで、それがいまの世の中を殺伐とさせてる部分がすごいあるなって。

ろくでなし子　最近Twitterはみんな怒ってるから私も疲れちゃって、極力怒らない口調でツイートするようにしてますね。怒ってる人を見るのが疲れる。一応フェミニストなのに、フェミにも嫌われて（笑）。アンチフェミからは「クソフェミ」とか言われて。

——最近だとナイナイ岡村さん関係でも、フェミニストの人たちに怒ってましたよね。

野間易通（のま・やすみち）
活動家。66年生まれ。関西のサイケデリック・ハードロックバンド「花電車」の元ギタリスト。11年から反原発ツイッターデモに関わり、13年に「レイシストをしばき隊（現C.R.A.C.）」を結成。著書に『「在日特権」の虚構』（13年、河出書房新社）など。

菅野完（すがの・たもつ）
著述家・活動家。74年生まれ。元「レイシストをしばき隊」メンバー。16年『日本会議の研究』（扶桑社）がベストセラーに。米大学在学中に交際相手への暴行事件を起こし、現在も国外逃亡犯扱いであることが18年に発覚。19年には別の強制わいせつ未遂容疑で書類送検されるなど、私生活の醜聞でルポライターとしての高い評価を台無しにした書き手。

岩井志麻子（いわい・しまこ）
作家、タレント。64年生まれ。『ぼっけえ、きょうてえ』で日本ホラー小説大賞・山本周五郎賞を受賞し一躍有名に。「オナニーとセックスは別腹」などの発言や、感度を高めるための膣壁整形を公表するなど、開放的な物言いや生々しい豹のコスプレでも知られる。『有吉反省会』『5時に夢中！』などテレビ出演も多い。

ナイナイ岡村さん関係
20年4月23日放送の『ナインティナイン岡村隆史のオールナイトニッポン』内で「コロナ禍で風俗に行けない」というリスナーのメー

ふとう

ろくでなし子 ああ、岡村さんの風俗発言？

――コロナの影響で、かわいい子がこれから風俗に増えるぞっていうやつですね。

ろくでなし子 もういいじゃん！ って話ですよね。そしたら「あいつをＮＨＫの番組から降ろせ」だけじゃなくて、岡村さんにフェミニズムを勉強させようみたいなこと言う人も出てきて、ホントに気持ち悪いと思って。余計なことすんじゃねえと思って、フェミニストなのに（笑）。

――ダハハハハ！ そのへんのスタンスがフェミニスト側から嫌われるんでしょうね。

ろくでなし子 たぶんフェミ側からは性暴力に加担する人になってるんで。前だったらたぶんみんな自由にいろんなことが言えてたんですよね。いま誰かが不謹慎なことを言ったら、ＳＮＳで「こいつが言ってたぜ！」ってバーッと広まっちゃうから。たしか岡村さんのも発言もラジオの深夜番組ですよね。

――そうです、『オールナイトニッポン』で、それを『ＦＲＩＤＡＹ』がネットニュースにしてなければ。しかもあれ批判的なネットニュースでもなんでもなかったんですよ。

ろくでなし子 ネットニュースが最初だったんだ。いまって不謹慎なこと言ってるヤツ狩りみたいになってますよね。

――不謹慎をテーマにした活動してる人からすると生きづらい世の中になってきて。

ろくでなし子 あーっ、不謹慎なことつぶやきたい（笑）。

――ダハハハハ！ 社会的弱者にもいろんな権利が認められて、だんだんいい世の中になってるはずなのに、なぜむしろ前以上に殺伐とした感じになってるのかが不思議ですよ。

ろくでなし子 たぶん日本は恵まれすぎてるんだと思います。たとえば宅急便とかも時間指定が細かくできるじゃないですか。あんなのないですからね。こっちはその日に来てくれるだけでもありがたいですから。

――ハードルが上がりすぎてるんですかね、ちゃんとして当たり前になっちゃってきて。

ろくでなし子 ちゃんとしてないと怒り出すから、恵まれてるんだなーと思いますよね。

――そして、フェミニストとしてはちゃんとしていないってことで、ろくでなし子先生も叩かれてるってことなんですかね（笑）。

ろくでなし子 いまのフェミニストは性被害とか、被害者の会みたいになっちゃって。たとえば萌え絵を描く男性が若い女の子を利用してるみたいな見方をして被害者みたいになっちゃってるから、私とは話が合わない。

――個人的にはボクも被害者がいない件に関してはいいんじゃないの？ っていうタイプで。実際の幼児を使ったチャイルドポルノは完全にアウトだけど、絵に関してはもう少し緩くてもいいんじゃないかとは思っていて。

ろくでなし子 そうなんです！ たぶん欧米からも、日本は幼女の絵を描いて男性が喜んでる変態の国っていうふうにとられてて、そこに対してもすごくイラッとくるというか、日本の文化なんだから放っとけと思って。で、欧米のほうが性犯罪率はすごく高いのに、日本は統計で見ると低いじゃないですか。あっちはポルノ規制がけっこう強くて、日本もだんだん強まってるけど欧米ほどではない。実際の犯罪が少ないならいいことなのに、本質が間違ってるんじゃないかなって。

――実際そういう漫画によって人がおかしくなってるデータ

ルに、岡村が「コロナが収束したら面白いことがある。生活が苦しくなった美人が短期間でお金を稼ぐために風俗で働くはずだから」と答えたことがＳＮＳで問題視され、謝罪した。

があるならまだ聞くけど。

ろくでなし子 うん。子供の頃ってオッパイとか乳首とかテレビで出てましたよね。

――テレビもそうだし、街中でもストリップ小屋のポスターだのポルノのポスターだの日常的に見てきた世代で、それによって性犯罪者が増えたとかいうなら話も聞きますけど。

ろくでなし子 あと公衆電話にいっぱい「出会い」「テレクラ」みたいなの貼ってたし。

――その結果、ろくでなし子さんが生まれたと言われたらもう何も言えないけど（笑）。

ろくでなし子 「だからおまえが逮捕された」って言われると、すみませんって感じなんですけど（笑）。

――反論しづらい（笑）。でもべつに性的にもそんなに……結婚してるときに浮気を克明にネタにしたぐらいの踏み外し方ですよね。

ろくでなし子 そうですね。でも、あのときも、あとから思えば男性はけっこう浮気するのに女性が浮気するとものすごい叩かれて。たとえば矢口真里さんとかベッキーとかは仕事を干される。でも、あのときゲスの極みの人は仕事を続けられたり、そういう不均衡なのが許せなくて。「もっと女も浮気とか不倫しようよ！」っていう漫画を、それも誰もやってないからやろうと思って。

――なぜ誰もやらないかというと、リスクしかないからですよ（笑）。

ろくでなし子 ハハハハハハ！ それも描いたあとで気づいて。女性読者にものすごい叩かれてすぐ終了（笑）。

――読者の支持も得られなかった。

ろくでなし子 一切。「いがらし（めぐみ。当時のペンネーム）さんひどいと思います！」とか言われて。「……あれ？ 世の中、浮気とか不倫する女性をこんなに許せないんだ」ってやってから気づいた。

――むしろ男よりも女性のほうが、浮気した女性を積極的に叩いてる感じすらありますよね。

ろくでなし子 女の人が奥さん目線になって、旦那さんを許さないんじゃなくて浮気相手を許さないみたいな感じなんですよね。

――前に矢口真里支援のツイートをボクが拡散したことがありましたけど、「フォロワーが増えたと思ったら吉田豪さんにリツイートされてた」とかつぶやいてましたよね。

ろくでなし子 そう、吉田豪さんにリツイートされるとすごい拡散されるんで。

――良くも悪くも。

ろくでなし子 そう。で、炎上（笑）。

――当然、矢口さんの件も共感です。ただ、ボクもいろんなことがＴｗｉｔｔｅｒでは言いづらくなってはきてるなと思いますね。

ろくでなし子 最近ですか？

――ええ。Ｔｗｉｔｔｅｒではかなり気をつけてますね。有料配信とかイベントではかなり踏み込んで言うようにしてるけど、こっちに興味も知識もない人の前では慎重に。Ｔｗｉｔｔｅｒだけ見てる人をそこまで信用してないですから。

ろくでなし子 私、最初の頃はホントはみんな思ってるだろうけど言えなくて、それ言ったら炎上するだろうなっていうことをあえて言ってるときありました。そしたら、すぐ炎上するん

ですよ（笑）。でもホントはみんなそう思ってるよねって。そういう言いたいけど言えないっていう状況を変えようってタイプだから、誰も言ってないなら私がやるかって勝手にツイートしたりしてましたね。

――勝手に頑張ってはみたけど。

ろくでなし子 ただ嫌われるだけ（笑）。

――支援されるわけではなく（笑）。

ろくでなし子 フォロワーも減るし。

――知名度は上がってきてるはずなのに、それがビジネスにはなかなか結びつかない。

ろくでなし子 そう、フォロワーが増えてもお金にはならないですからね。でもいま自分が頑張って働かなくても生きていけるから、すごいのびのびとやれてます。

ウォーターボーイズのボーカルと結婚

――結婚も衝撃でしたけどね。ボクふつうにザ・ウォーターボーイズ聴いてましたから。

ろくでなし子 えー（笑）。私は洋楽好きだったけどウォーターボーイズ知らなくて。

――だからボク、２人が出会ったぐらいから拡散してますよ、「なんで！」と思って。

ろくでなし子 そうだったんですか！

――交流が始まったぐらいから、「何これ!?」と思って。「うわ、婚約しちゃった！」と思いながら地道に拡散してました。

ろくでなし子 ハハハハハハ！ ウォーターボーイズは日本の音楽界でもあんまり知られてないから、そんな知ってらっしゃると思ってなかった。最初にＴｗｉｔｔｅｒでマイク・スコットと相互フォローになったらＤＭが来て。青いマークがついてるじゃないですか。

――認証マークが。

ろくでなし子 そう。だからこの人は有名なんだろうな、ぐらいにしか思ってなかったんですよ。そしたら急に「初めまして、私はあなたの活動に感銘を受けました。今度、日本に行きたいので会ってください。まじめにおつき合いを」って、いきなりすごい直球で。

――それは報道でろくでなし子先生の顔と行動を知って即決な感じだったんですかね。

ろくでなし子 アメリカのＶＩＣＥっていう媒体で動画に出たんですよ。それを見て彼はすぐに「この人だ！」って思ったらしくて。

――なんで（笑）。

ろくでなし子 わかんなーい！

――ポイントがわからないんですよ。

ろくでなし子 なんかわかんない（笑）。

――いきなり見初めちゃったんですね。

ろくでなし子 見初められて。でもいきなりそんなＤＭが来てもヤベえヤツだと思うじゃないですか。だから最初は変なオジサンだと思って、友達に「こんなの来たんだけどウケる」みたいな感じで見せてたんですよ。でも最初から日本語がわかる人を介して日本語で送ってきて、すごく丁寧だったんで、「じゃあ、お友達として」みたいな感じで。「今度日本に行くので会ってください」って言われて、「じゃあ食事しましょうか」みたいな。

ザ・ウォーターボーイズ
83年結成のイギリスのバンド。ニューウェーブバンドとして誕生するが後に伝統音楽を取り入れた路線に。15年、ろくでなし子の活動に感銘を受けたリーダーのマイク・スコットが『ROK ROKROKUDENASHIKO』（ろくでなし子のテーマ曲）を発表するなど一方的に惚れ込み、16年に結婚した。

さすがに会ってもつき合うみたいな流れにはならないだろうなと思ってたんですけど、なんかつき合うことになっちゃって。結婚しちゃって（笑）。私は英語できないから3カ月ぐらいで別れるかなーって思ったんですけど、おかげさまでもう4年目ですね。

——さらには、彼の作品にまでろくでなし子要素が反映されるようになり（笑）。

ろくでなし子 そうそうそう（笑）。すごくいい曲なのに最後に私の声を入れたいって言われて。それ入れないほうがいいと思ったんだけど、作った本人がどうしても入れたいって言うから、表現の自由だしと思ってOKして、私の声が入って台無しになって（笑）。

——ろくでなし子のテーマ曲まで作り。

ろくでなし子 ファンがもう……。

——女性ファンは激怒するでしょうね。

ろくでなし子 男性ファンのほうが多いみたいで、好意的に取ってくれる人と「ケッ!!」みたいな人と2パターンあって面白い。

——幻想的な部分は消滅しますよね。

ろくでなし子 ハハハハハハ！

——音楽自体は好きだったんですか？

ろくでなし子 ぜんぜん知らなくて。歌手の方なら会ったときにコメントしないといけないと思ってとりあえずYouTubeで出てきたのを聴いて、お世辞的に「私はこの歌が好きでした」って言ったら、「どういうところですか？」とか聞かれて、そんなに深くは聴いてないし、すごい困った（笑）。

——そんな流れで、ニューヨーク・ドールズのシルヴェイン・シルヴェインのがん闘病をサポートするクラウドファンディングにご協力お願いしますとかろくでなし子さんがツイートしたことがあって、それにも衝撃を受けたんですよね。

ろくでなし子 ……え、誰がですか？

——あなたですよ！

ろくでなし子 ああ、それ夫がやってたんでとりあえず協力しようと思って。

——よく知らないけど？

ろくでなし子 よく知らないけど友達っぽいから、夫の友達ならと助けようと思って。

——なるほど。よく知らないまま旦那さんの人間関係に接してる感じなんですかね。

ろくでなし子 そうですね。だからプライマル・スクリームの人と空港で会って、夫が「ヘイ！」みたいな感じで話してて、どっかで見たなと思ったらプライマル・スクリームのボーカルの人だったこともありました。

——ボビー・ギレスピーですか！ よく知らないけど、なんだか見たことある人が。

ろくでなし子 それで紹介されて、「ハロー」みたいな感じで（笑）。

——ダハハハハ！ もともとどういう音楽が好きだったんですか？

ろくでなし子 80年代のマイケル・ジャクソンとかワム！とか明るい音楽が好きで。

——ビルボードのトップ10みたいな。

ろくでなし子 『ベストヒットUSA』をずっと観てて、あの感

ニューヨーク・ドールズ
71年結成のアメリカのパンクバンド。アルバム2枚を出すのみで77年に解散したが、パンク&グラムロックの先駆者として後世に高く評価され、04年に再結成。再結成メンバーのギターのシルヴェイン・シルヴェインは21年に闘病の末死去。

プライマル・スクリーム
スコットランド出身のロックバンド。アシッドハウスとロックの融合を図ったアルバム『スクリーマデリカ』などで90年代UKロックの一翼を担った。21年、今なお活動を続ける創設メンバーのボビー・ギレスピーが自伝を出版したことも話題に。

じがすごい好きで。

——UKチャートじゃなかったんですね。

ろくでなし子　UKじゃないんです。

——UK寄りの人脈が一気に増えても、あんまりよくわからない。

ろくでなし子　まったくわからない。でもプライマル・スクリームぐらいはアルバム持ってたかな、みたいな。何人か会ってるんですけど。

——でしょうね、たぶんボクが驚くような人たちと会ってるはずなんですよ。

ろくでなし子　そうそうそう、たぶん。もう名前も忘れちゃった。

——2人はけっこういいカップルだと思うんですけど、前の結婚と違って今回はちゃんと続きそうな感じではあるんですか？

ろくでなし子　愛が深いので、応えなければ！　って感じになりますよね。

——今日の取材で実像が見えてきたとは思いますよ。世間のイメージでは、すごい戦ってる人みたいに思われてますけど……。

ろくでなし子　戦ってるのは弁護団ですね。

——ダハハハハ！　なるほど（笑）。

ろくでなし子　いい仕事してくれる（笑）。

——基本は呑気なタイプなわけですよね。

ろくでなし子　そうですね。面倒くさいことはやってくれる人に任せる。「戦う女性！」みたいに言われたりもしますけど、実はそんなに戦ってないので。

——むしろ、ふざけたいだけというか。

ろくでなし子　そうです、ふざけたいだけです！　フェミの人はふざけてるのも許せないみたいで、逮捕の前からちょっとふざけたこと言うと、軽蔑みたいな感じで叩かれたりして、あれもちょっと息苦しいですよね。

——その姿勢で、よく北原みのりさんのアダルトショップで働けましたよね。

ろくでなし子　北原みのりさんにはやっぱり小バカにされてて。やっぱりミスも多いから叱られてシュンとなってたら、「そうやってかわいそうな顔するのはズルい、被害者ぶって！」って言われて。でも、北原みのりさん、いまけっこうTwitterで「被害者の気持ちを」とか言ってるじゃないですか（笑）。

——まあ、まじめに怒ったりするフェミニストの方とはたぶん相性が悪いはずなんですよ。

ろくでなし子　悪いんですよー！　でも、みのりさんは昔は靖国でヌードになったりしてすごいとんがってて、いまとはまるで逆だったんですけどね。

——少しでも誤解が解ける感じの記事にしたいと思います、基本はこういうふざけた人ですよっていうのを前面に出して。

ろくでなし子　ぜひ！　すごく怖がられるんですよ、そんなに怖くないんだけどなー。

——基本が悪ふざけの人なのに。

ろくでなし子　悪ふざけなんですよ。でも、なぜかまじめに怒ってる人みたいに思われて、マンコなのに。

——これまでの作品を見ればわかるじゃないですか、すべてが悪ふざけですよ（笑）。

ろくでなし子　ね、どっから見ても。なんでわかってくれないのかなあ？

北原みのり（きたはらー）
フェミニスト活動家、作家。シスターフッド出版社「アジュマブックス」代表。96年、女性向けアダルトグッズショップ「ラブピースクラブ」を開店。04年、同店でのバイト経験があるよしみで展示していたろくでなし子の「デコまん」が警察の目に止まり、猥褻物陳列に共謀したとされ逮捕。

——やっぱり、世間で触れづらいデリケートゾーンで戦いすぎたせいなんですかね。

ろくでなし子 マンコですからね（笑）。

——そこで戦っている人にしては、名前がポップなのも興味深いですよ。

ろくでなし子 ああ、マンコなのに名前にマンコは使ってないんですよね。

——使える名前を使ったんでしょうね。

ろくでなし子 そうか、マンコにしてたら名前さえ呼ばれないはずですよね。

——報道できないですから、「マンコが実刑です」とか言えるわけないじゃないですか。

ろくでなし子 そっか！ そういうときは本名で言われるだけなんでしょうね。それを思うと、ろくでなし子でよかったな。

——ふざけた名前が連呼されるだけでも。

ろくでなし子 よく、まんしゅうきつこさんと間違えられました。

——まんきつさんに改名しましたからね。やっぱりそういう名前はつらいみたいですよ。

ろくでなし子 ハハハハハハ！ まんきつさんには大迷惑かけましたね。

まんしゅうきつこ
漫画家。12年にブログ『まんしゅうきつこのオリモノわんだーらんど』が話題になりブレイクするも、重度のアルコール依存症となる。19年、卑猥な筆名が父親のDVに起因する自傷行為だったことに気づき、「まんきつ」に改名。

気持ち悪いって言わせてくれればいいし、気持ち悪いと思うなって言われるのが嫌

石川優実

2021年7月収録

1987年1月1日生まれ。岐阜県出身。俳優・ライター・アクティビストでフェミニスト。2005年に芸能界入り。17年末に芸能界で経験した性暴力を #MeToo し話題に。それ以降ジェンダー平等を目指し活動。2019年、職場で女性のみにヒールやパンプスを義務付けることは性差別であるとし、「#KuToo」運動を展開。主な著書に『#KuToo ー靴から考える本気のフェミニズム』（現代書館）、『もう空気なんて読まない』（河出書房新社）等がある。

制服の下に水着を着て撮影

——念のため言っておきますけど、今日は答えたくないことは一切答えなくていいので。

石川　ありがとうございます。

——あらかじめ言っておきますけど、これはものすごくひどい雑誌なんですよ（笑）。

石川　ハハハハハハ！

——その代わり、このページは治外法権だしどんな内容でも載る貴重な企画なんです。

石川　ありがとうございます。私、コアマガジンさんでは一瞬連載させてもらってて。

ごっしー　それ、僕が写真撮ってました。

石川　ホントですか？　すみません、あのときはなんにも考えてない頃だったから。

ごっしー　いや、おもしろかったですよ。

石川　絶対そんなことない！

ごっしー　楽しい連載でしたよね。ゲストで根本（敬）さんとか来たの覚えてます？

——杉作J太郎さんとかと対談して。

石川　森下くるみさんとお会いしたり。当時は言われるままにやってただけで自分で考えて何かをしていた感じではなかったので。

——とにかく受け身だった時代。

石川　そう、だからいま考えたらすごくもったいなかったですね。もっと自分で考えて自分から動いていけたらもっとおもしろい連載にできたんじゃないかなって思うことはあります。写真を撮ってくださってたんですね。

ごっしー　そうですよ。あれ何年前ですか？

石川　15年前とかだと思います。

ごっしー　東京に出てくるかな、ぐらいの頃でしたよね。パチンコ屋で働こうかなとか言ってましたけど、実際に働いたんですか？

石川　そうそう（笑）。働いてました。

ごっしー　杉作さんはその話に興奮して、出る台を教えてもらえるから行こうぜって。

石川　そうそう、エヴァのパチンコの話でめっちゃ盛り上がったのを覚えてます（笑）。

——ボクもともとコアマガジンのエロ本のモノクロページでエロ以外の仕事してきた人間で、『ホイップ』でも連載してたんです。

石川　ホントですか、なつかしい！　でも、コアマガさんはなんで連載させてくれたのかなって、当時何の色もない人間だったのに。

——そんな話を聞きたいんですけど、その頃の話ってつらい思い出になってたりします？

石川　いや、そんなことないですよ。現場すべてが……っていうわけではないので。

——良かった。コアマガジンの名前を出すだけでもつらかったらどうしようと思って。高3のときこういう仕事を始めたんですよね。

石川　そうですね。岐阜育ちなんですけど、高3の夏に専門学校の見学で名古屋に行ったんですよ。その帰りに声かけられて。そのときは名刺だけ渡されて終わりでした。それでホームペー

『ホイップ』
コアマガジン発行の月刊グラビア誌。00年創刊、11年休刊。制服着エロなどの非ヌード美少女グラビアが中心で、先発の『クリーム』（ミリオン出版ほか）、『ジューシープレス』（KKベストセラーズ）、『ラッキークレープ』（バウハウス）、『ワッフル』（ぶんか社）と並び「お菓子系雑誌」と呼ばれた。こうした雑誌に登場する美少女グラビアアイドルを「お菓子系アイドル」とも呼ぶ。

ジを見たら名古屋で撮影会とかしてて。そのなかでうまく東京に進出してる子もいるよ、みたいな感じだったので。そのホームページは水着の子とか載ってなくて、みんな私服で写真を撮られてるものだったので、ちょっと連絡してみようかなと思って。

——知ってる人はいない事務所でした？

石川　はい。ぜんぜん大きくはなくて、いま考えると大友さゆりちゃんがいたので、まったく何もしてないわけではないという感じでした。久しぶりにここまでの話しますね。

——最近の取材の内容はフェミニズム方面がメインで、こっちじゃないはずですからね。

石川　ぜんぜん違いますね（笑）。

——むしろ最近聞かれなくなっている、目覚める前の話をたっぷり掘り下げようと思って。もともと芸能に興味はあったんですか？

石川　ありました。それこそモーニング娘。のオーディションとか受けてるし。

——そうなんですか！　何期ですか？

石川　後藤真希さんのときですね。小学校のときからお芝居も興味があったんですけど、岐阜だったので、とりあえず名古屋に出ないと何もできないみたいな感じで、高校生までは何もせずにいて。高校生になって名古屋に行けるようになって、声をかけてもらって。

——ようやくチャンスをつかんだけれど、どういう事務所でどういう仕事内容かはわからないままに、とりあえずやってみよう、と。

石川　そうですね。でも最初は私服の撮影会でした。それは高校のうちだったからですかね、向こうも水着になれとかはなくて。

——撮影会はそれなりの収入になると思うんですけど、ちゃんとお金は出てたんですか？

石川　いや、高校生のときからやってた撮影会ではもらってなかったんじゃないかな。ゼロだったと思う。そういえばそうだ、でもべつに自分のファンがいるわけでもなかったので、そんなもんかなと思ってやってました。

——どんな流れで水着になるんですか？

石川　初めてなったのは撮影会の一環だと思うんですよ。私服で何回かやって、「ちょっとだけやってみる？」みたいな感じで水着になったのが初めてかな？　それでここからどうしていきたいかみたいな話をされたとき、服を着たようなモデルは無理だからグラビアっていう選択肢しかないよっていう感じで。

——その時点で「あなたのビジュアルだと難しい」みたいなことを言われたんですか？

石川　その時点で。いろんな脱いでる方の写真集とか、当時は菅野美穂さんとか原史奈さんとかが脱いでるようなものを持ってきて、「こういうレベルの人でもやるんだよ」って言われて。そういう資料が社長の車に積んであったから、たぶんそうやってみんなに言ってるんじゃないかなと思いましたね。

——怖いなあ。グラビアの人に話を聞くと、だんだん洗脳されていっちゃうみたいで。

石川　そうですね、やっぱり麻痺してきますよね。最初に水着になったときは、私はビキニにもなったことがなかったのですごく緊張したし、着たことない服を着て人前に立つわけだから怖いなと思ったし、『ホイップ』とか『クリーム』とか、いわ

大友さゆり（おおとも・ー）
グラビアアイドル。06年「YS乙女学院ミス1学期」（小学館『週刊ヤングサンデー』内）に選出されグラビアデビュー。「やりすぎコージー」（テレビ東京系）では3〜8代まで「やりすぎガール」を務めた。

『クリーム』
92年より現在まで続く「お菓子系グラビア雑誌」の老舗。現在はメディアックス発行。

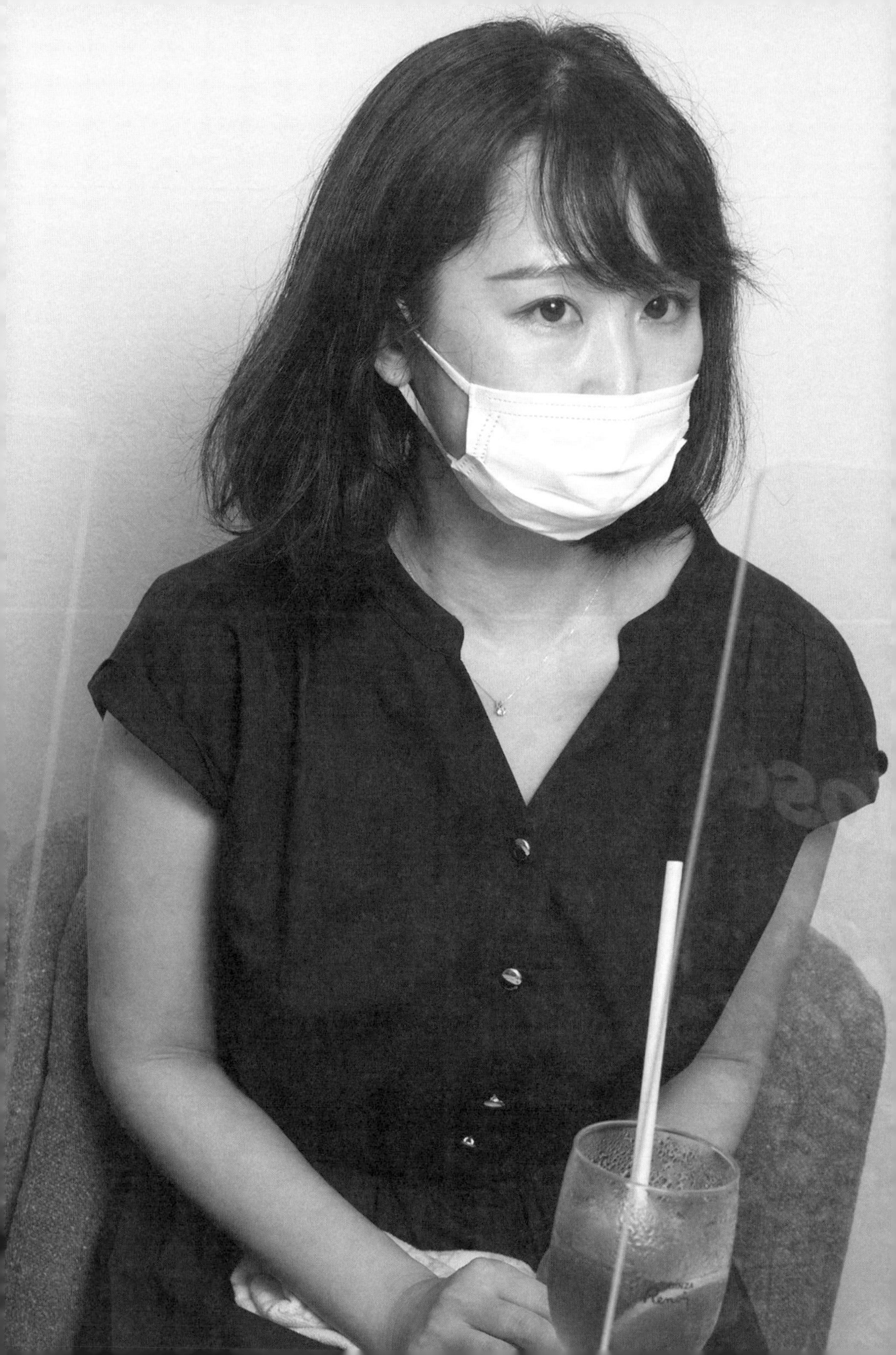

ゆるお菓子系雑誌で制服の下に水着を着て、それが見えるっていう状態の撮影でも最初は「え？」と思ったんですけど、そういうのもぜんぜん慣れちゃいますもんね。慣れていく感じも怖いなと思いつつ、でも慣れていかないと、麻痺させていかないと続けられないなっていう感じで。

――「下着じゃなくて水着だから大丈夫だよ！」みたいに思い込むしかない、と。

石川 そうそう、いま考えたらホントに意味わかんないんですけど。しかも下着じゃなくて水着だからってことで始めたのに結局下着になってるし。そういうのはありましたね。

――徐々にそっちに持っていくわけですね。

石川 そうですね。自らやる人はほぼいないと思うんですよ。だからそう仕向けるんでしょうけど。そういうのをなくしてくれれば、やりたい人だけがやれるような感じにしてくれればいいのになっていうのは思います。

――そうなんですよね。一部の人が「グラビアをなくせ！」とか言ってるけどそれには反対で、やりたい人がやりたいようにやって、悪質な事務所が潰されればいいだけのことなのに、どうも極端な意見が目立つんですよ。

石川 ホントそうですね。見本として送っていただいた澁谷（果歩）さんのインタビューを読んだんですけど、私はAVの強要問題も近いなと思ってて。セックスワークもなんですけど、超極端なのが嫌だと思うんですよ。

――そうなんですよ。「そんなの潰せ」派の声が目立つし、だからといって全部いいっていうのも違うし、中には悪いヤツもいるのは確実だから、そこを潰せばいいだけなのに。

石川 そうなんですよ！ いろんな人がいるわけじゃないですか。なのに極端な人たちがどっちかがいないことにしてしまうから話が進まないなっていう感じがしてて。「いろいろいるよね」って話をするとどっちからも叩かれるから言えなくなっちゃうのがあると思って。あれはやめてほしいなって思います。

――そう、そのひと言なんですよ。

石川 あれなんなんでしょうね？ AVにしても風俗にしても、買うことの是非ってまだわからなくて。強要とか、当時の私みたいにやらなきゃいけないって思い込まされちゃうことをなくしてみて、初めてそういう性的なサービスをすることとかAVがいいのか悪いのかっていうところにやっといけると思うんですけど、いまの状態でそれを話してもわからないことがたくさんあるから。

――まずは、とにかく悪質なところを摘発していくところからやればいいんですよね。

石川 ホントそう思います。

――それは芸能界から何から全部そうで。

石川 そうですね。マリエさんがこないだ枕営業を告発されてたのも一部で「そんなのもうないですよ」って言っちゃう声もあって。

――あれはAV出演強要のときと同じで、「ない」って言い切るのがおかしいんですよね。「自分が知ってる限りはない」とかならいいけど、なんで断言できるんだって話で。

石川 「もうないですよ」とか。あるし。

――こっちはあるのも知ってるしっていう。

石川 そうなんですよね。自分の周りにないイコール存在しないではないので。

――「聞いたことない」ぐらいにしておけばいいのに、なぜ

マリエさんがこないだ枕営業を告発
モデルのマリエが21年4月4日にインスタライブに投稿した動画によれば、島田紳助が当時18歳だったマリエに公然と性行為を求めたことがあり、拒否したところ、後に事務所から「金輪際、仕事来ないけどいい？」と言われたという。同席していたのに止めようとしなかった出川哲朗や「やるせなす」を今でも嫌いだという告発もあり、出川及びやるせなすの所属事務所は対応に追われた。

か火消しをしちゃうという。

石川　あの動きはすごく怖いと思います。

――マリエさんの話でボクが言いたいのは、なぜ主犯が責められないのかってことなんですよ。悪いのはどう考えても島田紳助なのに、なぜ出川哲朗さんとマリエさんの2人の問題になってるのか、意味がわからなくて。

石川　そうですよね。こういうことがあると被害者が責められることが多いし、紳助さんプラス出川さんならわかるけど、紳助さんのことは言わずに出川さんだけが責められるはおかしいやろっていうのはありましたね。

――枕営業的なことにしても、「お前も汚い手でのし上がろうとしたんだろ！」って、まず女子が叩かれる問題っていうのがあって。どう考えても主犯は男でしょっていう。

石川　なかなか変わらない、だから＃ＭｅＴｏｏとかが起こりづらいんでしょうね。

――岡田斗司夫の騒動のときも、岡田斗司夫が叩かれるんじゃなくて、岡田斗司夫が売り出してくれると思ってヤッたと告発した女性が叩かれたし。主犯は誰？　っていう。

石川　そうですよね、いつもそうなる。

――ただ、石川さんもそのど真ん中にいるときはいろんなことがわからないわけですね。

石川　ホントにわからないし、自分がしんどくてもしんどいと思わないようにしてることが多いと思うので。やっぱり枕営業の話っていままでゴシップみたいな感じで扱われすぎてきたから、ネタみたいに扱う女性も多いし。そもそもそういう告発ができる空気がぜんぜんできてないんだなって思います。

――昨日あるグラビアアイドルと一緒に仕事したんですけど、その人も相当ハート強い人なのに、事務所にいた時代に「とにかくおまえはダメだ」みたいに言われ続けて洗脳されて、心を病んじゃったらしくて。意外とそれが日常的に行われているんでしょうね。

石川　そうなんですよ。＃ＭｅＴｏｏしたときにグラビアアイドルの子も同じこと言ってました。事務所に入った当時、「ぜんぜんダメ」って言われてメンタルが持っていかれそうになったっていう話をしてて。その後にすごく売れるような子であっても、される人はやっぱりされちゃうというか。女の子がしっかりしてないとか容姿がよくないとかだけの問題ではないっていうのが。

――コントロールしやすくするためにまず……。

石川　弱らせる（笑）。まずは相手の自尊心を奪っていくみたいな。

――「俺の言うことをきけばなんとかなるけど俺から離れたら終わりだぞ」みたいな。

石川　やり方がモラハラ夫みたいですね。

――それに気づかないまま、当時はなんとなく流されていってしまったわけですよね。

石川　はい。ホントにぜんぜん気づかなかったですね、何が起こってるのかとか。

――水着仕事もそれ自体は悪いことではなく、これが仕事につながっていってステップアップできるのであればっていう認識で。

石川　そうですね。モヤモヤはしてましたけどね、そもそもなんで水着にならなければいけないんだろうっていう気持ちはもちろんあるんですけど、自分で説明ができないし。

#MeToo
性被害をSNSで告白・共有する連帯運動。17年、映画プロデューサーのハーヴェイ・ワインスタインが長年に渡り多数の女性に暴行&口止め工作を繰り返していたことがNYタイムズで告発されると、被害女優らが実名で次々と実態を証言。女優のアリッサ・ミラノが、同様の体験に遭いながら口を閉ざす女性たちにハッシュタグ#meTooで声を上げ連帯するよう呼びかけた。この結果、ケビン・スペイシーやルイ・C・Kらの性加害が次々と明らかに。#MeTooは「私も被害者」の意味。

岡田斗司夫の騒動
15年1月、大阪芸術大学客員教授である評論家・岡田斗司夫に捨てられた愛人を名乗る女性が岡田とのキス画像を公開すると、岡田が「謝罪」として、現在「彼女」が9人おり、過去に80股の経験もあると豪語する動画をYouTubeに公開、直後に「愛人格付けリスト」が流出した騒動。リストには「巨乳

――それぐらいの時代だと、まだそういう違和感もうまく表明できる時代ではないし。

石川 できなかったですね。Twitterが出てきてよかったなと思うのは、そういうふうに思ってる人たちの声をリアルに聞けるので。

――ボクはミスiDっていうアイドルの審査員をやってて、水着でのカメラテストはマストじゃなくて、やりたい人がやるだけだったんですけど、当時中学生ぐらいの子が目の前に水着で来たときにはこれは見ちゃいけないと思ってみんなで外に出て。ちょっとこれは、よっぽど腹を括った大人以外はやっちゃいけないなっていう気がしたんですよ。10年ぐらい前の時点でようやくそんな意識になり。

石川 私が始めたちょっとあとぐらいに児童が水着になることがダメになったのかな?

――海外でこれはアウトみたいな、「これはチャイルドポルノです」って認識になって。

石川 いま中学生とかも水着になってます?

――だいぶ減ってはきてるんですよ。AKBとか大手事務所は18歳未満にはやらせないってルールができたり。世界で仕事してるから世界基準に合わせざるを得ないってことで。

石川 そうかそうか。私もそこが麻痺してて、私がやってた頃は仲村みうちゃんとかまだ15歳16歳の子が水着になってて、14歳とかがやると売れるっていうのがあったので、それがいいことだと思っちゃってましたね。

――彼女の場合は自分の意思でやってるかのような腹の括り方もあってグラビアはよかったんですけど、家庭のゴタゴタがあってからのAVはつらいものを見ちゃった気がして。

石川 ああ、それもちょっと忘れかけてた。

搾取とセクハラが蔓延するグラビアアイドル業界

――とりあえず石川さんは、お菓子系ではけっこうな成功をされたわけですよね。

石川 わかんないんです、成功なのかな?

――世の中と文化が違うから、グラビアアイドルといわれるとそこまでの知名度はないのかもしれないけど、お菓子系というジャンルでは確実にスターのひとりだったわけで。

石川 そういうのもお菓子系としてやってた頃、脱がないと脱がないとっていうふうにされたので、ぜんぜん成功してないと思ってて。成功してるのは脱がなくていい人で。私、年間1位みたいなランキングを獲ったのに、もっと脱がなきゃいけないみたいな感じにされてたから。脱ぐのって仕事がない人がされていく道っていう感じだったので、そこの矛盾にぜんぜん納得がいかないままやってて。

――たしかにそうですね、芸能であればだんだん水着はやらなくなっていくはずなのに。

石川 なので自分のなかで成功っていう意識はまったくなかったですね。

――その段階でお金はもらえてたんですか?

石川 『クリーム』とかのときはホントもらってないですね。ゼロではないですけど、1日1万みたいな感じで。DVDを初めて出したときが2日間の撮影だったから2万とか。

――えぇっ!?

度・SEX好き度・便利度」など9項目がA+~Cの評価で格付けされており、教え子の学生と見られる人物も多数含まれていた。

仲村みう(なかむら・―) グラビアアイドル、AV女優。05年、14歳で雑誌『Beppin School』でグラビアデビュー。ローティーンらしからぬ際どい水着・過激なポーズが人気を呼んだ。17年、MUTEKIからAVデビュー。

石川　悪徳マネージャーから離れて、フリーになってDVDをずっと出し続けるんですけど、その頃やっと1本20万とかもらって。

――どれだけ抜かれてたんだっていう。

石川　しかもデビューだったから、もしかしたらもっと多かったのかもしれないです。最初のマネージャーは典型的な騙す人で……。

――「地下アイドル運営の8割は信用できない」ってよく言ってるんですけど、グラビア系はさらにそうなのかもしれないですよね。

石川　うん、ホントに。グラビアってAVほど強要に注目されづらい部分があると思うんですけど、しかもグラビアのなかでもAVにすごく近いグラビアとそうじゃないグラビアとあるじゃないですか。

――もっと芸能界的なグラビアと。

石川　そう。そこもいろんな人がいるけど、だいぶないことにされてる感じはしますね。

――DVDがガンガン出てたときは、もうヤバいマネージャーから離れていたんですね。

石川　5本目ぐらいで離れたのかな？

――問題なく離れられたんですか？

石川　いや、ちょっと脅しみたいなことはされたと思います。名前を使ったらダメってなったし、やめるときにお金のことおかしいだろと思ってたので、「お金のことをちゃんとしてない人とはできない」って言ったら、「最初にお金の話をして相手してくれるような事務所はない」って言われたり。最初は名前を使っちゃダメなんだって私も思い込んだので、一瞬本名にしたりしてました。

――ああ、一時期「石川由美子」名義で活動していたのはそういうことだったんですね。

石川　はい。そのあとすぐ、ほかの人に「そんな権利、向こうにはないよ」って言われて、なーんだって感じで元に戻しましたけど。

――とあるグラドルも事務所をやめるときに相当な脅しをされたらしくて。でもいい時代になったなと思ったのは、すべて録音して、「何かあったら全部出すよ」って戦ったことでなんとかなったっていうことみたいで。

石川　よかったですね。私のときは10年以上前でSNSとかもほぼなくて、そこの事務所の社長に周りの人と連絡を取ることも禁じられてたんですよね。グラビアの友達もだし、プロデューサーとかも。

――同業者や関係者と話してギャラの安さとかバレると都合が悪いですからね。

石川　そうだと思います。契約のこととかも変な入れ知恵されたら困るっていうことで。それで何も情報を得る場所がなかったから。

――自分の現状がおかしいと気づけない。

石川　だからいまの子たちにはつながっててほしいなって思います。グラビアのなかでもそうだし、外の人ともつながっててくれたら被害が防げるんじゃないかなって考えていて。我慢してる子はいまもいると思うので。

――ボクがアイドル業界でゴタゴタが起きたときにそういうニュースを拡散するのは、「この程度でおかしいって言われるんだったらウチはもっとおかしくない？」って洗脳されてる子

に気づいてほしいところがあって。

石川　ただ業界内にいると外が見えづらくなって、すごい閉鎖的なところで活動することになっちゃってたりするんですよね。たとえばグラビアアイドル専門に相談を聞く弁護士さんの集まりみたいなものができてくれたらいいのかなって考えたりするんですけど。

――ボクも地下アイドル関係のゴタゴタがあると知り合いの弁護士を何度も紹介してるから、結果的に地下アイドル事情にものすごい詳しい弁護士が誕生してますね（笑）。じゃあ、いろいろしんどいなかでも『ホイップ』の対談は楽しい仕事だったわけですね。

石川　そうでした。無理に何かをさせられることはなかったし、グラビアじゃないことに挑戦させてくれたのはすごくありがたかったので。「何もできないでしょ、だからグラビアやりなさい」みたいな感じだったんですよ。かといって何かに挑戦しようとすると止められる、グラビアやらせるために。

――自発的に何かをしてほしくないから。

石川　そうなんです。芝居のレッスンに行こうとしたら止められたり。

――それが楽しくなったら事務所をやめるかしれないし、余計な情報も入っちゃうから。

石川　そういうやり方されてもって感じで。

――事務所的には確実に儲からない舞台の仕事に行かれるより水着で確実に稼いでくれたほうがいいから。もうちょっと適度にやりがいとか未来を見せながら仕事すれば丸く収まるはずなのにって思っちゃいますけどね。

石川　そう、正直に言ってくれればよかったんだと思うんですよ。グラビア自体が悪いとは思わないので。やり方がズルいですよね。

――最初に向こうの要望があって、「これぐらいの露出ならこれだけのギャラが出て、この程度ならこれなんだけど、ギャラはお互い折半にしよう、さあどうする？」みたいな話し合いができればまだいいんですけどね。

石川　そうですね。あとは本人がやりたいことも当然やらせるとか。やりたいことのための努力もお互いにして、私も妥協したグラビアをやるし、できない部分もあるしっていう話ができればいいと思うんですけど、ぜんぜんそういう状況ではなかったし、意図的にそれをさせないようにしてたなっていうのは感じるので。そのやり方がホントによくない。

――昭和の昔からのやり口が変わってないんでしょうね。知らないで現場に行ったら自分の事務所の大人が誰もいなくて、現場の人は脱ぐって聞いてて。「時間ないんだよ！」みたいな感じで追い込まれることが続いて。

石川　私のときも続いてましたね。あれホントにショックでしたね、現場でそうなったのは。メイクさんとかもみんな敵だったし。あのときギリギリ10代だったと思うんです。あれは初のそういう強要的なものなのかな。

――宍戸留美さんが写真集の表紙でフライパンで胸を隠してるのがあって、それはポップな写真だったんですけど、現場で突然「水着の上を取れ」って言われて、現場に小道具として置かれてたフライパンで隠したって状況で撮られたものだったってあとから聞いて。

石川　そんなのめちゃくちゃ多いですよね。

――『元アイドル！』っていう本の取材ではそんな話ばっか

宍戸留美（ししど・るみ）
声優、歌手。90年に正統派アイドルとしてデビューするも、92年、事務所を退所してフリーに。その後は声優とアニソン歌手を両輪とする活動に移行した。15年にはアイドル時代の最初で最後の写真集撮影時にヌードを強要されたこと、咄嗟にフライパンで隠して抵抗したことをツイッターにて告白。フライパンの下はニプレスのみだったといい「ニプレスするためにアイドルになった訳じゃない！」とアイドルを辞めた理由を説明した。

り聞きましたね。Ｖシネで何も知らずに現場に行ったら脱がされたとか。しかも海外で連絡も取れないし逃げられず。

石川 うわ、もう最悪じゃん！ そういうのを中からなくしていこうとする人たちがいないんですかね。ちゃんと取り組むべきことだと思うんですけどね。そこをいまちゃんとしないと変な形で業界を全部なくされそう。

――それを言い出したら某大物カメラマンのセクハラ問題もあるわけじゃないですか。某大物カメラマンがまだふつうに仕事してるから何も言えない状態で。いっぱい聞いてますよ。なぜまだ大御所としていられるんだって。

石川 ホントですよね、ヤバいですよ。批判も具体的に人を指してのものがほぼないじゃないですか。

――ちょっと前にアラーキーが言われてましたけど、アラーキーで言われるぐらいなら、末端もそりゃそうだろうって話ですもんね。

石川 そういうのって本人が言うしかないですからね、なかなか難しい。他人が勝手に言えないしな。なんとかならんもんですかね。

――いろんな人が言えるようになったのはいい時代だと思いますよ。事務所と戦っても潰されない時代にはなったっていう。グラビアＤＶＤのトラブルの話もよく聞くんですよ。

石川 めっちゃ多いでしょうね。

――映像をチェックさせない的な。

石川 そう、チェックさせてもらえなかった。ＤＶＤの件はいま弁護士さんにあらためて相談してます。＃ＭｅＴｏｏしてその1年後ぐらいに弁護士さんから内容証明を送ってもらってるんですよ。それで取り下げられたのかな。でも、Ａｍａｚｏｎのページはあって。

――新品の販売と配信は止まってるけど。

石川 そういう感じですね。ホントにズルいなと思うのが、そのプロデューサーが認めないんですよね。知っててやったのに「映像確認してないから知りませんでした」とか言うんですよ。それはそれでダメだろって。

――意図的にポロリを仕掛けてたのに。

石川 それはちゃんとカメラマンさんとかスタイリストさんから裏で証言を取ってるんですけど。「優実ちゃんは出すのＯＫってプロデューサーから聞いてた。だからそれを狙ってくれって言われてた」って。もちろん私とプロデューサーのあいだではダメですっていう話をしていて。それを弁護士さんを通してやってもらったら、「僕は映像確認してないから知らなかった」って。そこを認めてくれないと何も解決しないじゃないですか。

――おそらく1個認めたら次々と余罪が出てきちゃうから認められないんでしょうね。

石川 そうでしょうね、そのプロデューサーの被害者はいっぱいいるので、そうならないように頑張ってるんでしょうけど、そこで負けるわけにはいかないので。でも超面倒くさいんですよ。こっちがいままでのＤＶＤチェックして、「何分何秒に出てます」って自分でやらなきゃいけない。

――つまり、もう思い出したくない過去を自分で確認しないといけないわけですよね。

石川 あれがすごいキツかったですね。パッケージも見なきゃいけないし。そういう作業をこっち側がやらなきゃいけないのはしょうがないけど、すごく精神的な負担ですよね。

――……その頃、業界人にひどい目に遭った話は聞いても大

アラーキー
写真家・荒木経惟の愛称。エロティシズムとボンデージを芸術的文脈で融合させた写真で知られ、500冊を超える写真集を発表している。17年から18年にかけて、美術家・湯沢薫、舞踏家・KaoRi、女優・水原希子が、過去にモデルとして荒木と仕事をした際に荒木から性的虐待、セクハラ、パワハラを受けたと告発している。

丈夫ですか？

石川 大丈夫です。本には4つぐらい書いてますよね。グラビアのときの強要と性行為の強要が2種類あって、1個が業界の人にされたことで、1個は詐欺師の話なんですけど。

――業界の人にも問題がある人は多くて、グラビア系のオーディションがいかにヤバいか、みたいな話もよく聞くんですよ。

石川 ホントそうなんですよ、ひどかったな。いま考えればおかしいところはいろいろあるし、イキってるだけだったのはわかるんですけど、当時は私もフリーランスでやってたので、誰かにお手伝いしてもらわないとなかなか難しかったので。そのときにそういう感じにされましたね、気持ち悪かったな。

――つまり、業界人の男ふたりにホテルに連れ込まれて、フエラチオを強要されて……。

石川 フリーランスに仕事を振るよみたいなマネージャー的なことをやってる人と、もうひとりはテレビ局のプロデューサーでした。

――テレビ局といえば●●●●●●●●はヤバいって聞いたことあるんですけどね。

石川 ●●●●●●●●もたぶんその人。私が初めて出た映画が●●●だったんですよ。だから担当の人が●●●●●●●担当の男性で、みんなに手を出してるって話を裏で聞きましたね。そういうものが現場によって絡んでくるから安心して仕事ができなくて。

――そして、どんどん麻痺もしてくるわけですよね、そういうことをしなきゃ仕事はもらえないんだなっていう常識が叩き込まれて。

石川 そうなんですよね。一歩外に出ればおかしいって言ってくれる人はいるけど、あそこにいると誰も言ってくれないから。

――その果てが「あなたをキャンペーンガールとして起用したい。それにはもちろん枕営業もある」って言われて、その誘いに乗っちゃった、詐欺師の件につながっちゃう、と。

石川 詐欺師のヤツは被害者１０００人ぐらいいるんじゃないかって聞きました。何回も捕まってて。私が会う前も捕まってるし、しかもあれ友達に友達を紹介させるっていうシステムを取ってたから、私も友達に紹介されて、その友達も被害に遭ってるし、ぜんぜん関係ない現場で知り合った子が同じ被害に遭ってたこともあったし。さらに何年か後にまた話が来たんですよ、その人から。まだやってんのかっていうのもあったし。２０１９年にもまた捕まってるんですよ。

――もしかしたら知ってる人かなあ？

石川 記事になってますよ。

――そういうことをやってる人って、ホントに何回も繰り返すんですよね。

石川 たぶん依存みたいなものじゃないですかね、治療が必要なヤツだと思います。

――刑罰はなんの意味もないことがわかる。

石川 ないですよね。ただ私がキツかったのは、あとで調べたら捕まってたわけだから、そういう犯罪性があるもののはずなのに、警察に「あなたそういうことするんですか？」って言われたから、私が先に警察に行っちゃったのがマズかったのかなっていまは思うけど、性暴力に関して理解がある人だったら、もしかしたらちゃんとした手続きを取って私も何かできたのかもしれないのになって。

――枕営業をするような女、みたいな扱いをされただけで終わって。先に弁護士に話して一緒に行ってたら違ったかもしれないけど、当時はそんなのわかるわけないですもんね。

石川 わからないですよね、当時は。そもそも警察に行くようなものとも思ってなかったけど、私に紹介して被害を受けた人が「警察に行こう」って言ってくれたから行けたので。あのときの警察のひと言のほうが記憶に残ってますね。渋谷の若い警官でした。

――そのことをｎｏｔｅで書いたのが人生が変わっていくきっかけになったんですかね。

石川 そうだ、あれをシェアしていただいてありがとうございます。吉田さんがシェアしてくれたから広まった部分もあったのですごくありがたかったです。あそこから人生が変わりましたね。書いてよかったと思います。

――あきらかに仕事の方向性が変わると同時に、批判の声も大量に受けるようになって。

石川 そうですね。ただ＃ＭｅＴｏｏの記事を書く1年ぐらい前から方向性が変わってたというか、グラビアの仕事をしてたときに、なんでエロいことしてるのにセックスの話をしちゃダメなのかなと思っていて。水着になってもいいけど、もうちょっと女性が性について話しやすい社会を作りたいと思ったんですね。そういう感じのことを発信はしていて。

――確かに当時オープンに書いてましたね。

石川 はい。そういう感じでやっていくなかでの＃ＭｅＴｏｏだったっていうのがあって。

――当時の記事を持ってきましたけど、「私たちのベストバイブの選び方」とか、かなり踏み込んだ感じの座談会にも参加していて。

石川 なつかしい、これ。『週プレ』?

――月見栞さん&吉沢さりぃさんとの「グラビアアイドルのぶっちゃけ座談会」は『週プレ』ですね。この頃から踏み込み始めて。

石川 それまでホントに言っちゃいけないと思ってたので。性のこともだし。

――不思議ですよね、なんでそんなにギリギリの着エロみたいなことをやりながらも、それは言っちゃいけないのかって。

石川 そうそう、それがすごく気持ち悪くて。変じゃないですか。こっちだって性的なものとして出してるのに、なぜか処女性みたいなものを求められるのが気持ち悪くて。それと同時に、いろんな事情があってグラビアやってる人がいるわけじゃないですか。もちろん好きな人もいるだろうし、仕事だからやってるっていう人もいるなかで、みんな扱われ方として脱ぐことに快感を覚えるみたいに思われて、Ｔｗｉｔｔｅｒにセクハラみたいなことをたくさん書いてくるとかもあって。

――その受け身を取るのも仕事、みたいな。

石川 でもこれ仕事でやってるんだから、こっちの気持ちも考えろよと思っていて。それとグラビアアイドルがセックスのことを話しちゃいけないってつながってそうで。意思を持ったらいけないっていうことなのかなと思っていて。リアルなセックスの話をしたら冷めるみたいに言われても、だから自分たちの思うような形でいないのが当たり前でしょっていう価値観に入れられてたように思うので、それを壊したいっていうのはあったかな。

いやらしい目で見られることは気持ち悪い

——というふうにやり始めた矢先に、はあちゅうさんの#MeTooがあったわけですね。

石川　そうです。はあちゅうさんのものを見たとき、これってパワハラって言っていいんだ、みたいな。これは自分も書かなきゃと思いました。衝動的っていうとちょっと違うかな、でも書かなきゃいけないと思った。

——そのときは仕事がこれでガラッと変わるみたいなことも考えないで、グラビアとかもそのまま続けていく感じで書いたんですか？

石川　グラビアも役者も捨てようと思って書きました。芸能の仕事はできないだろうっていう気持ちで書いたから、先の仕事がどうこうはあんまり想定してないというか。ただ社会がこうなっていくだろうっていうのはあったんですけど、いまみたいな形で仕事するとは思ってなかったかな。さっき吉沢さりぃちゃんと写ってる写真ありましたけど、さりぃちゃんが本を出してて。

——『現役底辺グラドルが暴露するグラビアアイドルのぶっちゃけ話』ですかね。発売したときボクも『週プレ』で対談してますよ。

石川　そのなかで私は2点思ったことがあって。当時、さりぃちゃんも過激なことをしないといけないっていうことに対して正直な気持ちを書いてたんですよね。隠さなきゃいけないとされてるものを本という形で表明していてすごいし、私もずっと思ってたことだったのでありがとうという気持ちで読んだ一方で、ほかの人の性接待の強要みたいなものを他人のネタみたいな形で書いてたところが嫌だったんですよね。だから私は人のことじゃなくて自分のことを書かなきゃいけないと思って書きました。

——たしかに、グラドルおもしろ話みたいな感じで書いてた感じはありましたね。

石川　あれはよくないんじゃないかなと思います。性暴力っていう認識じゃないんだろうけど、よくなかったんじゃないかなって。

——告発noteの反応はどうでした？

石川　よかったんですよ。すごい反響で。

——「おまえも悪い」的なものよりも、圧倒的に「このひどい状況をなんとかしていこう」みたいな支持の声のほうが多かった。

石川　30パーセントぐらいが「おまえも悪い」って感じかな。70パーセントぐらいが肯定的な意見でしたね。ただ私がずっと仕事してきて、そういうようなことを言ったら絶対に「おまえが悪い」って言われるっていうのは、そのときはセカンドレイプっていう言葉は知らなかったけど、体感的には知ってたので、そう書かれないように書いた。「私も悪いんです」っていうことをすごい言わないとたぶんめちゃくちゃ言われるだろうなと思って書いたから。当時の私がそうしたのは仕方なかったと思いますけど、性被害に遭ってる人のことを考えたときに、被害に遭った人がこんなに自分のことを責めてるのを出すのはホントはよくなかったなと思うんです。

——それも時代ですよね。あの時代だとあれぐらいのバラン

はあちゅうさんの#MeToo
17年12月17日「BuzzfeedNews」に掲載された「はあちゅうが電通時代のセクハラをMeTooに背中押され証言 岸勇希氏も謝罪」の記事のこと。記事の中では、はあちゅうが電通東京本社に勤務していた10年から11年にかけて岸から受けた数々のパワハラ・セクハラが詳細に告白され、岸もその一部を認め謝罪している。

『現役底辺グラドルが暴露するグラビアアイドルのぶっちゃけ話』
現役グラビアアイドルで現在はライターとしての仕事も多い吉沢さりぃの処女単著（16年、彩図社文庫）。枕営業・整形・DVD出演ギャラ金額・愛人契約の実態などグラビア界の内情を実体験と伝聞を交え赤裸々に綴る。

現役底辺グラドルが暴露する
グラビアアイドルのぶっちゃけ話
吉沢さりぃ
・実録！枕営業をめぐる冒険　・ストーカーとの戦い
・整形グラドル　・楽屋盗難　・芸能界の裏紳士
ここまで書いてしまって良かったんでしょうか？

告発note
17年12月21日にメディアプラットホーム「note」に投稿した記事「#MeToo「私も。」」のこと（現在は公式ブログに転載）。当時グラビア女優だった石川がはあちゅうや他の#Metoo運動に触発され、露出強要・性接待・周囲の反応など自己の体験を告白した。

スじゃないと難しかった。

石川 そうでしたね。いま出すときはちょっと変えてます。「当時こうやって書きましたけど、被害に遭った側を責める必要はないので」っていうのを添えて書いてますね。

――その後、Ｔｗｉｔｔｅｒで靴のこと（職場で女性がハイヒールやパンプスの着用を義務づけられることに抗議する運動。#ＫｕＴｏｏ）を書いてバズり、さらに人生が変わっていく。

石川 そうですね。

――あれもシンプルな話ですよね、それぞれが好きな靴を履けばいいっていうそれだけの話で、石川さんは何も強制してないのに。

石川 靴もグラビアの話もセックスの話も全部同じなんですけどね。それがなぜ……。

――「男だってしんどいんだ！」「革靴もつらいんだ！」って話になっちゃうのか問題。

石川 男の人がしんどくないなんて誰も言ってないんだけどなって。でも、反応的にいつも一緒なので、そういうものなのかっていうのは想定済みですけど。

――そうやって女性が声を上げていく流れはいいことというか当たり前のことだと思ってるけど、それで自分の権利を奪われてるような気持ちになる男性もいるんでしょうね。

石川 そもそも声を上げるっていうことをあんまり知らないのかなっていう気はします。私も自分がこうやって声を上げてから、「声を上げてくれてありがとう」とか言われて、これは声を上げたっていうことなのね、みたいな。アクションとして声を上げるっていうことがあるのを知らなかったので。知らなかったらたしかに反発するのかなとか。

――「男もしんどい」って、「それについてはあなたが声を上げてください」って話ですよね。

石川 そうですね、私は自分のことでいっぱいいっぱいなので。私に言っても何も解決するわけないやんって思います、男のつらさみたいなものは。権力側に言っていかないと変わらないことはたくさんあると思うので。矢印を間違えないでほしいってすごく思います。

――とりあえず石川さんは必要以上にターゲットにされやすいタイプな気がしますね。

石川 そうですね、態度を悪くしてるっていうのはあるので（笑）。おとなしくやってればいいのかもしれないですけど、一見いい子そうな人が社会を変えようとするのは当然であって、そうじゃなくて性格が悪くても、極端なことを言えば犯罪者であっても人権はなきゃいけないものなので、そういう考え方にシフトしていかなきゃいけないと思うので、わざと口を悪くしたり性格が悪いようなことを言うように……もともと悪いんですけど、そこを誇張しようとは思ってるというか。こんなお行儀が悪い人でも社会を変えられるみたいなことを目指してるので、いまはターゲットになるのも仕方ない部分はあるけど、法的措置も取るよっていうのはありますね。

――ちなみにこういう方向性になって、当時のファンの反応ってどんな感じなんですか？

石川 めっちゃアンチに回ってますよ。

――そうなんだ！

石川 もちろんいい人もいますよ。昔からずっと見てくれて、当時から「ちょっと無理してない？」とか言ってくれてた人も。

――ちゃんと察しのいい人がいた。

石川　いますいます。ただ、当時から嫌な感じの人は、こういうふうになって余計に叩くようになったりして。

――撮影会とか来てる人で、まだちゃんと支持してる人もいるんですね。「こうなっても応援します」は相当本物な気がします。

石川　はい、でも多くはないですよ。いるにはいるし、そういう方は当時からちゃんと人間として見ててくれるなって思いますね。

――もちろん「俺の期待するような存在でなければ許さない」みたいな人もいるけれど。

石川　いません？「その仕事はするべきではない」とか言ってくる変なファンがアンチに回ってますよね。

――昔、とあるグラビアアイドルの取材をしたときに、「あるファンのことで悩んでて」って話になって。「俺は本当の彼女を知ってる。本当の彼女はこうなのに、いま無理してこういうことやってる」みたいなことを言うんだけど、それはすべて誤解で。「それに文句言ったりしないんですか？」って聞いたら、「その人がファンサイトを作ってる私の一番のファンなので何も言えないんですよ」って言ってましたね。

石川　うわ、めっちゃしんどそう。ファンなら何を言ってもいい、応援してるから何を言ってもいいと思ってる人ってやっぱりいて。

――俺は課金してるからって。

石川　そうそうそう。でもそもそも課金に対してのリターンってすでにされてるはずじゃないですか。なのに本人の人生までコントロールしようとするので、それは違うなって言いたいですね。「DVDを買ってやったんだから」って言われるんですけど、だってDVDはあんた持ってんじゃん、そこで終わってる話で、それ以上を求めるのはおかしいっていうのがわからない人が多いです。

――そもそも、その金額が全部こっちに入るわけじゃなくて、1枚でいくら入るか知ってますか？　っていう。そのわずかな金額ぶんしかこっちには責任ないですよって話で。

石川　ホントそうなんですよね、その勘違いが。応援＝コントロールみたいな、いまでもそれはある。アイドルに限らず、「応援してたのに」みたいなことを言ってくるのが。本人はもちろん本人の人生を生きることができるはずなのに、なんの責任も取れない一ファンがああしろこうしろって言うのはホントに人の人生を変えようとしてますよね。マネージャーならまだわかるけどファンですから、その権利はないですよね。

――仕事の方向性が変わった結果、批判とかで当然しんどいこともあるでしょうけど、いろいろ楽しくなった感じではありますか？

石川　はい、すごく楽しいです。こういうことがしたかったんだなっていうのを見つけられたので。自分が本を出せると思ってなかったです。自分が文章を書けると思ってなかったので。グラビアやってたのは何もできないからだと思ってたから、文章を書いて誉められることがあるんだとか。挑戦すらしようと思えなかったのは自己肯定感が低かったからだと思うんですけど、それをやっと取り返せた気持ち。知名度よりもそっちかな。やりたいと思ったことを自分にやらせてあげることができるようになったのがよかったです。

――自己肯定感の問題ってホントに根深いというか、アイドルという職業の人は異常に自己肯定感がないじゃないですか。

それが不思議だと思うんですよ。人一倍かわいいと言われる職業なのにそれが持てないままで。

石川　私の場合グラビアの仕事を始めたのも自己肯定感がないからっていうのがあって。

――自分でもこういうことができるんだってことでちょっとずつ自信を得ようとして。

石川　そういう感じでしたね。中学校に入って急に小学校のときと変わって、男の人にめっちゃジャッジされるなって思い始めたんですよ。高校もそういうなかで生活して、男の人から好かれていないと生きていけないのかなと思って、そこですごく自己肯定感が低かったんですよね。それを取り戻すには男の人に好かれるような仕事に就かないといけないのかなって部分から入ったところがあってので。自己肯定感が低いところから始まって。

――女性を売りにする商売というか、この世界で太刀打ちできればなんとか戦えるんじゃないかっていう。

石川　そういう感じでした。さらにそこで自己肯定感が低くなっていくわけですけど。

――洗脳によってより心を折られ。

石川　だからしんどかったです。自分のやってることすべてが間違ってると思ってたし。それどころか感情も全部、こう思ったら変なんだとか、お芝居とか文章を書きたいと思うこと自体がおかしいんだと思ってたので。

――それが、仕事の方向が変わってようやく自己肯定感を手にすることができた。

石川　自己受容感のほうが近いのかな。30歳前にようやくくって感じでしたね。

――もう芸能的な欲はないんですか？

石川　ふつうに映画とか作りたいと思ってます。ただ何をするにしても女性差別をなくすための活動をしたいと思うので、それが映画になったり本になったり文章になったりっていうだけの話ですね。

――ちなみに、いまカッコいい感じのグラビアのオファーが来たら乗ります？

石川　文脈によりますね。誰に向けてのものなのかとか、どういう意図でとか。

――思想強めな感じで格好よくできるなら。

石川　だったらやると思います。男の人のための体っていうものじゃないような出し方であれば。去年出たフェミニズム雑誌で脱いでるんですよ。そういうのだったらぜんぜんやるし。ものによりますね。脱いだりすることはぜんぜん好きというか。面倒くさいんですよね、フェミニズムの代表なんだから脱ぐな、みたいなのがあるのがすげえ面倒くさい。

――本来、海外の運動とか見てもフェミニズムと脱ぐことは矛盾しないし、むしろ直結しているぐらいのはずなんですけどね。

石川　そうそうそう！　もちろん私が出るときの文脈とか使われ方は考慮しないといけないですけど、女性差別を助長するようなものじゃなくてっていう方向での活動すら制限されたら、それは違うだろと思うので。むしろ脱いでいきたいですね。

――このへんは聞く側としても難しいんですけど、いやらしい目で見られることについてはどう思っているんですか？

石川　気持ち悪い！

――ダハハハ！　シンプル（笑）。

石川　気持ち悪いって言わせてくれればいいし、気持ち悪いと思うなって言われるのが嫌ですね。見てもらうぶんにはいいけど、わざわざ伝えてくるなと思うし。勝手にしてて、ただ私には言ってこないでほしい。どう扱うかは人に委ねるしかないけど、勘違いしないでほしいのは、こっちにはその意図がない。そこだけわかってもらえればいいのかな。

――じゃあ、昔のグラビアとかはあまり見られたくはなかったりとかします？

石川　ものによります。強要されたものは嫌だけど、そうじゃないのはべつにいいかな。

――「こんなこと言っといて昔はこんな格好してたじゃないか！」ってTwitterでアンチが画像を貼ったりするじゃないですか。

石川　あの出し方はやめてほしいです。ふつうに個人で見るぶんにはいいけど。いま私が見たいときじゃないときにいきなり目の前に出されたりするのはやめてほしいし、それって嫌がらせ以外の何物でもないと思うので。

――たとえば「このグラビアが好きで」って挙げられてるのなら、それはそれでよし。

石川　それはしょうがない、その人がやりたいんだったらしょうがないですよね。もっと女の人向けのヌードっていうか、男の人向けじゃない女の裸がもっと増えればいいのになっていうのは思っていて。難しいなって。

――多様性のひと言なんですよね、なんでもあっていいはずなのに。だけど、なんでもあるとすることを良しとしない人がいるのはなんなんだろうなっていう感じで思ってます。

石川　自分で自分の首を絞めてしまってないかって思いますね。

――自分が迷惑被らないんだったらなんでもいいじゃんと思うんですよ。女性の靴なんて特にそうですけど、ボクの迷惑なんて何もないんだから、好きにすればいいんですよね。

石川　履かせる権利があると思ってる人がいるんですよね。

――履きたい人は履けばいいし、しんどいんだったら替えればいいし。男の革靴もしんどいならやめればいいし、ただそれだけで。

石川　そうですよね。そこは伝わらないことがありますよね。

――こうやって石川さんと話してみて、思った以上に意気投合するポイントが多いなと思いました。基本的な考え方は大差ないと思うんですよ、見せ方や行動が違うぐらいで。

石川　そうですね。吉田さんはアイドルの主体性みたいなものを大事にされてると思うので、それがこのままの感じで広まってくれればすごくうれしい。私もフェミニズムというか、主体性を大事にできない社会はダメだっていうことでやってるので、フェミニズムっていうのも、いまフェミの代表みたいにされて、たまたまフェミニズムが主体性を大事にするものだと思ってるのでそこを使ってますけど。昔のファンにされてたようなことをいまフェミニストにされてたりします。フェミニストなら「こういうことしないで」とか。

――そうなんですか！

石川　超面倒くさいんでしょうね。フェミニストをいい人にしようとしすぎ。神聖にされすぎて、やめてくれって思いますね。こないだ「アクティビストの代表なんだから背負うべきだ」みたいなことを言われて、そんなものこっちはなったつもりないし。

――「好きにさせろ」のひと言ですよね。

アクティビスト
活動家。ある分野について、政治・社会に働きかけ、変革を求める行動・発言をする人。

石川　ホントに。個人の主体性とか個人の自由を求める運動のなかでそれやっちゃダメでしょっていうことをされるのがしんどいですね。応援してるファンと似てると思うんですけど、応援できないならもう嫌いになればいいじゃん、みたいな。そこで「応援してるんだからこうなれ」ってしてくることがおかしいでしょって。

――それも「フェミニストにもいろんな人が存在していい」のひと言なんですよね。

石川　そうなんですよ。人を見るときに括るとおかしくなるっていうことですよね。私も「この人フェミニストだから」っていうふうに見てしまってた部分もあったので、じゃなくてそもそもその前に、人の話をちゃんと聞くかとか、偏見を持たないように心がけるとか、そういうことが大事なわけで。そういうところがもっと伝わればいいんですけどね。吉田さんはどういう経緯で人の主体性みたいなことを考えるようになったんですか？

――基本、好きなことやってる人が好きだったんで、事務所の言うこときいてる無難な人にはホント興味なくて。厄介そうな人がだいたい好きで。そういう人たちの話を聞きたい、なんなら支援したいぐらいの感じで。それプラス、元アイドル的な取材をしてるうちに、あまりにも病みやすいたいへんな業界だっていうことがわかり、当時はどうやってそのしんどい状況から抜けたのかを必ず聞いてて。元アイドル取材のときは困ってるときにボクは仕事で絡めなかったけど、現役アイドル取材をするようになって、現在進行形でしんどい人に関われるじゃないですか。だから、弁護士につなげたりとか、水面下でそういうアクティビスト的な活動をしてますね。

石川　いいですね、助けられてる人たくさんいるんだろうな。水面下アクティビストってカッコいいですね。11月にエッセイを出すので送ってもいいですか？

――もちろん。どんな感じの本なんですか？

石川　完全なる自分語りです。グラビアの話も恋愛とかセックスの話も書いてます。

ごっしー　そういえば、当時からかなり奔放な感じの話をされてましたよ。

石川　え、隠してなかったですか？

ごっしー　彼氏と住んでたんでしょ？

石川　住んでましたね、まだ田舎でパチンコ屋のバイトしてたとき。

――東京に出てきてもやるって言ってて。どこのパチンコ屋で働いてたんですか？

石川　阿佐ヶ谷の●●●ってところで働いてました。店長が暴力を振るうのでちょっとした告発みたいなことをして辞めました。

――その頃から！　それが最初の告発？

石川　初告発はパチンコ屋でした（笑）。

11月にエッセイを出すので
石川優実著『もう空気なんて読まない』（21年、河出書房新社）

もう空気なんて読まない
石川優実
私たちは、もっと怒っていい。幸せのために。
渾身のフェミニズム・エッセイ

（中学生のときに）
「木下」と「朴」
めちゃくちゃ似てる、
これバレる、
イジメられるかもって

TKO
木下隆行

2021年2月収録

1972年1月16日生まれ。大阪府出身。1990年に相方の木本武宏とお笑いコンビ・TKOを結成。1994年、「ABCお笑い新人グランプリ」新人賞を受賞。2008年、「キングオブコント」に決勝進出。16年、ファッションブランド「BUCCA 44」を立ち上げる。2020年、YouTubeチャンネル「木下プロダクション」を開始。2023年1月23日に、投資トラブルで謹慎していた木本とともに謝罪会見をおこない、コンビ活動の復活を明らかにした。

父親の借金が1億

木下　うれしいです、こんなに早く会えて！

――数日前、ＴＫＯのおふたりが揃ってＣｌｕｂｈｏｕｓｅの部屋を立ち上げたなと思って覗きに行ったら面識もないのにトークに参加させられて。

木下　ハハハハハハ！　ごめんなさい！

――木下さんから「なんで僕を取材してくれないんですか！」みたいな責められ方をして、「いままで接点がなかったからですよ」とは言ったんですけど、それで接点ができちゃったので、とりあえず取材にきました。

木下　ふつうに考えたら接点ないですもんね。でも、豪さんは接点ない人にも声かけますよね？　接点ゼロの方もいるじゃないですか、単純に興味があって話を聞きたいとか。

――芸人さんの場合はテレビとかで共演してたり、ロフトプラスワンとかそういう場で交流があったりで、ある程度は裏ネタも知っておいて確実におもしろい人だってわかった上で会いに行くパターンが多いんですよね。

木下　ゼロの人には基本的には声かけない？

――そのパターンもあります。マスコミにものすごい叩かれてる人の言い分を聞きに行くこともあって、最初に出た本はインタビュー相手の半分ぐらいが前科者でしたからね。

木下　それは優しいわ！　言い分は届かないもんなあ。ちゃんと興味を持ってじっくり聞いてくれる人がいないと言い訳になっちゃうから。この前、『じっくり聞いタロウ』の撮影に行ってきたんですけど、今回の騒動については言い訳っぽくなるから、あんまり僕から「あれはね！」とは言えなかったし。

――テレビの短い尺では無理だと思ってますから。ボクがＳＨＯＷＲＯＯＭでやってる番組のテーマは「2時間じっくり話を聞いたら誤解も解ける」ってことで、いくらちゃんと話しても5分ぐらいにまとめたら誤解されて当然で。

木下　ああ、たしかにそうなんですよね。

――それと、ここ何年か芸人さんの不祥事っていろいろありましたけど、それこそ犯罪に抵触するレベルのこともあったなかで、それほどでもないわりにものすごく嫌われて叩かれてるのが木下さんっていうイメージです。

木下　そうですそうです。僕自身やったことはもちろん反省してますし、絶対やったらあかんことなんですけど、結局つまずき待ちというか、僕がつまずいたから、「よし、みんな踏みに行け！」みたいな空気、つまり僕がペットボトルを投げたことがすべてではなくて、あれが引き金になっただけで、ずっとみんなのなかにふつふつとあったものが公開されただけなのかなって思ってはいますね。

――「やっぱり悪い奴なんだ！」みたいな。

木下　そうそうそう、それは今回感じました。僕自身も気づいてなかったところですね。テレビってそこまで世間の声を気にせんでもいいじゃないですか。むしろその世界が僕らの好きやったテレビやったし、キョンキョンにファンレター書いて、ほんまに読んでるのかな、なんやったらほんまにあの人は存在してんのかなみたいな、そんなところにあこがれてあそこに行きたいなと思ってた人間がＹｏｕＴｕｂｅとか始めて、みんなの声を聞かざるを得なくなってしまって。みんなの声が足を引っ張るという言い方をしたら申し訳ないんだけど、そこの声が強

Clubhouse
音声ライブ配信サービス、およびそのアプリ。リスナーが気軽に飛び入り参加できるシステムが特徴。20年、コロナ禍の世界規模のロックアウトの波に乗り利用者が急増、21年、日本国内向けβ版の運用が開始されると「手軽にラジオができる」と爆発的に広がったが、利用者の個人情報収集の問題が指摘されたり、ヘイトスピーチの温床となったりと炎上事案が多く発生、一気にブームが去った。

『じっくり聞いタロウ』
12年から続く深夜番組。テレ東系。現在の正式番組名は『じっくり聞いタロウ～スター近況㊙報告～』。名倉潤・河本準一らが、数名のゲストから話を聞くインタビュー番組。木下は21年2月18日回に出演、ペットボトル投げつけ事件の経緯を語った。

くなってしまった以上、スポンサーもそこを見ちゃうというか、そこを重視しちゃうんで。どんどん考えなかった位置に行っちゃったなという。

――木下さんの動画の低評価の多さは異常ですからね。

木下 あの低評価って、朝起きたら確実に確認するルーティンになっちゃったんですけど、どんどん数字が増えていくんですよ。登録者数も伸びないし、正直、そのカッコ悪さを隠すこともできたと思うんです。でも、隠すことのダサさもあるから、その葛藤でしたね。低評価が増えるダサさと、隠したらまた叩かれるやろうなっていう……。毎日その数字が止まらなかったのは怖かったですね。

――けっこう素直に反応してたじゃないですか、ちゃんと批判のコメントを読んだりして。

木下 あれもちょっと言い訳やったりするんですよね、「気にしてないよ」「それもみんなボケなんだろ」って巻き込もうとはしてましたけど、うまいことといかなかったですね。

――結局、ああいうアンチの人たちは相手に反応されるとうれしくなっちゃうんですよ。

木下 そう、逆に盛り上がっちゃうんですよね。あれは間違った煽り方をして。結果、現段階で41万低評価、個人では日本一です。

――メンタルは弱いほうなんですか？

木下 めちゃめちゃ弱いですね。だからYouTube続けてることもメンタル強いなって言われるんですけど、やめたときの怖さのほうが想像できちゃうんでやめられないし、数字は笑いにしていかなあかんっていう、これは間違った方法なのかわからないですけど、そこはメンタル強いからやってるんじゃなくて、弱いから巻き込もうという作戦で。

――いま、配信とかで数字が可視化される時代になったのはホント恐ろしいですよね。

木下 怖いですね。僕らはMCとかやってないんで視聴率は気にしてなかったんですよ。高かったらうれしいし、低くても「いやいや、俺の番組ちゃうし」みたいな逃げ道があったんですけど、いまはYouTubeが自分の視聴率みたいなもんじゃないですか。そこに責任負わなあかんっていうのは、僕には向いてないのかなとは思いますけどね。だけど相方とClubhouseで話してるところを豪さんがたまたま見に来てくれて、すごくうれしくて。興味を持ってくれてるのかなって。ずっと芸能界におって5回目の東京進出でっていうなかで、こうやって豪さんと話すの初めてじゃないですか。それでこうやって場面作ってもらったんですけど。木本とは中学校2年からで、彼は4人兄弟の長男なんですよ。僕は4人兄弟の末っ子で、だからバランスがちょうどいいというか。たとえば大御所の楽屋に「木下、挨拶行くぞ」とか言われて、僕が「あ、行こか」みたいな。そういう末っ子気質で生きてきた人間なんですよ。いまその相方という存在がいない状況でYouTubeを自分でやってるから、結局ブランディングできてないんですよね。そんな中で、久し振りの再会を豪さんに見られてたっていう話で。

――あのときも言ったんですけど、ボクが芸人さんとClubhouseで絡んでるときに木下さんが見に来ることがあって、「あ、木下さんいますよ」って言ってもスルーされがちなのはなんでなんだろうと思ってたんですよ。

木下 ハハハハハ！ これは実際によくあるんですよ、Clubhouseを見に行ったら、「ペットボトル来たで、どうする?」って。それはイジリじゃないですか。「聞こえてるぞ」とか「早よ上げろ」みたいなツッコミボタン欲しいんですけど。それは実際によくあるんですよ。ただ、しょうがないですよね、僕が出たら流れがそこに行って、いまの僕の状況をイジりタイムになるというか。だから気を遣ってあんまり見に行かんようにしてるんですよ。

――宮迫(博之)さんとか徳井(義実)さんは意外とふつうにやってるんですよね。この差はなんなんだろうっていう興味が単純にあって。

木下 たしかに。徳井にはあんまりツッコまないですよね、みんなそこはイジらない。

――正直、ボクの周りも気持ちがわかるっていう人が多かったんですよ。事務作業ができない人間が多いんで、「わかる!」って。

木下 たしかに。不倫もじつはわかるほうですよね、男って。逆にパワハラとか後輩にペットボトル投げたっていう例がなさすぎて。芸人の先輩にはいましたけど、その人は圧倒的な力があってそこをねじ伏せるというか。僕にはその力が足りなかったからここまで引っ張ってる状況だとは思うんですけどね。

――「後輩から木下さんを助けるような声がなかった」みたいな記事がありましたよね。

木下 擁護されなかった。実際は僕にも何人か後輩から連絡はあったんですけど、それって世に出す声ではないというか。学校でいうとパワハラ側についたらそっちもイジメられるし、「いや、あの人は悪くない」って言ったら自分も叩かれるし。浮気する気持ちはわかっても、暴力男を擁護する時代は一生来ないでしょうね。だから後輩とか連絡してくれても声を出せない。それはわかるんで、世間では擁護はされてないという認識になってしまう。篠宮(暁)とかクロちゃんが声を上げないのはもちろんです。和解したといっても、それはどっかでほんまに笑い合って話す動画を出すことでほんまの和解のような気がしてて。ほんまの和解ってなんなのかは俺はわかってないんですよね。

――こうなる前の木下さんって、比較的トラブルはないほうだったんですか?

木下 後輩と揉めたことがなかったんです。これも言い訳っぽくなるんですけど、僕は後輩にキレたことは1回もないんですよ。で、木本って風紀委員って言われるぐらいよく注意する人なんですけど、木本は誤解を招かないし、後輩に「木本さんムカつきますわ」みたいに言われたことないんですよ。そして僕自身キレたことのないヤツだからこそ、後輩にペットボトルを投げるという一番やってはいけない感情に振り切ったような気がして。キレ慣れてたらあんなことしないというか、「あの引き出しを出そう」とか思いながら計算できたと思うんですけど、4人兄弟の末っ子で下がいなかったんで、後輩との距離感のヘタクソさはあったと思うんですね。だから極力、後輩とは遊ばず他業種の役者さんとかアーティストの方と遊ぶようにしてたし、怒り下手なところはあったと思います。これはもう大反省で、感情的になっちゃって。

――騒動後に木下さんのお母さんが雑誌でコメントしてたのを読んだんですよ。「実は私自身も、息子のちょっとしたところに横暴なものを感じていました。末っ子なうえに、私が仕事に追われて教育もあまりしてやれなかったので、この子の考え方は違うなと感じることもありました。そういう意味では、少

宮迫博之(みやさこ・ひろゆき)
70年生まれ。89年に蛍原徹とお笑いコンビ「雨上がり決死隊」を結成。ユニット「吉本印天然素材」で早くからブレイク、その後も揺るぎない人気で活躍したが、振り込め詐欺集団の忘年会に事務所を通さない出演料を受け取って参加したことが19年に発覚、吉本興業から契約解除処分に。翌日、事務所に抗って謝罪会見を強行した結果、テレビ業界全体から締め出された。21年コンビ解散、現在はユーチューバー。

徳井義実(とくい・よしみ)
75年生まれ。98年、福田充徳とお笑いコンビ「チュートリアル」結成。06年にM-1グランプリで優勝。19年、節税目的の個人会社「株式会社チューリップ」が3年間の法人所得

し甘やかしすぎたのかもしれません」って。

木下 ほんまそのとおりで。それこそ学校も行かない少年でしたし、高校も1年で辞めてホストやって、みたいな。暴力的なことはしなかったんですけど、家出もしましたし。兄弟のなかで一番迷惑かけた子でしたね。

——かなりハードな家庭環境だったわけですよね。借金1億あって、家のドアには「殺すぞ」と貼られるような状態だったっていう。

木下 夜逃げして家には帰れない、軽自動車が僕の実家で。お母さんはお金がないって僕らに教えずに、「今日は車に泊まるぞ！」って言うと、みんなが「オー！」って言うような、ポジティブな楽しい家庭だと思ってたので、そんなに借金あると思わなかったんで。

——家に帰るときには10分待たされて、お母さんが貼り紙を剥がしてたんですよね。

木下 そうです、謎の10分があって。「あんたらここで待ちなさい」って言われて、なんやろと思ってて。後に聞いたら「借金返せ」とか「殺すぞ」みたいな貼り紙を剥がしてた10分間で。お父さんは人がよすぎてお金を貸してしまって。仕事はするんですけどお金を貸して騙されて。親戚にも騙されたんですよね。死んでから出てきた借金が億で。

——そのせいで、お父さんは失踪したって申告して生活保護を受けてたって聞きました。

木下 そうですね。そのへんのことは僕もわかってないんですけど……。

——その関係で引っ越しが多かったのって、人格形成にも影響を与えそうですよね。

木下 僕は学生生活だけで11回引っ越してて、どうせ引っ越すから友達にならんでええわとか、また1カ月2カ月で引っ越すからしゃべらんでええか、勉強せんでええか、学校も行かんでええかって変わっていくんです。

——その時点では勉強もできないわけで、将来設計はどんなふうに考えてたんですか？

木下 なんとなく漠然と楽しいことをやっていこう、みたいな（笑）。なんも考えてない少年で、外のほうが楽しいわって高校もやめたし、ディスコの従業員になってみようとか、ホストって女といっぱい出会えんねんな、じゃあ行こかみたいな、そんなノリで。

——ホストには適応できてたんですか？

木下 一応（笑）。時代的にロン毛でガリガリで、イケメンやっていうキャラで。一応ナンバーワンホストみたいなことやってましたね。大阪のちっちゃいところですけど。

——それなりに話術は磨けそうですよね。

木下 そうですね。ショータイムみたいなのもあったんで、そこで見せ方とか、見て喜んでもらうことへの喜びも培われたのかなと思いますね、17歳ですね。薄っすい薄っすいショータイムですよ、少年隊の『君だけに』を踊って。それから20歳のときに漠然と有名になりたいと思って。ホストで美味しい思いをしたんで、今度は全国や、みたいな。

——ホストでそれなりに稼いでたんですか？

木下 お金的にはそんなになんですけど、キャーキャー言われてるのが楽しかったんで。この流れで有名になるには何がある？ お笑いならイケるんちゃう？ って。お笑いが好きというよりも、有名になる手段で。吉本はいっぱいおるらしいから

計1億円以上をまったく申告していなかったことが報じられ、さらに過去の無申告や所得隠しも発覚、芸能活動を一時自粛。

篠宮暁（しのみや・あきら）
83年生まれ。99年、高松新一とお笑いコンビ「オジンオズボーン」を結成。19年、複雑な漢字の書き順の破天荒な覚え歌が人気となり、ピンでの活動がさらに増える。22年コンビ解散。18年末に木下から顔にペットボトルを投げつけられた当事者。

って読売新聞の広告の切れ端を木本が持ってきて、森脇健児さんがどアップで「即戦力求む」って書いてあったんで、「これやで」って松竹に入ったら同じような考え方の人がめっちゃいて（笑）。

——つまり、お笑い好きが高じて芸人やってるような最近の人たちとはあきらかに違う。

木下 違います違います、入り口は軟派な気持ちで。松竹に入ってからですね、ほんまにお笑いっておもしろいな、真剣に取り組んでここで一番になろうって思ったのは。

——芸人になってもお金ない時期が長くて、パチプロをやってたりもしたんですよね。

木下 長かったですよ。20歳で始めて東京進出4回目までずっとお金なかったですね。

——新幹線のチケットをもらったら金券ショップで換金してヒッチハイクで往復したりとか。

木下 そうそうそう、結婚もしてたんでお金を入れなあかんくて。入れる方法を間違ってて、バイトせいって話ですけど。バイトせんほうがカッコいいみたいな、（明石家）さんまさんとかにそういうこと聞いてたので。大阪の芸人はバイトしない人が多かったんです。いわゆるザ・芸人ってヤツですよね。でも、いまお酒も飲まへんしコンパもせいへんし、「そこで何か生まれるものもあるで」って時代ではなくなったところはありますね。

——木下さんは仕事も金もないのに夜遊びはしていて、それで離婚に至ったっていう話ですね。

木下 そうですそうです。それも当時は勲章みたいな感じで思ってってね。いまはダサダサやし、クソみたいな人生やなって周りに言われるんですけど、そのときは芸人してる俺カッコいい、みたいに勘違いしてましたね。

——どうして変われたんですか?

木下 対応していかなあかんし、ドラマやったりイメージがよくなっていくなかで守るようになって、これを崩したくない。ホント言うと自分をさらした状態で売れることがカッコいいのはわかってたけど、自分の武器はなんやろう、あの人と同じことやったらあかんな、じゃあこうしようという消去法からの間違ったイメージ作りだった気がしますね。そのときは正解やったかもしれないですけど、そういうヤツは絶対にコケたらあかんし。

——たしかにタイミングというか、無頼のままならここまで叩かれてなかったですよね。

木下 そうですね。でも、今回こうやって叩かれて、「あの頃があったからいまがあるよな」って早く言えるようにしたいし、そうなるような気持ちには変わりつつあって。あのままいってたらもっとダメな芸人……もしかしたら芸人とも呼ばれへんような、ワガママ言ってるようなタレントになってたと思うとゾッとするし、コケたことによって感謝も増えたと思うし、人とのつき合い方も考えるようになったし。いまの自分自身にもゾッとしてるんですよ、「なんなのいまの俺って？　こうならざるを得なかったの？」とか考えたり反省も後悔もあるんですけど、ないほうの人生を想像したときもゾッとするんですよ。

——家庭環境が影響してる部分って何があると思います？　たとえばお金に困ってたからお金関係はちゃんとするようになるとか、反動だったりいろいろあると思うんですけど。

木下 人づき合いでいうと、あの頃って広く浅くだったと思う

んですよ。そんなに深く入ってしまってもすぐ離れなあかんかったし。なので、そこはいまだにあるかもわかんないですね。「本気で話してないやろ」とか「寂しさを感じる」とか友達に言われるんで。いろんな人と出会って遊んだりご飯行ったりするんですけど、グッと入り込む人は少ないですね。家でも上ばっかりいる中で育って、ホストやってたりするとそこでも上ばっかりだったんで、下の人たちとのつき合い方がヘタクソだったんですね。木本に言ってたのは、「俺らニコイチだし木本は後輩と遊んでくれ」と。木本は不満があったんですよ、「俺も外の人間とのつき合いはいっぱいあるのに、そんなん言うなよ」って。「でも僕は苦手やから木本そっち担当で頼むわ」みたいな。

――長男でそういうのに向いてるし。

木下 向いてるし、木本もみんなに慕われるの好きやし。でも、いつしかニコイチではなくTKOは進んで行ってて、お互い芝居も好きやしバラエティもおのおので出るようになってて、この役割分担の約束が通用しない状況になってたのに気づかんかったところもあるんですよね。僕もひとりで生きてたし。そこで後輩とつき合うスキルを磨かなあかん状況になってたことに気づかなかったしシャットアウトしてたところもあるのかなって。

――言われてみると先輩たちは比較的、木下さんのことをフォローしてた気がしますね。

木下 フォローしてくれてたし、「時代やで」って言う人もいてくれたり、いろんな方がいらっしゃいましたけど、今田（耕司）さんだけがものすごい僕に説教してくれて、「おまえあかんで。腹立ってもペットボトル投げるのは足下やぞ、顔より上に投げたらあかんわ」って。それはホントそうやなと思うし、今田さんって他事務所の僕にも『爆笑レッドカーペット』終わりに「行くぞ！」ってご飯に連れてってくれてたので説得力もありますし、先輩の鑑なんですよね。後輩との距離感を無視してた自分がいるんですけど、この騒動が起きて今田さんに叱られてあらためてそれを見直すきっかけになりましたね。

29年築いた信用がこの出来事で崩れた

――不思議な騒動ですよね。そもそも発端のよゐこ濱口さんの結婚パーティーの話がどこかに行っちゃってるような感じもあるし。

木下 そうですね、あんなのやるんじゃなかったと思いますけどね、なんで俺あのときに限ってみんなに声かけたんやろと思って。

――もう1回済んでるのに、木下さん主導で2度目のパーティーを開催しようとして。

木下 それも知らなかったんですよ、雑誌で知って、「え、済んでたんや！」と。済んでないと思ったんで全員に声かけて、濱口さん喜ぶやろっていう一心やったんですけど。

――「みんな金ないのになんで2度目を？」っていう後輩たちの声に気づくわけもなく。

木下 そうなんですよ、言うてくれたらよかったのに。俺が悲しむと思ったんでしょうね。1回目で俺に声かけなかったのもスケジュールなのか知らないですけど……。それが僕の思いやったし、間違ってたんですけど濱口さんに喜んでもらいたい一心やったし。

——まさかそれが引き金になるとは。

木下　そうなんですよ。もっと言うたら8万円集めて、それをワンワンニャンニャンの菊地に預けたんですよ。それで何かのお祝いを買おうやって言うたのが、これみんなにお金を返してたらここまでになってなかったしとか思って。すべてがたらればなんですけど。

——で、ヘリコプターのナイトクルージングをプレゼントしようって言ってたのにプレゼントした形跡がないってことをいじられて。

木下　そうそうそう。それが年末のイベントで、「木下さん、あのお金どうなってるんですか？」につながるんで。篠宮ってその夜には一緒に焼肉食べてた人ですから、そんな近い状況でなんでこんなこと言うんやろ、「犯罪者」「お金盗った」みたいな。「え、知ってんのになんで？　どういうプロレス？」とは思いながら感情的になってしまって。だからいっぱい間違いがあるんですよ。2回目だと知らずにお祝いを集めてしまったこととか、8万円をみんなに返さなかったところとか、篠宮に対して感情的になってもうたところとか、すべての二択が悪いほうにいって。

——勝手な読みだと、お父さんが借金で苦しんだとかのバックボーンがあったから、お金絡みで疑われたことに過剰反応したっていうのもあったのかなと思ったんですけど。

木下　なるほどね、たしかにそれはあるのかも。わかんないですけど、お金をくすねたって嫌じゃないんですかね？　「そんなキレることじゃないよ」って言われてしまえば俺の間違いですけど、たしかにお金のこと言われると嫌よね、だって犯罪者やもん。

——お金のトラブルが自分から遠い人だったら、反応できたりするけども、そこに何か心の傷があって触れちゃったのかなと思ったんですよね。

木下　たしかに人よりはそうかもわかんないです。ちょっと自分のなかでリアル感あったのかもわかんない。それがめっちゃ嫌で。ほんま僕も「こういうイジり方あかんで」とか「お金のことはさー」とか言えたらよかったんですけど、引き出しがないんで感情的になってペットボトルにつながっちゃったのは僕の弱さですね。すげえ反省と後悔してます。

——クロちゃんの頭を踏みつけたって件もネタに近いものだったっていう話ですよね。

木下　そうですね。これは『ワイドナショー』に出たときに「受け手の取り方やで」「イジメと一緒で向こうがどう思うかが大事やで」って松本さんに言われたので、僕がそこで「あれはノリやったんです、みんな笑ろてました」とか、クロちゃんも「この人、頭踏んだんですよ！」とか後に舞台でネタにしてたんですけど、それもウケてたし。

——クロちゃんいまだに言ってますからね、「今度は反対側を踏んでほしい」って。

木下　それはクロちゃんの優しさだし、実際に僕もクロちゃんに謝ったときに、「謝らないでー、謝られると困るだしん」って、そういうときも「だしん」遣うんやと思ったんですけど。彼なりのそういう優しさはあって。

——いまは事務所辞めたから敬語を使うかどうか悩んでるってネタにしてますからね。

木下　そうそう（笑）。それはありがたいんですけどね。ただ活字で見たときにめっちゃ怖かったし、俺は実際に頭踏んでる

ワンワンニャンニャンの菊地
菊地優志（きくち・まさし）。80年生まれ。02年、松竹芸能タレントスクール東京校に入学、福井修一とコンビ「ワンワンニャンニャン」を結成。孫正義似の薄い頭がトレードマーク。

わって。楽屋だったんで裸足だったし、俺がブチ切れて革靴で踏んだっていうのは雑誌がおもしろく書いただけっていうのもわかるし。ただ、踏んだことは事実なので。やったことはあかんなと思って心から謝りましたけどね。

――正直言うと、お笑いの世界って先輩が後輩をシメた話を前から聞いたりするのに、ペットボトルで会社を辞めるぐらいになるっていうのはホントに大きな変化だなと思いますね。

木下　そうですね。でも振り幅もあると思うんですね。これを大悟（千鳥）がやったらとか、（千原）せいじさんがやったらそこまでなってないのかなと思うときもあるんです。

――千原兄の騒がれなさは異常ですからね。不倫も相当報じられてるのに、あのダメージのなさはなんなんだってホント思いますよ。

木下　そうなんですよ。これ本人にも聞いたんですけど、「俺は普段からこうやねん。おまえはいい人に見せようとしすぎてんねん」って言われたことはあるんですけどね。

――記者とちゃんと話してるのもうまいですよ。直撃されたときに仲良く話し込んだり。

木下　僕もなんですよ。雑誌社の人が何日も家の前におるから、今日もおるやろうなと思ってコーヒー買ってったり、LINE交換していま飲み友達だったりするんですよ。

――へぇーっ!!

木下　それこそあのときはどうだったっていう話もいまはしますし、けっこう話すほうなんです。でも、やっぱり悪く書かれてたし。

――対応だけの問題じゃないんですね。

木下　対応だけじゃないんですよ（笑）。だから僕は振り幅だったような気がします。いい人やって勝手に思われてたし、そんなにいい人でもないのに。ドラマや映画でいい役もらってる、CMもいただいたりするなかで僕のなかでもどっか守りに入ってたし、それもあかんかった気がしますね。芸人やったらもっと芸人らしくとか、じゃあ芸人ってなんやねんとか、第七世代は芸人やってんのか、コンパしてるのか、ファンにいってるのか。僕自身もっと芸と向き合って、8割TKO、2割役者とかだったらよかったのかなとか、たらればですけど。僕はフジモン（藤本敏史）みたいにひな壇できへんしギャグ王になれへんし。じゃあどうやってゴボウ抜きすんねんってなると、入ったときの気持ちと一緒で。

――隙間を探して。

木下　隙間を探して。どうやったらゴボウ抜きしてみんなと対等にいけるんだろう、じゃあ芝居だ、コント好きだし役者好きだし。でも役者になったら何をすんねんって考えたら、リア充に逃げてしまいますよね。役者と友達だとかミュージシャンと友達だとか。おのずとそういうイメージになって、それがコケたときには「コケたぞ、みんな行け！」ってなる。そこはいままでのプロセスがよくなかったなあ。もっと芸人として自然体でおれたらここまでにならなかったのになとも思いました。

――渡部建さんと同じで、どこかいけすかない側になっちゃってたんでしょうね。

木下　そうですね、だって気持ちいいじゃないですか、嫌われ者が落ちていくの（笑）。

――事務所とは比較的うまくやられてました？

木下　僕はそう思ってましたけどね。結局あることないこと出てしまって、いろんな雑誌社から「木下さん、未成年とか反社とかいろいろありますよ」みたいな。ないんですってめっちゃ会社に言ったんですけど、会社からするとそんなヤツ信用できないですよね。で、もう仕事も入れられないし、いまある仕事も全部撤退していって。僕は29年いて信用を築いていってると思ってたことがこの出来事で崩れてしまって。まあ僕が悪いんですけどね。もっと守ってくれるような生き方を僕がしてたらここまでにはなってなかっただろうし。篠宮に謝りに行けっていうのはすぐ言われたんですよ。でも、僕にもプライドがあるし。間違ったプライドなんですけど、会社はそういうところも踏まえて、「あかんな、木下」ってなったような気がしますね。

――吉本のほうが比較的スキャンダル対応にも慣れているというか余裕があるというか。

木下 「あ、このパターンね」っていう引き出しがあるような気がするんですよ。でも、松竹ってホントにアットホームで何もなかったので、「え、この素材どう料理したらいいの?」みたいな感じにはなったと思いますね。あとは僕がいたことによって夢を持って養成所に入ってくる若手がいなくなっちゃうっていう怖さもあったんで。パワハラおじさんいると思ったらそんなとこ行くの嫌じゃないですか。なので、いろいろ話し合って辞めるってことになったんですけど、松竹辞めてからその大きさに気づいてますね。あんなこともこんなこともしてくれてたんだって。あのときは「腹立つわ、なんでこんなこともできへんねん」とか「こうしてくれよ!」って思ってたことが、「あ、そうやな」って。

――キングコング西野さんも、そろそろそこに気づいてる時期でしょうね(笑)。

木下 退所した人間みんな気づくでしょうね(笑)。最初はおもしろかったんですよ、請求書を書いてる自分とか引きで見て。でもだんだん、俺このまま50代にいけるのかなとか、こんなままでやっていくんかなとか。

――会社からギャラのパーセンテージを抜かれなくなるのは美味しいかもしれないけど、当然それだけの話じゃないですからね。

木下 そうそうそう、そこだけで補われへん部分がありますよね。

――ブランドもやってますけど、そこへのダメージも大きかったんじゃないですか?

木下 大きかったですね。BUCCA44っていうのは、やっぱりTKO木下が7割ぐらい見えてたんじゃないですかね。

――それが、後輩に無理やり売りつけてるブランドみたいなイメージがついちゃって。

木下 これもね……僕からは言えないですけど、そういうふうに思ってたんだなって正直ショックなところはあったんですけど。

――要は、展示会的な安く買えるところに後輩を招待してたっていうことなんですよね。

木下 そうですそうです。もちろん「絶対に来いよ」なんて言わへんし、来ない人に対して「なんで来ないんだ」って言うたこともないし、来なくてもいいんです。

――クロちゃんが展示会の会場前で偶然木下さんに捕獲されたけど、店に入らないでそのまま別れてる記事がありましたからね。

木下 ありましたね、いろいろ調べてくれてるんですね(笑)。たまたまクロちゃんが通ったんですよ。それなのに「展示会、

BUCCA44
16年より木下がディレクションしている、体型が大きい人向けアパレルブランド。当初はWegoが販売していたが21年に事業をバスクに譲渡した。

楽しみにして来ました」って言うたんですよ。それで「嘘つくな」って。その記事を誰が書いてるんやと思ってビックリしたんですけどね。僕はそれも笑いやと思ってたんですけどね。後輩に「買わんの？」って言うのも。

——そういうネタみたいなものだと思ってたら、信頼関係がない上でやってたせいで。

木下 そういうことでしょうね。僕も見えてなかったし空気を読めてなかったんやろなと思います。いまもBUCCAやってるんですけど、後輩を呼べなくなりました、恐怖症で。友達とかのレベルでも、無理やり来てもらってたんかなと思うようになって呼べなくなってしまって。でも「え、やらないの？」って言ってくれる人もなかにはいて、「あ、呼んでいいんや」とか。難しいですね……。

——メンタルが弱い人にしてみたら、ここ最近は相当なダメージだったんでしょうね。

木下 キツかったですね……。これも間違ってるのかわからないですけど、「俺っていまおかしいんかな？」っていろんな芸人に聞きました。「服買わへんの？」で笑いにしてたボケ、説教も笑いにしてたと思ってたんですけど、そういうのを全部みんな嫌がってたのかと思って周りの友達、芸人にめっちゃ聞いたんですよ。「これムカついてた？」って。

——不安になりますよね。

木下 はい。そんななか、ちょっと人間不信というか。今後どういうトークをすればいいのかまで追い込まれて、じゃあもう話されへんわ、までいきました。しんどかったです。

——そういう意味では、YouTubeはそんなリハビリに近い部分もあるんですかね。

木下 そうですね、打席に立っておかんと。昔ってテレビに出えへんようになったら、「終わった」「消えた」って言われたんですけど、いまYouTubeにみんな観に来てくれるから終わらないし消えないじゃないですか。消えたくない思いと、打席に立っておかんと錆びる怖さで始めたことが、「自粛せい」ってまた叩かれて。失敗したなと思ったときはすでに遅しで、もう進むしかなくて。この前、コラボして西野（亮廣）に相談したんです。

——それは西野さんが吉本を辞める前？

木下 そうです、辞める3日前です。そこでいまみたいな話をしたら、「木下さんは結局、パイを広げてみんなに伝えようとするからあかん。1日ひとりでいいから味方をつけていってください。そのためにはスナック木下をやってください」って言われたんです。

——西野さんのいつもの手口ですよ。

木下 うわーっ、手口なんですね！

——西野さんはチケットを手売りしてひとりずつ地道に味方を作っていった人で、そしてここ最近はスナックをやってますからね。

木下 そうですね、会って話すとみんな好きになるし、わかってくれるしっていう。

——西野さんもネットとかいろんなところで見るとイラッとくる部分は多いけど、会うと悪く言う人はほとんどいないんですよね。

木下 おっしゃるとおりで。

——だからそれが武器だと考えて、あの人は会いまくってるってことなんでしょうね。

西野亮廣（にしの・あきひろ）
80年生まれ。99年、梶原雄太とコンビ「キングコング」を結成。01年『はねるのトびら』（フジ）で大ブレイク。09年頃から絵本作家となり、16年の『えんとつ町のプペル』は映画化や歌舞伎化もされた。有料オンラインサロンの会員数は一時期7万4千人を超えたという。21年に吉本興業を退社。

木下 会いまくっていまでも一緒に映画を観に行ったり。それがいまや7万4000人のオンラインサロンになってて。「木下さん、毎週土曜日スナック木下やって、そこに10人来てくれたら10日で100人じゃないですか。そしたら一生食っていけますよ」って。俺はいままで「誤解です、間違いですよ」ってみんなに伝えようとしてたけど、会って本気で話したらその人はわかってくれるんかな、と。

――正直言って、みんながYouTubeに向いてるわけじゃないと思ってて。あれは広く受け入れられて、スポンサーがつくような人には向いてるけども、ボクも含めてもうちょっとコアなところに響く人は、そういう少数がお金を払うみたいなものが向いてるんですよ。

木下 あ、豪さんもそう思います？ たしかにそうかも。それこそ自分でブランディングできたりフィクサーがいないとうまいことといかないですね。いま、そこで悩んでます。

――現在進行形の迷いが全開で出てますよ！

木下 ハハハハハハ！ 西野とのコラボは大きいヒントでしたね。最近いままで会わなかった人とめっちゃ会うようにもなったんですよ。そこには感謝はあります、「こんな俺と会ってくれんの？」と。僕も弱い人間やからヨシヨシされたいし、なかには擁護してくれる人もいるやろうし。そういう自分にもなれたんで、昔はそこまで動かんかったと思って。木本に任せてた部分も今度は俺がやらなあかんし、そこは動くようになりましたね。

――さすがに死にたいぐらいまでは考えず。

木下 いや、ありましたよ。結局、僕が存在しなくてもテレビは動いていくし。ただ、ある意味では僕、アホやし寝たら忘れてることもあるぐらいフワッとしてるんで。死にたいってことすらも翌日には終えてるんですよ。ずっと悩んで悩んで「手首切ろうか……」とかではなくて、街で笑ってる人を見て「あ、俺のこと笑ってんのかな」とかはありましたけどね。でも、そこは切り替えて、お母さんとか娘とか兄弟とか友達のことを考えた時点ではもうその考えは終わってるんですけど、浮かばなかったと言ったら嘘になりますね。

実は韓国籍だった

――小学生のときイジメられて、お母さんに包丁を渡して「なんで僕を産んだんや、もう殺して」って言ったこともあるんですよね。

木下 ……これディープなんですけど、僕は韓国籍で生まれたんで。正しくは中学生のときですね。「なんで俺を韓国人として産んだんや、日本人でええのに」っていうことでしたね。そのときってまだペ・ヨンジュンも出てないですし、韓国と日本みたいなことを学校で勉強したんですよ。韓国籍の名前は日本名と似てるみたいなことで先生が黒板に書き出して、「木下」と「朴」めちゃくちゃ似てる、これバレる、イジメられるかもって思って。その夜に腹立ってお母さんに言ったんですね。次の日になればもう忘れてるんですけどね。そのときに腹立ったっていうだけで。

――それ以外で出自で悩むようなことは？

木下 いや、それ以外はないですね。兄貴に相談したら「カッコええやんけ、俺ら少数派やぞ。ハーフやねんぞ。●●●●も▲▲▲▲も」とかいろいろ芸能人の名前を出されて、「こんな

スターがおんねんぞ!」って。

――「[redacted]もだぞ!」みたいな。

木下　言ってましたね。「そんなこと考えんな、俺らラッキーやねん」って最初に言われて、ちょっとずつそうなんやって思って。

――そうすると芸能界に入るのが手っ取り早いみたいな発想にもなりますよね、みんなそこで成功してるんだからっていう。

木下　そうそうそう、すごくわかりやすい名前だったんで、「ほんまや!」と思って。

――ただ、いろいろ大変なことがありながらもそんなに引きずらない人なんですね。

木下　もっと引きずらないとあかん部分もあると思うんですけど。でも、いまの状況に関しては、それこそ41万低評価みたいな数字が残ってるんで。また現実に戻されるんですよね。楽しく芸人と飲んで、「よし頑張るぞ!」って朝起きると41万低評価でまた戻されるんで、ある意味よかったのかもわかんないです。調子に乗り続けられなくて済むんで。最初は登録者数低い芸能人を見て安心してたんですけど、これじゃあかんと思って。

――大物芸人の方がＹｏｕＴｕｂｅやって数百人しか観てないこととかありますからね。

木下　しかも、それが第三者にバレるっていうのがね。バレるって……見んといてや!

――ボクは性格が悪いんで、再生回数少ないって思うとスクショしたりしてますけど。

木下　ハハハハハハ!　やめてえや!

――配信やってる友達に、「自信を持っていいよ、これくらいの大物でもこの数字だから」って送ったりしてるんですけどね。

木下　ああ、なるほどね。勇気づけるために。たしかに、第三者を勇気づける数字にはなるんか。コメント欄にありますよ、「定期的に見に来てますけど、案の定少なくて安心しました。また半年後」とか。なに俺の数字を安心する材料に使ってんや、みたいな。昔はそこは気にせんでもよかったんですけどね。Ｃｌｕｂｈｏｕｓｅもやってないのは、「名前見えてるやろ、なんで上げてくれへんの?」って思っちゃうから。気にしいなんですよ。僕が豪さんを上げたのも、見に来てくれてるんだから上げなあかんやんっていう気にしいなんですよ。あとで「なんで上げへんかったん?」って思われたくないんですよ。だから気にしいはＣｌｕｂｈｏｕｓｅやったらあかんなと思って、もう一切やってないですけど。

――ボクは気にしないで、今日も呼ばれまくってましたけど一切上がらなかったです。

木下　それそれ!　それが僕には必要、強心臓が。嫌われたくないんでしょうね。豪さん、Ｃｌｕｂｈｏｕｓｅで「なんで呼ばれたかわかんないんですけど」って言うてますもんね。

――第一声はそれですよ、「なんか巻き込まれましたけどなんですか?」から入って。

木下　俺、そんなん絶対言われへん。「ありがとー!!」言うて。だからそれは俺に一番ないとあかんところなのかもわかんないです、嫌われたくないしみんなに好かれたい。でも、そうじゃなくてスナック木下やらんと。ドラマとか出てるっていうことは実際に世間に気に入られなあかんっていうことをやってたんで、それがＣＭとかにつながってたんで、それが残ってるんですよ。そこはちゃんと線を引かんとあかん。勉強になりました。

――娘さんがどう思うかみたいなことを心配されてましたけど、何か言われたんですか？

木下 めっちゃ説教されましたよ、「ダサい、カッコ悪い」って。娘ってカッコいい親父でいてほしいじゃないですか。ダサいことをしたら娘に打撃がいくだろうなってずっと思ってたはずなんですけど、それが見えなくなってしまって。「私のことを大事に思ってる行動ではないよね」ってことですよね。

――娘さんはいま20歳ぐらいですか？

木下 20歳です。

――離婚後、16歳のときに一緒にお風呂に入ってたっていう記事もありましたけど。

木下 18歳ぐらいまでですね。僕はなんの気なしに話してたんですけど、鈴木おさむさんのラジオで話したら市から抗議が来て。

――いまはアウトなんですよね。

木下 アウトなんですよね。

――海外だったら犯罪になるぐらいの。

木下 この2〜3年でしょ？　不思議なもんで娘側が言うとなんかOKやけど、お父さん側が言うとグレーだったりするんですよね。

――いまは「これは虐待なのでは」みたいに言われる時代になったってことなんですよ。

木下 虐待なんですね。僕から一緒に入ろうとは言ってないんですけどね、娘から入ろうって言ってもお父さんの虐待になっちゃうってことですね、不思議ですね……。

――とりあえず、思った以上に迷ってることがよくわかりました。YouTubeのスタッフがいなくなったって噂も聞きましたけど。

木下 収益が出ないんで払うお金がないから、やってくれるっていう人がいても申し訳ないんで。現段階ではスタッフはいますけど、そういう理由で終わってしまった人もいます。しょうがないですよね、こればっかりは。いまの木下が何かおもしろくなるんじゃないか、これから化けるんじゃないかっていう少ない可能性に乗っかってくれる人、あと僕の人間性って言ってくれてる人もいるんですけど、そこしかないですよね。だっていまお金のうまみないし、ステイタスとか僕のブランド価値もないなかでやってくれてるっていうのは。僕自身、何者なん？　って思ったとき、コント師じゃないですか。コントをやってたから役者業があるし。その原点を見つめ直す時期にもなったんです。じゃあコントをやろう、それには相方が必要、相方とはどうしたらええねん？　この前のClubhouseは世間で初めて話した1歩目だったんで。

――関係は悪くないように見えましたね。

木下 お互いあの頃に戻れるんですよね、14歳のときからの友達に。でもやっぱりそこには壁があってルールがあって、なんでも話していいもんではなくて、向こうには松竹っていうものがあって。僕はいまフリーで。じゃあこのルールをもっと柔らかくするにはどうしたらいいかっていうと、俺が松竹だったらいいのか、木本が松竹辞めたらいいのか、これもいくつか選択肢があって。ひとつわかってることは木本とコントをするっていうのが自分のなかの答えってことですね。

――まだ前例がないのが難しいと思うんですよね。宮迫さん然り、西野さん然り、事務所を辞めた人間と事務所に残った人間が、コンビを続けることができるのかっていう。

木下 たしかに。事務所遠距離コンビっていうことですよね。僕が松竹に土下座して「入れてください！」って言うのもひとつの答えかもしれないし、コントやりたかったらね。それは時代に逆らってるような気はします、みんな事務所辞めてる時代に、そこに戻るなんてナンセンスな発想かもしれないけど、コントをやるっていうことだけを考えるならそれも手段だとは思いますし、選択肢のひとつには入ってます。なぜなら自分は芸人だし。いま考えはすっげえ揺れてますけど。いつになるかわからないけどネタは書いてますし、いつでも木本に提示できるような、そこも腐らせたらあかんなとは思ってるので。

——お互いコンビでやれない期間だけでも、とりあえず西野さんと組んでみるとか。

木下 それこそこの前の動画で西野とコントやらせてもらったんですけど、楽しかったですね。一番迷惑をかけたのは相方なんで、一番つらかったのはネタ番組を観ることで、ここにおったのになって。木本も家で同じように思って観てるんやろうなと思ったらホントごめんって思いが一番大きかったですね。

——思うように出られない側からすると、いない場でイジッてくれるぐらいのほうがうれしいっていうのはあるんでしょうね。

木下 ホントそうです。だから僕はイジッてくれてる人にはＬＩＮＥとか電話しますね。そうすると有吉（弘行）にイジられるんですよ、「また電話かかってきたよ、あいつから」みたいな。でも、俺はホントに名前を出してくれてありがとうっていう思いで。ほんまに嫌なヤツの名前は出さないですからね、そいつがおいしくなったら嫌だから出さないっていうのが人の感情だと思うんですけど、出そうと思ってくれるっていうのはすごい感謝ですね。今日は、こうやって話せてうれしいです。話せたおかげで、こうせなあかんなっていう思いがあらためて強くなりました。

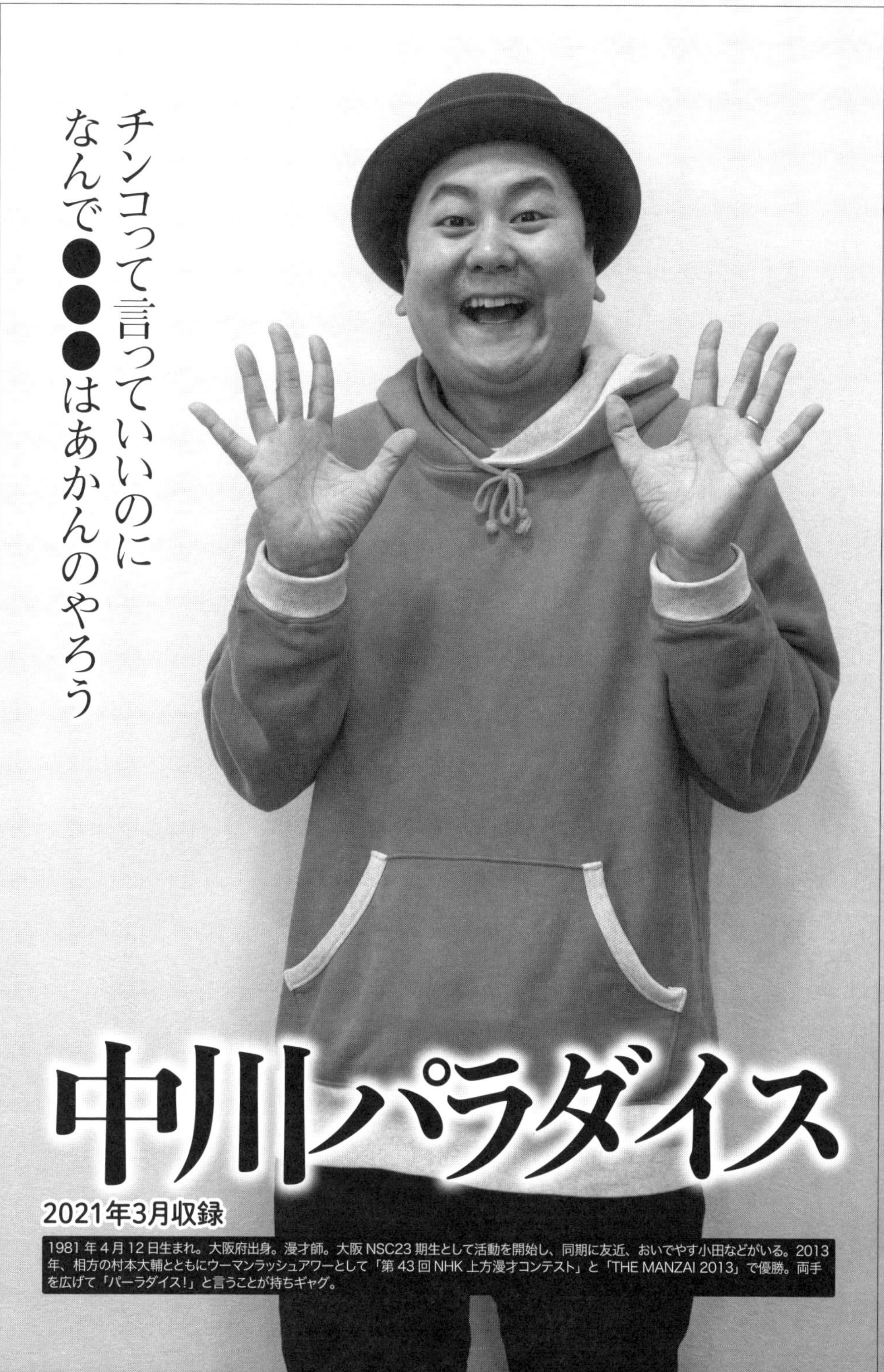

チンコって言っていいのに
なんで●●●はあかんのやろう

中川パラダイス

2021年3月収録

1981年4月12日生まれ。大阪府出身。漫才師。大阪NSC23期生として活動を開始し、同期に友近、おいでやす小田などがいる。2013年、相方の村本大輔とともにウーマンラッシュアワーとして「第43回NHK上方漫才コンテスト」と「THE MANZAI 2013」で優勝。両手を広げて「パーラダイス！」と言うことが持ちギャグ。

父親も女遊びが激しい

――最近、村本さんとやった配信で「パラダイスはやばい」って話をいろいろ聞いて。その後もいろんな情報が入ってきた結果、この人は怪物なんじゃないかって結論に至って。

中川 違います違います！　ただ周りがそういうふうに仕立て上げてるだけですよ。鬼越（トマホーク）とかにもいろいろ言われて。

――鬼越オンラインサロン配信も観ました。

中川 生放送のほうは観てないですか？

――はい。アーカイブは相当カットされてるっぽいですけど、どこを削られたのか謎で。

中川 あれ、終わってから後悔してましたもんね。あかんこと言ってたなと思って。怖いですね、こういうのって。生放送とはいえお客さんの顔が見えないから、ついつい鬼越と3人でしゃべってる感覚でしゃべりすぎて、話が漏れてたらどうしようって感じでした。

――ただ、「パラ兄すごい！」みたいな空気にはなって評価も上がったとは思います。パラダイスさんと村本さんはほぼ正反対な人だと思ってるんですけど、村本さんの最近の人間関係もかなり特殊でおもしろいですよね。

中川 そうですね、僕もよくわかってない、つき合いがどんどん変わっていってるというか。昔はお山の大将な感じでイエスマンの後輩しか集めてない感覚だったんですけど、Ａｂｅｍａに出るようになり、いろんな専門の方とおしゃべりするようになり、堀潤さんとか茂木（健一郎）さんとかいろんな方と交友関係ができて、坂本龍一さんとかも連絡先知ってたり、何があったんやろうなっていう。

――それでも村本さんは友達はぜんぜんいなくて、「女性関係から何からすべて話せるのはパラダイスだけだ」って言ってました。

中川 ハハハハハハ！　たしかに。僕は秘密を守るタイプの人間なので安心できるんじゃないですか？　だからビックリしますよね、いきなり聞かされて。僕はけっこう口滑らしてまうタイプなので聞きたくないんですよ。

――聞いたらポロッと言っちゃう可能性が。

中川 あるじゃないですか。一応我慢はしてるんですけど。聞いてしまうとポロッと出ちゃうから言ってほしくなくて。信用されてるのかどうかわかんないですけど。僕はほんまにヤバいことは村本には言わないですから。

――そうなんですか！

中川 あいつ絶対に言うんで。僕も、いまは不倫してるとかテレビでも言っちゃったりするんですけど、もともといろいろ隠したかったんですよ。やっぱりこんな見た目なので、かわいい感じでっていうコンセプトでやってたんですけど、村本が正直に言いたい、嘘をつきたくない、人の秘密を暴露するっていうキャラクターでやってて、いくら隠しても隠しても村本が全部トークライブで言っちゃうんですよ。もう隠してもしゃあないなって、いまの感じになっちゃって。おかげでもあり、足を引っ張られた感じもあるんですけど。

――おかげといえば、「コロナ禍でも自粛しないで風俗遊び」みたいな記事が出ても、ぜんぜんダメージを受けてないじゃないですか。

中川 いやいや、これずっと言いたかったんですけど、キャッ

鬼越トマホーク
ツッコミの金ちゃんとボケの坂井良多によるお笑いコンビ。10年結成。芸人ゴシップに詳しく、TVでは話せない芸能界の裏事情について語るYouTubeチャンネルやオンラインサロンが人気。

チの人に声かけられて、「風俗どうですか?」って言われて。僕は人を邪険にするのが嫌いで、本当はラーメン屋に行きたかったんですけど自粛中で開いてなくて、「いま開いてるラーメン屋どっかないですか?」って聞いたら、親切に「どこどこのラーメン屋は開いてますからそこまでお送りしますよ」って言われて、しゃべりながら歩いて。で、そのキャッチの人が「芸人さんですよね? この時期に遊び歩いて大丈夫なんですか?」って言うんで、リップサービスじゃないですけど、「ストレスもあるし、犯罪でもないし、いいんじゃないですか?」みたいな話をしながらラーメン屋に送ってもらったんです。

――それがそのまま記事になった、と。

中川 そうです。でも、ちょうど山田孝之さんとか手越くんのおかげで闇に隠れることができたというか。

――あ、同じタイミングだったから(笑)。

中川 嫁さんには怒られましたけどね。「こんな時期にラーメン屋に行って大丈夫?」「いやラーメンぐらい大丈夫でしょ」って言ってた矢先の出来事やったんで、「ほら言うたやん」と。そこは「風俗に行ったって言ったらあきらめてくれるから、そう言っただけやで」と。でも嫁のＴｗｉｔｔｅｒで「メンズエステってなんなんやろ?」みたいなつぶやきがあったんで、ヤバッとは思いました。

――そうやって好きにやってるように見えて意外と夫婦関係は上手くいってますよね。

中川 そうですね。自粛期間っていうのもあって、夜は家に帰るのが多いから、一時よりは信用されてるんかなっていう気はします。

――村本さんに聞いて爆笑したのが、奥さんとハプニングバーに行こうとしたっていう。

中川 ハハハハハ! すごく興味があったんですよね、だいぶ昔ですけど。上野にあるって聞いて、本来なら嫁さんじゃない女の子と行く感じじゃないですか。でも、それは違うっていうのがあって、一番好きなのは奥さんなんですよ。僕と同じように楽しんでもらいたい、趣味を共有したいっていうことで上野の店を予約しようと思ったら、ちょうど摘発されて潰れてたっていう話で。

――村本さんは、奥さんを誘ったら、「その時間、子供はどこに預けるの?」って言われて、問題はそこなのかって話をしてました。

中川 言ってましたけど! そこは僕、おもしろワードとしては言ってないんですけど(笑)。いまはそういう夜の感じもないですけどね、好きにやっといてって感じですね。ただ、犯罪とかはするなってことだけで。

――こういう人格が育った環境についてまずは聞きたいんですけど、お父さんがお金持ちだったっていう話はよくされてますよね。

中川 お父さんが変わってるんやと思います。人形屋の社長さんで、小学校時代はお金持ちで夏休みになったら1カ月間ぐらい世界1周旅行に出かける、みたいな。1回、吉本のバンコク公演があって。お父さんがバンコク大好きで、夜の街に詳しいからお父さんから情報収集しようと思ったら、「俺も行こうかな」って言うんでバンコクで待ち合わせしたんですよ。バンコクに着いたら、お父さんが40歳ぐらいのタイ人の女性と一緒にいて、なんとなくそういうことなんやろうなと思って。その人の案内で、いろいろ周ってもらったんですよ。最初にゴーゴーバーに行ったら、みんな日本人好みの顔に整形してるんでめちゃくちゃかわいい子がいるんですよ。そこからひな壇で女の子を選ぶところに行ったら、ちょっと現地っぽいなって感じで選び切れなくて。それを3軒ぐらい周って、案内してくれてる人に申し訳ないなと思って。「次はどんな人が来ようがその人に決めるわ」ってお父さんに言ったら、いままで1回も怒られたことなかったんですけど、「女を適当に決めたらあかんやろ！」って初めて怒られて、すごい親父やなと思って（笑）。

——そこだけは許せなかった（笑）。

中川 それからいい子を見つけて4人でクラブに行ったんですよ。「チップって最後どれくらい渡したらいいの？」「1000円札5枚ぐらいでええんちゃうか？」って言ってたんですけど、僕酔っ払って1万円札5枚渡したんですよ。8万円ぐらいしか持っていってなかったんでお金なくなって、2泊3日の1泊目がそれで2泊目はもうなんもできへんわってなって、親父が「それやったら飯でも行こうや」ってまたその3人でご飯食べに行って、「じゃあ帰るわ」って言ったら、「いや俺の部屋来たらええやん」「いや、俺邪魔になるやん」「仲良く3Pやったらええがな」って言い出して、ヤバッと思ったんですけど、よう考えたら俺も3P好きやなと思って、カエルの子はカエルやな思って。

——ダハハハハ！ そういう遺伝（笑）。

中川 客観的にはすごく嫌なんですけど、知らん間に親父の血って引いてるんやな、恥ずかしいけどそういうもんなんかなと思って。

——お父さんも女遊びが激しかったんですか？

中川 お父さんはそうですね。僕には言ってこないんですけど、トークライブとかにはよく来てくれてて、僕は女の子関係のことも包み隠さずしゃべっちゃうんで、そのぐらいから急に連絡が来るようになって。自分の息子にエロい話できないじゃないですか。でも村本に、買った女の子と肩組んでる写真を送ったりしてるんで、そういうのが好きなんやろうなって。だから自分の子供もそうなるんかなと思うとちょっと怖い部分はありますね。

——基本的には放任に近かったんですか？

中川 お父さんはほとんど家にいなかったですね。海外で会社を立ち上げてたんで、マレーシアに住んでたり。よくお母さんとケンカしてお母さんが泣いてたから、嫌な存在やったんですけど、親父に似るんやと思って。

衝撃の初体験（男とも）

——初体験が小3って伝説もありますよね。

中川 小3から小5にかけて、みたいな。しかもそれ男性と女性の両方ですからね。

——ふつうに話してるけどすごい話ですよ！

中川 ハハハハハ！ 僕はしゃべりますけど、書くことは選んでくださいね、そこはお任せします、もう言っちゃってる話なんで。

——流されやすいタイプなんですかね？

中川 押しに弱いかもわかんないですね、言われちゃうと乗っちゃうというか。しょうもないプライドですけど、そういうところで負けたくない、みたいな。中2病みたいな感じやと思うんですけど。いまはもうそういうのは落ち着いてきましたけど、

小中高時代はそんな性格で。ガムが落ちてて、友達が「お、ええの落ちてるやん」とか言ったらふつうやったら「うわ気持ち悪い」とか言うけど、負けたくないから砂をこすりつけてからそのガム食う、みたいな。ちょっとヤバいヤツやと思われたい節はあったかもわかんないです。

――となると、性的な誘惑が来たら乗る。

中川 そうですね。隣の部屋の僕の同級生の3つ上のお姉ちゃんと初体験というか。いつもゲームしに遊びに行ってて。その友達が野球に行ってて、両親が仕事でおらんタイミングで、でも鍵は開けっ放しやからゲームしに行ったら小6のお姉ちゃんが近づいてきて、アソコを肩にこすりつけてきたんですよ。それでまた遊びに行ったときに、また友達も両親もおらんくて、ゲームしてたらまたお姉ちゃんが肩にアソコをこすりつけてきて、これ前もやられたけどなんやろと思って家に帰ったらめちゃくちゃ勃起してたんですよ。

――初の勃起？

中川 初の。それまで勃起なんて意識したことなかったですから。これはもしかしたらエッチなことなんかなって感覚で、それからはお姉ちゃんしかおらへん日にしか行かなくなって、ちょっとずつ進行していくんですね。

――それと男性も同時進行していって。

中川 それは下の階にスーパーファミコン持ってる奴がいて、家に遊びに行ってゲームしてたら、部屋の鍵カチャッと閉めて。ちょうどそのとき、『平成イヌ合戦バウ』っていうアニメが流行ってたんですよ。それの真似して「バウバウ」とか言ってるから面倒くせえヤツやなと思いながらゲームやってたら、うるさいから「もうええって！」って振り返ったら全裸でギンギンやったんですよね。

――うわー！

中川 これはトラウマになってた思うんですけど、そこからマジで5分10分の記憶がなくて、気づいたら手コキしてましたね。

――されてたんじゃなくてしてた。

中川 してたんですよ。抜いてたのは向こうで、手を持っていかれたのかわからんくて、でもそれがエロいことかどうかも僕はわからないんです。夏休みだったんですけど、そこから毎日電話がかかってくるようになって。

――毎日やってたんですか！

中川 そこまで嫌っていう感覚もなかったんですよね。めっちゃ仲良かったから、お医者さんごっこの延長ぐらいの感覚で。トラウマになったのは事実をわかってからで、こんなに恥ずかしいことしてたんやっていうのは後に気づいて。それからたぶん向こうがフェラしてきたんですよね。精子は出ないんですけどイカされて……何を話してるんですかね。

――ダハハハハ！ 急に冷静になった！

中川 ハハハハハハ！ フェラでイカされて。今度は向こうが「して」みたいになって。こんだけ気持ちよくしてもらったのに相手にせいへんのは申し訳ないなっていう純粋な思いで、違和感なくしてましたね。

――気がついたらシックスナインに至って。

中川 そうなんです。その2年後、マンションの屋上でシックスナインしてましたね。

――徐々にそうなったんですね。

中川 そうですそうです。でも、口の中に出されるっていうのはなかったですね。しょっぱかったなっていうイメージですね。

『平成イヌ合戦バウ』
『平成イヌ物語バウ』。テリー山本の大漫画『バウ』を原作とするアニメ作品。93〜94年、ANN系列。ヤクザの娘に飼われるブルテリア「バウ」の周囲で起きるほのぼのとした事件を綴る一話完結・二本立て形式の作品。主題歌はリンドバーグの『大キライ!』。

そいつチンコがめちゃくちゃデカかったんですよ。

——ボクも子供の頃に近所に超合金いっぱい持ってる同じくらいの歳のヤツがいて。遊びに行ったらそいつがチンコ出してて、怖くて泣きながら逃げた覚えがあるんですけど。そこでどうするかで運命が決まるんでしょうね。

中川 そうですね。いまなら「ちょっと待って、1回冷静になって」って言えますけど、そのときはおかしなことだと思ってないですからね。ちょっと人とはズレてるなっていうぐらいで。そういう体験があったんで、高校2年3年ぐらいが初体験なんですけど、そこまではすっごいムラムラしてましたね、ずっと。そこから逆に何もなかったんですよ。

——それだけのことをやってたのに。

中川 はい、ほぼ犯罪やんっていうこともやってたと思いますよ。これは書けないと思いますけど。高校のときの友達が、「100円やるから先生のお尻触ってこいや」って、オバチャンの先生なんですけど、ここも僕の悪い部分が出て、「無理やって」って言えんかったんですよね。「え？ 尻も触れて100円ももらえんの？」ぐらいの返しで。

——え！

中川 ヤバいヤツと思われたかったんでしょうね。そしたらもう引くに引けないじゃないですか。で、お尻を触ったんですよ。そのときは先生に怒られてバチンとほっぺた叩かれて終わったんですけど、それを友達が見てて「おまえすごいな！」ってなって。【以下、省略】。戻れるなら学生時代の俺に言いたいですよ、「やめとけ、吉田豪さんのインタビューでしゃべることになるぞ」って（笑）。

——たっぷり掘り下げますからね（笑）。

中川 そのあと先生のお尻を触った話が教育指導の先生に伝わって、呼び出されたんですよ。それで停学みたいになりましたね。母親も呼ばれて泣いて、胸が締めつけられるような気持ちになったのはいまでも覚えてます。

——これは半分ぐらいしか書けないですね。

中川 半分も書いたらダメですよ（笑）。うまくまとめてください。いまとなっては善悪の分別が多少はつくようになりましたけど、そのときは自分主体でしか考えられてなかったし、その当時にＴｗｉｔｔｅｒとかあったら僕は完全にバカッターやろうなと思いますね。

——やらかしますよね、お金もらえるなら。

中川 そうですね（笑）。

カラーギャング時代

——カラーギャングやってたっていうのは、それくらいの時期なんですか？

中川 高校生ぐらいですかね。カラーギャングといってもそんなにめちゃくちゃ悪いとかじゃなくて、中学時代に暴走族に入ってる友達がいたんですよ。狂神会修羅っていう悪そうな名前の。その友達が先輩に、「先輩の言うことは？」「絶対です!!」「じゃあおまえとおまえ、ケンカせい」みたいなのを河川敷で見たことあるんで、暴走族って怖いんや、友達は殴れへんと思ってて。だから友達に「暴走族で走ったりせいへん？」って誘われても、ずっと断ってて。けど先輩がいなくなって、ちょうどその時期に『池袋ウエストゲートパーク』が流行ったんですよね。で、カラーギャングってカッコいいなって思って。

『池袋ウエストゲートパーク』
石田衣良原作のドラマ。00年、TBS系列。長瀬智也・加藤あい・窪塚洋介らが出演。不良集団（カラーギャング）が跋扈する池袋で、主人公の果物屋の息子マコト（長瀬智也）が様々な人のトラブル解決を請け負う。宮藤官九郎の出世作。

——そういう世代ですよね。

中川 自分たちが一番上の世代になったんで、みんな暴走族やめてカラーギャングやろうって言い出して。地区によって色が決まってるんですよ。僕らは淀川区なんで黄色で。黄色の服を着て悪いことするとかじゃなくて、どっかに集まって朝までしゃべってサヨナラぐらいの感じで、すごい楽しそうに見えたんですよね。殴られることもケンカすることもないんだったらちょっとやろうかなって。

——じゃあ、そんなにケンカもしてない。

中川 ないですないです。月に1回、アメ村にカラーギャングが集まる日があったんですよ。いろんな地区の青やら黒やら赤やら白やら黄色が集まって、集まる前はみんな「色違いのヤツ見つけたら全員でボコるぞ」みたいな、気合い十分みたいな感じで行くんですけど、結局何人かと会うと知ってるヤツがいるんですよ。「おう！」ってなって、「あ、知り合いなんや」ってなると結託して、「ほかの色のヤツ見つけたらそいつらボコボコにしようぜ」ってなって、それで次また見つけたら知り合いがいて、最終的にはレインボーみたいになって団体行動するみたいな（笑）。

——7色揃っちゃって（笑）。

中川 だからピースフルな感じでしたね。

——とはいえ、10人相手のケンカにも負けなかったっていう伝説を聞きましたけど。

中川 ハハハハハハ！ よう調べてますね。暴走族と仲良くなったきっかけがそれで、中学校3年生のときに転校したんですよ。転校初日に友達ができたんですけど、僕は丸坊主にしてて童顔なんでかわいく見えたんでしょうね。イケてないグループの子ふたりが「一緒に帰ろう」って声かけてくれたんですよ。初めての友達やからうれしくて、イケてるとかイケてないとか関係なく一緒に帰ってたら、10人ぐらいの素肌にスカジャン着てるようなヤツらが自転車5～6台で来て、「おまえら何年や？」「3年やで」「橋本っておるやろ？」と。僕は転校生で初日で知らんかったんで、「いや知らへんわ」って言ったら、「嘘つけ！ おまえナメてんのか、やるぞ」ってなって、助けてって思ったんですけど、その子らはおとなしい子なんで下向いて助けてくれなくて、引くに引かれんくなって10人ぐらいに囲まれてストリートファイトみたいな感じで。僕は柔道やってたんで、向こうは空手やってたんですよ。空手って1個1個の動作をきれいにするんで、殴ってきても一撃入ったらまた距離を取るんですよ。僕は柔道やってたんでつかんで投げるみたいな感じだから、意外といい攻防戦になって。

——なるほど、ちゃんと間合いを保って。

中川 そうですそうです（笑）。時間もかかってたんで、5分ぐらいで「先生が来たから散れ！」みたいになって、周りからは「おまえようやったな、隣校の番長やぞ」って。それで塾に入ったら、その隣校の番長もいて、「おまえ、なかなかやるな」って仲良くなったんですよ。それが暴走族に入ってたんですけど、僕はたまたま強く見られただけで。

——強いわけじゃないのに、自然とそういう悪そうな仲間が増えていったんですね。

中川 そいつがどんどんのし上がっていくんで、僕はべつに何もしてないですけど仲良かったんで勝手にのし上がる、『カメレオン』（加瀬あつし）みたいな生活してました。

——ハッタリで出世して（笑）。

『カメレオン』
加瀬あつしのヤンキー漫画。90～00年、週刊少年マガジンにて連載。中学時代はいじめられっ子だった矢沢栄作が、高校進学後ヤンキーデビュー、ハッタリと悪運と悪知恵で不良界のカリスマへとのし上がっていく。

中川 はい、ハッタリで（笑）。

――芸能界でもそういうイメージです。

中川 のらりくらりと（笑）。

――村本さんがお笑いの世界で孤立してるなか、ちゃんと社交性があっていろんな人と交流を持ってるイメージがありますからね。

中川 僕に言わせたら村本がヘタすぎるだけなんですけどね。僕もよう怒られることありますけど、けっこうギュンと人との距離を詰めるんで、「詰めすぎや」って怒られたり嫌われたりすることもけっこうありますね。

――言っちゃいけないことを言ったり。

中川 そうです。【諸事情により削除】僕からしたらただただ楽しいだけなんですよ。村本が誰かと言い合ってるのを近くで、しかも僕はどっちの意見も聞けちゃうんで。たとえばとろサーモンの久保田さんとケンカしてるとか、（平成ノブシコブシ）吉村さんとケンカしてるってなったとき、どっちの意見も聞けるじゃないですか。人の意見ってこんなに自分の目線で変わるんやと思って、そこがおもしろいんですよ。相手のことを悪く言いがちというか、同じことが起きてケンカしてるのに、こんなに意見の相違があるんだって、そこを楽しんでますね。すごい繊細な人同士がケンカして、ちゃんと周りも見えてるのに意見が食い違うっておもしろいなと思うんですよね。村本の場合、ほっといてもそういうことが起きるじゃないですか。

――そんな村本さんが「自分の相方はパラダイスしかできない」って言ってますからね。

中川 ありがたいっちゃありがたいですけど、そうなんやろうなとは思いますね。村本はいままで10人以上と組んで解散してきて、長く続いても1年持ってないんで。

――村本さんが若手の頃にバイクのうしろにパラダイスさんを乗せてたとき、軽いボケでラブホテルに入ろうとしたら、「いまからバイトやねん！」って言われて、バイトなかったらよかったのかって言ってましたけど。

中川 いや、ちゃんと「どこ行こうとしてんねん！」っていうのはあるけど、そんなことよりまず「バイトあるから、そういう遊びせんといて」のほうが出てるんです。言葉尻を取るとそっちのほうが天然やなって村本が思う部分で。そんなボケも多かったんですけどマジのヤツもあって。「ええパンチラスポットあるんだけど行かへん？」みたいな誘い方してくるんですよ。「行くかい！」って言ったら、「いやマジやねん」って言うから、これはツッコむんちゃうんかとか、たぶんどれがマジでどれがボケかわからんから変な返しをしてることもあると思うんですけど。

――ああ、ツッコむべきところでツッコまないことは相当多いって話をしてましたね。

中川 これは受け止める性格やからだと思います。僕のなかではちゃんとルールがあるんですけどね。命にかかわらへんことだったらべつにええやんってことだったり。

――そんな人がラジオの生放送やってたの、どれだけ危険だったのかって思うんですよ。

中川 女性器名称、言ってますからね。

――言ってましたよね、生放送で。

中川 それも村本が悪いんですけどね。村本が「沖縄の漫湖公園ってあるやん」とか言い出して。深夜3時から5時の生放送で、漫湖漫湖って聞いていたら、「チンコって言っていいのになんでマンコはあかんのやろう」って思い始めたんですよ。それは女性差別ちゃうん？　って。で、「マンコ」って言って。

――ダハハハハ！　アウトです（笑）。

中川　ハハハハハハ！　そしたら村本の「漫湖」はよかったのに、僕の「マンコ」は同じ言葉なのに言った瞬間にすごいザワザワしてスタッフさんが慌てだして。これはヤバいこと言ったんかなって思ったんですけど、そこから3日後ぐらいに『オールナイトニッポン』の偉い人が講習会するってことで村本と僕が呼ばれて。まず偉い人が村本に、「君、マンコは言ったらあかんよ」ってイメージ的に村本が言ったみたいになってて（笑）。「いやこいつなんです」ってなって、「オマンチョはいいけどオマンコはあかん」って言われましたね。一緒やんと思うんですけど。なんならオマンチョのほうがエロいやん。

――湿度を感じますよね。

中川　ね、粘着性を感じますよね。

――生放送は危ない人ですよね。【諸事情により削除】そういう話を聞けば聞くほど怪物性が際立ってくるんですよ。

中川　怪物じゃないんですよ、僕のなかではちゃんと流れがあるんですよ。

――村本さんがアメリカで活動するって聞いてもほとんど動じない感じとか。ふつうだったらもっと大ごとになるようなことだと思うんですよ。

中川　これぱっかりは動じてる部分もありますよ。いままで稼いでたお給料が稼げなくなるわけですから。僕らメインは漫才なんで。

――月収3万になったとか言ってましたね。

中川　ありましたよ。村本が1カ月ぐらい海外に行ったとき、漫才できひんかったら破産状態で。でも、僕は村本のこと応援してるんですよね。40歳になって海外でチャレンジするって、めちゃくちゃしんどいことだと思うんですよ。しかも、いまふつうに漫才やり続けてたら生活に困ることはないのに、それを切り離してステップアップしようとしてるわけじゃないですか。そんな人、よう止められないです。というだけの話なんですけど。

なぜか創価学会員

――その間、自分は何をすればいいのか考えたらAV男優になるっていうプランが出て。

中川　そうですね。なんでAV男優になるって言ったかというと、僕はモテなかったんで、モテなかった人ってあんまり独りよがりなエッチにならないじゃないですか。相手を喜ばせてあげたい、だからそういう技術は向上していったんです。しかも僕は早漏やったのが、年齢が上がっていくにつれて早漏じゃなくなっていったんですよ。それがビチーンとハマッたときに、これはAV男優になれるんじゃないかと思って（あっさりと）。

――ダハハハハ！　この技術をこのままにしておいていいのかっていう（笑）。

中川　技術と持続力がバチーン合わさったとき、これはいましかないと思ってマネージャーに言ったら「ウーマンラッシュアワーの看板を壊す気ですか？」って言われて、たしかになって。マネージャーが冷静でよかった。

――っていうか本気でマネージャーさんにまで「やりたい」って言ってたんですか！

中川　言ってました、「AV男優になりたいねんけど」って。止められたら、「でも（松本）竜助師匠もやってたやんか！」って。

――ロマンポルノやってましたね（笑）。

中川　「竜助師匠もやってたのになんで俺が止められんねん！」って戦ったんだけど無理やったんで、そこからエロアニメの声優になりたいって言い出して声優学校に行って。

――それもすごい話ですよ！

中川　これもべつにエロが好きでっていうことじゃなくて、出張に行ったときにペイチャンネルを観てて、そういえばエロアニメって観たことないなと思って観てみたら、この声優さんっていまエッチしてないのにこんなにエロく喘いだりしてどういう気持ちなんやろって気になったんですね。エロアニメの挿入シーンって同じコマを長いスパンでパーンパーンと続けてるだけなんですけど、絵は同じやのに声優さんの緩急で絵も緩急ついて見えて、声優さんってすごい技術やなと思って。そこからエロアニメの制作会社を調べて、「声優やりたいです」ってメールを送って。

――すごいですよね、その行動力。

中川　でも、たぶん冗談だと思われたんですよ、返事がなくて。で、マネージャーに「聞いてくれ」って言って。そしたら、エロアニメやってる方ってもちろんすごい方もいらっしゃるんですけど、基本は声優になりたいけれども仕事がなくてアルバイト感覚でやってるぐらいの仕事なんで、制作会社が直接声優さんにオファー出すんでオーディションがないんですって言われて。それでもやりたいから声優の学校に通ったんです。『ルパン三世』で石川五ェ門やった浪川大輔さんの会社がやってる学校に通ったんですけど、でもそこがしっかりしすぎた会社らしくて。

――エロとそんなにつながらない。

中川　そうなんですよ。いまふつうの作品も継続的にやらせてもらっててすごくありがたいんですけど、そこで実力を鍛えてエロアニメで発揮する力を溜めている状態ですね。

――ルミネの楽屋で「お兄ちゃんやめて！」って練習してたって噂も聞きましたけど。

中川　それをCDに録って、どうやったらつながるかわからないんでテレビ局で配ってたんですよ。「これ聴いてください、エロアニメの仕事あったらこれどうですか？」って。

――テレビ局からはつながらないですよね。

中川　つながらないですけど、まず方法がわからんから自分の知り合いから広めていこうと思って。それでＴｗｉｔｔｅｒでつぶやいたりしてたら、アニメの関連の人が相談に乗ってくれてちょっとずつ広がって。エロアニメ作品は需要が少ないのと、ある程度やる人が決まってるんで隙間自体が薄かったりするんで、いつかできたらいいなと思ってるんですよ。

――まだその野心はあったんですね。

中川　そりゃありますよ！

――そういうのってアニメ好きが高じて声優を目指すみたいな流れが多いはずなんですけど、ぜんぜん違うのがおもしろいですね。

中川　「エロアニメの声優さんすごいな」から入りましたから。エロアニメの声優さんとおしゃべりする機会があったんですよ。ふつうのアニメもやってるんで顔を隠してじゃないと駄目だってことで仮面で出てもらったんですけど、そのときの話がおも

松本竜助（まつもと・りゅうすけ）
83年までは竜介。56年生まれ。77年、島田紳助と漫才コンビ「紳助・竜介」を結成。ツービート、B&Bらとともに80年代の漫才ブームを牽引する。無類の女好きで知られ、83年にはにっかつロマンポルノ『松本竜助のハイ、本番です』に出演。87年の監督・主演AV『竜助のヨーイスタート』（アリスJAPAN）を皮切りに、ハメ撮りに初挑戦した監督作『竜助の風俗探検マガジン』（98年、アリスJAPAN）など、AV制作を積極的に行ったが、巨額の負債を抱えることとなり自己破産した。06年、風俗案内所で勤務中に倒れ死去。

しろすぎて。お笑いってお客さんの笑い声で、これはよかったんだってわかるじゃないですか。エロアニメの声優さんはどこで善し悪しを判断してるのかって聞いたら、録音してくれてる男性が勃起してたらよしと思うって言ってて。

――へー！

中川 すごいんですよ！ たとえばオッパイなめてるときの音ってなると、手をチュパチュパするんですって。で、今度はお尻をなめる音ってなると、オッパイとお尻って硬さも大きさも違うじゃないですか。だから自分の腕のなかでお尻っぽいところを探す。部位によって音の出し方が違うとか、こんなに考えてやってると思うとより魅力的に感じて、ぜひともやってみたいなって（以下、省略）。

――確実にお笑いよりも情熱ありますよね。

中川 いやいや、お笑いにも情熱ありますよ！ これもお笑いやと思ってるんです！

――お笑いをそこまで研究しないと思うんですよ。そこは村本さんに任せてるかなって。

中川 ネタに関しては任せてますね。ただ、単純にエロいからAV男優になりたいとかエロアニメの声優になりたいっていう理由ではなくて、自分の体のモチベーションでいま向いてる向いてへんっていうのを考えてます。

――発想が独特ですよね。

中川 まあね。いまもインスタの裏アカで風俗あるあるとか書いてますから。キャバ嬢のインスタライブのコメント欄を荒らすのがいまの趣味で。お金にはなってないですけど。

――エロコメントを書き込んで（笑）。

中川 そうです（笑）。

——ちょっと気になったのが、前に今田耕司さんが「記者がパラダイスと飲み仲間で、情報が漏れるのはすべてパラダイスのせいだ」とか言ってた時期があったじゃないですか。

中川 基本、僕は実体験に基づいた話しかしないんですよ。人から聞いた噂は見てないから言わない。僕が見た、体験した、あいつエロいなとか、あいつ悪いヤツやな、いいヤツやなっていうのは全部言うんですけど。

——オードリー春日さんの件でも名前が挙がって、「中川パラダイスがヤバい！」とか言われて。

中川 あれは迷惑ですけどね。冷静に考えたら春日がヤバいんですよ！ だって、浮気してるのは春日ですから。その手前では僕が持っていったかもわからないですけど、最後の判断をして浮気したのは春日です。

——基本的にパラダイスさんはクラブでナンパとかする側の人ではあるわけですよね。

中川 そうですね、ネアカなんで。僕は浮気するならお金は遣わへんって決めてるんですよ。パパ活とかお金を遣って家計を切迫させるくらいやったら女遊びはせんってことですね。安く楽しく誰も損しないで、お金の面で家族に迷惑かけないならOKというか。

——奥さんはもともとファンで。

中川 ファンですね。

——ホステスもやられてた。

中川 やってました。最初はすごい嫉妬しましたけどね。僕まだ20代後半ぐらいだったんで、好きな人が営業とはいえどもメールでハートとか使ってたら、すごいショックやったんですよ。でも、変わったきっかけがあって。奥さんが「私もうすぐ誕生日でお客さんからいろいろプレゼントもらえるんだけど何か欲しいものある？」って言われて。家の冷蔵庫がひとり用やったんで大きい冷蔵庫とか、テレビが古かったからテレビとかプレステとか欲しいって言ったら、その3つとも全部届いたんですよ。そこからは「どうぞどうぞ、お客さんとメールしてください」って。

——嫉妬心がなくなって（笑）。

中川 そう、すごいなと思って（笑）。

——村本さんが「パラダイスは創価学会員なのに天理大学のパーカーを平気で着る」とか言ってますけど、どういうことなんですか？

中川 まあ創価学会員ですけど、僕は先輩に入れられた創価学会員で。むしろ創価学会員やでってネタにしてるぐらいのタイプで。

——先輩に誘われたからって、なんで平気で入っちゃうのかっていうのはありますけど。

中川 その先輩のことは好きなんですよ、大阪時代からお世話になってて。先輩は入信させたいわけで。僕は最初に言うんです、「入信してもいいですけど面倒くさいことにはなりたくないんで、集まりがあっても行かないですよ」って。だから結果として入信させたという状況が残って、それで満足するのであれば僕を役立つように使ってくださいっていう感覚なので、投票の時期になったら電話してくれみたいなことも一切なかったです。ただ「ひとり入信させたんですよ」って、その人が会合か何かで言ったときに「おめでとう！」みたいな利益になるっていうだけで。

——その受け入れ力もすごいですよね。

春日さんの件
19年に発覚したオードリー・春日俊彰のスキャンダルのこと。現在の妻のクミさんにプロポーズする10日前に金髪美女を高円寺の自宅アパートに連れ込んだというもので、『FRIDAY』に写真つきで報じられた。春日を師匠と慕う中川が、周囲に「あの子は師匠の女」と包み隠さず証言していたこともワイドショーで話題に。クミさんは春日をクラブや相席居酒屋などに誘惑する中川を「諸悪の根源」と名指しし、春日も中川の連絡先を消すことでクミさんへの愛を誓ったという。

中川 「僕は宗教とか知ろうともしないし信じようとかもないですけど、入ったところでしんどくならへんのやったらいいよ」って。

——だから平気で鳥居もくぐるし。

中川 そのルールも知らないですもん。でも「1回ちょっと行ってみいひん?」って言われて、普段体験できひんことやからおもしろそうやなと思って行ったら、何万人も入るような会館で男10人ぐらいで扇子みたいの持って「セイヤー」みたいに踊ってるのを見て、ヤベえこの宗教と思いましたけどね。

——無邪気な感想だなー(笑)。網膜剥離になったときも、あれもほぼ目が見えなくなるまで放置してたことに衝撃を受けました。

中川 ケガって放っておいても治るものじゃないですか、骨折もそうだし傷口もそうだし、その感覚やったんですよ(あっさりと)。

——なるほど! なんか目が見えなくなってきてるけど、まあいつか治るだろっていう。

中川 いつかその黒いものがなくなるのかなと思ってたんですけど、どんどん広がって視界がほぼなくなったときに、これはヤバいと思って。それを嫁に言ったんですよ、ほぼ見えん状態で。「絶対に病院行ったほうがいいで!」ってなって病院に行ったら網膜剥離やったんで、嫁のおかげやなとは思いました。

——全方位で呑気すぎるんですよね。

中川 ああ、呑気ですね。そこからは病気って治るもんと治らへんもんがあるんやろなってわかるようになったんで、何か体に異常を感じたら病院に行くようにはしてますね。

——たぶんお父さんの影響は意外とありますよね、ちょっとデタラメな感じというか。

中川 親父がマレーシアに住んでて、夏休みは1カ月間親父のとこ行ってたんですよ。そのときエロ本があって、僕は小学校高学年ぐらいだったんですけど、エロいって思うよりも友達に持って帰ったら自慢できるんちゃうかと思って、いっぱいあったんで帰るときに親父のエロ本を鞄にパンパンに詰め込んで税関を通ったら止められて。僕はなんで止められてるのかわかんなかったんですけど、黒人のめっちゃデカい人が1冊ずつ本をだして「ワーオ!」「ワーオ!」って。

——子供がそんなの密輸しようとするから。

中川 最後に「ユーアークレイジーボーイ!」って言われたんですよ(笑)。

——ダハハハハ!

中川 それで全部没収されました。

——聞けば聞くほど怪物だと思いますよ。

中川 思い出したらありましたね(笑)。

けっこうたくさんの人に「死ね」とは思われてる気がする

室井佑月

2022年1月収録

1970年、青森県生まれ。作家。ミス栃木、モデル、女優、レースクイーン、銀座のクラブホステスなどの職業を経た後、97年に『小説新潮』5月号の「読者による『性の小説』」に入選し作家デビュー。以後、『熱帯植物園』（新潮社）、『血い花』（集英社）、『piss』（講談社）などを上梓。2020年5月10日に元新潟県知事の米山隆一と結婚。テレビ・コメンテーターとしても活躍中。

北原みのりを一回殴った

――すいません。『実話BUNKA超タブー』という基本、悪口ばっかりの雑誌です。

室井 うそっ!?　そういう雑誌なんだ。でも、私はぜんぜん媒体とか気にしないんで。

――よろしくお願いします。しかし、まさか室井さんのインタビューで新潟の議員事務所に来る日がくるとは思わなかったですよ。

室井 私だってこんな流れ果てて議員の女房になってるなんて、ちょっと前までは思ってなかったよ。ヨネちゃん（米山隆一）は平日ずっと東京にいて週末に会うだけだから、私は家で原稿を書いたり。ただ年明けには式典とかに呼ばれて、そういうときはちゃんとワンピース着て奥様みたいにして（笑）。急に壇上で挨拶とか言われても素人さんだからね。

――人前で話すことには慣れてるけど。

室井 「どうしようどうしよう?」とか聞いてやってる。その素人感がウケてるけど、それはたぶん今年いっぱいぐらいまで（笑）。

――でも、ホント特殊な人生ですよね。もともと「学歴もコネもなく成功するならスポーツ選手か芸能人か作家だ」と思ってたんじゃないですか。

室井 そう!　大昔の本で書いた。もともとウチの親が脱サラして事業をやってて。

――室井さんのお父さんがまた、調べれば調べるほどよくわからない人なんですよね。

室井 山師!

――山師（笑）。

室井 うまくいってた時期があって。だけどいろんなことやって事業が傾きかけて、だから親からすんなり乗り換えようと思ってたのよ【以下、諸事情によりちょっぴり削除】。

――お父さんについて書けないことも多そうですけど、高校時代、お父さん行きつけのフィリピンパブに行ったりしてたんですよね。

室井 行ってただけじゃないんですよ。寮から逃げてきたフィリピンパブの女の子をずっと私の部屋でかくまったりもしてたの。

――労働ビザもないような子を。当時、高校生にしてお父さんの店でツケでボトルを飲んだりしてた話は載せても大丈夫ですか?

室井 どうかなあ?　でもホントのことなんだよな……そうなんだよな……。じゃあ、それは昔書いたことの引用にしてください。

――ご両親との関係性はいいんですよね。

室井 私も息子もひとりっ子だから、ふたりとも超心配してくるんだけど、それハッキリ言って邪魔なんだよ、何しでかすか（笑）。

――お母さんに関する描写も印象的でした。「考えてみれば、あたしの生き方は母と同じ道を歩んで、わざと違う結末を選ぶ、ということを繰り返してきた。たとえば、ホステスをしても男に流されたりしない、結婚しても仕事は続ける、離婚しても子供は手放さない。あたしは自分の人生をかけて、母の生き方を否定していたようなもんだ」って。

米山隆一（よねやまりゅういち）
政治家。67年生まれ。05年と09年に自民党から、12年と13年には日本維新の会から立候補し国政を目指すも落選。16年に新潟知事選に当選したがスキャンダル疑惑で18年に辞任。20年10月に立憲民主党・社民党推薦で衆議院議員選挙に初当選。室井とは20年5月に結婚。

室井　そうなんですよ。母が赤坂のコパカバーナにいるときに康芳夫さんがお客で来てて。だから二代揃って知り合いなの。

――お母さんがホステス時代に接点があって、室井さんもホステス時代に気に入られて。あの人も山師みたいな人ですからね。

室井　そうです（笑）。

――お母さんは山師が好きなんですかね。室井さんはダメな男が好きみたいですけど。

室井　でも、そういうのはやめようと思ってたの。男の好みもどんどん変わっていくから。いつも変なのを、一番ダメになりかけてるところを拾ってきて、だけどそうするとダメな時代を知ってる私が邪魔になるのね。

――ある程度成功すると。

室井　そうそうそう（笑）。

――ミュージシャンとかでよくありますね。

室井　うん。プラモデルの組み立てみたいなのが好きだったんだけど、そうじゃなくてもう完成形のものを選んでいこうってある時期から思い始めて。選び方は適当だけどね。

――公園で売れない芸人を拾ったりとか。

室井　そうかもしれない。……やだ！　私のこと、すごいいっぱい知ってる！　最初に父親のこと聞かれるのとかビビるわ！

――ダハハハハ！　大丈夫です、原稿チェックもあるし好意的な記事になるはずなので。

室井　まあ、ホントのことだからね。

――過去の反省を経て、すでに完成した男性を好きになるようになってきたわけですね。

室井　違う、好きになろうと思うようになったの。だから、ヨネちゃんが完成形かどうかはまだわからない。

――でも、いままでの人と比べたら。

室井　まあね。それは否定できないよ。息子が東大落ちたこともあって、東大に関してはメラメラと復讐心もあったんだよね。

――ダハハハハ！　なるほど。米山さんは灘高から東大に進んだんでしたっけ？

室井　灘から東大。だから私、密かに灘高を応援してることになってんの、前の旦那も灘高出身だから。すごくない？　結婚する人100パー灘高。

――頭のいい人が好きとか言ってたから、まあそういうことにもなるんでしょうね。

室井　頭のいい人っていうか、やっぱり才能のある人が好き。

――米山さんというチョイスは納得したんですけど、自民、維新ときた議員の人と室井さんって一見、接点なさそうじゃないですか。

室井　そんなこともないんですよ。一水会の木村三浩さんとも知り合いだし。あと西部邁さんにもかわいがってもらったし。考え方が違ってるなとかはべつに構わないじゃないですか。そこから話し合えないのは嫌なの。もともと私はコロナ前までロフトプラスワンでチャリティーイベントを開いていて。

――ボクも行きましたよ。

室井　え、来てくれたっけ？

――戦慄かなのがどれくらいちゃんと大人の場で対応できるのか心配で見に行きました。

室井　あの子すごいしっかりしてるよ。そこに古賀茂明さんが毎回来てくれて、古賀さんの勉強会にも1回ぐらいは参加しないと悪いなと思って行ったらヨネちゃんがいたの。

コパカバーナ
根本七保子（後のデヴィ夫人）がホステスをしていたことでも知られる赤坂の伝説の超高級クラブ。大卒初任給1万円の時代にテーブルチャージが10万円だったという。

康芳夫（こう・よしお）
興行師。37年生まれ。自称「虚業家」「国際暗黒プロデューサー」。76年のアントニオ猪木－モハメド・アリ戦のコーディネートや沼正三『家畜人ヤプー』の出版プロモートなどで知られる。

木村三浩（きむら・みつひろ）
56年生まれ。00年より新右翼系民族主義団体「一水会」の代表となる。「対米独立」の観点から親サダム・フセイン、親プーチンの立場をとる。元統一戦線義勇軍議長。

西部邁（にしべ・すすむ）
39年生まれ。保守派論客として知られる。08年から10年続いた『西部邁ゼミナール』（TOKYO MX）ではタブーに切り込む多方面の議論を毎週交わした。18年、番組プロデューサーや教え子の手を借り多摩川で入水自殺。享年78。

戦慄かなの（せんりつ・ー）
アイドル。98年生まれ。ミスiD2018サバイバル賞受賞。少年院にいた過去や、狩野英孝未成年援交疑惑の暴露ツイートで話題に。19年から始まった室井と評論家の小沢遼子とのイベント『女は死なない～大した話じゃないけれど～』は現在vol・9まで続く

——で、印象がよかったってことですか？

室井　印象がよかったというか、絶対この人は私のこと好きなんだろうなって思ったんだよね、ずっと私のこと目で追ってるから。で、すぐにご飯食べに行こうって言われて。私も息子がもう高校を卒業したからご飯食べに行ったりする友達を増やそうかなと思ってて。

——最近のTwitterとか見ててもたいへんじゃないですか。旦那さんに過去ひとつスキャンダルがあるといつまでも言われ続けて。

室井　それはすごく簡単に考えてて。彼女たちはすごく抽象的なものをダシにしてて。米山の事件って実は米山が被害者なんだよ。

——いわゆる著名人の下半身スキャンダルのなかでは、ちょっと異質なケースなんですよね。

室井　それを声高に言うことに意味があるって言われたら、それもわからないではないんだけど、私がムカついたら「私はムカついた」って言っていいでしょ、ただそれだけ。

——室井さんは常にそれですもんね。室井さんがテレビのコメンテーター的な役割で重宝される理由は一緒に仕事するとわかりますから。とにかく感情の出し方がストレートで。

室井　もともとすごい感情的だからね。

——ボクはそこまで出せないですもん。

室井　うそーっ？

——無理です。もともと感情的じゃないし。

室井　ちょっとおかしかったもん。旦那のことから始まってムカついたから私が言っちゃったんだけど、旦那が「大丈夫？」とか言ってきたから、「おまえはすっこんでろ！」って（笑）。だってそれは対わたしだから。

——あれは室井さんらしかったですね。

室井　……ホント？

——最近もつぶやいてましたよね、「ああなったときに誰も庇ってくれなかった」って。

室井　それは嫌味なんだけどね。「講演に来て」とか、「これを宣伝してほしい」とか超あって、私けっこういいヤツだから仲間内から言われると、「いいよー」ってすぐやってたの。でも、みんな無視かよ、みたいな。

——あれも単純な対立構図じゃなくて、室井さんも考え方としてはフェミニズム的なものと合う部分も合わない部分もあると思って。

室井　うん。たとえば男と同じ仕事していて女性の賃金が安いとか、試験で男だけ下駄履かせてもらうとかはおかしいと思うし、私はものを書いてきて、そういうことではジェンダー平等な世界を望むよ。でもジェンダー差がまったくないかっていったら男と女は違いがあるもんだと思うから、向こう側はそこの定義がグチャグチャになってるんじゃないかなと思う。なんでフェミニズムがあるのかっていったら、まずそこの部分が平等になってないからだと思うし、声がどんどん大きくなっていくのは、それでようやくちょっとずつ進んでるって部分も理解する。だけど、私が個人攻撃されてムカついたら「ムカつく」って言ったほうがいいし、私はでも相手に対してちょっと悪かったかなっていう気もした。

——ほう！

室井　私はずっとプロとしてやってきたから、ケンカひとつするにもオーディエンスを気にしながらできるじゃない。対戦相

（vol・10はコロナ禍のため延期）。

古賀茂明（こが・しげあき）
元官僚、政治経済評論家。55年生まれ。経産省在職中から官僚批判・体制批判の本を上梓し、ベストセラーに。退職後は「報道ステーション」コメンテーターとして活動するも当時の安倍首相官邸と対立し、15年に降板。「I am not ABE」のフリップを出した最終回が話題に。

手をもっとできる人と設定してたから、ひとりの人が「死にたい」みたいなことを書いてきて、あれはちょっとヤバいと思った。

――いままでのバトル的なものだとちゃんと向こうも応戦してそれなりに成立したけど。

室井 今回のヤツはぜんぜん返ってきてないね。北原（みのり）さんは私の友達を超イジメてたから1回殴ったことあるのね。

――えーっ!?

室井 直接。それはそれで終わりにしてたからすっかり忘れてたんだけど、今回ケンカしたら友達から電話かかってきて、「あんた私のときも北原に『あんたおかしいよ』って直接言ってたのにまた同じこと」って（笑）。10年経ってまだしてた。そういう恨みについても、みんなの前で言われたから。

――過去に実力行使してたんですね（笑）。

室井 ハハハ。だって北原さんが木嶋佳苗の本を書いたときに神林広恵って元『噂の眞相』の、あいつも木嶋佳苗について書いてて、一緒にロフトでイベントをやって。あのときに北原さんが彼女に「私の本はいい本だけどあんたの本はダメ」ってみんなの前でこき下ろしたわけよ。それ見てて頭きちゃって、控室で言ったのね、「木嶋佳苗はおまえのもんか？　ちょっとあんたおかしくない？」って。それは言ったほうは忘れちゃってるけど向こうは根に持ってるのかもね。忘れてくれればいいのにね。

――室井さんホントにそういうときハッキリ言いますよね。ボクも最初の頃は室井さんに警戒されて、いろいろ言われましたから。

室井 言ってた？

――「気持ち悪い！」とか責められてて、でも何かの仕事で信用されたんですよね。

室井 私、前川（喜平）さんのインタビューやってけっこう引き出したと思うのよ。だけど吉田さんのインタビューには負けた気がした。もっといいところを引き出せてた。

――あれをすごい評価してくれて、それでちょっと見方が変わったから助かりました。

室井 あ、そうなの？

――でも、そうやってちゃんと感情を出せる人がそんなにいないだろうから、そりゃあテレビ的には重宝されるよなと思いました。

室井 自分ではよくわからない。ぜんぜん何やってたかわからないよ。呼ばれたから行って「どう思うか？」って聞かれたからどう思うか答えただけであんまり考えてなかった。私すべての件そうなのよ、今回のツイフェミとのケンカもそうだし、何も考えてない。

――深く考えることもなく、とりあえず思ったことを正直に言っちゃうわけですよね。

室井 うん。言っちゃってからヒャッとなるタイプ（笑）。そこからは考えるけど。

――そのノリでテレビに出てたら、何度もヒャッとなる思いはしてきたわけですよね。

室井 うん。でも、ジクジク悩んでも、もうやっちゃったことはしょうがないじゃん。だからそういうときは酒飲んで寝るの。

――寝たって状況は変わらないですよ！

室井 変わらないんだけど、どうせ変わらないんだったら1回寝たほうがいいじゃん。

神林広恵（かんばやし・ひろえ）
フリーライター、編集者。元『噂の眞相』デスク。退職後、室井の私設マネージャーに。現在はニュースサイト「LITERA」の編集長も務める。『木嶋佳苗 法廷証言』（宝島SUGOI文庫、高橋ユキとの共著）は13年発行。

前川喜平（まえかわ・きへい）
元文部科学省事務次官。55年生まれ。17年、退官直後に加計学園獣医学部認可問題の証言で官邸と対立。報復にも見えるタイミングで「出会い系バー通い」報道がされるなど泥仕合となった。

——なるほど、ずっと気にするよりは。

室井　女友達とケンカしても、これ以上は言い争いになるだけだと思うと面倒くさくなって1回酒飲んで寝るのね。だから留守電に「死ね！」とかいっぱい入ってる（笑）。

——ダハハハハ！　そして、ひと晩寝るとこっちはちょっと冷静になってるわけですね。

室井　そうだね。それで、ごめんねって言っちゃってもいいかなって気になることもあるし、そうじゃないときもあるし。

伯父さんが寝タバコで宿舎を1棟燃やした

——室井さんは、かつてつき合った男性に毎回のように言われるのが「一緒に死のう」だったらしいですけど、「死ね」とか「死のう」とか言われがちなタイプなんですね。

室井　暗い男が多かったから、なんかすぐ言われるね。けっこうたくさんの人に「死ね」とは思われてる気がする。だけど生きちゃうんだなー、これが。ガンになってもすぐ発見できちゃうしさ。

——若い頃、死のうとして漂白剤を一気飲みしたこともあったみたいじゃないですか。

室井　うん、でも生きちゃうんだよね、なんともないんだよ。

——ネットで「死ね」と言われた経験も多そうなんですけど、ダメージは受けるんですか？

室井　いまだに言われてるけど。「死ね」と言われても、だってそうならないんだもん。

——あなたがいくら言ったところで（笑）。

室井　うん。病気も持ってるしお酒を控えたほうがいいのかもしれないけど控えてないし、タバコだっていまだに吸ってるし、それはべつに長生きしようと思ってないからじゃん。でもどうしても生きちゃうの。っていうか、あんまり考えずに生きちゃってる。

——基本、あんまり深刻には受け止めずなんとなく平和に生きることができるというか。

室井　たいへんなことが起きて炎上したりみんなに叩かれると、くだらない妄想に逃げて寝る、みたいな。いまトラックに轢かれそうな小学生を助けて死にたいとか……。

——最期は美談で人生を終えたい（笑）。

室井　でも、ブラブラ歩いててもそんなシーンに出くわすわけもないじゃない。

——当然です。でもいいですね、暴漢が暴れてるところで誰かを庇って死んだりとか。

室井　そう、そこで「やめろ！」って飛び出して死にたいとか。「叩かれてたあの人だけどホントはいい人だったんだんじゃないか」みたいな。

室井　そうそう。

——そのへん得な性質なんでしょうね、叩かれてもメンタルがそれほどやられない。

室井　そうかもしれないね。繊細ぶってるけど繊細じゃないのかもよ。全部すごく単純に考えてるのかもしれない。旦那が選挙に出るときもうんちゃらかんちゃら言ってたけど、「受かるか落ちるかしかないんだから！　二択二択！」って（笑）。そんなもんかも。

――「50パー受かる！」と（笑）。

室井 飽きっぽいのかもね。同じこと考えてるの面倒くさい。

――職業に関してもそんな感じですか？

室井 職業はいまもの書きだけど、テレビ出たりするのは1本で終わりじゃない、そっちのほうがよかったね。また明日もまた続きみたいなのはちょっとつらい。

――最初は就職もしてるんですよね。

室井 でも、正社員で雇われたのに会社がたいへんになってきたらアルバイトよりも先に私がクビになったんだよ。それは輸入の会社で、ホントに東京で暮らしたかったからその入社試験を受けたんだけど、英検1級持ってるとか嘘を書いちゃってたらすぐバレて。

――で、水商売やるしかない、みたいな？

室井 父親の会社がいよいよダメになって、父親がいなくなっちゃったんですよ。

――諸事情で逃げてたんですよね。

室井 だから母親が旅館の布団敷きみたいなバイトに行ってたんだけど、もともと華やかな仕事をやってた人だからそういうの向いてないの。すぐできないって言ったから、母親と暮らすんだったらちょっと余裕のある生活のほうがいいと思って。それでも最初、母親を呼んだときは八百屋さんの3階のワンフロア間借りして二段ベッドで寝てたの。

――で、お父さん戻ってきたんでしたっけ？

室井 そしたら、母親は「お帰りなさい」ってお父さんと一緒に行っちゃって。ビックリした、すごい父親のこと好きなのよ。

――そこから作家になるのもすごいですよ。

室井 でも、ホステスをあれ以上続けてたらおかしくなってたかもしれないね。

――意外と水商売の方はメンタルやられますからね。でも、楽しくやれてたんですか？

室井 だから思い出を改ざんしてすごくいいようにしちゃってるんだと思う。案外デタラメだったから。いっぱい勤めてお金が貯まると海外旅行したり、ドリフの特番があるときは絶対に休みにしてたし。

――なんで（笑）。

室井 録画じゃなくて観たいじゃない。あとUFO特番。だからいい加減だったんだけど。すごい怒られたりしたら辞めて店移ったり。それでもなんとか成り立ってたっていうのは向いてたのかもしれないけどね。

――その頃、自分は何が好きかと考えたときに「チヤホヤされることだ」と気づいて。

室井 いまだにすごいチヤホヤされるの好きで、女友達には「50過ぎてまだモテたいとか思ってるなんて気が狂ってる！」って言われる。

――ダハハハ！　でも室井さんと接し始めてすぐ気づいたのが、ホントにしっかりと女の子な人だなっていうことなんですよ。

室井 ホント？　たぶん根っこは親父っぽいんだけど、ちゃんと女としてウケたいという欲望がまだ枯れてないんだよね。

――それは感じます。ボクと室井さんとか久田（将義）さんのイベントを観た人が「室井さんの印象変わった」とか「かわいい」とか「好きになった」って言ってましたよ。

室井 でも、ずっとあんな感じだよ。

――そうなんでしょうけど、それが世間には伝わりづらいの

久田将義（ひさだ・まさよし）
編集者、フリーライター。67年生まれ。00年『ダークサイドJAPAN』を創刊。翌年には後継誌『実話GON！ナックルズ（現・実話ナックルズ）』の編集長に。アウトロー・裏社会系情報に精通する。現在は「TABLO」編集長。吉田豪とのネット番組「居酒屋タックルズ」「噂のワイドショー」は有料部分が本当に口外できない内容ばかりと話題に。

かもしれないですね。

室井 テレビが切り取りで強いこと言ってるとこばっかりだったり。

——あと、政治関係で怒ってる部分だけが目に入ったりで。すごい無邪気な人なのに。

室井 そうかもね。ツイフェミの人がムカつくのはそういう部分なのかもしれない。すごい鋭い感覚で媚びてモテたがってるところが見えてしまってるのかも、まあ内緒にしてないんだけど（笑）。

——ダハハハハ！ 丸出しですよ。

室井 そうなのかもね。

——子供の頃、勉強してるとお母さんに怒られたらしいですよね、「女の子が勉強したって意味ないから」って言われてたっていう。

室井 うん、「目が悪くなる」って。

——それよりも器量がよければいい的な？

室井 そうかもしれないね、「メガネしなきゃいけなくなるよ」とか。あとウチの親は忙しいときは忙しかったり転勤が多かったから、私は伯父さんに育てられたのね、父親のお兄ちゃんがフラフラしてて。それもホントにひどい話で。お金のない家だったから伯父さんも最初は自衛隊に入ってたんだけど、寝タバコで宿舎を1棟燃やしちゃったのよ。

——ダハハハハ！ 相当ダメなタイプだ！

室井 それで帰ってくれればいいのにずっと行方不明みたいになってたの。どうしていいかわからなくて。そしたらお寺の小使いさんやってて仏教美術に目覚めて最後は個展を開くまでになったんだけど。その伯父さんがずっとベビーシッターみたいについてくれたの。

——それは影響も受けそうですよね。

室井 だから私、オジサン好きなのね。

——年上が好きなのもそこで刷り込まれてる。

室井 小さい頃はその伯父さんが靴の紐結んでくれたり送り迎えしてくれたり。でもウチの家族はちょっと気が狂ってるんだよ。私、小学校からずっと遅刻早退欠席ナンバーワンなんだけど、風吹いてたり雨降ってると「風邪ひくから行かなくていい」って言われて。

——ダハハハハ！ ものすごい過保護で。そういう育てられ方は絶対に影響が出ますね。

室井 影響も出るかもしれないね。

——そこの段階でチヤホヤされてたわけで。

室井 あ、そうかもしれないね。

——で、チヤホヤされるには作家だ、と。

室井 店に作家の人が来てて、すごいお金持ってて。これは私のお客じゃなかったから名前出せないけど、ミステリー系の人で。

——その後、「女流作家になればチヤホヤされて酒と薔薇の日々だ」と津原泰水さんに言われて、これだと思ったんですよね。

室井 それは津原さんじゃないの、徳大寺（有恒）さん。徳大寺さんはお客さんだったから書いていいと思うけど。津原さんはちょっと好きだったときがあるの。『湯殿山麓呪い村』っていうのを書いたもう死んじゃったおじいさん（山村正夫）のところに小説を習いに行ってるとき講師みたいに来てたの。

——津原さん好きだったんですか？

津原泰水（つはら・やすみ）
小説家。64年生まれ。「津原やすみ」名義で少女小説家として活動後、97年から現筆名に。幻想小説から青春小説まで幅広く活動。19年、百田尚樹『日本国紀』の無断引用への批判を巡り幻冬舎と対立、著書『ヒッキーヒッキーシェイク』の文庫化が中止になる騒動が起きたのちに早川書房から刊行。22年死去。

徳大寺有恒（とくだいじ・ありつね）
自動車評論家。39年生まれ。レーシングドライバー、自動車用品会社経営、タクシー運転手などを経て76年『間違いだらけのクルマ選び‐良いクルマを買うための57章＋全車種徹底批評』（草思社）がベストセラーとなり、自動車批評家としての地位を確立。筆名は「できるだけ偉そうに見えるよう付けたもの」で、公家の徳大寺家と血縁関係はない。14年死去。

山村正夫（やまむら・まさお）
31年生まれのミステリー作家。小説家育成に尽力し、菊地秀行、風見潤、津原泰水、多岐川恭、宮部みゆき、新

室井 うん、ちょっと好きだったかも。（高橋）源一郎もそうだけど、私はいまだに書く才能はすごく感じる。

――結婚&離婚でいろいろあったけど、そういうのも引きずらないんでしょうね。

室井 あんまり引きずらないね。だって、もう別の人がいるから。男の人だけじゃないの？ 昔の女の人がずっと自分のこと考えてると思ってるのって。そんなこと言ったらお笑い芸人の人のこととかもぜんぜん引きずってないかもしれないね。テレビ局で会っても「イェーイ！」みたいな。いろいろあったけど、もうすっかり忘れてるかもしれない。

――ダハハハハ！ いつも、だいたい相手が浮気するパターンなんですか？

室井 うん。でも私、浮気されたことに腹が立ってるわけじゃなくて、いろんなちっちゃいことが積もってて、あと自分が好きだったら別れてなかったよね、ちょっと飽きてたっていう自分の気持ちは否定できないから、自分も悪かったよね。だから、昔つき合ってた人に会ったりするとワーッとなる、この人と寝てたりするのまったく想像つかないんですけどーって（笑）。

街宣車が来そうなとき 西部邁が止めてくれた

――室井さんはホント隠しごとしないですからね。久田さんとイベントやれば、久田さんとキスした話とかふつうにしてくれるし。

室井 ヒサちゃんいいよね。ヒサちゃんもちょっと古いマッチョ的なとこあるじゃん、庇ってくれたり女に優しくみたいな。時代に合わないのかもしれないけど、私はそういう男が好き。旦那もそんな感じだし。だから前に吉田さんのこと怪しんでたのは、いろんな人がヒサちゃんに近づいてきてひどい騙され方してて、何人も続いてて、だから疑ったの。

――ああ、「こいつもヒサちゃんを利用しようとしてるんじゃないか！」みたいな。

室井 友達同士だったはずなのに騙されて、ヒサちゃんがそのたびに超落ち込むのよ。さんざん愚痴を聞かされてる立場としてはさ。

――室井さんはホントに面倒見がいいというか。「ヒサちゃんを私が売り出す！」って言い出したこともありましたよね。

室井 え、そうだっけ？ やってあげたかったのかもね。ヒサちゃん何回かラジオにゴリ押しで出したけど、あっちと私がやってる世界はちょっと違うのかもしれません。

――室井さんが「ヒサちゃんさー、なんで上杉（隆）のこと悪く言うの？」とか言ってるのもおもしろかったですけどね。

室井 私はいまだに嫌いじゃないのよ。だって上杉は私にとってはいい人だから。ごちそうしてくれて、「これってどうやって言えばいいんだろう？」っていうときに電話すると、「それはこうだから、こうやって答えればいいんじゃないか」ってタダで教えてくれて。N国とくっつくので、あんなのとくっつくのはよくないと思ってて、私は上杉が騙されてると思ってたからずっと「やめとけよ」って言ってたら、「余計なお世話だ」って言われてそこからぜんぜん連絡ないけど、べつに電話かかってきたら、「あ、元気？」ってふつうに言うと思う。

――室井さんがホントいい人だと思うのはそういうところなんですよね。ボクらがみんな嫌っていたような長谷川豊さんの

津きよみ、上田秀人、海月ルイなど多数の作家を指導・育成したことで知られる。99年死去。

高橋源一郎（たかはし・げんいちろう）
小説家、文芸評論家。51年生まれ。81年『さようなら、ギャングたち』で群像新人長編小説賞優秀作、88年『優雅で感傷的な日本野球』（河出書房新社）で三島由紀夫賞、12年『さよならクリストファー・ロビン』（新潮社）で谷崎潤一郎賞、など数々の文学賞を受賞する稀代の純文学作家だが一般には『スポーツうるぐす』（日テレ系列）での江川卓との競馬予想対決で知られている。室井は高橋の4人目の妻（01年離婚）。

上杉隆（うえすぎたかし）
68年生まれ。自由報道協会の創設など、ジャーナリズム改革の旗手として脚光を浴びるも、「元NYタイムズ取材記者」の肩書きが実際はリサーチアシスタントのことだったり「NHK報道局勤務」の経歴が「NHKから内定をもらっただけ」だったり、報道人らしからぬ粗雑さがネット上で次々と露見。政治の道へ転向し、都知事選落選、東京都中央区長選落選ののち、19年、NHKから国民を守る党（後のNHK党）の幹事長に就任（21年辞職）。2度のジャーナリスト引退宣言を撤回し、現在は再びジャーナリスト。

家族のこともちゃんと心配してあげたり。

室井 私は長谷川さんにはちゃんと言ったんだよ。「あんたのこと嫌いだよ、大人だからテレビの中では話すけど、もう口利かない！」って。だってしょうがないんだよ。あれだけいろんな仕事が手に入っちゃったわけじゃん。バカなんだから、そりゃ調子にも乗るでしょ。それで失敗しちゃったことをすぐ、「あ、調子に乗ったのがマズかった」って理解できればよかったんだけど、悪いふうにしたじゃん。だからあんな怒られちゃったんだけど。私は透析の患者に対するあの騒動があったときにMXで会ったから、「私はあなたが嫌いになった、テレビでは話すけどもう口利かない」って。

――室井さんホント相手にハッキリ言いますよね、水道橋博士のときもそうだし、裏でグジグジ言ったりとかじゃなくて直接言う。

室井 なんでだろうね、そんなこと言わなくてもいいのにね。言わないで口利かなくてもね。でも理解してほしいと思うから。

――そのオープンマインドさはすごいです。

室井 嫌だね、ちょっと戦闘的なのかな？　でも私、自分から誰かにケンカ売ったことないんだよ。ひどいことされて頭にきたって私が言うとみんなビックリするのね。それ「室井のくせに」って思うところがあるから私が頭にきたって言うと怒るんじゃない？　でもべつにそれは悪いことじゃないと思ってるのよ。ちょっとナメられるぐらいのところがないとモテないからね。

――ダハハハハ！　その発想。ケンカも殺伐とした感じじゃないからいいんですよ。そこに恨みがましいものを感じないというか。

室井 意地悪とかではないから。

――旦那さんも悪い印象ないんですよ。

室井 ホント？　すごくいい人だよ。

――政治家だいたい苦手ですけど、スキャンダル時の対応で信用できるかどうか見えて。

室井 あれはそうだね。もしかしたらプロポーズを受けたのそれもあったのかもしれない。あの件がなかったら結婚してなかったかもしれない。怖いじゃん、そんな自分の世界とまったく違うエリートなんて。急展開で変わったのは、あのできごとを向こうから話されたから。そのときの「私がホステスだったらもっとケツの毛までむしり取ってたわ！」っていう私のひと言かもね、そしたら「すごい！　結婚してください！」ってヨネちゃんが言ったの。でも、ホントにそう思ったから。

――いい関係じゃないですか。前に雑誌のインタビューで、「息子が社会人になるときはテレビや雑誌から引っ込もうと思ってる」って言われてたじゃないですか。

室井 いまちょっと引っ込んでる感じだよね。

――まだその気持ちもあるのかなと思って。

室井 うん、ちょっとその気持ちはある。もうそろそろ物語を書きたいなと思って。一時すごく連載原稿が増えちゃって、月に60本ぐらいだったんだけど、いま12～15本ぐらいに抑えてて。4月から1本始まるんだけど。

――子供がいると長編が書けないって言ってましたもんね。

室井 書けない。あとテレビの仕事とか外に出る仕事があるとなかなか書けない。

――それが新潟である種、断絶されていることで書ける環境になった感じなんですかね。

長谷川豊（はせがわゆたか）
元フジテレビ人気アナウンサー。75年生まれ。13年にフリーになるも、16年「自業自得の人工透析患者なんて、全員実費負担にさせよ！無理だと泣くならそのまま殺せ！今のシステムは日本を亡ぼすだけだ！！」と題したブログ記事が炎上、謝罪も拒否したため、多くの番組で降板となった。19年に日本維新の会から参院選に出馬するが、被差別部落についての発言が問題となり公認を辞退、落選。

室井　テレビも新潟の放送局に春ぐらいから出てくれって言われてて、それやってみようかなと思ってる。議員の奥さんがやらなきゃいけないことを私がやってると米山はすごい感謝してくれるんだけど、私はホステスの経験とものを書いてきたり人前で発言することと結びついたなと思ってるの。ただ、それも飽きちゃうかも。

——いまは新鮮で楽しいけど。基本、何やってても動じないイメージですよ。

室井　ホント？　やだなー、それ。

——テレビでも緊張しないですよね。

室井　ぜんぜんしない（キッパリ）。

——自然体すぎるんですよ。

室井　どうせ流れて、観た人がいてもすぐ忘れるものだと思ってるから。だって1回テレビ出てるの忘れて、ワイプで自分の顔が出てきたときにニキビ潰し始めたことあって。

——ダハハハハ！　すごいなー（笑）。

室井　家にいる気分で。

——さすがにそんなの聞いたことないですよ。だから、ある種の天職だと思います。

室井　緊張感が足りないのかな。

——なくていいと思いますよ。だって、その振る舞いができるだけで才能ですよ。

室井　緊張感というか最初のことって楽しいんだけどね、とにかく飽きっぽいから、ワクワクするようなことを頑張って作っていかないとね。

——ちょっと心配なのは、刺激を求める人がこの状態をどれくらい続けられるのか。

室井　そうなんだよ、たとえばこの人いいなと思ってる人が誘ってきたら、好奇心あるからそんなの1回試してみたいと思うじゃん。でも、息子を産んでからもそうなんだけど、息子とかヨネちゃんを傷つけちゃいけないっていうのはすごく思うから、案外大丈夫。

——意外とそこはちゃんとしてるって昔から言われてますよね、浮気する側ではなくて。

室井　うん。どうなっちゃうのかね？　ヨネちゃんが偉くなりそうだったら離婚してもらう。面倒くさいもんね、議員の奥さん。

——室井さん火種はいっぱいあるじゃないですか、何か言っちゃうとかやっちゃうとか。

室井　ね、島とかに住むしかないね（笑）。

——子供が社会人になったら一歩引くっていうのも、自分が子供に迷惑かけるかもしれないからっていう話だったんですよね。

室井　うん。子供が結婚したりしたら私みたいな親つらいじゃん。だから七夕さまみたいに年に1回ぐらい会うのがいいなと思ったんだよね。チョコチョコ帰ってくるけどさ。

——息子さん相当好きですよね。

室井　うん、そりゃ大好き。バカだから余計かわいい。

——子育てでご両親を反面教師にしてる部分はあるんですか？

室井　それはあるかもね。だって私、息子に受験を勧めたしね。なんだかんだ好きなようにって言っても世の中のルールみたいなものはあるんだから、そこらへんはうまくやったほうがいいんじゃないかって。中学ぐらいのときに親がけっこうバカかも

水道橋博士（すいどうばしはかせ）
62年生まれ。87年に玉袋筋太郎とお笑いコンビ「浅草キッド」を結成。22年、日本維新の会から名誉毀損の訴えを起こされたことを契機に、れいわ新選組から参院選に比例区で出馬。当選するも、うつ病を再発し休職、翌年1月辞職した。博士と室井とは一時期喧嘩していたことがあり、「頭にきた」と直接言われた博士が脅されたととらえたため共演NGとなっていたこともあるが、現在は和解しており、維新の訴訟の件ではツイッターで応援コメントを寄せた。

って気づいたの。だから親は変なんだけど、私はいろいろ世の中の意見を聞いていこうと思ったの。

――親がバカかもと気づいた（笑）。

室井　うん、「え？」って思って。ふつうはその家に生まれてきて、嫌いじゃないんだよ、むしろ大好きなんだよ。そうすると絶対的な宗教みたいになっちゃうじゃん、ウチのやり方が。でも中学校のときに親がバカかもって気づいたときはショックだった（笑）。

――冷静だったんですね。そのぶんちゃんと知識を得ていかなきゃいけないと思った。

室井　うん。そのとき興味があることを調べたり専門家に話を聞いてみたり。勉強したいことがあるとちょうどいい感じで先生みたいな人が現われるんだよね。たとえばいくら古典の小説を読んでも意味がわからないみたいな話をたまたま酒飲みに行ってしてたら、その席に西部さんみたいな人がいたりすると、西部さんが「それは宗教がわかってないからだ」って教えてくれて、本に番号を振って送ってくれるの。その順番どおりに読むとだんだん読めるようになるからとか。あとはコロナの係数って毎回出てくるけど係数ってイマイチ意味がわからないって言うと、旦那がグラフ書いて「この値が」って教えてくれたり。昔からそうなの、ホステスやってるときにテーブルマナーを教えてくれる人がいたり。メイクを教えてくれたのは父親の彼女だったし。

――西部さんいい人ですね。

室井　西部さんホントに大好きだった、優しいし。西部さんは言わなかったけど、TBSに私のせいで変な街宣が来そうだったとき、西部さんが止めてくれたんじゃないかっていうことが1〜2回あって。あれ西部さんなんじゃないかと思ってるんだけど、本人「やってやった」みたいなこと言う人じゃないから。

――……っていうか街宣が来そうになったぐらいのことが複数あったんですか！

室井　なんかあったよ。

――しかも、感覚としては「なんかあったよ」ぐらいなんですね（笑）。

室井　うん、何回もあったから。

――ダハハハ！　ホント強いですね。テレビに出てそれくらいのトラブルが複数あったのに、この感じなわけじゃないですか。

室井　強いっていうか、息子がもう成人したから特になんだけど、殺すなら殺せと思ってるからじゃない？

――だから基本、言いたいことは言うし。

室井　でも言ってるのかなー？　言っちゃうんだろうね、きっとね。1回ちょっと止めればいいのにね。

――1回止めて、こういう表現にしようとか考えて。でも、それなしでストレートに言うからおもしろいし、怒る人もいるっていう。

室井　でも言い方は覚えたよ。だって最初テレビのコメンテーターで出たときにさ、嫁にイジメられたおばあちゃんが放火して、何棟も燃やしちゃったのよ。それで「ひと言」ってコメント求められたらなんて答える？　「おばあちゃんやっちゃった！」じゃない？　そういうのが怒られるの。だってイジメを受けてたって、どの程度かわからないしさ。

――当たり障りないのは「痛ましい事件で言葉もないです」的な逃げ方ですよね。

室井　おばあちゃんだって嫁と一緒に自分ち燃やそうと思ったかもしれないけど、隣の家とかその先まで燃えるとは思ってなかったじゃない。そういうとこでしょ、ダメなとこ。

――これ言ったらどうなるかな、みたいな躊躇がなく勢いで言っちゃう。

室井　でも、ちょっと考えろっていうのは周りの人に常々言われてるから。しかも味方である人たちが「ちょっと1回考えろ」って言うから、ホントは考えたほうがいいのかも。

――気持ちはわかりますけど、室井さんはそれでいいとしかボクには思えないですね。

室井　もうちょっとババアになって、「婆さんが言ってることだから許してやろう」みたいなところまで首の皮一枚でつながったらこっちの勝ちだけどね。

――ダハハハハ！　まだ先は長いですよ！

室井　まだちょっとあるね。

――室井さんはそれでいいですよ。議員の妻としてどこまでがありなのかは謎ですけど。

室井　私もそれがどんな感じかよくわかってないんだよね。たとえば大臣とかやるような人の妻とかさ、外国に一緒に行ったりさ、その妻と、野党のひとりの妻っていうのとはちょっと違くない？　スナックと銀座のクラブホステスぐらいの差があるから、でも相手がいることだからどこまでやらなきゃいいのかよくわからない。

――室井さんがすべてオープンにしてきてよかったのは、もしもしてなかったらマスコミが動いて、「あの妻にはこんな過去が！」みたいなことがあったかもしれないけど。

室井　それはこっちに来て選挙のときに「水商売やってたらしいよ」みたいなこと言われたの。いや私、隠してないのに。

――死ぬほどオープンにしてますよ（笑）。

室井　それはしょうがなくない？　原稿とかに追われてたらなんでもいいから書いて楽になりたいと思わない？

――ダハハハハ！　ネタがないときは過去の話を何書いてもいいやって。

室井　過去の話もそうだし、痔の手術してきたとか書きたくないことでもさ。でも追い詰められてるわけじゃん。

――月60本じゃしょうがないですよね。その結果、守るものが子供ぐらいしかない存在になれた。

室井　うん。でもウチの息子たぶんサラリーマンやらないと思うから。やるのかな？　よくわかんないけど。いま親と子供は別って言われてるからいいんじゃない？

――Ｔｗｉｔｔｅｒちょっと気をつけようとか思ったりはすることはあるんですか？

室井　夜、酒飲みながら書いてて、朝見てみると、誰かとケンカしてるとかだったらまだいいんだけど、ポエムみたいな感じになってるときはキャーーッて顔が真っ赤になる。

――どういうポエム書いてたんですか？

室井　愛について語っちゃったりさ、たまにあるじゃん。正義について語っちゃったりとかさ、そういうのキャーーッてなっちゃって。

――しかし、この状況になるとさすがに掘れない過去が増えてきますよね。

室井　いやだからホントにめちゃめちゃワンチャン偉くなるチャンスがあるんだったら離婚してもらっていいんだよ、そしたら議員の妻じゃないわけじゃん。いまはまだ大丈夫だと思うから、春からの新連載は官能小説にしようかなと思って。

——絶対いろいろ勘ぐられますよ！　このモデルは誰だとか。

室井　うん。でもしょうがないじゃん、どうしても書きたいんだもん。

——ダハハハハ！　小説家の方ってだいたいモデルは誰だって勘ぐられるじゃないですか。前の旦那さんもそうだったし。

室井　でもそんなに取材してるわけじゃないから、自分の身近なところから引っ張ってくるから。それがおもしろい、自分もどうしても書きたくなっちゃう。……マズいかな？

——ダハハハハ！　この人間味を、もうちょっと多くの人に理解してほしいですね。

室井　そうね、でも問題あるっちゃ問題あるよね、すごい怒るしね。

——大人としては問題あるのかもしれないですけど、人としてすごくいいんですよ。

室井　そうかな？　でももうちょっと大人っぽくなりたいね。

——この年齢にして（笑）。

室井　案外やり方を変えたら三浦瑠麗みたいな、いや考え方は違うけど、しゃべり方とか変えたらあんな感じでイケるんじゃない？

——無理ですよ！

室井　そうかなあ？　どう違うんだと思うけどね。左右はぜんぜん違うけど、同じ程度のこと言ってんじゃんって。

——ダハハハハ！　でも、あっちはなんだか知的な感じするんですよね。

室井　そうなんだよ。「そうじゃん？」とかいう言い方かな。違うかな？　向こうが知的に思われて私が思われないのはおかしいと思わないんだけど、なんか向こうのほうがモテてんじゃないかと思って。

——ダハハハハ！　やっぱりそこ！　みなさんそのつもりで室井さんに接しましょう！

室井　それはそれで危ない人だよね（笑）。

同世代の男の子たちのなかでチヤホヤされるのが夢だった

しまおまほ

2020年6月収録

1978年10月14日生まれ。東京都出身。漫画家、エッセイスト。両親は写真家の島尾伸三と潮田登久子、祖父母は作家の島尾敏雄と島尾ミホ。多摩美術大学芸術学科卒業。1997年、高校生の時に描いた漫画『女子高生ゴリコ』(扶桑社) でデビュー。2015年に第一子を出産。代表作に『しまおまほのひとりオリーブ調査隊』(プチグラパブリッシング)、『まほちゃんの家』(WAVE出版)、『スーベニア』(文藝春秋) など。

フリーセックスを提唱

――いつもTBSラジオで聴いてるせいか、あんまり会ってない感じはしないですよね。

しまお そうかな。でもインタビューしていただくのって初めてじゃないですか？

――初めてです。そもそも、ちゃんと仕事したこと自体がほぼないに等しいというか。

しまお ないか、ちゃんとは。

――『タマフル』とかの企画でなんとなくスタジオに一緒にいたことはあるけど、最初の出会いも覚えてないんですよ。

しまお 私は覚えてますよ！

――あ、『タモリ倶楽部』だ！ ボクが初めて出たコレクター対決企画（99年6月4日放送、『収集家の宴』）のときですよね。

しまお そうですそうです、わたしは見学で。臼井（良子）さんにお願いして収録に入れていただいて。

――みうらじゅんさんの秘書の。

しまお ちょうど直前にみうらじゅんさんに取材させていただいた流れで…そうそう、この本（小説『スーベニア』）も臼井さんが担当なんですよ。臼井さんはみうら事務所と文藝春秋の編集部を兼業なんですよね。

――ボクが、すのこか何かに財布の鎖を引っかけて困ってるところを見てたっていう。

しまお そうです。すのこの下に鎖が落ちて困ってるのを見ました。あとその時進行役だった渡辺佑さんに「吉田オーストラリア」って呼ばれてたのを覚えてます。

――『VOW』じゃないですか（笑）。

しまお 放送でも「吉田オーストラリア」って呼ばれてましたよ。その時は一方的に見かけただけで。初めてちゃんと話したのはわかんない、なんだろう？

――この前、コンバットRECが言ってたのは、「松浦亜弥のコンサートに豪ちゃんを連れてったら、そこで初めてしまおさんに会って、みんなで飯食った気がする」って。

しまお あ、じゃあ、それかな。

――しまおさんもモーヲタでしたよね。

しまお あの時期は好きでしたねー、モリタ（タダシ）さんとかと一緒に追っかけてたから。

――その時期の『しまおまほのひとりオリーブ調査隊』（04年）の出版記念イベントは、オリーブな人たちと『BUBKA』系の人たちが融合した初めての瞬間でしたよね。

しまお そうですね。『オリーブ』があってモーニング娘。が好きになって、そこから杉作さんに会わせてもらって、男の墓場があって、宇多丸さんとつながりができて……。

――『SPA!』で脚光を浴びて『オリーブ』に行った人が、なぜか『BUBKA』的な文化圏に流れてきたって印象があって。

しまお ああ、その流れで会ってるんじゃないですかね。居心地がよい場所に流れついたって感じで。デビュー当時知り合った方たちとはあまり長続きしませんでしたね。最初は盛り上がっても、深く話すとお互いに「コイツ思ってたのと違うな」って感じで。わたしはいろいろ失言して怪訝な顔されたりしてましたもん。

――そしてTBSラジオに出るようになる。

『タマフル』
07〜18年、TBSラジオで放送されていた番組『ライムスター宇多丸のウィークエンド・シャッフル』のこと。毎週土曜22〜24時放送。星野源がラジオネーム「スーパースケベタイム」としてネタを投稿しており、ジングル投稿コーナーで優勝、正体が気付かれぬまま採用された事件で知られる。星野源は最終回のサプライズゲスト。

『タモリ倶楽部』
毎度おなじみ流浪の番組。82年から続いた長寿深夜番組だが、23年3月終了。「収集家の宴　第1回ものタメ王座決定戦」の回（99年6月4日放送）は業界人が収集した珍品を対決形式で見せ合う企画で、吉田豪（タレント本）・パラダイス山元（貝細工）・サエキけんぞう（崎陽軒の醤油差し）・なべやかん（怪獣フィギュア）らが出場。渡辺祐が司会、審査員ゲストでみうらじゅんが出演した。

『スーベニア』
しまおまほ初の長編恋愛小説。20年、文藝春秋。それぞれに欠陥のあ

しまお 12年くらい前ですかね。宇多丸さんの冠番組ができるっていうことで呼ばれました。当時連載やインタビューでラジオ好きを公言していたんで。もともと中学生時代に米米CLUBきっかけでラジオリスナーになって。それから岸谷五朗やコサキンを聴くようになり……10代後半から離れていたんですけど、JUNKやナイナイのオールナイトでまたラジオ愛が返り咲いて。決定的なのは豪さんが出てるから聴き始めた『ストリーム』ですよ。『ストリーム』がキッカケでTBSラジオのヘビーリスナーになったんです。出演の方は完全に趣味でやらせてもらってる感じですね。仕事柄、メディアを持たせてもらってるっていうのは本当にありがたいです。色んな人から「聴いてます」って言われることはあるけど、それでテレビの話が来たり、ほかのラジオ局から話が来たりはまったくないから、なんなんだろうなって気持ちが（笑）。

――この広がりのなさ（笑）。

しまお 宇多丸さんはブレイクしたし、構成作家の古川（耕）さんも有名になって。橋本（吉史）プロデューサーも偉くなったのに、わたしだけ始めた時とポジションが変わってない（笑）。でも、ラジオがなかったら今頃どうなってたかな、と思うことはあります。それにしても、こんなにスチャダラパーが好きだったのに、宇多丸さんと、っていうのも不思議な縁で。

――スチャダラパーを敵視していた人と。

しまお 当初はそんな歴史も知らなかったですからね。宇多丸さんには大変申し訳ないんですけど、スチャダラ好きの中高生女子にはその構図、全く見えてなかったです。そして最後はかせき（さいだぁ）さんの子供も産んで……っていうね。

――スチャダラパーが好きだったのに。

しまお 自分で振っといて何ですが、そこはちょっと切り離して考えたいところではあります。

――最近、宇多丸さんがしまおさんのことを母親扱いすることに反発する流れが好きで。

しまお ね、あれもいまとなっては申し訳ない。でも、しつこかったから（笑）。宇多丸さんは1個そういうのがあると、何度も言いがちだから。

――しまおさんには、結婚したり子供ができたらそういう目でしか見られないことに対する反発みたいなものがあるんだなと思って。

しまお そんなに反発はないですけどね。まあ、寂しさ？ あ、でもそれが高じてフリーセックス発言にいったのかな（笑）。

――ダハハハハ！ 最近、やけに番組内でフリーセックスを提唱してますからね（笑）。

しまお 昔からフリーセックスは心の中では思ってたんだけどね。でも、一時期どこへ行っても「あ、お母さん」とか言われて。「たいへんでしょ？」っていうねぎらいの言葉でもあるとは思うんですけど、寂しかったですね。まあ、しょうがないですけど。

――でも、そこに抗いたい。

しまお うん。べつに女をアピールしたいわけではないんですけど違和感はあるし、自分自身にも子供を産んでるって違和感あるし。

――しまおさんが子供を抱っこしてるの見たときは、けっこう衝撃ありましたからね。

しまお もう5歳になりました。

――ラジオでお子さんの声も聴いてますよ。

る3人の男の間で揺らぐ優柔不断な主人公シオが、流れるままに人生を受け入れていく。

渡辺祐（わたなべ・たすく）
59年生まれ。早大時代に『宝島』編集部にもぐりこみ、中退しそのまま社員に。86年独立。『宝島』の人気投稿コーナーを書籍化した『VOW』シリーズが大ヒット。『タモリ倶楽部』の出演やJ-WAVEでのラジオパーソナリティ・選曲など、出版業界にとどまらず幅広く活動。

モリタタダシ
ライター、編集者。69年生まれ。92年、高田文夫責任編集『キンゴロー』（ワニブックス）の編集に関わり、以降雑誌『紙のプロレス』などに参加。98～01年に音楽番組『rock the roots』『music roots』（UHF系）を水本アキラらと制作。現在もお笑い・プロレス・音楽等の分野で執筆・編集。みうらじゅん関係のDVD、単行本にも多く関わる。00～02年だけ熱狂的なモーヲタ・ハロプロヲタだったことがあり、昼夜2公演連続参加はザラで、松浦亜弥の2ndツアーは10公演以上を巡ったという。

『オリーブ』
82年創刊の少女向け雑誌。マガジン

しまお ホントですか？　豪さんなんにもつぶやかないから、イマイチなのかなって。

――しまお回は、たぶん全部聴いてますよ。ラジオの企画を毎回あれだけちゃんと練り込んで、デタラメなことや実験的なことをやり続けているのは、さすがだと思ってます。

しまお まあ、出るからには爪跡を残したいじゃないですか。変なことやってるつもりはないんですよ。オーソドックスなラジオを目指してるつもりなんですけど。ただ、しまおアワーっていうスタッフのグループLINEがあるんですけど、ホントに反応悪くて。もうちょっと気遣ってもらってもいいんじゃないかなっていうぐらい返信がない。スタッフも戸惑ってるんだなと。まあ、それが心地よかったりするんですけどね。

――『タマフル』時代からしまおさん枠がなくなることへの危惧はずっとあるんですよ、「あのコーナーこそが重要なのに！」って。

しまお いまぐらいでちょうどいいんじゃないかな、1カ月か2カ月に1回ぐらいが。

――最近、余計なセックスアピールを始めた流れに今回の本は入るわけなんですか？

しまお そうかな？　そこにはあんまりつなげてほしくない……つなげてほしくないわけじゃないけど……うーん、多少、つながりますね（笑）。

――やっぱり！

しまお そもそも、ラジオで言ったのは赤江珠緒さんみたいに芝生にふたりで座ったぐらいでいろいろ言われるとか、そういうのが腹立ったからなんです。で、その前から『タマフル』～『アトロク』内だけで、放送には乗せないでフリーセックスっていうのは言ってたんですよ。なんとかしてもっと……。

――自由な世の中を作っていきたい。

しまお そうそう、日本人はセックスを充実させるべきなんじゃないかと。

――充実してないからジェラシーで足を引っ張ったりするんじゃないか、と。

しまお そうそう、みんな自分で自分の首を絞めてるというか。いろいろ窮屈である根元は下半身のせいなんじゃないかって日頃から思っていて。それが赤江さんの件をきっかけに、ちょっとラジオで言ってみようかなって。きっかけを探してたんですよ。でも、それが何故か歯止めが利かなくなり、山本匠晃さんにも飛び火（笑）。

――山本アナをいやらしい目で見たりとか、ラジオ内でもちょっとタガが外れてる部分あるじゃないですか、宇多丸さんとスタジオで2人だけになって恋人気分を味わったり。

しまお そうですね、サシ飲みで。ラジオでもスリリングになるのかなと思って。

――ちゃんとふたりがドギマギしながら話してる感じが伝わって、緊張感ありました。

しまお 帯番組にスリリングなんていらないんだろうけど（笑）。そういや、こないだ宇多丸さんがオープニングで『アトロク』の番組名をどうするかって会議を日比麻音子さんと振り返ったときに、「ケツの穴」って案が出たって言ってて、ホントに下品だなと思って。なんでこの時間帯に「ケツの穴」とか言うの？　って思ったけど、私も「ヴァギナ」とか言ってるなって（笑）。

――最近はJさんがラジオで一切下ネタを言ってなかったり

ハウス（旧・平凡出版）発行。ファッション雑誌だが雑貨、音楽、映画、インテリアなどサブカル寄りの文化記事も多く、ギャル文化登場以前の都会的少女文化を象徴する雑誌だった。03年休刊。しまおの『ひとりオリーブ調査隊』（04年、プチグラパブリッシング）は98年から同誌に連載していた同名の人気コーナーの書籍化。

男の墓場
男の墓場プロダクション。03年に杉作J太郎が設立した映画製作プロダクション。杉作の初監督作品『任侠秘録 人間狩り』には吉田豪、しまお、宇多丸らも出演。06年の公開時、しまおはパンフレット執筆やトークショー・物販などにも奔走した。20年に「狼の墓場プロダクション」に改名。

米米CLUB
米米CLUB。82年結成のバンド。90年の『浪漫飛行』、92年の『君がいるだけで』で大ブレイク。90～92年にはTBSラジオ『岸谷五朗の東京RADIO CLUB』の内包番組『米米CLUB 10分天国～略して

するのと対象的ですよね。

しまお しかも下ネタのことを「下ネタ」って言うのに抵抗があるって杉作さんはおっしゃってて。たしかに下ネタって言われると、ちょっと軽んじられてるっていうか一緒くたにされると、私はもっと高尚なことやってるんだけどって思っちゃいますね。もっと性の根源を私は問うてるつもりなんですけど。

――性器と排便が一緒なのはおかしいし。

しまお はい。排便も尊いとは思いますけどね。でも、あんな放送してたら食べもの屋でラジオかけてもらったりできないだろうな……。

――ってわかったうえでやってるんですか？

しまお そういう放送を目指してるつもりだったんですよ。八百屋とかタクシーとか、そういう日常に根ざしたラジオが好きなんでそうあってほしいと思ったのに、なんかわかんないけど気持ちが挑戦的になってきて。

特殊な家庭環境

――しまおさんがこういう道を進んでるのも不思議ですよね。『女子高生ゴリコ』で10代にして脚光を浴びて、「カルチャーアイドル」と肩書を付けられていたところから。

しまお カルチャーアイドル！

――「超マンガ美少女」から。

しまお 子供の頃、野沢直子とか山瀬まみとか、清水ミチコさんはちょっと上だったけど……ああいうオシャレで面白い女性にすごいあこがれてたんですよ。『生理でポン』とかCDを豪徳寺のドラマで借りて。

――しまおさんといえばテレビ好きってイメージですけど、そもそもテレビも観られない環境で育った人なわけじゃないですか。

しまお 小さいときは家にテレビがなくて、隣の家のテレビをアパートの廊下から双眼鏡で観てたんですよ。でも隣の家は男の子の兄弟で『巨人の星』とか野球中継ばっかり観てて、だから自分が観たいものは観られなかったんだけど。その後は、母の実家がすぐ近くなのでそこに越して、母の両親と同居だったんですけど、おじいさんはNHKしか観ない人でバラエティーなんて観せてもらえなかったし。小学校3～4年になってからもう一台テレビを買ったので父が好きな番組を横で一緒に観てました。『オレたちひょうきん族』とか。

――子供の頃にヘタに欲望を抑えると、反動が出るんだなってつくづく思いますよね。

しまお 思います。大学ぐらいになって自分の部屋にようやくテレビが来て。そのときは四六時中観てましたね。もともと芸能人とかテレビとか好きだったんですよね。

――だけど、そこに接する機会がなく。

しまお そう。親は、特に母はそういうのに関心なくて、私が芸能人の話をするとうっとうしそうな感じで、「くだらない」って言って。もっとインテリジェンスな話をしてほしいらしく。

――ダハハハハ！ かなり文化エリートな環境（両親は写真家の島尾伸三と潮田登久子、祖父母は作家の島尾敏雄と島尾ミホ）で育ってるわけじゃないですか。それで、よくこんな感じに育ちましたよね。反発なんですか？

しまお 反発っていうか、でもどうにもできなかったんで。本もほとんど読んでないし。

10テン～』に出演。97年解散も、06年に再結成。しまおは87年『冗談画報』（フジ系）に新人時代の米米CLUBが出演したのを見て以来のファン。

『ストリーム』
01～09年放送のTBSラジオの生放送番組。月～金曜の13時～15時30分の枠。メインパーソナリティは松本ともこ・小西克哉。吉田豪は番組内コーナー「コラムの花道」の月曜担当。

古川耕（ふるかわ・こう）
放送作家、ライター。73年生まれ。07年に『タマフル』に参加して以降、『ジェーン・スー 生活は踊る』『アフター6ジャンクション』など多くのTBSラジオの構成を手がける。文房具に造詣が深く、10年から続く、年末に今年一番のボールペンを決める「OKB（OKiniiri Ball pen）48総選挙」では総合プロデューサーを務める。

橋本吉史（はしもと・よしふみ）
ラジオプロデューサー。79年生まれ。『ストリーム』の吉田豪の曜日のディレクターを皮切りに『タマフル』『赤江珠緒 たまむすび』『久米宏 ラジオなんですけど』『爆笑問題の日曜サンデー』など多くの人気番組のプロデューサーを務める。16年にTBSアナの林みなほと結婚するも、22年に離婚。

スチャダラパー
88年結成のヒップホップグループ。桑沢デザイン研究所（専門学校）で

——祖父母や両親の本を。

しまお 自分のしたいことしかできないですよね、無理して本とか絶対読めないし、そんなの頭に入らないし。とはいえ、そこに後ろめたさもあります。いまだに宇多丸さんみたいにいろいろ知ってたり、古川耕さんみたいに読書してる人を見るとコンプレックスが刺激されて。知的な人には弱いですね。

——自分はそのへんが決定的に欠けてる。

しまお そう、決定的に欠けてる！　そういうふうに見られたいっていう気持ちもある。

——知的に？

しまお 知的な女に（笑）。ゴシップ面からの政治とか、そういうのは好きなんですけど。そっちからは掘っていけるんだけど、歴史がどうのってなるとぜんぜんダメ。

——昔のインタビューを読んだら「本気でデモをやろうと思った」とか言ってましたよ。

しまお ホントに？

——高校時代に。「友達と盛り上がったけど、先生と自分しか集まらなかった」って。

しまお そんなことあったっけ？　たしかに、変な使命感みたいなのは昔からあるタイプでした。それが今のフリーセックス運動につながっているという……（資料の過去掲載誌を見ながら）あ、この『月刊カドカワ』に書いた『Mr.レディー夜明けのシンデレラ』評は川勝（正幸）さんに初めて文章を褒められて、文章を書くのもいいかなって思った記事なんですよ。「しまおまほは漫画より文章のほうがおもしろい」って別の媒体で書いてくださって。実は川勝さんとはお付き合いが古くて。モスデザインっていうデザイン会社で川勝さんが20代ぐらいで勤めていて、そこに両親が出入りしていて、5～6歳の私もよくついて行って川勝さんと遊んだりしてました。

——しまおさん、文章うまいですからね。個人的に興味深かったのが1997年の『anan』のセックス特集で、「ビギナーなので、まだイク感覚がわかりません。自分の知識の中では、オルガスムスはすごくいいものなんだろうな、というくらい」って話をしていたことで。

しまお ギャー！　信じられないこんなの！　当時、仕事の断り方がわからなくて断れなくて。取材の時のナーバスな空気、まだ覚えてますよ。

——そこまで言わなくていいっていう。ちなみに、これが『SPA!』のデモの記事ですね。「男性優位の世の中に失望」「本気で石とか火炎瓶を投げてみたい」とのことです。

しまお こういうのも求められるままに流されて言ってた節はありますね。

——雑誌側が欲しそうな発言を。

しまお うん。自分は世間的にはこういうキャラじゃないかな、みたいなことを探ってやってたから、この頃はわりと不本意なことを自分でも気づかずにやってたところはあると思います。

——18～19歳で脚光を浴びて突然仕事が殺到したら、まあ戸惑うとは思いますよ。

しまお ネットがなくてよかったですよ、あのときは。あったらSNSとかで絶対余計なこと言ってるもん。

——島尾家の特徴としてよく語られるのは、子供の頃から通帳で自分のお金を管理して、すべて自分で払ってきたっていうことで。

しまお 私もそうさせるつもりです、出産祝いとか、子供の口

知り合ったBoseとANIに、ANIの弟SHINCOを加え結成。94年、小沢健二との『今夜はブギー・バック』が大ブレイク、日本語ラップが世間に浸透する先駆けとなる。RHYMESTERとは同じ3人組ヒップホップ、結成時期も同時期ということもありライバル同士で、ファン層も当初は「サブカル寄りのスチャ vs ハードコア寄りのRHYMESTER」という構図で二分していた。

かせきさいだぁ
ヒップホップアーティスト。68年生まれ。絵の道を志し桑沢デザイン研究所に入学、文化祭で演奏するスチャダラパーと出会いラップを始める。グラフィッカーとしてナムコに入社するも、制作したインディーズCDがヒットし退社、96年メジャーデビュー。いとうせいこうの継承者として音楽の他エッセイ・漫画など広く活動。14年、交際相手のしまおが妊娠、入籍せず15年に第1子が誕生した。

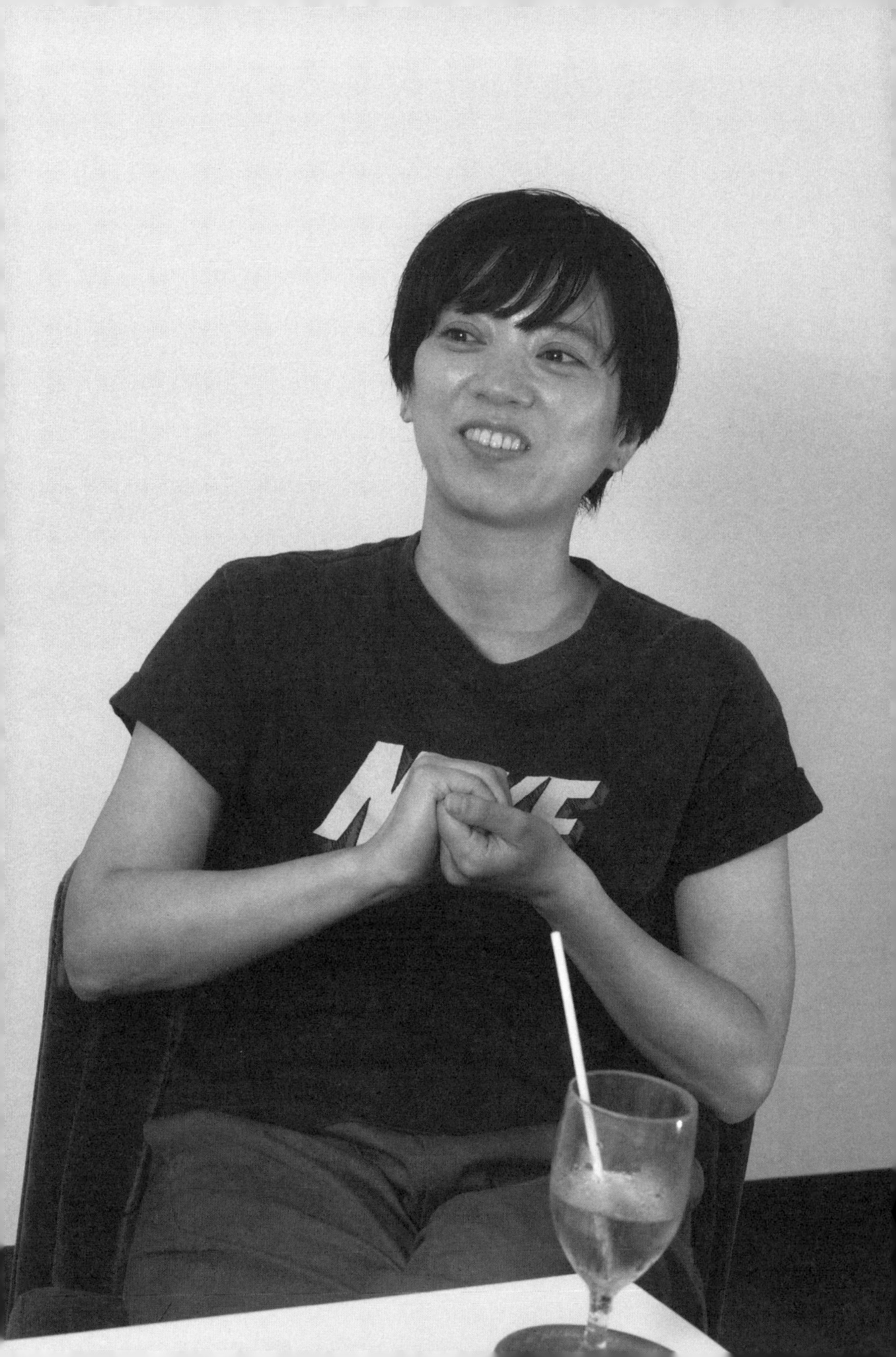

座に全部入れてます。

――自分で学費を払うのも当たり前。

しまお ね、『ゴリコ』のときにたまたまいっぱいお金が入ったから大学の学費を払えて。子供のときの給食費とかＰＴＡの会費もね。お金なんて子供のときは遣うことなかったから、べつになんとも思わなかったけど。

――みんなお小遣いもらってんだなって。

しまお そうですね。まあふつうですよ。

――ちょっとふつうじゃないですよ、自分のピアノを売って高校の学費を作るとかは。

しまお あ、ホントに？　でも、変わってる家いっぱいあると思うけどな。むしろ、ふつうなんてないんじゃないですかね。

――だって、長嶋一茂も「ウチの親はふつう」って言ってましたからね。

しまお ふつうなんじゃないですか？　取り立ててすごく裕福だったわけでもないし。

――むしろお金はなかった側。

しまお そう。私、お金持ちの子に旅行に連れてってもらってましたもん、バブルの時代だったんで。このなか（小説）にも似たようなエピソード書きましたけど、リゾート地に行って子供なのにファーストクラスに乗って行かせてもらって。母が申し訳ないから５０００円払ったって言ってて（笑）。その子のお兄ちゃんが日テレの社員で『天才・たけしの元気が出るテレビ!!』のＡＤかなんかやってて。たけしのロールスロイスの誘導とかしてるって言ってたなあ。間下このみちゃんに会ったことあるよ、とか。「シシ丸」って黒い犬を飼ってて……。

――そういう些末な記憶がすごいですよね。

しまお 好きなんですよね、どうでもいい話が。

――最初にフックアップした中森明夫さんは「血筋がすごい」みたいに書いてたじゃないですか。そこへの反発みたいなものは？

しまお なかったですね。むしろ、それしかないかもしれないなって。

――家族の本も読んでないっていう話は当時からしてたじゃないですか。その後は？

しまお 読んでない。でも、祖母の島尾ミホの評伝は読みましたね、『狂うひと「死の棘」の妻・島尾ミホ』は読んでおもしろかったけど、肉親としてはちょっとおもしろがれない部分もあったり。巻き込まれてしまった方々もいますから。祖父の本を読んでないのは、ふつうにほかの本が読めないのと一緒で読んでないだけなんですよ。深い意味はない。親の本とかも読むものなのかな、みんな。

――そもそも、両親や祖父母が本を出してるっていう環境にまずないわけですよ。

しまお そうか。どうなんですかね？

――単純にわからないんですよね、自分の祖父母のことが映画（『死の棘』。夫の不倫を糾弾・尋問し神経が狂ってしまった妻を題材にした島尾敏雄の私小説を90年に映画化）になるなんてこともまずないし、それがけっこう壮絶な内容だったりもするっていう。

しまお でも、昔から父にそんな話は聞いてたから、半分作り話なのかな、みたいな感じで聞いてました。ウチのお父さんけっこう盛るタイプなんで（笑）。でも、評伝を読んで、ホントだったんだって驚きはありました。だって自分だけでもたいへ

『女子高生ゴリコ』
97年のしまおのデビュー漫画。扶桑社刊。鼻毛のコギャル・ゴリコが主人公。もともとは高校の授業中にプリントの裏に描いたものだったが、コピー本として回し読みされるようになると都内の少女たちに口コミで広まり、中森明夫が『ＳＰＡ！』（扶桑社）の連載「中森文化新聞」「ニュースな女たち」に取り上げ話題となり、書籍化。

島尾伸三（しまお・しんぞう）
写真家。48年生まれ。80〜90年代の中国・香港・マカオの生活を切り取ったフォトエッセイ（一部は妻・登久子と共著）で知られる。『小岩へ　父敏雄と母ミホを探して』（18年、河出書房新社）は『死の棘』の家庭の子からの証言として貴重。登久子の写真集の編集・装丁も担当。

潮田登久子（うしおだ・とくこ）
写真家。40年生まれ。60年、桑沢デザイン研究所に入学し写真を始める。66〜78年まで桑沢デザイン研究所講師。78年伸三と同居、同年長女真帆が誕生。95年、静物としての本を

んなのに、親とか祖父母の人生まで背負うこともなくないですか？　そこに重ねたら身動きを取れないと思うので、それはそれだし。

――当然そうだろうけど、周りがそれを重ねてくることへの反発はあったのかなって。

しまお　それはそんなにないでしょ。だって私も重ねるもん、「あの人、ナントカの子供なんだよ」とか何も考えずに言うし。いいんじゃないですか？　って思いますけどね。私は両親と母方の祖父母と一緒に住んでたんですけど、母方の祖父はふつうの会社員で祖母はふつうの主婦で、私の感覚ではふつうの家だったので。ちょっと家庭環境が複雑な子とか芸能人の子供とかうらやましかったですよ。

――島尾家も十分特殊な側なんですけどね。

しまお　小中学生は島尾敏雄なんて知らないし、私けっこう自慢してたんですけど、おじいちゃんの本とか持ってって（笑）。

――ダハハハハ！　自分からアピールして。

しまお　国語の教科書にもチョロっと名前が出てたりして、でもそれこそ夏目漱石みたいにバーン！　っていう感じじゃないから。

――お札になるようなクラスじゃないし。

しまお　そう、テレビに出るような作家でもないし。作家名鑑みたいなのには顔写真は出てないけど、名前は載ってるとかそういう感じだったから。

――「岸部一徳が映画やったんだよ」って。

しまお　それも子供だから、松坂慶子とか言ってもわかんないじゃないですか。学校の先生だって国語の先生以外知りませんでしたよ。

――自慢したら「そういう下品なことするな」って怒られたっていうのはお父さんに？

しまお　父からも母からも。子供の頃、私が「ウチは七光りなのかな」とか言ったら、「そんなこと二度と言うな。自分は自分だから。ウチはふつうだから」って言って窘められて。おじいさん、おばあさんのところに行くと、そりゃあちょっと異様な雰囲気だったりするけど、それもほかの家とは比べられないし、お菓子食べさせてもらえなかったとか、テレビを自由に観られなかったとか、子供にとってはそういう不自由さのほうがメインじゃないですかね。

――客観性がある人だなと思ったのが、おばあちゃんの伝説めいた話があるじゃないですか。おじいちゃんが亡くなったあとずっと喪服で過ごしたっていう。「でも、それも演じてたと思いますよ」みたいなこと言ってて。

しまお　そんなこと言ってました？　まあ、演じきるのもすごいですよね、何年も。86年におじいさんが亡くなって、それから20年以上、人前では喪服っていうしつこさはすごいと思って。でも一方で家族にしか見せない顔もあるし。客観的に見れていたのは父のおかげかもしれないですね。「とにかくどっぷりつき合ったりいい顔したりするな」っていうのは言われました、おばあさんに対しても、他人に対しても。

――お父さんがその環境で育ったとは思えない自由人感がすごくあるじゃないですか。

しまお　そうなんですよね。

――その影響が大きいんでしょうね。

しまお　それはあると思います。私のミーハーな血は障害のあった父の妹からかな。西城秀樹と坂本九ちゃんとジャッキー・

撮ったシリーズの一つ『本の景色』で土門拳賞を受賞。

島尾敏雄（しまお・としお）
作家。1917年生まれ。44年、特攻隊指揮官として奄美・加計呂麻島へ赴任。妻ミホと出会う。45年、島で集団自決が進む中、出撃寸前に終戦。復員後結婚とともに文学活動を開始。敏雄の浮気を契機に妻が精神に異常をきたす様子と夫婦愛を描いた代表作『死の棘』は60年から76年にかけて書かれた私小説。86年死去。

島尾ミホ（しまお・ー）
作家。1919年生まれ。46年敏雄と結婚、52年に家族で上京。54年に敏雄の浮気を知り錯乱。敏雄を責め続け55年に敏雄とともに精神病院に入院。退院後は奄美に帰郷、カトリックの洗礼を受け、小説を書き始める。07年死去。

川勝正幸（かわかつ・まさゆき）
ライター、編集者。56年生まれ。82年に広告代理店モス・アドバタイジング（モスデザイン研究所の設立母体）にコピーライターとして入社。87年に渡辺祐らと事務所「トーテムポール」（後に「ドゥ・ザ・モンキー」）を設立。映画パンフレット編集やCDのライナーノーツ執筆など、ポップカルチャーシーンで活躍した。自称「ポップ中毒者」。12年、自室での失火が原因で死去。

間下このみ（ましたー）
子役。78年生まれ。2歳からモデル事務所に所属。83年、キッコーマンのインスタント玄米雑炊「ガンバレ！

チェンの大ファンで、アイドル名鑑を何種類も持ってて。

──あとはたぶん南原四郎の血ですよね。

しまお ああ……それもありますね。

──一時期一緒に住んでたっていう。

しまお 一瞬ですけどね。

──お母さんの弟さんですよね。サブカルチャーとの出会いは南原四郎だったという。

しまお そうですね。でも私は……逆にサブカルってそれくらいかもしれないです。ウチにあった『ガロ』と『月光』とか『牧歌メロン』を読んでたぐらいで。みうらじゅんさんとか『宝島』とか、ある時期まではぜんぜん知らなかったもん。

──家に『月光』とか『牧歌メロン』があったのは姉が読んでたのでウチもそうなんですけど、それと家に『月光』と『牧歌メロン』の編集長がいるのとは違うじゃないですか。

しまお ああ……でも同じじゃないですか？　その頃は一緒に住んでたわけじゃないし。ウチに本ができると渡しに来て、見るとなんかBL的な。おじさんが漫画にも登場するから、おもしろかった。あと日野日出志もそれで知ったのかな。たしかに惹かれるものはあったかもしれない。町田町蔵とか丸山明宏とか、ウチの両親がグラビア写真を撮ってたから。

──親とメディアに出る機会が多いですね。

しまお 親と出るのはちょっと反発があった時期があったな。私の父が『まほちゃん』っていう写真集を出すって聞いたときは嫌でした。「なに便乗してんだよ」って思ってました。

──娘に乗っかって商売してる（笑）。

しまお っていうふうに思っちゃったんですよね。でも、できたものを見たらいい写真集で。すごく浅はかだったなと反省しました。

──いい写真でしたよね。文化色のない家庭ならではの、ホントに昭和の子供みたいな。

しまお うん。

──お父さんは、ご両親に対する反発があった人なのかなとは思うんですけどね。

しまお 有名とか仕事うんぬんよりも、子供のときの環境とか、自分の日記をおばあさんに盗み見られたり、自由に遊べなかったり、妹に途中から障害が出たり、それも家庭環境のストレスなんじゃないかとか…そういうことで反発があったと思います。愛憎入りまぜて。

──ボクもそっち関係はそんなに詳しくないんですけど、断片でサラッと出てくる話にウワーッと思ったりしますけどね。

しまお ね、けっこうキツいですよね。

──家族でおばあちゃんの話をするときに「狂ってんだよ！」みたいな話がポロッと出たり。

しまお 父が言ってるんですよ、おばあちゃんのことをけっこう辛辣に。でも、それもふつうだったからなあ。人によってはすごい借金あったり、家族や親戚に問題があるって話もよく聞くじゃないですか。それもたいへんなんじゃないですかね。

──それくらいの感覚で、たまたま家族が社会的な知名度があったってぐらいの感じ。

しまお うん。それで少し恩恵を受けてるからありがたいなとは思うけど。中森さんもそれ込みで売り出してくれたし、むしろ申し訳ないと思いますよね。だってラジオで「ヴァギナ」とか言って、『死の棘』の世界が好きな人はなんだこの孫って感じじゃない？

玄さん」のCMで一躍人気者に。『所さんのただものではない！』（85～91年、フジ系）では「委員長」の愛称でレギュラーを務める。中学卒業と同時に芸能活動休止。04年に結婚。07年、自身の難病との闘病とハイリスク出産について綴った『ママになりたい…／たまご日記』（夫の「ゆう」と共著）を刊行、平愛梨主演でドラマ化もされた。

中森明夫（なかもり・あきお）
コラムニスト。60年生まれ。83年『漫画ブリッコ』の連載『おたく』の研究』でコミケ参加者を「おたく」と呼び罵倒、打ち切りに。90年代は『SPA！』で『ニュースな女たち』『中森文化新聞』を10年以上連載、サブカル系文化人を多数世に送り出す。96年「チャイドル」という語を創作、ローティーンアイドル愛好家となる。『東京トンガリキッズ』（87年、JICC出版局）『アイドルになりたい！』（17年、ちくまプリマー新書）他著書多数。

—ダハハハ！　台無しにされて（笑）。

しまお　もっと陰があったほうが萌えるでしょ。そもそも『女子高生ゴリコ』もそうだし、そっちのほうが申し訳ないっていうか。

—もうちょっと文学的なら……と。

しまお　そうそうそう、それでチヤホヤされたかった……のかわかんないけど。

セックスの仕事がしたい

—そういう意味では正しい道に来たわけじゃないですか。ちゃんとした小説でちょっと赤裸々な話を書くっていう祖父母の系譜に。

しまお　まあね。でもこっちだけじゃあれだし、自分でバランス取ってるのかもしれない。いまセックスの仕事したいですね。

—セックスを語る仕事を！

しまお　まだビギナーって言うけど（笑）。

—ダハハハハ！　逆にどこまで聞いていいのかわからないと思うんですよ。リアルに相手の顔が見える状況になっちゃったから。

しまお　ああ、それは嫌だから微妙だなと思って。ラジオでいろいろ言ったあとに、40のオバサンがそんなこと言うの汚らしかったかなとか思って反省することありますね。

—汚らしくはないし、しまおさんのそういう部分はいいんだけど、かせきさいだぁさんと結婚した辺りから、これはどこまで聞いていいのかなっていう感じにはなっていて。

しまお　そもそも、結婚はしてないから。

—そうなんですよね。そこがあまり伝わってない部分でもあるわけじゃないですか。

しまお　まあ、言ってなかったしね。

—つまり、入籍はしていない。

しまお　入籍もしてないし、もう一緒にも住んでない。でも、円満ですよ。行き来も頻繁で、子育ても一緒にしてるしね。仲いいはいいですよ。

—それもどこまで踏み込んでいいのか。

しまお　私には踏み込んでもいいんだけど相手がいることだから。私はなんでも答えられる範囲で言えるけど、でもかせきさんが嫌かもしれないから、そこがちょっとナーバス部分かもしれない。

—いままでは基本、自分のことを書く仕事が多かったわけじゃないですか。

しまお　そう、エッセイでね。で、今回エッセイで書ききれないことを小説で虚実織りまぜつつ書いたって感じですかね。最初は本を出すの不安でしたけど、でも出てよかったなと思ってます。……いいですよ、べつに。

—なんですか？

しまお　なんでも聞いてもらって。まあ、19歳で出始めて、やりながらいろいろ覚えていった感じです。いまもそうだけどトライ&エラーをいっぱいして。

—いまだにエラーを繰り返し。

しまお　そうですね、エラーを繰り返してる（笑）。私生活もエラーばっかりだし。

—私生活もエラーが多いんですか？

しまお　多いと思います。子供ができたのに結婚しなかったの

『狂うひと―「死の棘」の妻・島尾ミホ』
梯久美子によるノンフィクション。16年、新潮社刊。ミホ存命中の05年のインタビューや島尾伸三から提供された膨大な遺稿を元に『死の棘』及びミホの虚実を解き明かした評伝。講談社ノンフィクション賞・読売文学賞受賞作。

南原四郎（なんばら・しろう）
46年生まれ。日本初のアニメ誌『月刊OUT』元編集長。独立後は南原企画で『アラン』『月光』『月光文化』などのカルト雑誌群を編集・刊行。近年は本名の「潮田文」名義の著作もある。

『月光』
84年創刊。南原企画編、東京デカド社刊。ほぼ季刊。高畠華宵による耽美的な表紙絵で読者は若い女性が多かったが、各号の特集は「秘密結社」「新興宗教」「富士山」といったオカルト系から「レスビアニズム」「娼婦」「ポルノグラフィ」といったエロ系、「自殺」「拷問と刑罰」など猟奇系まで、90年代サブカルを先取りするテーマが選ばれた。読者欄にはフェチ告白や今で言うBL系の妄想などが投稿され、後に『読者之頁総集編』として発行された。88年の第21号より『月ノ光』と改名、89年より『牧歌メロン』に移行。姉妹誌に『小説月光』（85年創刊）。

『牧歌メロン』
89年創刊。南原企画編、パロル舎刊。構成はほぼ『月光』『月ノ光』と同様で、第5号まで発行。特集は創刊号

は世間的にはエラーかな。わたしにとってはトライですけどね。仕事も日常も、すべて実践で覚えてる感じです、昔から練習はぜんぜんしないタイプだから。そういうの見ててつらいとかムカつく人はいると思うけど。

――「ちゃんと練習しろよ」と。

しまお　そうそうそう、それをわたしに求められてもなーって思っちゃう。そういうエラーを重ねた結果、自分のできることとそうでないことがだんだんわかってきて。『タマフル』のときに『シンプソンズ』の問題あったじゃないですか。あれに私も参戦したんだけど、後からアレはちょっと違ったなって思って。

――違うというのは？

しまお　『シンプソンズ』の映画版の吹き替えがオリジナルの声優から芸能人に変わるっていうことへの異論を唱える放送だったんですけど。そこにわたしも乗っかって。わたしはそのだいぶあとに『ガッチャマン』のアニメがあって。

――『ZIP！』の『おはよう忍者隊ガッチャマン』で声優やってましたよね。

しまお　そう。それをやるときに、私すごい矛盾してるなと思って（笑）。

――ああ、「できもしないヤツが声優なんてやるんじゃない」みたいに吠えたあとで。

しまお　そこまでは言ってないけどね（笑）。『シンプソンズ』はオリジナルの声優陣が素晴らしくてイメージぴったりだったから。しかもあれ映画館でも流れたんです。『ガッチャマン』の映画の前に流れて。そういうのを信念を貫いて断るタイプじゃないから。それこそデモ発言もそうですけど、あとで絶対に揺らぐから。

――とりあえず引き受けちゃいますからね。

しまお　そういうところでの誠実さに欠けてた反省はあります。子供ができたときも『タマフル』で発表したけど、あの時点で結婚に対する揺れがあって、でも妊娠中だから揺れてるのかもしれないし、生まれたら覚悟も決まるだろうし、ここで言うことによって自分の覚悟も決まるかもしれないしと思って発表したけど、結局決まらなかったから。年末にあそこでパッと言ってひと盛り上がりしてもらえればいいかなっていう変なサービス精神を出して言っちゃった。しかも、かせきさんも巻き込んで。あれもそんな迷いがあったのにお祭りにしちゃって、子供も関わることなのに、そこについてはすごい自責の念はありますね。結局そのあと結婚しなかったし別居もしたし、そういうのも出産と同じようにみんなに報告しなきゃいけないのかなとか、そういう迷いもあって。

――だから、あとでちょっとネットがざわついたりしたわけですよね。

しまお　ざわついた？　さざ波でしょ？

――「入籍してなかったの？」みたいなのはいくつかタイムラインで流れてきました。

しまお　いくつかでしょ（笑）。

――ずっと自分のことを出してきた人だから、ここで突然出さなくなるのはおかしいな、みたいなところもあるんでしょうね。

しまお　あるある。それは自分でも思う。

――もっと言うと家族がまた全部出してきた人たちだし、自分もふつうに出してきて。

から「動物園」「神通力」「詐欺師」「UFO」「ペレストロイカの終焉と世界史再編纂」。読者欄「ラッキー・ホラー・ショー」は『アラン』『月光』に引き続き女子からのフェチ告白や妄想、奇妙な体験談で賑わい、後に同名の別雑誌として独立したほか、傑作選が『怪・情報』シリーズとして北宋社発行で書籍化した。95年に復活版『月光』へ継承。

日野日出志（ひの・ひでし）
ホラー漫画家。46年満州生まれ。デビュー後しばらくは様々なジャンルを描くが、レイ・ブラッドベリの短編連作『刺青の男』に衝撃を受け、怪奇と叙情という現在の作風にたどり着く。代表作に『蔵六の奇病』77年、ひばり書房『地獄変』84年、同。

町田町蔵（まちだ・まちぞう）
小説家、パンクロッカー。62年生まれ。95年より「町田康」。81年、バンド「INU」のボーカルとしてデビュー。96年、処女小説『くっすん大黒』で過去に類のない文体と話法で文壇に衝撃を与えると、00年に芥川賞、02年に川端康成文学賞、05年に谷崎潤

NIKE

しまお　そうなんですよ。

——それこそ「相手がいることだから」みたいな発想がない家族だったわけですよね。

しまお　まあね（笑）。でも、相手に「そういう私を選んだんでしょ」って言って全部出しちゃうのもちょっと違うというか。とはいえ、やらずにはいられなくて書いたりすることもあるけど、そこはちょっといろいろ葛藤がありますね。

——しまおさんの場合は高校時代の落書きでしかなかった『ゴリコ』で売れたっていうのが大きいのかなっていう気がしますね。要は努力とはまた別の部分というか、頑張って締切りで描き上げて結果を出したんじゃない。

しまお　そう。私ホントに努力しないから。

——ハッキリ言い切った!

しまお　わかりやすい努力はね。しないです。自分でももうちょっと頑張れよって思うことはある。ただ、怠けるための努力は惜しまないですね。そういう意味では努力家かも。それに、作家であることに固執もしてないです。専業主婦になったらなったで、自分の表現の場が替わるだけなので。それは別の職業でも同じで。

——そこでもおもしろいことを探して何かできる人ではありますよね。たとえば、幼稚園の父兄の発表会でクオリティを上げるとか。

しまお　そうそう、そういうこと。ほかのところで頑張るだけのことで、いまはたまたまこういうふうになってるから。

——ラジオを通じて発表会をやるような。

しまお　そうなんです。だから保育園のクリスマス会とラジオでの頑張りはまったく差異がないです、善し悪しは別として

一郎賞、08年に野間文芸賞を受賞、日本純文学界の重要作家となった。

丸山明宏（まるやまあきひろ）
美輪明宏の71年までの芸名。35年生まれ。丸山作一・ヌメの間の次男として長崎市に誕生。45年に被爆。51年上京、すぐに「銀巴里」専属シャンソン歌手として三島由紀夫・寺山修司ら文化人の支持を得る。05年『オーラの泉』（テレ朝系）で人気が再燃。19年に脳梗塞で入院したが、同年の「明治きのこの山・たけのこの里国民総選挙2019」結果発表会で公の場への復帰を果たした。

『まほちゃん』
島尾伸三の写真集。01年、オシリス刊。しまおの幼少期、旧尾崎邸アパートで過ごした生活風景を捉える。

『シンプソンズ』の問題
07年、アニメ『ザ・シンプソンズ』映画化の際、日本語版吹き替え声優がTVアニメ版と変更されファンが猛反発。「映画版『ザ・シンプソンズ』声優変更を考える会」なる団体が

（笑）。

――ラジオの気負いがないんですよね。

しまお　そうね、すべてをわかってもらえてるわけじゃないって私は思ってて、常に私が挑戦させてもらってるというか。

――周りからは受け入れられてるなかでやってるように見えてるんじゃないですかね。

しまお　そうかもしれませんね。でも、やっぱり宇垣（美里）さん笑わせたいじゃないですか。緊張感ありながらも。正直、男性だとやりやすさを探せるんですよ。女性だとなんか変なライバル心というか、かわいい女性に対してすごいコンプレックスがあるかもしれない。それが恥ずかしいです。自分の度量のなさがビンビンにみんなに伝わってるし。同じフィールドに美人が来ると急にピリつくっていうか。で、周りも変な感じになる。ホント申し訳ない。

――なんなんですかね、それ。

しまお　……紅一点でいたいっていう、前に文春のＷＥＢで宇多丸さんと古川さんと座談会したときに言ったと思うんですけど。男の墓場もそうじゃないですか。女子がほぼいないところにスッと入っていって、べつにそれでモテたりするわけでもなく、みんなとワイワイやっていたいのに、急にもうひとり女が来て、「なんなの?」ってなるのが嫌なの。豪さんが前に、しまおさんはサークルクラッシャーになってないところがエラいって言ってくれたのがうれしかったんですけど、よくよく考えたら、わたしに色気がないだけっていうね。それこそ『チョコデリ』の主演の子が来たときも私の時代は終わったなって思いました（笑）。

――松本さゆきさんは別枠ですからね。

しまお　同じ土俵で勝負すんなよっつーね。スチャダラが好きだったときも、キョンキョンは上すぎるっていうのもあったけど、渡辺満里奈とか鈴木蘭々とか、許すまじって思ってました。そういう恨みみたいなのもあるのかな（笑）。

――サークルクラッシュしたいわけもなく。

しまお　男の子とワイワイしたいっていう気持ちがあったんですよ、小学校とか中学校のときから。それがイコール、モテてるみたいな気持ちなのかな、モテたいとはずっと思ってたから。男の人に必要とされたいっていうのがあったかも。

――つまり、その夢が叶ったのが墓場の紅一点になった瞬間ぐらいだったんですか?

しまお　……ヤバい（笑）。私は同世代の男の子たちのなかでチヤホヤされるのが夢だったんだけど。

――現実は男の墓場だった（笑）。

しまお　男の墓場もそんなにどっぷりじゃなかったんですよ。杉作さんが好きだったんですよ。いまも大好きだけど。

――何度も聞かれてると思いますけど、出産で変わったことって何かありますか?

しまお　ないんじゃないですかね。ちょっと時間を経て開き直れた部分はあります、まだ完全には開いてないですけど。フリーセックスもそうだし。隠すことがなくなったっていうのはあるかもしれないですね。子供を産むまでは誰とつき合ってるとか、そういう生々しい部分は友達にも見せてなかったから。子供を産むことになったら急に相手から何から公になるじゃないですか、処女じゃないんだ!　とか（笑）。そういう部分で開き直れた。最初は迷いもあったんですけど。

――ボクの身近な世界でいうと、アイドルとかもしれっと結

生まれ、署名活動やｍｉｘｉでのアンケートなどを行った出来事。映画版の吹き替えはホーマーが所ジョージ、マージが和田アキ子、バートが田村淳、リサがベッキーだった。最終的に『ザ・シンプソンズ MOVIE』DVD版・BD版には芸能人版・元の声優版・字幕版の3バージョンが収録される異例の対応がとられた。

婚を隠してる人多いですよ。ヘタしたら出産を隠してる人もいたりして。

しまお わたしは隠しきれないですよね、性格的にも作品的にも。そういうのを言えなかったときのほうがある意味ではストレスがあったかもしれない。そういうのってないですか？ たとえば、豪さんは自分がこれからどうなるかな、みたいなのはないの？

――ぜんぜん。

しまお こういうことしたいとかもない？

――ぜんぜん。

しまお いいね。私はやっぱりちょっとね。

――ボクには、いまの自分が不本意でなんとか修正したいみたいな部分はぜんぜんないんですけど、しまおさんにはあるんですね。

しまお 私は常に迷ってるから、いろいろブレてるし。人の目が気になってサービス精神を出して、それで自分が揺らいでたから。

――サービスしすぎてエラーを起こして。

しまお うん。でも、そこで学んだことがたくさんあるから。だから小説を書くときも、最初は子育てエッセイの依頼だったんだけど、自分の状況含めておもしろく書ける自信がなかったから、そこはエラーする前に終わってよかった。いまもぜんぜんおもしろく書けないと思う。自分の子供の話ってなんかシラけるんですよね。子育てエッセイおもしろい人はすごいなって思います。

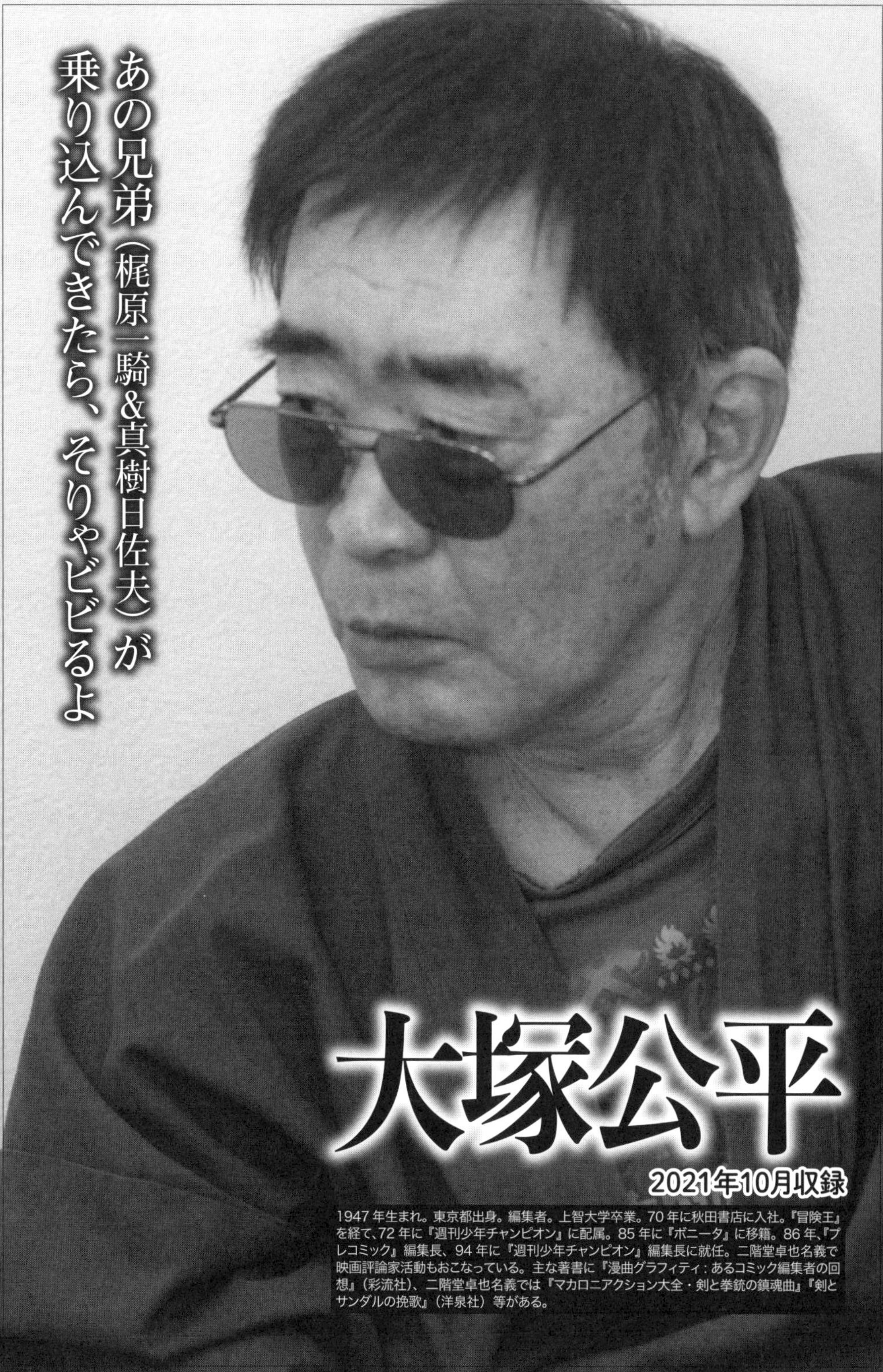

あの兄弟（梶原一騎&真樹日佐夫）が乗り込んできたら、そりゃビビるよ

大塚公平

2021年10月収録

1947年生まれ。東京都出身。編集者。上智大学卒業。70年に秋田書店に入社。『冒険王』を経て、72年に『週刊少年チャンピオン』に配属。85年に『ボニータ』に移籍。86年、『プレコミック』編集長、94年に『週刊少年チャンピオン』編集長に就任。二階堂卓也名義で映画評論家活動もおこなっている。主な著書に『漫曲グラフィティ：あるコミック編集者の回想』（彩流社）、二階堂卓也名義では『マカロニアクション大全・剣と拳銃の鎮魂曲』『剣とサンダルの挽歌』（洋泉社）等がある。

『ゴッドハンド』伝説

大塚　（甚平着用で新宿歌舞伎町の『ルノアール』に到着するなり）吉田さん、お名前だけは真樹日佐夫先生のほうから聞いてますよ。

——そうなんですか！　真樹先生にはよくしていただきました。怖がる人は多かったんですけど、嫌な思いは一切したこともなくて。

大塚　怖がる人は多いけどね、俺もどっちかというとかわいがられたほうだと思うんだ。真樹御大とは仲良かったんだよ。ほかの人は「あの人はどうも…」とか「兄弟揃ってコワかった」とか言ってるけど、そんなことはないんだよね。ちゃんと礼を尽くしておつき合いすれば、ちゃんとわかってる人なんですよ。

——「好きです」って言って近寄ると、ホントに気持ちよく返してくれる人ですよね。

大塚　そう、「ファンです」とか言うとね。

——大塚さんも、真樹先生の『ワル』（作画／影丸譲也、『少年マガジン』連載）が大好きだったのが大きかったんでしょうね。

大塚　俺はファンだったからね。あれはおもしろかったね、絶対に当たると思ったけど。

——本当に素晴らしい作品でした。

大塚　うん、あれはたいしたもんだ。いまだに本も持ってますよ、新書判と文庫版で。

——最近出た大塚さんの本『漫曲グラフィティ　あるコミック編集者の回想』（彩流社）も、黄金期の『少年チャンピオン』を編集サイドから振り返る本かと思えば、完全に梶原一騎＆真樹日佐夫兄弟を振り返る本になってて衝撃的でした。

大塚　どうしてもそうなっちゃうの。それだけ影響っていうのかな、要するにそれだけ漫画界を引っかき回してた兄弟なんだよ。あのときにあの兄弟と知り合わなかった人はかえって不幸だと思うよ。もちろん、こっちもいろいろあったけど（笑）。

——ダハハハハ！　それこそトップクラスでたいへんな目に遭ってるはずですよ（笑）。

大塚　表面と裏面があるだろうけどね。

——正直、すごい本だと思いました。

大塚　いやいや、とんでもない。書いてみればあっけないもんでね、もっと厚くするつもりだったんだけどさ、見本できましたって持ってきたら薄くてさ、しかも2000円でしょ？　俺は買わない。

——ダハハハハ！　ボクは相当宣伝しましたよ、「これはヤバい本が出た！」って。

大塚　ヤバい？　この雑誌は『超タブー』か。でも、そんなにタブーに近いのかな、あのふたりは。

——伝説の作品『ゴッドハンド』（『週刊少年マガジン』で連載された梶原一騎＆つのだじろうによる極真会館・大山倍達物語『空手バカ一代』が大ヒットしたものの、原作の遅さからつのだじろうが降板して作画が影丸譲也に交代。つのだじろうは大山倍達と組み、『週刊少年チャンピオン』で大山倍達物語『ゴッドハンド』の連載を始めるが、梶原一騎が激怒。つのだじろう＆『少年チャンピオン』編集部に猛抗議して、連載は9週で終了。もちろん単行本化されることもなかった）の話から始まる時点でタブーに近いですよ。

大塚　外の世界ではそんなにタブーなの？

『ワル』
真樹日佐夫原作、影丸譲也作画の学園ハードボイルド劇画。『週刊少年マガジン』に70～72年まで連載。エリート校である鷹ノ台高校に在籍する不良・氷室洋二と、更生を図る先生達との戦いを描く。後のヤンキー漫画の源流とされ、73年には谷隼人主演で映画化。

『漫曲グラフィティ　あるコミック編集者の回想』
21年、彩流社。大塚が『週刊少年チャンピオン』編集長となる以前に担当した漫画家つのだじろうやどおくまんらの思い出に触れつつ、名物編集長・壁村耐三の仕事振りや晩年を描くドキュメント。

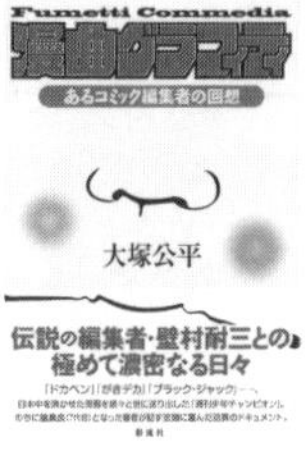

――ボクは大好きで掘りまくってる騒動ではありますけど、当事者はほぼいなくなり、つのだ先生はこの件について語りたがらない。

大塚 うん、しゃべりたくないと思うよ。

――数年前に取材したんですけど。

大塚 会えた？

――会えはしたんですけど、梶原先生の話になった瞬間に突然機嫌が悪くなって、インタビューをやめるって何度も言い出す感じで。

大塚 まあ、死ぬまでずっと心の奥底にしまっておくなんてことはないですよ。誰かに語りたい。とはいえ、業界外の人にしゃべってもしょうがないからね、だからわかってくれる人にはちゃんと話してくれると思うよ。ただ、あの人の場合は恨み骨髄だろうからね。

――恨むのも納得な話ではありますからね。

大塚 うん。それにあの人はキャリアはある人だけど、やっぱり漫画家だからね、そこにあの兄弟が乗り込んできたら、そりゃビビるよ。想像以上のことがあったらしいけどね。俺も同情したところでどうしようもなかったし。

――『虹をよぶ拳』（梶原一騎＆つのだじろうによる空手漫画）が大好きだと言っても、あまり反応なくて…。

大塚 あ、『虹をよぶ拳』知ってるの？

――もちろん。『空手バカ一代』よりもボクはあっちのほうが好きでって言っても、ちっとも乗ってきてくれないんですよ。「俺にはほかにもっといい作品がある」って感じで。

大塚 まあそれはしょうがないね。でも、吉田さんは『虹をよぶ拳』ご存じでしたか。

――『冒険王』連載の。宣伝色の強い『空手バカ一代』よりもドラマチックで好きです。

大塚 『虹拳』のときも、つのださんがいきなり連載をやめるって言うから、「どうして？」って言ったら、「『マガジン』でやるんだ」って。やっぱりこっちは月刊誌だからね、梶原先生も週刊でやったほうが金になるし。

――週刊誌の時代になってましたからね。

大塚 時代も違うしギャラも違うからさ、『冒険王』やめるっていうのは、俺だってあっちの立場だったらそうするよ。

――ダハハハハ！ 今回の本でも書かれてますけど、梶原先生とつのだ先生が『空手バカ一代』を始め、つのだ先生が降板し、つのだ先生は大山総裁と組んで梶原先生抜きで『ゴッドハンド』を始め、そこに思いっきり巻き込まれたのが大塚さんなわけですよね。

大塚 俺じゃないよ、やっぱり編集長だよ。

――『チャンピオン』の二代目編集長として伝説になっている壁村耐三さんですね。

大塚 うん。俺は「おまえこれやれ」って言われただけだからね。最初は「それはおもしろいですねえ！」とか言ってたんだけどね。

――ただ、連載を始める前から、どう考えたって揉めるのはわかってるわけですよね。

大塚 だからそこは書いたように、「一応、梶原さんに挨拶して」って言ったら編集長はカチンときたらしいんだよな。それは書いてあるとおりだよ、なんの脚色もない。「なんで俺が梶原に頭下げなきゃいけないんだ」と。そこまで言われたらしょうがないから。

『虹をよぶ拳』
梶原一騎原作、つのだじろう作画の空手漫画。『冒険王』（秋田書店刊、月刊）に69〜71年まで連載。運動が苦手な中学生・春日牧彦が空手に憧れ、家出や北海道への拉致など困難にさらされながらも空手の技を鍛え、人生を切り開いていく。大山倍達が実質的な監修。

壁村耐三（かべむら・たいぞう）
漫画編集者。34年生まれ。58年に秋田書店入社。『まんが王』『冒険王』などの編集長を歴任、72年『週刊少年チャンピオン』2代目編集長に。『ドカベン』『マカロニほうれん荘』『がきデカ』『ブラック・ジャック』などヒット作を数々生み出し、黄金期を築く。殴る蹴る灰皿を投げるは当たり前、一方で人情にもろいというカリスマで、過去のトラブルで小指を詰めていたことや風貌などもあってヤクザと間違えられることもあったという。98年死去。

カメラマン すいません、お話し中に撮影してもいいですか？

大塚 いいですよ、指名手配されてるわけじゃないから。

カメラマン マスクも外していただいて。

大塚 俺マスクって大嫌いなんだよ。

――ワクチンを打ってれば問題ないです。

大塚 ワクチンは2回やってるし、それに俺は絶対かからないって決めてるんだよ。

――決めてるんですか（笑）。

大塚 うん、俺だけはかからないって暗示かけてるの。だから、いまだにかかってないよ。

――『ゴッドハンド』はあとから集めて読んだんですけど、正直梶原先生独特のつかみのうまさを改めて実感しちゃったんですよ。

大塚 ……あ、そうなの？

――『空手バカ一代』の第1話の導入のうまさみたいなのってあるじゃないですか。

大塚 ああ、俺はそれどころじゃなかったからさ。つのだ先生の原稿もらうだけで精一杯だよね。ましてや編集長は憔悴しきってるしさ。こっちはこっちで他人ごとじゃないからね。だから「力は及ばないけど俺が梶原さんのとこ行ってきますから」って言ったら、「ダメだ、おまえが行ったらかえっておかしくなる」とか言われてね（笑）。それで結局10回でしたっけ？

――全9回で連載終了ですね。

大塚 そこから書き出さないと始まらない、あの本は。ただ何年に『チャンピオン』が創刊されましたとか、そういうんじゃなくて。

――ふつうはそういう本になりますよね。

大塚 それじゃおもしろくないじゃない、誰も読まないよそんな本。

――ダハハハ！ せいぜい壁村さんとの出会いとかから始まるはずなのに、『ゴッドハンド』から始まってるから衝撃でしたよ。

大塚 吉田さん、そういうことを『ＡＥＲＡ』の書評にも書いてくれて、おかしなことを書く人だなと思ってたけどね。

――一部のもの好きには届く本ですよ。

大塚 いや、一部じゃ困るんだよ（笑）。

――その後、『魔子』でつのだ先生が「カラワジ・イキツ・キマトワヒオサ・ハノクキヨウ・ミツオ・レシモオイ……呪われよ！」、つまり「梶原一騎と真樹日佐夫は脅迫の罪を思い知れ」という意味を込めた呪文をセリフで使って、さらに大問題になったという。

大塚 ああ、大失態だな。あれは屈辱と悔しさだな。ただあれはギャグだからね、俺からすれば。それがやっぱりわからないんだな、あの兄弟には。ふつうは笑って済ませるよ。

――そうなんですか！

大塚 それが許せないんだな、そこがおかしいというか。

――ボクがちばてつや先生に取材したら、あれ発見したのちばてつや先生の弟さんらしいんですよ。スタッフをやっているほうの。

大塚 そういう話だけどホントなの？

――らしいです。ちばあきおさんじゃなく。

大塚 マネージャーだろ？

――そうです。発見して即お兄さんに報告して、お兄さんが伝えるっていう感じで。

大塚　ご注進か？　黙ってればいいのにさ（笑）。
――大塚さんみたいに受け止められる出版界の人間は少数だと思いますよ！　そういう意味でも、出版界であの当時の梶原兄弟とうまくつき合える人は少なかったんですかね。
大塚　コワモテの人だったからね、それも俺は疑問なんだけどね。ただやっぱり『巨人の星』だ『タイガーマスク』だ『あしたのジョー』だでヒット作を飛ばしてる大巨匠だからさ。講談社や小学館でも遠慮が先に立つんじゃないの。文句は言えないでしょう。梶原先生も黙って漫画のストーリー書いてりゃよかったんだけど、なまじ空手とか格闘技のほうに行っちゃったからね、あっちの世界はまたあっちの世界で、出版社とは違う独特のしきりとか流儀があるから。
――周りに興行関係の人たちが増えて。
大塚　そうそう。それで映画なんか作ったらまたそれがバカ当たりしちゃって。原稿用紙のマスを埋めるより、お金を出して映画を作ったほうが楽に儲かるということがわかったんじゃないかな。真樹さんもちょっと苦言を呈していたらしいけど。今更言ってもしょうがないんだけどね。
――ある時期からあきらかに、これは手を抜いてるって作品が目立つようになりました。
大塚　昔の血湧き肉躍るというか、そういうものはないですよ。まだワープロの時代じゃなかったけど、鉛筆でガリガリ書くのが嫌になったんだろうね、これは俺の想像だけどね。それで書くものがつまんなくなってきた。みんな同じような、用心棒が出てきてヤクザが出てきて、なんか船でギャンブルやっててさ。
――『さらばサザンクロス』ですかね。
大塚　あんまり誉められたもんじゃないよ。だから少年誌で書かなくなったでしょ、やっぱり書けなくなってくるんじゃないの？　それが、大人向けになったらセックス書こうが自由だし楽だと思う。
――そういうなかで正直、微妙な作品の担当をされることになるわけじゃないですか、映画と連動して『チャンピオン』で連載された『最強・最後のカラテ』とか。
大塚　ああ、あれも参ったなあ……。なんでこんな連載やらなきゃいけないんだよって。ただ担当はほかの人に決まったからいいやと思ってさ。あれはおもしろくなかったなあ。ただ真樹さんの偉いところはね、映画とは関係ない話を、毎週ちゃんと書き上げたことだよ。プロだから当然とは思うけど、あれはあれでたいしたもんだとは思う。あれは東映も絡んでいたんだけど、企画は疑問に思ってたから。
――要するに梶原先生は名前貸しで、真樹先生が書いていたけど、『ワル』みたいなクオリティにはなってなかったってことですね。
大塚　そう。ああいうものを書けた時期があったんだな……。もの書きっていうのは書き飛ばす人もいるけど、ああやって丁寧に丁寧にそれぞれのキャラクターを書き上げて、たいしたもんですよ。影丸先生の力も大きかった。『ワル』は単行本の部数も出たからね。映画にもなって。
――その後、『プレイコミック』で『ワル』を復活させたのも大塚さんですよね？
大塚　あれ？　その話は今日はいいや。
――ダハハハハ！　いいんですか？
大塚　うん。あれは感動したな、いまだに思い出すけど。最初、

『さらばサザンクロス』

梶原一騎原作、かざま鋭二作画のサスペンス漫画。80～81年『週刊読売』に連載。ヨットで仲間たちと太平洋横断の冒険旅行に出た主人公が、豪華客船のシージャック事件に巻き込まれる。単行本化されていない幻の作品。


『最強・最後のカラテ』

梶原一騎原作、真樹日佐夫構成、岡本春助作画の空手漫画。79～80年に『週刊少年チャンピオン』に連載。17歳の不良少年が極真空手を体得、ニューヨークのギャングやアラブのゲリラなどと戦った後に空手世界選手権の日本代表となる。80年公開の東映映画『最強最後のカラテ』（クレジットは「梶原一騎原作・監督・制作、大山倍達製作総指揮」）と同時期の連載だが、映画のほうは空手の世界選手権の模様をドキュメンタリータッチで撮った映画で、ストーリーの関連はない。

断られたんだ。こっちはこっちで秘策を用意してあるから、ダメって言われたらこれだなと思ってたものを提示したらね、「うーん……」って言って。最後は「よしわかった」って言ってくれたね。ただあんまり商売にはならなかったな。雑誌の柱にはなったけどさ、単行本が売れなかった。影丸先生も徹夜で頑張ってくれてさ、白竜主演でビデオも発売されたけど、雑誌の部数に反映されなかった。これは失敗したなと思ってね。怖いんだよ、読者っていうのは。

――特に週刊誌なんて恐ろしい世界ですよね。

大塚 うん、週刊誌っていうのは勢いがつくと周りを跳ね飛ばすっていうのはあるけどね。ただ、その代わり転がり落ちるときも早いよ、ある日パタッと止まっちゃうからね、これはどう足掻こうが何しようがダメなんだよ。会社のやることは人を替えることだよね。人を替えてどんどんいい人が来りゃいいんだけどさ、編集者っていうのも一種の才能というか運を持ってないとダメだから。壁村耐三っていう人間は、そういう運と力を持ってたからね。

『チャンピオン』黄金時代

――『チャンピオン』黄金時代に編集として参加して、そのときはあきらかに勢いとか運があるなっていう感じだったんですか?

大塚 あとから考えれば強運があった時代だったと思うけど、そのなかにいるとあまりそういうことは感じないんじゃないかな。ただ部数がどんどん伸びていく、そういうダイナミックさは感じたよね。俺たちの作った雑誌が売れてるんだな、と。それは毎日が楽しかったですよ。雑誌っていうのはやっぱり編集長が作るものだと思う。スタッフじゃないよね。いろんな人がいたけどね、やっぱりボスのカリスマ性がないと部下がついていかないし、漫画家もついていかないと思うよ。

――壁村さんには明らかに何かがあった。

大塚 うん。デカい声ひとつ出さない人なんだけどね。彼はそれで人の魅力を引き出したし、磁石のように人を惹きつけたよね。デカい声なんてあげずに、ニヤニヤして静かにしててね。それである日、人気のない連載は「じゃあこれ終わるから」とか、「おまえは人事異動でよそへ行ってくれ」とか平気でやってたからね。あの人は自分しか信用してなかったんじゃないかな。

――ボクはあとから物騒な話ばかり聞いたせいで、すっかり壁村さんの幻想みたいなものができちゃってるんですけど。

大塚 ああ、それはよくないなあ。ネットでも見たけどね、秋田書店に入る前はどっかの組員だったとか、人情がないとか言ってるヤツがいるからさ。それはぜんぜん関係ないことで。ひょっとしたらホントかもしれないけどね。

――え!

大塚 それがどうしたってことなわけ。つまんねえこと言ってるのは多分途中退社した連中だよ。恨みつらみがあるヤツがいるんだよ。でもそれはあの人をよく知らない人間の捨てゼリフだと思うよ。俺はかわいがられた部分もあるけどね、それでも厳しいところも知ってるから。怖い人だと思う。いい人だとはぜんぜん思わない(笑)。怖い人だなって、そういう人ですよ。

――怖いけど、実力も魅力もあった。

大塚 うん、そうだと思うよ。じゃなきゃ、あんな本を書か

ないよ。人生を通り過ぎていった上司のひとりっていうわけにはいかない。俺はあなたのようにもの書きじゃないし、それで飯を食ってるわけじゃないけど、やっぱり書かせる魅力を持ってる人ですよ。

——二階堂卓也名義でたくさんの映画本も出した、もの書きでもあるじゃないですか！

大塚 いやいや、そんなことない。

——これも謎なんですけど、秋田書店の社員をやりながらバイトでやってたんですか？

大塚 バイトじゃないと思うよ。なんていうのかな、俺も自分でよくわからない。

——どういうことですか（笑）。

大塚 俺が懇願してたわけじゃないから。「ちょっと原稿を頼まれたんですけど」って編集長に言ったら、「やれ。おまえもいつクビになるかわからないんだから、いまのうちにテリトリーを作っておけ」って、そんなアドバイスだったんですよ。

——会社が自由な感じで、なんとなく壁村さんも許してくれた感じだったんですか？

大塚 うん、こっちもコソコソ隠れてやるの嫌だからさ、上司の壁村耐三だけには「ちょっとこういう話があるのでペンネームで書いていいですか？」と。ダメなら黙って書けばいいぐらいに思ってたけどね。それが公に許可が出たから。だけどそれを会社で公言するわけにはいかないから、ひっそりやってましたよ。編集長だって黙ってたし。

——でも、その筋では知られてるわけで。

大塚 いやいや、そんなことはないって！

——だってボクが、TBSラジオでこの本を紹介したときにも……。

大塚 え、TBSラジオさんで？

——『アフター6ジャンクション』という番組で紹介して、そこのパーソナリティのラッパーの宇多丸さんという人が驚いてたんですよ。あの人は映画を語る仕事もしてるから。

大塚 ラッパー？　踊るの？

——踊らないです、しゃべるほうです。「二階堂さんじゃないですか！」ってホントに驚いてましたよ。この人はすごい本を出してる人で、何冊も持ってて影響も受けてるって。

大塚 え、そうなの？　へぇーっ。まあ、知ってる人は知ってるけど知らない人は知らないんだよ。知らなきゃ知らないでべつにいいって感じだからね。ただ本を出したときだけは、さすがの壁村耐三もうーんと唸ってね。『キネマ旬報』に書いてた連載をまとめて出したいっていう人が来たから、雑誌に書き飛ばしてるぶんにはいいけど、一冊の本を出してくれるっていうのは最初で最後のチャンスだろうと思って。それでまた壁村さんに相談したら、「本を出すなら上に行け」と。「上」っていうのは社長室のことなんだけど。これはもう、会社がダメだって言ったら本にしなきゃいいって覚悟を決めてたから、それでも一応行ったんですよ。そしたら社長も「うーん……」って唸って、「おまえいくら入るんだ？」って言われて、「印税いくらかくれるんじゃないですか？」「何パーセントだ？」「社長そんなこと俺に聞いてどうすんの？」って感じでさ。それが10パーセントか8かな、売れた分だか発行部数だか忘れちゃったけど、それを言って。そしたら「よしわかった、じゃあそれは許す。その代わり……」「え、なんですか？」って言ったら、「印税が入ったら俺に半分よこせ」って（笑）。最後はやっぱり経営者だなと思ったよ。

――ダハハハハ！　秋田書店ですね（笑）。

大塚　それは冗談だけど、そういうやり取りがありましたよ。だから俺は幸運だったな。

――秋田書店には無頼なイメージがあって。

大塚　いや、そんなことないでしょ。

――壁村さんのせいですかね？

大塚　いろんなことを言う人がいるからね。正しいか間違っているかはわからないよ。ただね、会社はごくごくまともな出版社ですよ。いまはあまり元気ないようだけどな。

――ボク、『チャンピオンジャック』で岡本三司さんと一時期よく仕事してたんですよ。

大塚　なんか書いたりしてたの？

――格闘技漫画の原作の手伝いとかやってて。まだペーペーのときで25歳の頃。だから岡本さんと毎月会ってて、あのいい意味でデタラメな感じは目の当たりにしました。

大塚　いい意味じゃないよ、悪い意味だよ、あのいい加減さは（笑）。

――基本ただの酔っ払いですよね（笑）。

大塚　ただの酔っ払いならかわいいけど。

――ゴリゴリに絡み酒してました。

大塚　あの人は酒癖があまりよくないんだ。

――ボクも飲みの席だと最初は「豪ちゃん」って呼ばれてたのが、後半になると「おい、豪！」になってましたからね（笑）。

大塚　威張るからね。俺の先輩なんだけどさ（笑）。いい人なんだけどね。

――魚乃目三太先生の『チャンピオンズ』という『少年チャンピオン』の実録漫画を読むと、岡本さんは編集にまったく介入しないただの酔っ払いで、それが結果的にうまくいった、みたいなことが描いてありましたね。

大塚　そうなんだろうな、ああいうやり方もあるんだなって俺も参考にはなったよ。まだ何人かあの頃のスタッフがいるけどね、シラフの時はいい男なんだけど、酒が入ると豹変するタイプだ、と（笑）。俺より先に退社したからね、もうそんなに飲んじゃいないと思うけど。

――その跡を継いで7代目編集長になった大塚さんはどういう編集長だったんですか？

大塚　俺はワガママ勝手な編集長だよ、たぶんね。若いヤツはなんて言ってるかは知らない。俺は敵と味方をハッキリ区別する男らしいよ。だからいまでも恨んでるヤツいると思うし、好いてくれてるのも何人かいると思うよ。それはだいたい肌でわかるから。俺は従わないスタッフは人事異動で飛ばしてたから。

――え！

大塚　そりゃそうだよ、編集長が部下に気を遣っておべっか使って一緒に仕事するなんて嫌だし、それで恨んでたのもいると思うよ。もう何年も前の話だけどね。そこは俺の度量の狭さだよ。壁村さんみたいに清濁併せ呑むっていうの？　好きなヤツも嫌いなヤツも自分の手中に置くということが俺はできないから。どうしたって協力できないなら、どうぞよそに行ってくださいってなってきちゃう。だから俺はあんまり評判はよくないと思う。

岡本三司（おかもと・さんじ）
漫画編集者。69年に『冒険王』誌で手塚治虫『どろろ』を担当。73年「手塚の死に水は俺が取る」と宣言した『週刊少年チャンピオン』編集長・壁村の指示で新作を担当。劇画ブームの中で落ち目だった手塚に医療物を描かせることを思いつき『ブラック・ジャック』をヒットさせる。『チャンピオン』6代目編集長を務めた後、『プレイコミック』編集長。

壁村耐三の教え

——しかし別名義でバイトしてるような人がちゃんと編集長になれる会社なんですね。

大塚 疲れ切ってたけどな（笑）。

——ダハハハ！ 編集長をやりながらも二階堂卓也名義の仕事はしてたんですか？

大塚 いや、さすがに映画は観なくなった。しょうがない、時間がないから。本も1冊出したし、まあいいだろうって。それに壁村さんがまだ元気で睨んでる頃だからね、映画ばっかり観ててもね、まして週刊誌だから。俺がやってきたような仕事を20人の部下がやってるわけで、その苦労がわかるから。難しい漫画家の担当させたりね。そこで映画ばっかり観てるわけにいかないなっていう気には誰だってなるでしょ。

——ガンガン原稿を書いてた頃は、仕事を抜けて試写会に行ったりしてたんですか？

大塚 壁村耐三の下にいた頃はそれも仕事だった。俺は映画担当もしてたから、「ちょっと行ってきます」って観てましたよ。で、仕事も何本か持っててね。いま思うと忙しいから映画なんて観てる暇ねえってのは嘘だ。忙しければ忙しいほど映画を観る、時間を工夫するからね。13時から銀座の試写室に行ってそのあと帰って仕事するし、逆に試写が15時からだったらその前に仕事を終えちゃうし。だから仕事が早くなるんだよね。どっちもうまくやったほうだなと思ってるよ。それがあんまり目に余るようだったらクビになってるよ、「あいつ仕事しないで映画ばっかり行ってる」ってなるからさ。

——映画担当プラス劇画ロードショー（『月刊少年チャンピオン』で連載された、当時の劇場公開作をそのまま漫画化する企画）の担当もやってたのはいいかもしれないですね。試写会に行くのも仕事の仕込みになるから。

大塚 うん、ちゃんとそれなりのことはしておかないとさ、ただ映画ばっかり観てるんじゃ申し訳ないじゃない。あれは月刊でやってたんだよね。あのファンっているんだな、俺知らなかったよ。

——いますよ。研究書とかいっぱい出てますから。それこそ、さっき言った『アフター6ジャンクション』でも特集されてますよ。

大塚 あ、そうなの？ こないだ誰か……。

——マニアが取材に行ったみたいですね。

大塚 知ってんの？ 出版社宛に手紙が来て、「劇画ロードショーのことであれこれうかがいたい」って。一度会いましたけどね。いるんだね、ああいうマニアって。吉田さんもそうなの？

——ボクはマニアじゃないですけど、劇画ロードショーの掲載誌は趣味で買ってます。

大塚 そうなの？ 俺はオタクって嫌いだからね。

——ダハハハ！ いま『チャンピオン』はだいぶオタク寄りになってますけどね。

大塚 よくない傾向だなあ。

——え！

大塚 ダメなんだよ、オタク相手は。俺のやってる頃からそういう傾向のある人間を会社が採っちゃうんだよね、マニア系のヤツを。コミケが大好きだとかね。あのときは参ったね、ぜんぜん違うんだから、漫画家に対する情熱が。アイドル並に扱うんだよ。こっちは漫画家なんて潰れたらおしまいだっていう考えで、いいときはヨイショするけどダメになったら知らないよっていう態度だから。漫画家っていうのは大体そういうもんなんだよ。ところが、若い編集者っていうのはそうじゃないんだな、漫画家はヒーローなんだな。たとえば、板垣恵介にしろ、浜岡賢次にしろ、ほかの漫画家にしろ、彼らを尊敬してるんだよ。高校、大学でそういう漫画体験してた若いのが編集部に入ると怖いんだ。こう、視野が狭くなっちゃうからね。そういう部下がいっぱいいたの、俺が編集長だった頃。

――どこかに冷たさというか冷静さがなきゃいけないんでしょうね。

大塚 うん、まるっきり冷たくてもダメなんだけど（笑）。

――一緒に沈んじゃったらダメだっていう、どこかでヤバいときは突き放すぐらいの。

大塚 そうそう。漫画家を庇うんだよ。誰でも失敗するじゃない、ぜんぜん売れなかったり。俺はそこで見切るわけだよ。こいつもうダメだ、才能はない、と。何年か先はわからないけど俺が編集長やってるあいだはこいつは絶対に使わないって決めちゃうの。でも若いのはそうじゃない、「もう1回チャンスを与えてください」と。そうはいかない、原稿料を誰が払うと思ってんだって話になっちゃうんだよ。彼らはそこがわからないの。会社の金で仕事やってるんだよっていうことがね。だから原稿料を上げてくれとかね、「おまえはマネージャーか」って何人かぶっ飛ばしたけどね。

――うわー！

大塚 編集者が考えることじゃないんだよ。原稿料がほしかったらいい作品を描きなさい、いくらでもあげますよ、と。そういう時代に俺は育ったからね。だけど、当時はもう違うんだな。

――壁村さんの教えが大きいんですか？

大塚 壁村さんの影響はあると思うよ。壁村さんはあまり原稿料を上げないんだ。その代わり上げる時はボーンと上げちゃう。上げないときは上げないの。たとえばあのとき平均ページ1万円ぐらいかな？ もっと安かったかな？ 秋田書店は安いことで有名だった。そういう面ではケチだったな。それは壁村さんに対して思ってるはずだよ、漫画家たちも。あの人はケチだなって。

――あれだけ大ヒット作を出してるのに。

大塚 うん、「俺、まだ８０００円だよ」とかね。でも、上げるときはビックリするぐらい弾む。たとえば、1万円から3万円にするとか。そういう人だった。

――ボクが仕事してて思うのは、あんまり原稿料が上がるとそれはそれであとでたいへんだなっていうのがあって。原稿料が上がった人の連載が終わって、そこから次の作品を描くときもその原稿料でやるから、結局は人気がないとすぐ打ち切りになっちゃったり。それで他の雑誌に描き始めても、その原稿料を要求してくるから、よっぽど人気が出ないとふつうは支えられるわけがないっていう。

大塚 だけどそんなにいないはずだけどね、そこまで高い人は。あの頃で最高3万ぐらいかな。あの頃っていうのは70年代後半、80年代かな。

――手塚先生も安かったっていいますよね。

大塚 うん、安かった。俺もビックリした（笑）。いつだったかな、手塚プロの松谷さん（当時マネージャー）が来て、「カベさん、もう少し上げてくれ」と（笑）。

——そういう感じだったんですね（笑）。

大塚 うん、でも『ブラック・ジャック』が当たったからね、感謝したはずですよ、壁村さんも。あの文庫は今でも動いてるんじゃないか。

——ボクらの世代は完全に『チャンピオン』黄金期育ちですからね。

大塚 あ、それはうれしいね。誰が好きだったの？ 鴨川つばめさんか？

——もちろん大好きですけど、あの時代の連載作品はほぼ全部好きぐらいの感じですよ。それこそ『ロン先生の虫眼鏡』（原作／光瀬龍、作画／加藤唯史）とか。

大塚 『ロン先生』？ シブいねえ！ ああいう漫画も『ドカベン』とかがあったから始められた。あのへんが壁村さんのうまいところでね。柱が3本か4本あれば、あとは何やったっていいんだみたいな、そういう強気なこともやってたけど、そのくせ人気なかったらすぐクビだからね、そのへんは鬼みたいな。その非情さが最近の編集にはないと思うよ。そこそこ売れりゃいいやとか、漫画家も生活があるからたいへんだろうとかね。

——一番非情だと思ったのが、鴨川つばめ先生が『少年キング』に移籍して、別名義で新作を連載すると知ったときの発言でした。

大塚 どんなこと言ってた？

——担当者に特大のガラスの灰皿を渡して、「いまからあいつのとこ行って、これで右腕を潰してこい」って。

大塚 ああ、それも書いたね。「腕折ってこい」って言ったの。あれは担当者に電話したんだけどね、「あれ書くぞ」って言ったら、「いや、天下の編集長がそんなこと言ったって書いちゃ

鴨川つばめ（かもがわ・ー）
漫画家。57年生まれ。バロン吉元のアシスタントを務めた後、75年にデビュー。77年『週刊少年チャンピオン』誌の『マカロニほうれん荘』、『月刊少年チャンピオン』誌の『ドラネコロック』が連載開始。大人気となるが、薄給で生活もままならず、完璧主義でアシスタントを嫌ったため体調を崩し、強引に連載を続けさせようとする編集部と対立。80年に両作とも連載終了。「消えた漫画家」の代表的な1人とされる。

マズいんじゃないですか？」と。吉田さんももの書いて食ってるからわかるだろうけど、ホントのことを書いちゃヤバい、ちょっとボカしたほうがいいなっていう場合があるじゃない。だから迷ったけどね、「私の名前は出さないでください」って言われて。俺はその場にいたけどね、彼はまだ入って2〜3年の男だったから、そりゃビビッたろうよ。ヘタすると、俺にも「一緒に行け」って言いかねないからね。

――まあ、怒る気持ちもわかりますけどね。

大塚　うん、何より不作法を嫌った男だからね。礼儀知らずとかそういうのは徹底的に糾弾した人だから、つばめさんはやっぱり間違ってたんだよな、ちょっと言えばよかったんだよ、「あそこでやらせてください」とかね。ひと言あれば済んだと思うんだけど、コッソリやっちゃったから。それはやっぱりあの人が生きてた時代の流儀だから。真樹さんもそういうところあるじゃない。

――筋を通せばだいたい許してくれますね。

大塚　そうそう、そうなんだよ！　コッソリやろうとするとえらいことになる。

――真樹先生には嘘をつかない、正直に接するというルールでやってましたね。

大塚　そうそうそう。バレちゃ怖いからね。そういう人でしたね、あの編集長は。一緒に寿司屋に入ったことがあって、そんなたいそうなところじゃなくて大衆的なところなんだけど、カウンターに灰皿がなかったから俺が「灰皿ください」って言ったら職人がアルミのそれを投げてよこしたんだよ。そしたら「アンタ、それでも客商売か」って、そのひと睨みで職人がビビッちゃってさ、「客に灰皿投げて、ただで済むと思ってんのか」って言ったら店長みたいなのが出てきてね、「すみませんでした」って、そういうこともあったし。だから怖いよね。やっちゃいけないことをやったらそうなるんだよね。会社遅刻すると、ふつうは部下が「すみません」と来るでしょ。俺だってそうするよ（笑）。ある日、入って2〜3年の若いのが遅刻してきたんだよね。ところが席が一番離れてるから、コソコソッと入ってきてそのまま自分の席に座っちゃったの。そいつが交通費だとかお茶代のハンコをもらいに編集長のデスクに行ったら、編集長はなんて言ったと思う？

――「おまえにはやらない」とか。

大塚　違うの。もっとすごいこと言ったの。

カメラマン　「おまえは誰だ？」とか。

大塚　正解！　「アンタ、誰？」って言ったの。怖いなと思ったよね。「出直して来い」ってヤツだよね。それで初めて謝ってさ。そういう人だからね。そりゃそういう男の下にいたら俺も意地悪くなるよ。

――ダハハハ！　しょうがないですね、そこで学んじゃったら。ただ、そんな壁村さんでも梶原先生に追い込まれると、さすがにボロボロになっちゃうんだなって思いました。

大塚　外的な要因もあったけど、やっぱり酒飲んじゃう。俺たちだって酒は飲むけど、他に趣味とか娯楽を持ってるじゃない。映画を観に行ったりパチンコや競馬やったり。あの人は世代的なものもあるんだろうけど、岡山から東京に出てきて何やってるかわからない時代があるから、酒しかなかったんだろう。飲むのも半端じゃないからね。

――机に隠れてダルマ（サントリーウイスキーオールド）を飲んでたっていう。

大塚　目撃者がここにいるからな（笑）。それはあの問題で参ってたんだろ。つらかったんだろうな。打ち明ける人もいないからね、自分がやったことだからって背負い込んじゃうんだよな。気の毒だけどひと言いえばよかったんだよ。自分は『チャンピオン』の編集長だっていうプライドがあったんだろうな。あの兄弟ともいろいろあったようだからね、まだ無名の頃にね。そのへんは話してくれなかったんだよな。絶対にあの兄弟となんかあったんだよ、若い頃に。

――お互いヤンチャだし、けっこうわかり合えてた感じはあったわけですよね。

大塚　うん。でも、口を濁してた印象はある。

――ただ、もはやそのへんの真相を知ってる人はほとんど亡くなっちゃったという。

大塚　そうだろうな。奥さんがいくらか知ってるんだろうけど、だいぶお歳だからね。昔のこと話したくないようだし。あれこれ想像するのは自由かもわからないけどね。

――『ゴッドハンド』の話に戻りますが、終了には大山総裁がブチ切れて、「梶原に脅されたね！」「たった10回やそこらで終わりなんて話が違う！」「壁村さん！　これで腹切りなさい！　大塚さん、あなたも一緒ね！」と太刀を突き付けてきたっていうエピソードが無茶苦茶怖かったですよ。

大塚　すべてドキュメントです（笑）。いまはもう大山さんも梶原さんも真樹さんも亡くなっちゃったからね。極真会はまだバタついてるの？

――バラバラになったままの感じですよね。

大塚　あ、そう。誰が総裁なのかな。世が世なら真樹さんがなってたかもしれないよな。

――そういう計画はあったって聞きますもんね、娘さんと結婚させようとしたとか。

大塚　ああ、倍達さんの。千葉真一も死んだしな。

――千葉さんも脅された側の人ですからね。極真とズブズブなのに少林寺拳法の映画に主演したことで。

大塚　ああ、あれもトラブッたの？　またそこで梶原一騎が出てきたの？

――というか極真ですね。極真が追い込みをかけてたいへんだったんですよ。千葉さんも晩年までその話は一切しなかったという。

大塚　その話は初めて聞いた。映画は『少林寺拳法』だろ？　悦ちゃん（志穂美悦子）が出たヤツだろ？

――そうです。

大塚　おもしろかったよ、あれ。

――当時、極真と少林寺拳法が揉めて、少林寺拳法の人たちが極真の本部道場に殴り込みに来たり、そういうことがあったのに『少林寺拳法』に主演してるから、「おまえ何やってんだ」ってことになったんですよね。

大塚　狭い世界だな。

――狭いですね。

大塚　もうどうでもいいじゃん（笑）。

――ダハハハハ！　そのたいへんな世界を垣間見てきてるわけじゃないですか、ユセフ・トルコさんにお茶入れてもらったり。

大塚　ああトルちゃんな（笑）。あれもユニークな人だな、映画に出たり、レスラーやったり、レフェリーやったり。なんか格闘技っていうのは不思議な世界だよな。プロレス好きだった

『少林寺拳法』
75年の東映映画。『温泉みみず芸者』『聖獣学園』『トラック野郎』シリーズの鈴木則文監督。少林寺拳法は47年に宗道臣が開いた拳法で、極真会館や大山倍達とは著書や機関誌でお互いに揶揄しあった挙句の72年に実力行使事件が起きた。少林寺拳法門下の80名ほどが極真の総本部を囲み、ガラスを割って壁に「卍」を書き込んだり、何人かを闇討ちにしたという。その後もしばしば対立した。

ユセフ・トルコ
プロレスラー、レフェリー。1931年、樺太生まれ。54年デビュー、力道山の下でマネージャーやレフェリーとしても活躍。72年の新日本プロレス立ち上げに尽力、以後、レフェリーや外国人怪優として知られる存在に。アブドーラ・ザ・ブッチャーのマネージャーや梶原一騎の事務所の用心棒などもした。83年『プロレスを10倍楽しく見る方法』（ブッチャー著。82年、ワニブックス）のゴーストライター、ゴジン・カーンを恐喝、梶原とともに逮捕。13年死去。

んだけどな、俺、東京スポーツの大ファンだった（笑）。梶原先生はプロレスにも関係していたな。

――そんな複雑な感情がありながら『風雲プロレス30年』を連載してたわけですね。

大塚 だけど、あれもべつに好きで始めたわけじゃないから。

――わかってますよ（笑）。

大塚 あ、わかってくれる？ きれいごとじゃないからさ。なんでこんな漫画やらなくちゃいけないんだと思ってさ。壁村さんのあとを引き継いだ編集長が企画して、始まったのは次の編集長の時から。ゴタゴタあったらしいぜ。好きで始めるわけないよ！

――ダハハハハ！ でも不思議なのが、この本でも書かれてるように、いきなり『ゴッドハンド』でたいへんな目に遭いながらも真樹先生と関係が続いていくってことなんですよ。脅しの電話をかけてきた人と、『プレイコミック』に移ってもちゃんと関係が続き。

大塚 うん、やっぱり好きだったんだろうな、ああいう文武両道の先生がね。こっちが好きだってことを向こうはわかってるはずなんだよ、絶対。吉田さんもそうでしょ？「俺、好かれてるな」ってわかるでしょ？ そういうもんですよ。だから悪く言う人を俺は逆に信用できないんだよね。だからって、いい人でしたよって公言する気もないけど。

――そんな単純な話じゃないですからね。悪い面も間違いなくあったと思います（笑）。

大塚 ありすぎたけど（笑）。ただ、本を出すたびに送ってくれてね、自筆でひと言添えて。いい先生だなと思ってね。

――そんな真樹先生や壁村さんの魅力が伝わるのが今回の大塚さんの本なので、これが少しでも宣伝になればと思います。

大塚 助かりますよ、ありがとう。取材と聞いてビクッとしたけど。真樹さんを理解してくれてる人がいると思うと俺もうれしいよ。

――真樹先生に「『男の星座』の続編を書きたいから出版社を紹介してくれ」って頼まれたことがあって、いくつか当たったんですけど、どこも真樹先生を怖がって。最後に講談社で書くのが一番美しいと思って講談社にも持ってってたら講談社がホントに怖がって。

大塚 俺たちとはつき合い方が違うんだろうな。誤解されたままで逝っちゃったのはかわいそうだよ。怯えることないんだけどな。

編集者 これ、本日のギャラです。

大塚 悪いねえ、この程度でいいの？ 言いたいこと言って金もらったの初めてだよ。歌舞伎町歩いたの久しぶりだな。飲みに行くにはまだちょっと早いな（笑）。

『風雲プロレス30年』
83～85年に『週刊少年チャンピオン』で連載。当初は梶原一騎原作となっていたが逮捕により名前が外された。真樹日佐夫構成、森村たつお作画。力道山からタイガーマスクまでの30年間を描くドキュメンタリー風漫画。

『男の星座』
梶原一騎の自伝的漫画で、梶原の遺作。未完。85～87年『週刊漫画ゴラク』（日本文芸社）で連載。主人公の柔道少年・梶一太が大山倍達に心を奪われ、小説家を目指し、ストリッパーと初体験を果たし、漫画原作の依頼を受けたところで連載は中断した。生前の希望では『あしたのジョー』『タイガーマスク』などの名作誕生の裏側を描く予定だったという。

結局、芹沢さんの性格の悪さは『ロッキング・オン』的な性格の悪さなんです

久部緑郎こと
岩見吉朗

2022年5月収録

1965年生まれ。秋田県出身。漫画原作者。新潟大学法学部を卒業後、某一部上場会社に就職し、その後広告営業としてロッキング・オンに入社。編集部に異動してからは、「岩見吉朗」名義でロックについての原稿を書く音楽雑誌編集者として過ごしたのちに独立し、フリーライターに転身。30代半ばから漫画原作者となる。代表作に、『ラーメン発見伝』『らーめん才遊記』『らーめん再遊記』など。

マニック・ストリート・プリーチャーズを語る！

――『ラーメン発見伝』シリーズの原作者・久部緑郎こと元『ロッキング・オン』編集の岩見吉朗さんに会うため、今回は京都に来ました！

岩見 私もICレコーダー回してもいいですか？

――いくらでも。

岩見 記念に。最近すっかりインタビュー仕事もしてないんで、久々に回します（笑）。

――ロックの記事はたまに書いてますよね。

岩見 いやほとんど書いてないと思います。

――数年前にネットで見ましたよ。

岩見 ああ、豊田道倫さんの。あれは15年振りとかそれくらいの原稿で。豊田さんとは少し個人的なつき合いもありまして、私は彼のことを天才だと崇拝してるんで、ぜひ書きたいって言って。「売れてなくてもすごいんだ」みたいな内容で書いたら、豊田さんのファンから「売れてないとは何ごとだ！」みたいに言われて。誉めてるじゃねえかよって（笑）。

――もっと売れて然るべき人なのに、世間は全然わかってないっていう話ですよね。

岩見 そうそう！　なのに彼らは「売れてないなんて失礼な！」「売れてなくたっていいじゃねえか！」って感じで、もう何も読んでないんですよ。ホントいまの連中って読解力ねえな、バカだなって（キッパリ）。

――実際、売れてはいないですからね。

岩見 恐ろしいまでに売れてないんですけど。でも、やっぱり豊田道倫さんはすごい人だと思います。今の日本で「リアル・ライフ・ロック」という言葉がふさわしい唯一の人。私はすごく好きですね。

――そんな元『ロッキング・オン』の岩見さんとラーメン漫画の原作者が同一人物だとわかってる人は、意外と少ない気がしてます。

岩見 そうですね、もうラーメン始めて20年以上ですから。そのわりにはあんまり知られてない……。

――最近になって、『らーめん再遊記』でラーメンハゲこと芹沢（達也）さんがなぜかプロレスとかパンクを熱く語り始めたりで、趣味が全開になってきてるじゃないですか。

岩見 あれでけっこう楽になってきました。ネタ的に今回ちょっと尺が足りないなっていうときに、じゃあ佐山サトルの話題を入れちゃえとかって埋めていくと、埋まるうえにけっこう読者からの反響がいいんで。

――ボクもわかりやすく反応しちゃいましたから。芹沢さんがこんなに話が合いそうな人だったとは思わなかった、みたいな感じで。

岩見 豪さんは前に『ロッキング・オン』関係とは気が合わない的なことをどこかに書かれてて、嫌われてるのかなーと思ってたんですけど。

――気が合わないというわけでもなくて、ふつうに買ってもいたし。ただ、ボクが仕事するのは『クロスビート』側でもあったし。

岩見 あ、『クロスビート』書いてました？

――リリー（・フランキー）さんが連載を降りたあとのコラムをボクがずっとやっていて、年間ベストとかも書いてたんで

『ラーメン発見伝』
99～09年『ビッグコミックスペリオール』誌連載のグルメ漫画。原作・久部緑郎、作画・河合単、協力・石神秀幸。ラーメン店開業を夢見るラーメンマニアの商社マン藤本浩平が主人公。味の問題のみならず、コストや接客の問題、業界のトレンドなど、ビジネス視点のリアルな経営ノウハウを描くグルメ漫画として知られる。『らーめん再遊記』はシリーズ3作目。

『ロッキング・オン』
『rockin'on』。72年創刊の老舗洋楽雑誌。ロッキング・オン社発行。86年には邦楽雑誌『ロッキング・オン・ジャパン』創刊。

すけど。想像以上にそれが世間に広まってなくて、「吉田豪はアイドルしか聴かない」とか言われるたびに寂しい思いをしてるんですよ。

岩見 ちょうど私が音楽業界を離れて一切読まなくなったあたりですかね。リリーさんが書いてた頃は『クロスビート』で仕事もしてたし読んでたんですよ。でも、ある時期からぜんぜん音楽誌に原稿を書かなくなったし読まなくなったし、音楽を聴きもしなくなったという時期がありまして。それが25年ぐらい前かな？ それから10年ぐらいは豊田道倫しか聴いてなかったという。

――心の隙間にそれだけは入ってきた。

岩見 そうなんですよ、なんかウイルスっぽいんですよね、あの人の音楽って。だいたい弱ってる人は豊田さんにやられるっていうのがすごく多い。ちゃんと成り立ってる人は聴かないし、聴いても気持ち悪いって言う（笑）。ちゃんと成り立ってるのに豊田さんが好きな人は今後危ない兆候を感じますよ。

――とはいえ、岩見さんは本来まっとうな感じで生きてきた人なわけですよね。新潟大学法学部を出て一部上場の大手企業に入って。

岩見 ああ、そこまではわりと。私、秋田の田舎のアッパーミドルと言ったら大げさですけど、中流のちょっと上ぐらいの家で育ってのほほんと暮らしてたと思うんですよ。だから社会の厳しさとか何もわからないまま就職しちゃって。で、社会の風当たりって恐ろしいまでにキツかったんですよ。ただ、いま思うとたいしたことなくて。結局、私はサービス残業するのがすごく屈辱的で不愉快だから辞めちゃいましたけど、サービス残業で苦しんだのって2カ月だけなんですよ。たった2カ月で先輩にブチ切れて辞めてしまって。やっぱりパンクロックにやられた人間としては「おまえはそういう人生を歩んでて、恥ずかしくないの？」っていうのが常にあって。

――社会の歯車として組み込まれて。

岩見 ええ。大学時代は竹中労とか野村秋介とかああいうのばっかり読んでたんですよ。

――思想的な。左右両極なんですけどね。

岩見 極左極右ばっかり読んでて。あの頃は自分も二・二六事件みたいなのを起こさないといけないんじゃないかみたいな、くだらないことを考えてました。

――ダハハハハ！ 革命を起こす側！

岩見 そう。ただケンカも弱いし何の能力もなく、怒りと憎しみがあるだけなんで、ほとんど犯罪者に近いメンタリティだったんですよね。

――パンクに触発されながらも何か行動を起こすわけでもなく、ひたすら脳内で……。

岩見 脳内で破壊衝動が醸成されていって。

――デストロイな感情だけが（笑）。

岩見 そうそうそう。あれがヘタな方向いくと通り魔殺人とかあっち方面に振れてた危険ってあったのかなってちょっと思います。

――会社で何かやらかしても当然だった。

岩見 でも所詮、先輩にケンカ売るくらいしかできなくて、それで辞めちゃったという。

――「なにがサービス残業だ、ふざけるな。こんなのただの搾取、泥棒じゃねえかこのバカヤロー！」とキレまくったんですよね？

豊田道倫（とよた・みちのり） シンガーソングライター。70年生まれ。私小説的・独白的な歌詞をギター一本で優しく弾き語るスタイルで知られる。著名アーティストとのユニット活動も多い。96年以来東京で活動していたが、20年、50歳を契機に大阪に帰郷。コロナ禍の中、中学生の息子との暮らしを綴った日記集『キッチンにて』（自費出版）も好評。文中の「原稿」とは、総合カルチャーサイト「Ｒｅａｌ Ｓｏｕｎｄ」掲載の記事「早すぎた和製シーランはゴミ屋敷の住人になっていた？ 豊田道倫『夜路死苦ファンタジア』によせて」（19年公開）のこと。

芹沢達也（せりざわ・たつや） 『ラーメン発見伝』シリーズの主要登場人物であり、『らーめん再遊記』主人公。当初は「らあめん清流房」の店主だったが、物語が進むと多店舗化やコンサルタント業進出を果たす。ハゲではなく、商品に髪が混入しないためのスキンヘッドという設定。20年のドラマ『行列の女神～らーめん才遊記～』（テレ東系）では鈴木京香が演じファンを驚かせた。

岩見　ハハハハハ！　それは言いましたけどね。でも口だけですからね。殴ったり蹴ったりそういうことはぜんぜんしないので。

――「裁判するかも」とは言ったけど。

岩見　ああ、言いましたね。

――20年以上経ってからもサービス残業代を請求できないかと画策したりもして。

岩見　いまも思ってますよ（あっさりと）。

――え！

岩見　最近、キャンセルカルチャーが流行ってるじゃないですか。キャンセルカルチャーに乗っかってあの仕返しをできないかなって。

――あきらかにハラスメントですからね。

岩見　そうそう、立派なパワハラされたんで。いまだにそれは考えますね。

――わずか2カ月の憎しみが（笑）。

岩見　ええ（笑）。私、ちょっとひどい目に遭ったことをものすごく増幅してインプットしていく癖みたいなのがあるんですよ。中学のときに柔道部だったんですけど、地区予選で負けちゃって野球部は県大会に進んだんですね。夏休みに野球部の応援でみんなして県大会に行くってなったとき、私はそれが悔しくて、「行きたくない、なんで夏休みを無駄にして他人の応援しなきゃいけないんだ！」って柔道部の人間を半分くらいオルグして応援拒否をしたんですよ。ところが残りの人間はみんな行くわけです。「え、なんで他人なのに応援するの？」って。今思うと友達を応援しに行くのは当たり前なんですけど（笑）。

――母校愛的なものはゼロなんですね。

岩見　ゼロなわけです。で、「これがファシズムだ」って戦慄したりして。でも、そんなのファシズムなんか関係なく、単なる八つ当たりなんですよ。柔道で勝てなかった八つ当たりをそういう形で晴らしてただけで。なんでもかんでもそういうふうに、「これはファシズムじゃないか」とか、「これはまるで連合赤軍じゃないか」とか、そういうことを考えるんですよ。

――無駄な理論武装をしてるタイプ（笑）。

岩見　ホントに。かなり無駄というか。ただ物語作りの役には立ってます。社会生活の役にはぜんぜん立たなくて、それでいらない揉めごとがよく起きるんで抑えるようにしてるんですけど、物語を作るうえではそういう妄想を広げるとうまくいくんですよ。

――理不尽に立ち向かう物語とかで。

岩見　そうそう。ただ物語のなかではサービス残業で何十年も苦しんでたとしても、私は2カ月しか苦しんでないっていう（笑）。結局、私って田舎のお坊ちゃんで妙にプライドだけ高くて、ちょっとしたことですぐ恨みに思ったり、器が狭いというか、そういう感じしますね。

――それが文章には活きたというか。とにかく怒ったり煽ったりするスタイルでしたね。

岩見　ああ、そうですね。そっちでうまくハマればウケますから。それが『ロッキング・オン』に転職後はうまくいったのかもしれないですけど。

――当時は、その後みたいに『ロッキング・オン』が巨大化する前だったわけですよね。

岩見　あのときは私が6人目の正社員ですね。6人いたうちのひとりの大久保青志さんという方が辞められるときに入れ替わ

『クロスビート』
88年創刊の音楽雑誌。シンコーミュージック・エンタテイメント刊。13年休刊。コラム「リリー・フランキーの死亡遊戯」は後に『美女と野球』（98年、河出書房新社）で単行本化するほどの人気だったが、頻繁に原稿を落とすようになり、02年に完全に中断。最終号に12年越しで最終回が書かれた。

大久保青志（おおくぼ・せいし）
市民活動家。51年生まれ。『ロッキング・オン』に創刊時から関わる。75年、内田裕也のマネージャーとなるが、78年編集部に復帰。84年反核反戦フェス「アトミック・カフェ・フェスティバル」開催、浜田省吾や尾崎豊をブッキング。その後、社会党の土井たか子の秘書となり政治の道へ。89年都議会議員（1期）。現在はフジロックNGOヴィレッジの村長も務める。著書に『フェスとデモを進化させる「音楽に政治を持ち込むな」ってなんだ!?』（21年、イースト・プレス）。

りで。

——大久保さん、以前この連載に出てます。

岩見 え！ どういう内容で？

——本も出したし、裕也ファミリーとの関わりとかおもしろそうな話が多そうだったんで。政治関係にけっこう絡んでる人ですよね。

岩見 そうですよね、最初は土井たか子さんの秘書やって、都議会議員やって。政治関係にいくのでもう『ロッキング・オン』は退社するって時期だったんですよね。それで私が代わりに入りまして『ロッキング・オン』で3年半、最初は広告営業やって、それから編集、ライター生活を送って。

——古いロックばかり聴いてたのに、面接では聴いたこともない流行のバンドを挙げて。

岩見 そうそう、面接で嘘ばっかり言って。

——営業もできるとハッタリを効かせて。

岩見 実は何もできないんですよ。前の会社は5カ月で辞めてるし。

——え！

岩見 音楽も当時は興味なくて、そもそも『ロッキング・オン』だってもう読んでなかった。

——うわー！

岩見 『ロッキング・オン』を読んでたのは高校までで、大学4年間はほぼ読んでなかったですね。当時はオールドロックを聴きつつ、プロレス、格闘技、新右翼、新左翼で。それをひたすら深掘りするという毎日です。

——鈴木邦男みたいな感じだったんですね。

岩見 ああ、鈴木邦男さんも好きでした。どこでしたっけ、あの出版社……エスエル出版会の板坂剛さんの本とか読んで。で、板坂剛さんとか鈴木邦男さんとか、UWFがあって佐山さんがあって、あのあたりが大好きでした。いまもわりと好きですね。エスエル出版会で新卒募集してたらたぶん受けてたと思います（笑）。やってなくてよかった。竹中労さんの月例研究会とか、あれ新潟でやってたら絶対行ってました。東京だったんで行けなかったですけど、竹中労さんは好きでしたね。いま思うとかなり無茶苦茶な人だったな〜。

——で、広告営業として潜り込むんですね。

岩見 潜り込んだけどぜんぜんダメでしたね。そもそも営業が嫌いなんですよ。よくもない商品を口八丁手八丁で売るなんていうのは詐欺師の仕事だろ、と。だから私はすべての営業は詐欺師だと思ってますね（キッパリ）。

——ダハハハ！ ホントにいいものであれば営業も成立するわけじゃないですか。

岩見 自分がホントに好きなものだったらいいんですけど、でもホントに好きなものなんてなかなかないじゃないですか。

——まあ、『ロッキング・オン』にもそこまでの思い入れもなかったわけですからね。

岩見 『ロッキング・オン』なんかべつにおもしろいと思ってなかったから（笑）。ただ入ってみて自分で書き始めたら、この人はすごく上手だなとか、この人は俺よりヘタだなとか、読者じゃなくて仲間として品定めするようになってからは逆におもしろくなってきましたね。それで営業やってても駄目だから社長の渋谷陽一さんに「おまえ大手企業で営業やってたんじゃないの？」って言われて、「いや、白状するとほとんどやってません」「だましたのかよ！」って話になって。ただその時点

鈴木邦男（すずき・くにお）
新右翼団体「一水会」設立者。43年生まれ。70年の三島由紀夫（及び友人の森田必勝）の自決に影響を受け、遺志の継承のため一水会を設立。早大出身の読書家で、左右を超え慕われた。プロレスに造詣が深く、著書多数。23年1月死去。

板坂剛（いたさか・ごう）
作家、フラメンコダンサー。48年生まれ。80年『噂の真相』誌に無修正全裸写真と皇族の顔写真とのコラージュを発表、右翼団体からの強い抗議と圧力で編集部が危機に。85年、同誌にアントニオ猪木VSブルーザー・ブロディ戦の八百長告発記事を発表、その後書籍化された『アントニオ猪木・最後の真実』（エスエル出版会）はプロレス界初の暴露本となった。

渋谷陽一（しぶや・よういち）
ロッキング・オン・グループ社長、音楽評論家。51年生まれ。72年『ロッキング・オン』を創刊。73年からNHKラジオでDJを務め、以降50年に渡り英米のロックを紹介し続ける。00年から「ROCK IN JAPAN FESTIVAL」を開催、イベントプロデューサーとしても成功。

で原稿だけは書けたんですよ。「おまえ原稿は書けるから編集ならなんとかなるかも」ってことで、編集にスライドしたんですね。

――岩見さんは、どう考えても営業より原稿を書く側のほうが向いてたわけですよね。

岩見　そうですね、原稿書くほうがとにかく好きで、だからフリーになりたいなと思って辞めていくという。あと忙しすぎたっていうのもありますかね。編集がすごい忙しいので、原稿を書きたくても割ける時間があまりないっていうところが大きかったのかな。その頃の原稿とか、「なんでこの人、会社に勤めてんの？」っていう内容になってましたね。

――ボクは当時読んでて、やっぱりマニックス岩見という名前で刷り込まれてますね。

岩見　ああ、マニック・ストリート・プリーチャーズはハマりましたね。ただ不純なところもあって、私はできればパンクムーブメントの頃にセックス・ピストルズとかクラッシュとかリチャード・ヘルとかパティ・スミスとかがいたああいう時代に生きていたかった、ああいう人たちにインタビューしてレコード評とか書きたかったっていうのはあるんですけど、もういないわけじゃないですか。

――当時もそれぞれ何らかの形で活動してはいたけどぜんぜん別ものになっちゃってて。

岩見　ええ、この時代にもああいう人たちがいたらなあってところにマニック・ストリート・プリーチャーズはハマッたんです。だから不純というのは、実はクラッシュでもピストルズでも当てはまるようなことをマニックスで書いてたところがあるんですよ。代替品というか。

――何らかの革命を起こしたかった人にとっては、ちょうどいいバンドが出てきた。

岩見　そうそうそう。あのときはかなりノッて書いてましたね。

――正直、当時はやりすぎなくらいに書いていた記憶があります。

岩見　ハハハハハハ！　そうかもしれない。あの頃、「やはり老いぼれる前にくたばりたい」っていう原稿があったんですけど、それを言っちゃうとくたばるしかなくなるじゃないですか。私はドラッグやったり街中でケンカしたりする人間でもないのに、あんなこと書いちゃったんで自己欺瞞というか自己矛盾が極端に激しくなってきて、ちょっと先の話になりますけどどんどん書けなくなってくるという。

――マニック・ストリート・プリーチャーズを簡単に説明すると、「30曲入りの2枚組のデビューアルバムを世界中でナンバーワンにして解散する」宣言して、取材時にそれを小馬鹿にされたらギタリストのリッチー・エドワーズが腕に「4 REAL（本気だ）」とカミソリの刃で刻んで17針縫ったバンドなんですけど、そんな彼らを岩見さんは「お前ら本当にアルバム1枚で解散するんだな！」っていう追い込み方してましたよね。

岩見　そうそう、彼らも困ってたみたいで。冗談で言ったのに、「この日本人はしょっちゅうやって来ては、『解散しますよね？　解散しますよね？』ってなんなんだ？」みたいな（笑）。最初のうちは彼らもノッてたんだけど、だんだん困惑するようになっていって。

――日本だけ明らかに反応が違ったというか、岩見さんの反応が違ったんですよね。

岩見　そうですね。ただ結局サードアルバムを最後にリッチー・

マニック・ストリート・プリーチャーズ
愛称はマニックス。ウェールズ出身のバンド。88年デビュー。91年の「4REAL事件」（本文参照）の翌年、レコード2枚組の1stアルバム『ジェネレーション・テロリスト』を発表。93年、真に受けている日本のファンにだけ解散撤回をリリース。95年、米ツアー前夜の宿泊先ロンドンでリッチーが失踪。中心メンバーを失い活動を休止するが、翌年活動再開、3人組のまま現在に至る。21年には14枚目のアルバムが発売された。

エドワーズは失踪して亡くなったみたいで、アルバム1枚で解散して破滅するみたいなのを半ば実行したところはあったんですよ。そこらへんどういう総括を残ったメンバーのなかでしてるのか、私はその後、一切読まなくなったし聴かなくなったんで知らないんですけど。

――『DOLL』の小野島大さんのインタビューで、「『MOTOWN JUNK』に「ジョン・レノンが死んだとき笑っちまった」って歌詞がありましたけど、あれと同じようなことをリッチーに対して歌詞にするようなバンドが出てきたらどう思いますか?」とかジェームス・ディーン・ブラッドフィールドが聞かれたときに、「俺はいままでその質問をされるときを待っていたんだ」って感じで、すごい誠実に答えていたのは覚えてますね。

岩見 じゃあただの冗談でもなかったんだ。

――その後、岩見さんが原稿を書けなくなるのってリッチーの失踪に責任を感じたとかもあるのかなってちょっと思ってたんですよ。

岩見 それはぜんぜんないです(キッパリ)。失踪したって聞いて、やっぱりリッチーは俺と同じ側にいる人間だったんだな、リッチー死ね、俺は死ねないけどおまえはくたばってくれって思ってました。

――……それくらい岩見さんも追い詰められたというか、おかしな状況にいたんですね。

岩見 精神状態おかしかったと思うんですよね。ただいろいろ変な妄想もしましたよ。リッチーはけっこう日本が好きで。

――ファンに太宰治の『人間失格』とかを渡されて、ハマったりしてたんですよね。

『DOLL』 『SUPER HEAD MAGAZINE DOLL』。80年創刊の音楽雑誌。洋楽・邦楽を問わずパンクロックを中心にハードコア、ガレージ、メタルなどを扱う。『SUPER HEAD MAGAZINE ZOO』が前身で、06年以降は『SUPER ROCK MAGAZINE』と副題が変更された。㈱DOLL刊。09年休刊。

岩見　そうそう。だから実は生きてて下北沢あたりでバッタリ会ったりしたら楽しいだろうなみたいな妄想をしたこともありますけど。彼もかなり病んでた部分があると思うんで、カート・コバーンとかとは違う意味で、だんだんポップスターダムに巻き込まれていく状況に対処できなくなったのかなっていう感じはします。ただカート・コバーンって単純な人で、ちょうど昔のパンクの人たちと一緒で、売れたら「あれ、なんか否定してたスターに俺がなっちゃった」っていう自己矛盾。正直、それってパンクから学んでなかったの？　とはカートに対しては思いました。だってパンクを見てればそういう自己矛盾がいずれ来るのはわかってるのに、なんで知らなかったみたいなうろたえ方してるのか、言っちゃ悪いですけどちょっと愚かじゃないかって。でもリッチー・エドワーズってそのへん自覚的な人だったんで、だから破滅するんだったら自覚的に、三島由紀夫的に破滅するような気がしてたんですけど、ただ失踪という破滅したんだかしてないんだか、実は事故なんだかわからない死に方をしちゃってて、どう考えていいのかいまだによくわかりません。

――ある意味、岩見さんもそうなってもおかしくないような部分もあったんですか？

岩見　ないですね。所詮そんな苦労した人間じゃなくて、いざとなれば秋田でおとなしく暮らそうみたいな逃げ道があるので。……あのとき、なんであんな吹き上がってたんだろう？　だから私は動機が弱いんですよ。とことんやり抜くみたいな動機があるわけじゃなくて。そもそも『ロッキング・オン』に入って初めて原稿を書いて、それまで自己表現ってなんにもしたことないんですよ。常になりゆきで、「おまえ書けよ」って言われて書いたら「おもしろいじゃねえか、載せてやるよ」って。それでライターやったし、漫画もそう。漫画の原作を書きたいなんて1回も思ったことないのに、あるとき漫画のストーリー協力を依頼されて、うまくいったのがきっかけで。大学の仕事もそうなんですよ、「大学の先生やってみない？」って言われて。いまやってる『らーめん再遊記』も「『らーめん才遊記』がドラマ化されるんで短期連載やりませんか？」って言われてやったら、わりと人気が出て続けることになって。だから受け身の仕事しかしてなくて。たまに自分からやるとうまくいったためしがないっていう。

――思い入れが走りすぎちゃうんですか？

岩見　いや、やぱり動機が弱いからだと思いますね。強烈にやりたいことがある人は自分からいってつかむと思うんですよ。でも、私はそういうのがないので。受け身の仕事だと、相手のリクエストに応える部分と自分のやりたい部分が合わさって、うまくいく。なのに、自分の部分100パーセントでいくと誰もそれを求めてないっていう。なんでかというと動機が弱い表現はイマイチ強度が足りないんだと思うんですよね。だからリクエストと自分というものが合わさって初めて私は強度を持てる、言ってしまえば二流なんですよ。

――フリーライターには向いてました？

岩見　向いてない（笑）。だから私、吉田豪さんに嫉妬してた時期があるんですよ。

――そうだったんですか！

岩見　ええ！　初めてお名前を拝見したのは『仁義なき戦い浪漫アルバム』（98年）で。ああ、おもしろい原稿を書く人だなあ、と思ってたら、そのあとどんどんブレイクしていったじゃない

『らーめん才遊記』
『ラーメン発見伝』シリーズ第2弾。小学館『ビッグコミックスペリオール』誌に09〜14年まで連載。ラーメン界のカリスマ芹沢のフードコンサルティング会社の面接に来た新卒の汐見ゆとりは、有名な料理研究家の娘として料理の英才教育を受けたサラブレッドだった。単行本全9巻。20年にテレビ東京系列でドラマ化。

ですか。こんなに活き活きと取材仕事してるんだ、楽しそうだな、憎らしいって（笑）。

――ダハハハハ！　岩見さんはフリーライターで大物たちをインタビューしたけど、仕事がつまんなくなっちゃったわけですよね。

岩見　イマイチおもしろくなかったですね。まあ、ビートたけしさんとかメチャクチャおもしろい人もいましたけど、インタビュー仕事って向いてないなと思いました。豪さんの『サブカルスーパースター鬱伝』とかも読みましたけど、相手のおもしろいところを引き出そうっていう、ヒューマンインタレストがドーンとあるじゃないですか。でも私の場合、たとえばミュージシャンにインタビューするときにアルバムインタビューだとしたら、まずアルバムありきなんですよ。アルバムがつまらなければその人に興味もなくなるんです。そうするとどういうインタビューになるかというと、ものすごいおざなりなお仕事インタビューになっちゃって（笑）。手抜きみたいになるんですよ。「だってあんなくだらないアルバム作ってるヤツだしな」って思っちゃうんですよ。これダメじゃないですか。

――プロなら一応、成立はさせないと！

岩見　成立はさせるんですけど、ただおもしろくないし、たぶん読者もおもしろくない。

――パッションで書いてる人からすると、パッションが入れられない原稿は書けなくて。

岩見　そういうのばっかりになっちゃって、もうインタビュー無理だってなりましたね。だからフリーライターとしては失敗、挫折としか言いようがない。

――その結果、仕事を辞めて貯金を切り崩してのパチンコ三昧になっちゃうんですね。

岩見　パチンコずーっとやってましたね、1年半、2年ぐらいかな？　『CR黄門ちゃま』が大ブレイクした頃で、CR機爆裂時代はハマりました。30歳ぐらいのときで。トータル250万負けて、ちょっと危なかったですね。暇なんでやっちゃうんですよ。漫画の仕事がきてなければ、貯金がなくなるまでやってたと思います。ギャンブルって麻薬なんだなってあときよくわかりましたね。

――当時は鬱々としてたんですか？

岩見　してましたね。ちょっとパニック障害っぽいような症状が出てたり、病院に行ったりはしなかったんですけど精神状態は2〜3年ヤバかったんじゃないですかね。ただ、根本的には楽観的なほうで。タランティーノが『レザボア・ドッグス』で出てきて、ビデオ屋でバイトしつつ映画の知識を貯め込んでたとかって話があるじゃないですか。『レザボア・ドッグス』好きだったんで、ビデオ屋でバイトっていうのもカッコいいかもしれないと思って近所のビデオ屋の募集とか見に行ったりしてましたね、30過ぎて（笑）。だから、どこか呑気だったんですよ。

『ラーメン発見伝』裏話

――そこで運命を変えたのが現在61歳でいまでも童貞のデザイナー・山口明さんで。

岩見　まさに。山口さんとは『ロッキング・オン』で知り合ったんですよ。『ロッキング・オン』の出入りの写植屋さんに勤めてたんで、その頃から交流がありまして。デザイナーとしても『ロッキング・オン』でやってもらったこともあるし、山口

山口明（やまぐち・あきら）
装丁家、デザイナー、プロ童貞。60年生まれ。95年の独立後、小学館の名物マンガ編集者・熊田正史に見出され装丁の道に。『ザ・ワールド・イズ・マイン』（新井英樹）や『史記』（横山光輝、小学館文庫版）など数々のコミックや書籍の装丁・ジャケットデザインなどを手がける一流デザイナーだったが、17年に廃業宣言。18年、『ワイルドチェリーライフ山口明　童貞力で一億総クリエイター時代を生きる』（市川力夫著、出版ワークス）で「還暦間近まで童貞を守り続けた男」として注目を浴びる。

さんにはお世話になりましたね。ものすごい感謝してます。でも、なんか嫌われちゃったみたいで。理由はよくわからないんですけど。あるときからすごくよそよそしくなって、しゃべりたくないみたいな空気を感じて。なんでなのかいまだにわからないままなんですけど。もし私が何か気に障るようなことをしていたのなら、この場を借りて謝りたいです。

——その山口さんが漫画とつなげてくれて。

岩見 はい。山口さんは当時『ヤングサンデー』の仕事をしてたんですが、Kさんという編集の方がストーリーブレーンを探してるってことで。そこから、ストーリー協力という変な仕事がどんどん増えていきました。

——あんまりハッキリ言えないような仕事もあったとか？

岩見 ええ、ゴースト仕事ですよね。ゴースト原作者に近いようなことも。

——原作者が飛んだあとの穴埋めとか。

岩見 そうそう、そういうことをしたり（笑）。それまで物語とか書いたことないのに、なんかできちゃって。そしたら「ちゃんと自分の原作も書かない？」って話になって、『ラーメン発見伝』につながっていって。

——最初は自分の名前とか出さなくても、このままでいいなって感じだったんですか？

岩見 そうです。それがホント楽で。お金もよかったし名前も出さないし。『ロッキング・オン』で多少人気のあるライターだったからといって世間的にはゴミみたいなものですよね。なのにあんな威勢のいいこと書いてたのにいまはふつうのことやってるみたいなのが恥ずかしくてしょうがなかったんですよ。誰が言うわけでもないのにすごく恥ずかしくて。

——昔の自分が攻撃してくるような感じ。

岩見 それです、まさに！ 昔の自分という名の読者が何万人もいてブーイングを浴びせてくるみたいな（笑）。それが苦しくて。それは『ラーメン発見伝』始めてからも続いてましたね。

——「おまえは革命を起こすんじゃないのかよ！」みたいな過去の自分からの攻撃が。

岩見 それが変わったのが豊田道倫さんを初めてライブで観たときで、天才っていうのはこういう人のことで、自分にも何か才能があるように勘違いしてたけどぜんぜん違うから適当にやってればいいのかなって気になったんですよ（笑）。たとえば今日「これが素晴らしい」って言っても、明日には「いや、これはくだらない」ってコロコロ意見変えていい加減なこと言ってもべつにいいんじゃないかな、どうせ大して才能のない俺のやることだし、みたいに思って。こないだ志ん生についてビートたけしさんが書いた本をちょっと読んでたんですけど、芸人の「強さ」っていうのは、つまり「才能とは」ってことだと思うんですけど、それは「危うさ」だと。動物園でもやっぱり人気があるのは、ライオンとかヒョウみたいな猛獣だろう、といったことをたけしさんは書いてて。そういう意味では私なんかはちょっと元気のいい犬とか猫とかそれくらいのもんで、豊田さんは猛獣なんですよ。虎とかライオンじゃなくて毒蛇とかハイエナみたいな感じかもしれないですけど、危険な感じがすごくある。自分はそういう人間じゃないんだなって分を知ったというか。そこからわりと楽にやるようになりましたね。

——岩見さんの『マンガ原作発見伝』（11年／朝日新聞出版）でいいフレーズだなと思ったのが、「もう、表現者気取りをして変に格好つけたものを書くのはやめよう。昔みたいに心底書

『マンガ原作発見伝』
岩見吉朗著『マンガの方法論 マンガ原作発見伝』（11年、朝日新聞出版）。過去作品をどう書いたかや、編集者との打ち合わせ、トラブル事例など、実体験を豊富に交え語る「マンガ原作論」。『ロッキング・オン』時代の「やはり、老いぼれる前にくたばりたい」（本文参照）も収録。

きたいものはないんだから、当面は職業としての漫画原作者に徹することにしよう」ってもので、わきまえたというか。

岩見 そうです、まさにわきまえましたね。そこに書いたとおりの認識で始めました。それはそれでストレスあるんですけどね。飽きてくるんですよ。だいたい漫画って飽きてくると書くことがなくなり、書くことがなくなるとバトルに走るっていう……こんなこと言っていいのかな（笑）。だから『ラーメン発見伝』とかも後半バトルに入ったらつまんなくなったっていう読者の声が……読者っていうか2ちゃんねるとかにあって、「わかるわかる！」って感じでしたね（笑）。

――間違ってなかった（笑）。

岩見 で、いったん『ラーメン発見伝』はたたんで、次に『らーめん才遊記』を始めるんですけど、やっぱり5巻ぐらい過ぎてきたら苦しくなって、また今度はなでしこラーメン選手権っていうバトル展開に持っていって。そしたら2ちゃんねるに、「なんかつまんなくなったな」って書かれてて、「わかるわかる！」って（笑）。でも、バトルって楽なんですよ。正直、バトル漫画やってるヤツってみんな楽したいからやってるんだと思いますよ。

――『ラーメン発見伝』も最初は主人公（藤本浩平）が好きになれなかったのが、悪役の芹沢さんが出て変わっていったわけですね。

岩見 そうなんですよ。主人公はホント型どおりに作っただけなんですよね。前向きな、自分の夢に向かってまっしぐらみたいな、ホントくだらないヤツなんですよ！

――岩見さん、芹沢さんになってますよ！

岩見 正直そんなのそこらじゅうにいるじゃないですか。だから自分でもわかってて書いてたんですよ、くっだらねえ主人公だなって。それでもウケる確信はあって。グルメ漫画はウケるし、ラーメン漫画も珍しいから、ラーメンが美味しそうだったら物語がそこそこ形になってればそれだけで読んでくれるだろうって。だからあれ主人公は藤本じゃなくてラーメンのつもりで書いてたんですよね。そこでたまたま出した芹沢さんが「ヤツらはラーメンを食ってるんじゃない。情報を食ってるんだ！」みたいなことを言い出したら、「あれ？　なんか楽しい！」って、自分の考えが無理のない形で出せるようになったから。架空のキャラに言わせると楽なんですよね。

――自分の考えなりなんなりを。

岩見 悪役ってポジションはすごく楽で、無責任なままひどいことをいくらでも言わせられるんで書いてて楽しかったですね。主人公を書いてるときが一番つまんなかった。『ロッキング・オン』に書いてたときからそうなんですけど、自分のなかに極左革命だとか極右革命だとかっていう激しい部分もあれば呑気な自分もプロレス好きな自分も、いろんな自分がいるのにちゃんと出し切れてなかった。それが今の『再遊記』で、やっと全部統合した形でできるようになってきました。

――自由にやられてますもんね。「村松友視のプロレス三部作が！」みたいな感じで。

岩見 ハハハハハ！　かなり自由ですね。今度また違うの出てきますよ。芹沢さんが『私、プロレスの味方です』を読んで、「昔の本読みたくなったなあ」って自分の部屋から出してくるのが、先日亡くなられた松村雄策さんの『リザード・キングの墓』とか、遠藤ミチロウさんの『嫌ダッと言っても愛してやるさ！』とか、早川義夫さんの『ぼくは本屋のおやじさん』とか

『私、プロレスの味方です』
村松友視のデビュー作。80年、情報センター出版局。村松が中央公論社の編集者時代、糸井重里に紹介されて書いたところベストセラーに。プロレス本の嚆矢であり、プロレスを語る批評言語の源流とされる一冊。

松村雄策（まつむら・ゆうさく）
音楽評論家、文筆家。51年生まれ。『ロッキング・オン』創刊メンバー。以来50年に渡り、同誌に執筆を続けた。22年死去。著書『リザード・キングの墓』（89年）は『アビイ・ロードからの裏通り』『岩石生活入門』に続く3冊目のエッセイ集（『ロッキング・オン』掲載稿をまとめたもの）。

ズラッと並べて、「うわ、なつかしいなあ!」って言う場面があるんですよ。あと『ケーフェイ』とか門茂男とか。

――門茂男まで!

岩見 ただ残念だったのは『門茂男のザ・プロレス365』シリーズは全部持ってたんだけど、あるとき売っちゃったんです。あれ出したかったなあ。

――ザ・スターリンも出してましたもんね。

岩見 そうなんですよ。そういう趣味性みたいなものが出せるようになって楽ですね。『ラーメン発見伝』の藤本だったり、次の(汐見)ゆとりちゃんだったりがスターリン聴いてたらおかしいじゃないですか。すごく説明しないとキャラクターの整合性が取れなくなるけど、芹沢さんって私ですから、私が好きなものはなんでも。だから、けっこう楽しんでやってます。

――やっと楽しくなれたんですね。

岩見 そうですね。とはいえ、いま57歳ですけど、この歳までやってる理由って特になくて。なんでかってていったらお金なんですよね。いま死ぬまで遊んで暮らせるお金があったら、もう『らーめん再遊記』は最終回に向けてたたみますね、間違いなく(あっさりと)。

――うわーっ!!

岩見 そこまで情熱ないっていう(笑)。京都精華大学で教えてた金城宗幸くんっていう『神さまの言うとおり』とか、いま『ブルーロック』の原作やってるのがいるんですけど、ものすごく売れてるんですよ。彼は30代中盤ぐらいにして相当稼いでるんですよね。だけど、たまに会って食事してもぜんぜん昔と変わらないし浮かれた感じがないんですよ。で、「次はこういうの書きたい」とかやる気満々で、才能あるってこういうことなんだなって思いますね。私が彼くらい稼いでたら絶対やめます。あともうひとり教え子で萩原天晴くんっていうのがいて、彼は『中間管理録トネガワ』とかの原作やってるんですよ。彼も同じですね、いろんなものを書きたくてしょうがないっていう。若いからっていうのもあるんでしょうけど、私は30過ぎた頃にあんなやる気はなかったですね。

――流れで始めた人だから、原作の仕事にそこまでのパッションがないんでしょうね。

岩見 そうなんですよ。あのふたりはそもそも漫画家になりたくてマンガ学部に入るような人間なんで動機があるんですよね。

――お金を払ってでも漫画を学びたかった側。

岩見 そうそう。私はもう金もらわないと絶対に原稿は書かないんで。私、金もらわない原稿を書いたことないんですよ。ボランティア的なものとかミニコミ的なものに協力するとか、金もらわないと無理。なんでこれで続けてこられたのか……やっぱ生活がかかってるからじゃないですかね。あと秋田から出てきてるっていうのも大きいかもしれない。とにかく家賃と光熱費、食費は稼がなきゃいけないっていう義務感はありますね。

――東京育ちと地方から来た人とそこが決定的に違いますね。ボクとかボクの周りの同業者たちって基本みんな呑気なんですよ。みんな東京の人間なんで、稼ぎはガンガン趣味に注ぎ込んで、本を買いまくってCDも買って。

岩見 それはホントうらやましいですね。洋楽、ロックに絡んでたときはけっこう憎しみがありました。この人たいして原稿書いてないのになんで洋楽ライターで生活できてるんだろうって人がけっこういるんですね。で、聞いてみたら東京に実家があってわりと裕福な家だったり、ヘタしたら土地持ちとかマン

ザ・スターリン
遠藤ミチロウを中心とするパンクバンド。鳩の死骸や豚の臓物を客席に投げつけたり、全裸でステージから放尿するなどの過激なパフォーマンスで知られる。2ndシングル『ロマンチスト』の「吐き気がするほどロマンチックだぜ」のフレーズが有名。

金城宗幸(かねしろ・むねゆき)
漫画原作者。87年生まれ。元々は漫画家志望で、08年に週刊少年マガジン新人漫画賞で特別奨励賞となるも、画力が伸びず挫折。11年『神さまの言うとおり』(藤村緋二作画)で原作者デビュー。現在は『ブルーロック』(ノ村優介作画)の他、『スーパーボールガールズ』(平本アキラ作画、『ビッグコミックスペリオール』)を連載中。

萩原天晴(はぎわら・てんせい)
漫画原作者。『中間管理録トネガワ』(橋本智広・三好智樹作画)、『1日外出録ハンチョウ』(上原求・新井和也作画)『上京生活録イチジョウ』(三好智樹、瀬戸義明作画)などの

ション貸してるとか、お坊ちゃんなんですよ。だからバイトしてるっていってもそのバイト代はすべてレコード買える。こっちはまず家賃と光熱費を確保したうえで買わなきゃいけないので、そりゃかなわないよって。

――確かに大貫憲章さんの取材に行ったとき驚きましたもん、実家なんだっていう。実家の一戸建ての地下をレコード部屋と事務所にしてて、電話するとお母さんが出て（笑）。

岩見 ぜんぜんパンクじゃないじゃないですか（笑）。嫌な話聞いたなあ。話を急に戻すと、フリーライターやってた頃を不毛なくだらない時代みたいに語ってしまいましたけど、決してそればかりではなくて。『ロッキング・オン』を辞めて『Number』と『文春』でやった時期があったんですけど。衝撃的だったのは柳澤健さん。後に『1984年のUWF』などを書かれる柳澤さんが『Number』での担当編集だったんですよ。こっちとしてはちゃんと書けたと思った原稿のゲラに柳澤さんの赤字がビッシリ入ってるんです。「なんだこりゃ!?」ってビックリしたんですけど、それで痛感したのは、これがメジャークラスのライターの世界なんだっていう。いままでいた『ロッキング・オン』とか音楽雑誌はマイナーリーグなんだなって感じがすごくしましたね。とはいえ、『ロッキング・オン』でも当時いた編集部の先輩たちにはいろいろ教わって。それがすごく役に立ったと思います。ただ全員言い方がキツいんですよ。あんなに性格の悪い集団だとは思わなかった。

――ダハハハ！　そうなんですね（笑）。

岩見 みんな性格悪くて攻撃的なんですよ。そのあとフリーになって『クロスビート』とか『宝島』の仕事して思ったのは、なんていい人たちなんだろうって。みんなすごく優しい穏やか

『カイジ』スピンオフシリーズを手がける。

柳澤健（やなぎさわ・たけし） ノンフィクション作家。60年生まれ。慶大卒業後メーカー勤務を経て、文藝春秋に入社。『Number』編集部などに在籍後、03年にフリー。07年の処女作『1976年のアントニオ猪木』（文藝春秋）や14年の『1964年のジャイアント馬場』（双葉社）など「●●年もの」プロレスノンフィクションで知られる。20年には『小説宝石』の連載をまとめた『2016年の週刊文春』（光文社）が「逆文春砲」と話題に。

な人ばっかりで。『ロッキング・オン』の人たちは「おまえの性格的な暗さはこういう生い立ちに起因してるのではないか」とか、嫌なことをネチネチ言うんですよ。嫌だけどそれが自分にもうつっちゃって。結局、芹沢さんの性格の悪さは……。

——あれ『ロッキング・オン』なんですか！

岩見 そう！『ロッキング・オン』的な性格の悪さなんです。芹沢さんもいちいち角の立つ言い方するじゃないですか、そんな言い方しなくていいのに。それでも、『ロッキング・オン』のおかげで成長してきたっていう感じなので。美空ひばりのお母さんは激しい気性で人とぶつかることも多かったのに、最後は「感謝」って言って亡くなられたそうですけど、私も感謝してますよ。

——ギラギラした毒っ気だらけの革命したかった人が、よくその境地になりましたね。

岩見 そうですよね。元の性格がいいからじゃないですかね（あっさりと）。絶対そうですよ！ 私、元の性格は絶対いいんですよ！

——それが大学ぐらいから歪んだんですか？

岩見 いや幼稚園からです。私は秋田でおじいちゃんおばあちゃん、親父は出張であまりいなかったけどお母さん、親戚のおばさんたち、いとこのお姉さんたち、みんなにチヤホヤされて生きてたんです。「かわいいかわいい」って言われて、幼稚園に上がるまでは王子様みたいな扱いで人生で一番幸せな時代がそこにあって。で、幼稚園に行ったら野獣みたいなヤツがいっぱいいるじゃないですか。

——誰もチヤホヤしないですからね。

岩見 そうそう、すぐ殴りかかってきたり。もうビックリして毎日泣いてたんですよ。お袋がたまに幼稚園に様子を見に行くと必ず私が泣いてたっていう。そこで社会への憎しみがふつふつと醸成しだしたんですよね。それで小学校に入ったら手塚治虫の『バンパイヤ』に間久部緑郎っていうのが出てきまして、「法律とか道徳は人間が作ったもので、そんなものどうだっていいんだ。人間は好き勝手に野獣のように生きればいいんだ」って言ってて、そうなんだ！ と。

——素直に思っちゃって。

岩見 そうそう。いままで俺をイジメたヤツらにいつか仕返ししてやる、学校の先生が何を言おうが尊敬する手塚先生の『バンパイヤ』にこう書いてあるんだからこれに従って生きていこう、みたいなことを子供心に思ったんですよね。中学でパンクロックに出会ってそれがさらに加速して。でも、なんかやっぱり嫌なんですよね、外で戦ったりするのがすごく嫌で。実は昔のように優しい人たちにチヤホヤされる人生を歩みたいっていう。

——ある意味そこにいったんですかね、漫画が評価されてある程度チヤホヤされるようになって、邪気が抜けてきたというか。

岩見 ああ、そうですよね。大学に行ったら行ったで、よっぽどひねくれた学生じゃなければ、こっちが優しくすれば向こうも優しく返してくれるんですよ。で、「先生先生」ってチヤホヤされて、まあいい気分でした（笑）。それがちょっとマンネリ化してきたんで、また違う形でチヤホヤされないかなーっていうところですかね。

——謎が解けた気がしました。芹沢さん『ロッキング・オン』説はすごい納得です。

『バンパイヤ』
手塚治虫の漫画。未完。66〜67年に『週刊少年サンデー』（小学館）に第1部が連載。その後68〜69年に『少年ブック』（集英社）に第2部が連載されるが、掲載誌の休刊により打ち切り。積み重なった恨みから人間に蜂起したバンパイヤ族と、それに乗じて世界を支配しようと企む少年ロック（間久部緑郎）、そうはさせまいとする人間と狼男のトッペイ、という三つ巴の抗争を描く漫画。「間久部緑郎」（ロック・ホーム）は『火の鳥未来編』『鉄腕アトム』『ブラック・ジャック』などにも登場する手塚漫画スターシステムおなじみのキャラ。「久部緑郎」というペンネームは「間久部緑郎」にちなんで付けられた。

『ロッキング・オン・ジャパン』の小山田圭吾のインタビューが炎上
21年、東京オリンピック・パラリンピック開会式の音楽担当に選ばれた小山田圭吾が、27年前のインタビューを理由に炎上、辞任に追い込まれた一件のこと。『ロッキング・

岩見　そうですね、かなり『ロッキング・オン』っぽい内容にはなってますね。

――「ネチネチ言いつつ自分語り」とか、たしかに『ロッキング・オン』だっていう。

岩見　ハハハハハハ！　そうですね。『ロッキング・オン』はそういうとこある。

――そんな感じですかね。

岩見　え、これで大丈夫ですか？　なんでも聞いていただいていいんですよ。

プロレス＆格闘技大好き！

――じゃあ、『ロッキング・オン・ジャパン』の小山田圭吾のインタビューが炎上したときはどういうふうに見てました？

岩見　その件ですか(笑)。あのインタビューの頃、私はもう『ロッキング・オン』にいないんですよね。読んでもいないんですよ。ただフリッパーズ・ギターは大嫌いでしたね。『ロッキング・オン』にあからさまにフリッパーズのふたりをディスるような原稿を書いたことありますよ。お坊ちゃんが斜に構えていろんなことをせせら笑い、そして軽やかに生きていくみたいな、ああいうキャラはホントいけ好かない、俺は嫌い！

――芹沢さんだ！

岩見　それがいい悪いじゃなくて嫌いっていうのを前面に出した原稿を書いたことあります。フリッパーズ嫌いっていう男は多いんじゃないですかね。ただ、小沢健二みたいなひねくれた友達も私けっこういるので、なんとなく愛憎半ばするところはありますね。だからキャラじゃなくて単に音楽が嫌いなのかな。音楽はパンクみたいな激しい攻撃的なものであってほしいっていう。軽やかなポップだけど実は毒を含んでるみたいなのってあんまり好きじゃないんですよ。毒を含んでたら毒出せばいいじゃん、「No future for you」とか言えばいいじゃんって思うんですよね。そのまどろっこしさが面倒くさい、嫌だなと思って。あと、あるときから『ロッキング・オン・ジャパン』とかのインタビューを私は好きじゃないなと思って。それは何かといったらミュージシャンとの距離感が近すぎるインタビューって好きになれないなって思ったんですけど。ただ、そっちのほうがウケるんですよね。

――ファンはそういうのを見たいから。

岩見　そうなんですよ。でも、松村雄策さんもそういうのあんまり好きじゃないって言ってましたね。松村さんは20も年下の息子みたいなミュージシャン相手のインタビューだと、現場ではタメ口で、「ナントカくん、なんとかじゃない？」って話してるんだけど、記事にするときは「ナントカさん、なんとかですか？」って敬語に直すって言うんですよ。私もそうなんです。ミュージシャンはスターだし常にリスペクトしなきゃっていうことで。ただそれは読者からすると距離感があるインタビューになっちゃう。でもやっぱり、ああいうなれなれしいのは……吉田豪さんもそうだけど（笑）。ただ違うと思うんですよね、豪さんのインタビューと『ジャパン』がやってるような馴れ合い的なインタビューの距離感って。

――違いますよね。

岩見　小山田インタビューはちゃんと読んでなくてネットで見聞きした限りですけど、想像するにそういう距離感の間違ったインタビューだったんじゃないかなっていう気がしますね。豪

オン・ジャパン』94年1月号の2万字インタビューにおいて小山田は障害を持つ同級生を中学時代にいじめていたエピソードを楽しげに語っていた。小山田は「発売前の原稿確認ができなかったこともあり、事実と異なる内容も多く記載されて」いたとしたが相手を傷つけたことは認め、活動を自粛。当該記事を担当した編集長・山崎洋一郎も謝罪した。

さんのインタビューは虎の威を借る狐になってないのがいいと思うんですよ。『ジャパン』は……『ジャパン』に限らず音楽誌は結局、宇多田ヒカルなり米津玄師なりのお客さんを呼ぶためにやってるインタビューなわけじゃないですか。ここにスターがいて、そのスターに「ヒカルちゃん」みたいに言う馴れ馴れしいインタビュアーがいる。ファン代表であるインタビュアーがスターの近くにいることでファンも近くにいると錯覚させるという構造ですよね。しかしファンは実際は近くにいれない。だから近くにいるインタビュアーはファンからするともうひとりのスターみたいになってる。その構造って要するに虎の威を借る狐でコスい商売だなって思うんですよ。あんなのロックでもなんでもない。対して豪さんの場合は誰にインタビューしてても「吉田豪のパフォーマンス」として成立してて、だからこっちが知らない人や興味のない人をインタビューしてても関係なく読めるんですよね。

——基本、全方位に距離がありますからね。

岩見 その距離感が絶妙だと思うんですよ。

——距離を取りつつ誰にでも敬語っていう。

岩見 あの小山田インタビューでは、そういうのができてなかったんじゃないかなって感じがしますけどね。でもすごいことになってましたね、小山田騒動は。

——「山崎洋一郎は謝れ！ 説明しろ！」みたいな。

岩見 あの程度の釈明と謝罪じゃああなりますよね。基本、あの会社は沈黙戦略ですから。CCCDが問題になったときもそうでしたね。騒動がピークのときは一切沈黙して。で、もうみんなCCCDなんて「なんだっけそれ？」みたいになった頃にしれっとステイトメントを言い訳のように発表して。ああいうやり方はなんだかなって思いますね。

——大きなビジネスが動いてるときはヘタに動けないんでしょうね、あまりにも企業としてデカくなりすぎちゃったから。

岩見 いやでも……って、感謝してるわりにロッキング・オンの悪口ばかりになってきたんで、これぐらいにしておきます。ところで、ぜんぜん関係ないですけど、UWFインターの最初のパンフレットって、なぜか私と松村さんと市川哲史さんと森内淳さんがやったんですよ。

——なんでまた！

岩見 大昔の話なんで記憶違いがあるかもしれませんが、たしか……高田さんの奥様の向井亜紀さんと『ロッキング・オン』でライターやってた森内さんが一緒のラジオか何かやってて。森内さん経由で「高田さんがパンフレット作りたいけどなんの伝手もなくて困ってる」って話が聞こえてきて、じゃあ『ロッキング・オン』関係にプロレス好きがいっぱいいるからやりましょうってことになり、旗揚げ戦のパンフレットはその関係者が4人も書いてるんですよ。

——高田延彦の取材もしてるんですよね。

岩見 それは『Ｎｕｍｂｅｒ』でやりました。あのときはUインターが始まって、けっこうまじめな内容のインタビューでしたね。

——その時期は高田さんが自我をまったく出さずに神輿に乗ってた時代ですからね。

岩見 ええ、かなり優等生的な感じでしたね。あの頃、プロレス関係の仕事もちょっとやったんですけど、ロックとは違う意味で私は苦しくなって。やっぱり八百長だしなと思うと。

——ダハハハハ！ あーあ。

CCCD
コピーコントロールCD。03～07年頃に存在。PCを使ったCDからの音源取り込み（リッピング）を防止する目的で、CDの標準規格を故意に逸脱したデータを埋め込んだCDのこと。利用者側には、買ったのに再生機器によっては聞けない、機器が故障してもメーカー保証対象外となる、iPodなどに取り込めない、音質劣化リスクがあるなどデメリットしかなく、メーカー側もコストや共通規格化など課題を多く抱え、これを主導したエイベックスはCCCD発売によって売り上げを20%も落とした。

市川哲史（いちかわ・てつし）
音楽評論家。61年生まれ。大学在学中より『ロッキング・オン』へ投稿。93年雑誌『音楽と人』を創刊。著書に『逆襲の〈ヴィジュアル系〉－ヤンキーからオタクに受け継がれたもの－』（垣内出版）など。

森内淳（もりうち・じゅん）
音楽ライター、編集者。『ロッキン

岩見　変に純粋主義なんですよ。なんでそうなっちゃうかというたらUWFにものすごく、この人たちはガチの総合格闘技を作るんだろうって期待してたので。

——革命幻想をUWFにも抱いて。

岩見　そうそう！　そうなんですよ。革命だと思ったら裏切られて、こいつらは実は保守反動分子だ、反革命だ、と。それがあったもんだから。佐山さんのことはずっと好きですが、前田日明さんとか高田さんも大ファンでしたけど、あるときからうーん……となって。パンクラス、船木誠勝さんと鈴木みのるさんには期待してましたけど、結局そこらへんからプロレス系、格闘技系ってハッキリ分かれて。分かれたら分かれたでイマイチおもしろみがなくなるっていう、また不思議なことになって。

——そうなんですよ。そのへんが曖昧だった時代ならではのおもしろさがあったわけで。

岩見　そうですね。そういう意味で一番おもしろかったのは中井祐樹vsジェラルド・ゴルドー戦ですね、一番好きな試合は。

——それはゴルドー側で観てたんですか？

岩見　いや、中井側で。プロレスファンが中井さんにヤジ飛ばしてて、あれからプロレスファンが嫌いになりました。頭悪いヤツらだと思って。中井さんって身長170センチぐらいで体重が70キロ前後で、だから一般人レベルじゃないですか。一般人がゴルドーみたいなヘビー級のあんなバイオレンスなヤツと互角に戦ってるのに、退屈とかなんとかを越えた凄いものを感じ取れない人たちなんだ、と。この人たちは技を受けて攻めて受けて攻めてっていうくだらない大根芝居みたいなものしか理解できない愚かな人間たちなんだと思って。

——また芹沢さんモードになってますよ！

岩見　ハハハハハハ！　でもそうなったんですよ。こいつらと一緒にされたくないと思ったんですね。昔は私、プロレスファンであることに誇りを持ってたんです。たとえばジャンボ鶴田&天龍源一郎vsダイナマイト・キッド&デイビーボーイ・スミス戦を新潟市体育館で観たことがありまして。みんな最初は鶴田、天龍を応援するんですよ、同じ日本人だから。ところがキッド、スミスがあまりにもキレキレのすさまじい試合をするもんだから、いつの間にか鶴田コールしてた人たちが全員キッドコールに変わってくる。その場にあるものを正しく評価する、外人とか日本人とか関係なく評価するのがプロレスファンで、なんてフェアで素晴らしい人たちだと思ってたんですよ。それが中井vsゴルドー戦になったら大根芝居しか理解できない愚かな人たちになっててガッカリしましたね。

——中井さんと話が合いそうですね。中井さんも音楽マニアじゃないですか。

岩見　そうみたいですね。あの頃は『ヘルター・スケルター』をテーマ曲にしてましたね。『ヘルター・スケルター』って上に行って下に行って上に行って下にって歌詞じゃないですか。それってまさにMMAそのものだなと思いました。打撃で戦い、寝て戦いっていう。中井さんは尊敬してます。そういえば今日、自慢したいんだけど自慢する相手がいないっていうものを持ってきたんです。

——なんだろう？

岩見　豪さんならちょっと感心してくれるかなと思って。（夢グループの小林旭コンサートのチケットを並べて）2018年から19年にかけての1年ぐらいで私はこれくらい観に行ってるんですよ。

グ・オン』への投稿をきっかけにライターとなる。メタル系、ハードロック系を嫌う80年代の『ロッキング・オン』における数少ないヘヴィメタ支持ライターだった。12年、音楽雑誌『DONUT』を創刊。

中井祐樹vsジェラルド・ゴルドー戦 95年4月20日「バーリ・トゥード・ジャパン・オープン1995」第2試合。修斗ウェルター級王者だった中井に対しゴルドーはサミング（目潰し）を繰り返した。試合は第4ラウンド中井のヒールホールドで勝利に終わったが、中井はこれが原因で失明、総合格闘家としての生命は絶たれた。

小林旭（こばやし・あきら） 俳優、歌手。38年生まれ。54年、日活ニューフェイスに合格、56年にデビュー。58年の『錆びたナイフ』で石原裕次郎と初共演、以降、石原とともに日活黄金時代を築く。現在は夢グループ所属。22年、借金を肩代わりしている夢グループの石田社長との自宅抵当権を巡るトラブルが報じられた。

——小林旭、最高ですよね。昔、ボクがやったインタビューが一時期話題になって。

岩見 あれ最高でした！

——「俺がヤクザとゴルフやったからって誰に迷惑かけたっていうんだよ」って見出しが車内吊り広告になったっていう（笑）。

岩見 最近、夢グループの社長と金銭トラブルが起きて。週刊誌で見る限り、小林旭さんのほうが悪い気がするんですが（笑）、どうにか和解してツアー再開して欲しい。MCがおもしろいんです。田岡組長に言われて美空ひばりと結婚した話を必ずするんです。誰にも気兼ねなく自由に好き勝手しゃべってる感じでロックっぽいんですよ！

小林旭コンサートのチケットを並べてご満悦。

変な混ぜ方は間違いなく
プラスワンからでしょうね

純烈
酒井一圭

2020年4月収録

1975年6月20日生まれ。大阪府出身。歌謡コーラスグループ「純烈」のリーダー。1985年、『逆転あばれはっちゃく』で5代目桜間長太郎で主演デビュー。2001年、『百獣戦隊ガオレンジャー』に牛込草太郎 / ガオブラック役で出演。その後、レスラーとして「マッスル」に継続参戦し、新宿ロフトプラスワン・プロデューサーにも就任。08年、「純烈」を結成。近年は『NHK紅白歌合戦』に連続出場。競馬評論家としての一面も。

ロフトプラスワン時代はターザン山本を担当

――お久しぶりです！　ロフトプラスワンの元店員が紅白に出場したのは奇跡だと思ってるので、その時代の話とか、ここに至るまでの話をいろいろ聞けたらと思ってます。

酒井　わかりました！　もともと『百獣戦隊ガオレンジャー』でイエローやってた子（堀江慶）が学生時代に日芸で映画を作ってたんですよ。それが在学中にガオイエローになって、ロフトプラスワンで映画の出演者とかスタッフのトークライブがあるから遊びに来てって誘ってくれて、ロフトプラスワンに初めて行って。ここ超いいじゃんっていうか。

――もう富久町から歌舞伎町に移った時期？

酒井　歌舞伎町に移ってからですね。そのとき『ガオレンジャー』を一緒にやってたんでステージに立ったら、掘りごたつでしゃべるのがめちゃくちゃおもしろくて。「ここ俺も出たいんだけど」って言ったら、斉藤友里子が「酒井さんがトークライブやるんだったら私が担当します」って言ってきたのがきっかけで、僕もあそこでしゃべるようになって。

――斉藤さんは当時のプラスワンの女性スタッフで、掟ポルシェに乳を揉まれてた巨乳の人。

酒井　そうなんだ（笑）。でも、揉ませるだろうな、掟さんのこと好きだから。それが最初のきっかけで、それでずっと『酒井祭』っていうトークライブをやってたんですけど。

――単行本も出てますよね。買いましたよ。

酒井　うわ、すげえ!!　これが本になりまして、競馬が好きで武豊さんとかにも出てもらいまして。で、28歳で結婚するときに俳優が不安定なのはロフトの人たちも知ってて、ちょうどカルカル（東京カルチャーカルチャー）に行っちゃった横山シンスケさんが抜けるってときで、ひと枠空いたところで、（奥野）テツオや（天野）宇空ちゃんが「酒井くんいいんじゃない？」みたいなことを言ってるって斉藤から聞いて。なんで俺なの？　って思ったんですけど、「横のつながりとか人をいっぱい知ってるし、酒井さんならそういうの興味あるかなと思って。嫌ならいいんですけど」って言われて。

――もともと俳優らしくないレベルで横のつながりが豊富な人ではあったわけですよね。

酒井　それで斉藤に、「奥さんを口説いてくれる？　奥さんがいいって言うんだったら俺もやりたいんだけどさ」って言って、奥さんに会いに来たりしてくれて。で、奥さんも「ぜんぜんいいんじゃない？」みたいな。

――固定収入は多いほうがいいですしね。

酒井　そうそう。それで契約社員みたいな感じで入って、1回社員になるんですけど、ずっと俳優で給料制でやったことがなかったんで、朝9時出社で夕方5時までいて何本かイベント組んでいたら、それで給料がもらえるのが気持ち悪くて。やっぱり、やれなかったらもらえない、やったらやったでもらう形がいいねってことで、3カ月ぐらいでまた契約社員に降ろしてもらって。そこからふつうにブッキングをやってるときに脚を骨折して。

――レイパー佐藤監督作品『クラッシャーカズヨシ』ですね。要はふつうにプラスワンで働いてた期間ってどれくらいなんですか？

酒井　どれくらいなんだろ？　24～25歳でガオレンジャーで28

『百獣戦隊ガオレンジャー』
スーパー戦隊シリーズの第25作目。01～02年、テレビ朝日系。金子昇、玉山鉄二、有岡大貴（Hey! Say! JUMP）らが出演。酒井はガオバイソンに選ばれた元序二段力士・牛込草太郎（ガオブラック）役。ガオイエロー役の堀江慶は真木よう子主演『ベロニカは死ぬことにした』（05年、角川映画）などの映画監督。

斉藤友里子（さいとう・ゆりこ）
18歳で新宿ロフトプラスワンにアルバイトで入り、すぐに社員となる。98年の歌舞伎町移転後からは横山シンスケ・加藤梅造らと並ぶプロデューサー、イベントブッキング担当者として1000本以上のイベントを企画、00年代のロフトプラスワンを支えた。

歳で結婚して32歳で骨折だから、それでも3〜4年やってますね。

——ボクとターザン山本の『格闘2人祭』というイベントも横山シンスケさんから……。

酒井 僕が引き継いだんですね。自分で立ち上げたイベントじゃないのですごく緊張して。でも、ぜんぜん知らない世界なので興味あるし、豪さんとかターザンさんどうやってしゃべってんのかなとか、ゲストの人とかよくこんな人いっぱい来るなー、みたいな。

——つまり、時期的に言えばターザンがひどくなってからの担当だったわけですよね。

酒井 そうです！ 話を聞くとすごい人なのに、どうにもならない人になってて。豪さんはそれもおもしろがってつき合ってるから、どういう人間関係なんだろうと思って。

——もう周りがあきれ始めてましたからね。一回、客の入りが少なくてゲストにギャラを払うとボクらのギャラが1万しかないってことがあって、1万ずつもらって、端数をターザンに渡したんですよ。そしたら横山さんにブチ切れて、「こんな金でやってられるか！ ふざけるな、俺は二度と出ない！」って怒鳴りまくったあとに横山さんが自腹で1万円追加で出したら急に態度が変わって、「……いまのは冗談だよぉ。また次回もお願いしまーす」って言い出した瞬間があって（笑）。

酒井 すげえ!!

——1万円で人は変わるんだなって（笑）。

酒井 あんなすごい人が！ そうか、僕はまったく害はなく楽しくやらせてもらってましたけど、競馬の話ちょっとできたからかな。

——ああ、それはあるでしょうね。

酒井 それでニコニコしてくれました。あのとき若い彼女がいましたよね。そんなバカなと思いながらPA卓で震えてましたけど。

——若い彼女と別れた後、その彼女のインタビュー映像をプラスワンで流してターザンにボクが襲撃されるっていう事件もあったんですけど、そのあとなんですよね。もうちょっとターザンの元気がなくなってからの担当。

酒井 そうですね、ターザンさんが優しいおじいちゃんになっていく過程でした。僕は既存のイベントを引き継いだのは豪さんのイベントぐらいで、何か新しいことを立ち上げてくださいってことで。「僕らは気の狂った発想しかできなくなってきちゃってるんで、もうちょっとメジャー感のあるものを酒井さんにお願いしたい」という依頼でしたね。それで、音楽とか競馬とか特撮とか自分の好きなものをちょっと置いていったというか。いまだに僕がやってたイベントを長く続けてくれててありがたくて、最初はそういうイベントのMCもやってたんですけど、だんだん純烈が忙しくなっちゃっていまはもう離れて。

プロレス・マッスル時代

——当時プロレスはやってたわけですよね。
酒井 マッスルはやってたと思います。20代後半だったと思うんですけど『ガオレンジャー』が終わって、結婚した1年後にもう長男が生まれて、1年間は芸能界からまったく離れて育児休暇みたいな、ずっと産婦人科にもついて行ったりしていて。そのあとロフトプラスワン勤務になるんですけど、ロフトプラ

【酒井祭】 「しんじゅく酒井祭」。02年11月に第1回開催。ガオブラックとして出演中の01年にパルテノン多摩で行われた手作りPRイベント『酒井祭』が起源。第2回は12時間トークライブ。後に日本特撮党党首を名乗り数々のイベントを満員にする鈴木美潮はこのイベントからブレイク。ビジュアルブック『酒井祭』（03年、美術出版社）では酒井の撮り下ろし写真や武豊・幸四郎兄弟との対談などが掲載。

横山シンスケ（よこやま・—） シンスケ横山とも。97年から『新宿ロフトプラスワン』のプロデューサー、後に店長。プラスワン時代から共にイベントをやっていたニフティの林雄司と07年にお台場に「東京カルチャーカルチャー」を立ち上げ。現在も店長兼プロデューサーを務める。

奥野テツオ（おくの・—） 19歳で新宿ロフトプラスワンにアルバイトで入り、姉妹店『ネイキッドロフト』『阿佐ヶ谷ロフトA』では初代店長を務める。13年に独立、イベントスペース『高円寺パンディット』を開業。

天野宇空（あまの・うく） ロフトプラスワン5代目店長。14年、ロフトプラスワンウエスト（大阪）の初代店長となり、現在はなんば紅鶴スタッフ。「天野ウクレレ」を名乗っていたことも。

スワンと並行して新しい事務所に移るときに紹介してもらった会社の新しいマネージャーと、東映の『ガオレンジャー』時代にアシスタントプロデューサーの横塚孝弘っていうのと3人で焼き肉を食ったんですよ。そのときにもう1年間俳優から遠ざかってたのですっかり素人になってて、横塚さんに「まったくオーラがなくなったな、これは映像じゃなくて舞台とか生の現場でオーラを取り戻したほうがいい」みたいなことを言われて。たまたま横塚さんがプロレスを好きだったんで、「180度の舞台じゃなくて、プロレスに出れば360度だからオーラが倍速く戻る」みたいな。

――そういう話じゃないですけどね（笑）。

酒井 そんな話じゃない（笑）。でも、東映のプロデューサーさんがそう言ってくれたってことでマネージャーが気を遣って、「プロレスだったら僕、当てがあります」って言って。そのマネージャーはベルファーレの店長みたいなことをやってた人で、その時代から高木三四郎さんを知ってるんですよ。そしたらプロレス好きの横塚は、「え、三四郎ってもしかして高木三四郎さんですか!?」「うん、高木三四郎だよ。じゃあいま電話してみるよ」ってなって、「三四郎？ 俺、今マネージャーやってるんだけど、ガオレンジャーやってた酒井さんっていう俳優さんがいて、プロレスに出てもらうとかできないよね？」とか言ってて、電話切ったら「来週、DDTに行くことになりました」ってなるわけですよ。

――そもそも、その時点でプロレスというかDDTの知識はどれくらいあったんですか？

酒井 まったくないです。「え？ プロレスの人に会いに行けるんですか？」っていう喜びと、裸になって自分の体を見たら、まったく鍛えてないし、でも新しい知り合いができるなっていう気持ちでDDTに行ったんですよ。で、高木さんとマネージャーと僕と、もうひとりデカいヤツがいて、それがマッスル坂井で。「DDTの本隊のほうはわりとバチバチガンガンやるんですけど、いまこのマッスル坂井がやってるマッスルのほうだったら酒井さんも輝けると思うんで。つきましては後楽園大会が迫ってるんですけど、そこでデビューしていただくプランで、酒井一圭HGというのはどうでしょうか」って言われて。

――そこまで全部決まってたんですね。

酒井 そう！「あれですか？」って聞いたら、「そうです、あれより先にデビューしちゃいましょう」みたいな。何言ってんだろうと思いながら、楽しいこと考える人たちなんだなって。

――レイザーラモンHGは学プロ時代からのキャリアがある人ですけど、こっちは何もないですからね。

酒井 なので「僕は殴るとか蹴るとかガオレンジャーでやってましたけど、殺陣師の人がいてやってもらったんで」「いや、大丈夫です、優しいプロレスラーが酒井さんに合わせる感じにしますんで」って言ってくれて。そしたら3日後に「HGとして生きていけるように、新宿2丁目に行ってHGになりましょう」って言われてロケしたり、「記者発表があります」って言われて、東スポさんとか『週プロ』の人とかみんなにフラッシュ焚かれるような状態で、そこで寸劇みたいなことが始まったら、プロデューサーの鶴見亜門が出てきて「記者とキスしろ」みたいな。

――その時点でどれくらいわかってました？

酒井 いや、何もわかんないです。

――興行を観に行ったこともない状態で。

『クラッシャーカズヨシ』
05年のヒーロー映画。主演酒井一圭。レイパー佐藤監督（「佐藤文則」名義）。佐藤の高校時代の自主制作映画に心を打たれた酒井が佐藤に撮影するよう勧め、自身も役者仲間や芸人、ロフトで知り合った知人を集め制作させた作品。全5話計4時間にも及ぶ大作となった。後の純烈メンバーである友井雄亮や白川裕二郎も出演。酒井が骨折したのは続編にあたる07年の『クラッシャーカズヨシ～怒る～』の撮影中。

『格闘2人祭』
02年に始まったロフトプラスワンの名物イベント「ターザン山本と吉田豪の格闘二人祭」のこと。毎回プロレス関係者やプロレスファン有名人など豪華なシークレットゲストが登場。当初は隔月で開催されたが、次第にターザンの社会性の低さを吉田が諦観を持って見守るスタイルになり、09年を最後に途絶。21年5月3日、ロフトプラスワン「豪さんの日スペシャル」で10年のブランクを超え復活。

酒井　ないです。「プロレスってこうやって作るの？」と思いながら、でも翌日の東スポにちゃんと記事は出てるんですよ。で、道場に行って受け身とかの練習をして。マット運動みたいな感じで、でんぐり返ししたり。マッスルっていう団体の仲間の人たちはすごく優しいし、演目というか興行としての流れを考える会話がものすごく知的だったんですよ。なんて賢いんだろうと思って。わりとプロレスラーってバカだと思ってたんですよ。頭より体かと思ってたらぜんぜん違って。

――マッスルは文系揃いですからね。

酒井　みんな大学を出てるのばっかりで、高卒なんて俺と大家健ぐらいだったんですよ。それで実際マッスルに参加させてもらって、思い出が作れればいいなと思ってたんですけど、出たらプロレス体験に感動しちゃって。こんなにお客さんが喜んだり、こんなにマッスルというチームがおもしろいものを作ることに一生懸命で、みんなで文化祭やってるような気持ちにもなったし。僕は子役からオーディションに受かってプロの現場でギャラをいただいてきたけど、演劇を立ち上げて旗揚げしてみたいな熱量のところに混ざったことがなかったんで、俳優としてのキャリアとか関係なく、こういうふうに携われるってありがたいなって思っちゃったんですよね。

――終わらない学園祭に参加できて。

酒井　そうです。結婚してもう30前なのにこうやっておもしろいことさせてもらってって、続くならどんな立場でも出てみたいなと思ったし。あと、終わってからもアドレナリンが出てて、観に来てくれた友達と飯食って新宿駅で最後ひとりになって帰ろうとしたら、京王線の地下通路みたいなところで1時間ぐらい動けなくなっちゃったんです。そこでアドレナリンがようやく落ちて素に戻ったときに、試合でチョップとか食らってるんで体が痛くて。そこから3日ぐらい、40度ぐらいの熱にうなされるんですけど……。

――うわー。

酒井　その夜マッスルから電話があって、「酒井さん体、大丈夫ですか？」「大丈夫。でも、みんなと別れてからガクッときてけっこう頭痛いんだけど」「え、お酒とか飲んでると毛細血管が切れてたりする状態だからくも膜下とかあるんで、お酒は飲んでないですよね？」「お酒は飲んでない。頭痛いのも経験がない痛みじゃなくて、頑張りすぎてハイになって、ふつうに戻ったら思った以上に疲れてたみたいなことだから大丈夫だよ」って言って。翌日からも風呂入るたびに真っ赤になった体を見ながら、プロレスラーって真っ赤になってないよな、やっぱり鍛えるとそういうものが痛くないのかなと思ったり。

――自分がまだ役者だからなのかな、と。

酒井　ロープに背中が当たるだけで痛かったし、でもこうやってふたりで闘って何万の観衆を沸かせるとか、お芝居やってるから喜ばせたり裏切ったりっていうこともリングという装置の意味合いもわかったんで、これって僕がやってる俳優にもフィードバックできるだろうし、ここにはすごい真髄があるなっていう気もして。もっとプロレスに関わって勉強できればなっていう気持ちになって、マッスルに「ちょい役でも裏方でもなんでもいいから次からもどんどん手伝わせて」っていうお願いをして、だんだんマッスルともほかの選手とも距離感が縮まっていったというか。

――そんな時期にプラスワンの仕事もやっていたと思うと、人生の転換期だったんでしょうね。

マッスル
04年、DDT内の別ブランドのお笑い系プロレス興行。当時人気を博していた小川直也のファイティング・オペラ「ハッスル」のモジリ。キャッチコピーは「行こうよ!プロレスの向こう側!」。10年に一旦幕を閉じたが、その後もなし崩し的に単発興行が行われている。酒井は05年から参加。

高木三四郎（たかぎ・さんしろう）
70年生まれ。大学時代は「テレビ番組研究会」に所属、3000人規模のイベントを次々に成功させていたという。97年、DDTプロレスリングの旗揚げに参加。以降、レスラー、イベンター、経営者としてDDTの隆盛を支える。

DDT
プロレス団体。エンターテインメント性が高く、過去に脚立や鏡餅やLi-Li-Coが王座となったこともある「アイアンマンヘビーメタル級王座」や「キャンプ場プロレス」などどうかしてる企画も多く、「文化系プロレス」の異名をとる。97年旗揚げ。

マッスル坂井（―・さかい）
77年生まれ。早大在学中の02年にDDTプロレスリングの練習生となり、中退後の04年に正式デビュー。同年に「DDTの2軍的位置づけの怪しい世界を作りたい」という高木三四郎の狙いで発足した「マッスル」の興行内容をすべて任される。10年に家業の金型工場を継ぐために引退するが、12年頃

酒井　だから俳優をいったん置いて家族を養うということと、何か裏方だったりプロレスの裏側のエンターテインメントのもの作りみたいなことをもう一回勉強したいなっていうのがうまくハマッた時期って感じでしたね。

――プラスワンのボクのイベントのゲストに来るベテランのプロレスラーの方々に、「自分もプロレスやってるんですよ」とは言いづらいですよね？

酒井　言えないです、無理無理無理!!　だって本物だもん。でも、うれしかったのは『日本タレント名鑑』にまったく俺の名前載ってないのに、『プロレス名鑑』に2年連続で出たんですよ。レスラーじゃないけどそういうところにうまくピョコッと潜り込めたのはいまでもうれしいですけど、豪さんのイベントに出てる人になんか言えるわけないです！

――「ユセフ・トルコさん、僕もプロレスラーなんです！」とは絶対に言えない（笑）。

酒井　やめてくださいよ！　だってどれだけ苦労して這い上がってきたかの世界じゃないですか、耐えに耐えて。無理です無理です!!

――マキタスポーツさんも言ってたけど、あの頃はプラスワンに出るときは何かやらなきゃいけないってことで、当時は仲間が口開けて寝転がってる、その口にションベンするとか、プラスワンはそういうものだっていう思いがあって、みんな頑張らなきゃと思ってたみたいで。

酒井　それを知ってる人に「プラスワンに出てた」って言うと、いまだにそういう目で見られますよね（笑）。ただ、僕が辞める頃は吉本の芸人さんとか、俳優さんのイベントで有名な人がバンバン出るようになって、プラスワンが急に社会的に受け入れられるような雰囲気が不思議な感覚というか、ここもふつうのハコになっていっちゃうのかなと思いながら純烈に移っていった感じですけど。でも、楽しいですよね。それをちょっとかじってるぐらいの距離感が楽しくて。純烈やりながらもときどき、いま何が流行ってるのか、おもしろい人とか新しい人とか、一番アングラはどれとかを聞きに行ったり、リサーチはしちゃって。

杉作J太郎を大いに愛でる

――当時、杉作J太郎監督の映画にも出て。

酒井　そう！　杉作さんはホントに恩人で。脚を骨折して松葉杖をついてる状況の頃に『やる気まんまん』の撮影を新宿中央公園で、「ワンシーンだけど座ってるだけの役だから大丈夫。天使みたいな人が出てくるんで、それでシコッてイッてください」って。

――そんなオファー！

酒井　シコッてイク役で。そのときに同じように優しく声をかけてくれたのが河崎実監督で。二大バカ監督が僕を使ってくれたっていうのはホントにあれが復活の最初だったんで。河崎さんの『ギララの逆襲』と杉作さんの『やる気まんまん』は忘れられないです。

――完全にプラスワン人脈ですね。

ごっしー　俺、その『やる気まんまん』でスチールやってました。

酒井　マジっすか!!

ごっしー　あのとき音声の人が……。

酒井　そうですそうです、よくご存じで。見たことあるオジサ

から覆面レスラー「スーパー・ササダンゴ・マシン」として活動を再開、「煽りパワポ」などのパワポ芸が評判となりTVにも多数出演。15～22年まで松竹芸能所属。

レイザーラモンHG
75年生まれ。同志社大学時代は学生プロレスに傾倒、「ギブアップ住谷」として棚橋弘至と対戦した経験もある。卒業記念でプロレス仲間の出渕誠（現在のRG）とエントリーした「今宮子供えびすマンザイ新人コンクール」で優勝、お笑いの道へ。05年にハードゲイキャラでブレイク、「ハッスル」にも参戦。09年試合中に骨折し、そのままプロレスは一旦引退した。

鶴見亜門（つるみ・あもん）
今林久弥。72年生まれ。早大在籍中の91年、劇団「双数姉妹」に加入、以後舞台やTVで活動。大学の後輩のマッスル坂井に誘われ、05年にマッスル総合演出家・鶴見亜門として「マッスル4」に登場、独特な節回しと異様な存在感で支持を得た。1度きりの出演のはずだったが評判が良かったためレギュラーキャラとなる。22年、両親の介護のためDDTを退社。

大家健（おおか・けん）
プロレスラー。愛称は「カリスマ号泣師」。77年生まれ。DDTでデビューするも失踪を繰り返す。高木三四郎から渡された鶴見亜門GMの定期代1万5000円を資金に「ガンバレ☆プロレス」を旗揚げ。熱すぎるファイトが人気。高卒

ンが僕の声を録ってて、「あの、間違ってたらすみません」って聞いたら、「いや合ってます」って言ってくれて。その人は誰かっていうと、『逆転あばれはっちゃく』のときに僕は多摩市に住んでて、朝5時55分の始発のバスに乗って成城学園に通ってたんです。そのときいつも肩掛けバッグかけた髪の長いオジサンが小田急線から撮影所までずっと一緒なんですよ。僕は『あばれはっちゃく』で、その音声さんは『私鉄沿線97分署』っていう鹿賀丈史さんとかが出てる刑事ドラマの音声さんで、だんだん撮影所で挨拶するようになって、その人だったんですよ。恥ずかしかったですけどね、オナニーしてイクシーンだったんで。

――あのはっちゃくが（笑）。

酒井 こんなんなっちゃって（笑）。

――大人になったなっていう（笑）。『やる気まんまん』ではボクも共演してますから。

酒井 え、豪さん何やったんですか？ 俺、出来上がり観てないんですよ。

――あれは傑作だから見たほうがいいですよ。ボクはセックスバトルの解説者で。

ごっしー 俺も出てます。

酒井 やっぱりみんな出るんだ（笑）。

――当時の活動はほぼプラスワン人脈ですよね、『クラッシャーカズヨシ』もそうだし。

酒井 そうですね。昨日、豪さんと現場（日テレプラス『クラブ「純烈」へようこそ！』でメンバー全員をインタビュー）が終わって家に帰ったら石崎（典夫）くんから電話があって、「もうロフトがヤバいです」って。

――ダハハハハ！ そうなんですよ。

酒井 「イベントできなくて配信やってるんですけど、酒井さん助けてもらえないですかね」って言うんで「いや助ける！」って。

――プラスワン勤務で役立ったのは、そうやって人脈が広がったことなんですかね。

酒井 あとは発想ですね、そこまで広げていいんだとか、そんなことやってるんだとか、いろんなタブーとか、いわゆる表のメディアでは紹介されないようなことを詳しい人がバンバンしゃべってて。あとはロケット好きな人だとかネジが好きだとかスプーンが好きだとか、そういうイベントが成立しちゃうじゃないですか。その研究者みたいな人たちもどんどん出てくるし、なんだかわかんないけどおもしろかったですよね。僕のなかでのエンターテインメントはお芝居とか俳優から始まりましたけど、これを混ぜたらどうなるんだろうみたいな、ひょっとしたら美味しくなるかもしれないよねっていうような変な混ぜ方は間違いなくプラスワンからでしょうね、サブカルから。

――さらにそこにマッスルも加わって。

酒井 ガキ大将とかモテなきゃいけないとか子役だとか、学校時代は完全にメジャー指向で。僕は習いごとは剣道だけしかやらせてもらえなかったんで、国語や歴史に詳しくて字がうまいヤツに教えてもらいに行ったり。ガキ大将だったからみんなと遊ぶときは偉そうにしてるんですけど、そいつの家に行くときは、「今日はそういうの関係ないから教えて。その代わりイジメられたりしたら絶対守るから。でも教えたことは言わないで」みたいな、そういう活動を週に何回かして。で、みんなに「何やってたの？」って言われると、「親のつき合い、ダルかったぜ」

ではなく日大文理学部「文理レスリング連盟」出身。学生プロレス時代のリングネームは「アレクサンダー大家」。

『やる気まんまん』 07年の映画。杉作J太郎監督・脚本、中野英雄主演。原作はオットセイ風に擬人化された陰茎描写が印象的な『日刊ゲンダイ』連載の成人向け漫画（77～96年）。

河崎実（かわさき・みのる） 映画監督。58年生まれ。日本バカ映画の巨匠。02年のイギリス映画『えびボクサー』に触発された『いかレスラー』（04年）『かにゴールキーパー』（06年）などで話題となり、08年の『ギララの逆襲 洞爺湖サミット危機一発』はヴェネツィア国際映画祭に出品された。最新作は『突撃！隣のUFO』（ヨネスケ主演）。

『逆転あばれはっちゃく』 酒井の子役時代の出世作。小学5年生のガキ大将桜間長太郎がひらめきで悪い大人をやっつける筋立ての人気ドラマ『あばれはっちゃ

とか嘘ついて人から教わるみたいな。それは昔から。だから特化してるものとか自分にないものが魅力的に見えるんですよね。それでプラスワンに行ったときは目から鱗というか、すごい場所があるんだなと思いました。

――いまロフトのオーナーの平野さんがあの頃のターザンみたいになってますからね。60過ぎの女性に恋をして、恋の模様を本にするとか言い出して。

酒井 すげえ!! でも、そういうことができるように若手に雇用を作って自分も自由で。でも、ちゃんとやってますよね、あの人。

――一時はマキタスポーツさんの奥さんを狙ってたって話を聞きましたよ。マキタさんの奥さんがプラスワンの店員で、ロフトブックスから東南アジア旅行の本を出すって口実で一緒に連れてって。旅しながらずっと口説いて洗脳しようとしたんだけど失敗したという。

酒井 僕らより前の人ですか?

――ターザンが暴れたときにいた人で。

酒井 あげまんですね。でも、マキタさんは売れるっていうのはなんとなくみんなわかってたような気がするんですよ。どこでどう売れるんだろうっていうか。やっぱりすごかったし。店員さんがみんな認めてる人って世の中に出て行ってるような気がするな。マニアックじゃなくて、会議してても名前が挙がる人たちって。それこそ豪さんもそうだし。

――平野さんはずっと杉作さんを推してたし。

酒井 だって杉作さんが好きすぎて、『ガオレンジャー』には呼べなかったんですけど、その次に『プレイガール』っていう作品に杉作さんを呼んだの横塚ですから。

――そうなんですか! 佐藤江梨子主演の。

酒井 そうそう、そのサトエリの恋人役が僕です。そのときにJさんついに呼べるみたいなことを言ってました。『ガオレンジャー』はいろんなことして盛り上げていこうとなって。『ズームイン!!朝!』のうしろでガオレンジャーの格好して歩いたり。横塚は「わかった、俺はまずテレ朝の人に聞いてなんか仕事を取ってくるわ」って言うんで、俺らはひたすらアニメイトとか行って、「これ俺だから。サイン本にするから、とにかく『ガオレンジャー』を推してくれ」ってひたすらいろんな本屋でやり倒したんですよ。いろんな活動をしたんですけど、それが全部ハマッていくんですよ。で、マスコミの人とかと食事会を定例でやるようにして、「水商売の女が朝帰ってヒーロー観て」って書いてくれたら、水商売の女の人がホントにヒーローショーに来るようになったり。

――最初から戦略の人だったんですね。

酒井 戦略の人でしたね。暇だったので、子役やりながら、このままいったらダメだっていうか。学校に行ってなさすぎて通知表がつけられません、みたいになってたので。

――それは『あばれはっちゃく』のせいで。

酒井 そうです。なりたいものになるとこんなに同級生とかけ離れちゃうのかっていうのが怖くなって、全部やめてふつうに学校に通うようになるんですけど、その瞬間からテレビの見方が変わっちゃって。

――大人の裏が見えちゃって。

酒井 だから主に見るのはタイトルバックとかスタッフロールなんですよ。「こいつこうすればいいのに、なんで売れないんだよ」とか、そういうものの見方だったので、『ガオレンジャー』

く』シリーズ第5弾。85年放送。従来のシリーズからの大胆なイメージチェンジが仇となり、半年ほどで打ち切り。

『プレイガール』
03年の映画。69年から全358話続いた人気ドラマのリメイク。警視庁の極秘特捜チーム、通称「プレイガール」が子どもを狙った連続誘拐事件の謎を解く。梶間俊一監督。

に入ったときに、「え、こんなこともやってないの？　あんなこともやってないの？」っていうことがいっぱいあって。もともと僕ははっちゃくになりたかったので、この世界での夢の達成って済んじゃってるんですよ。

――小学生の段階で。

酒井　はい。だから逆に夢を持ってるヤツの手伝いをするほうがうれしくて。僕は馬主になりたくて、純烈の目標として『紅白』出演を立ててるんですけど、それは自分個人の夢ではなくて全体の夢で。誘ったメンバーが新車を買ったとか、ＬｉＬｉＣｏさんと結婚したとか、そういうのが一番うれしい。自分が「こういう方向が合ってるんじゃない？」って話し合った方向でうまくいくとワーッとなるというか。

――基本、プランナーの人だから。

酒井　そうでしょうね、きっと。ホントは山田孝之とか菅田将暉とか、ああいうふうになりたかったなって若い頃を振り返ると思いますけど、なれないなりにいろんな人にいろんなことを教えてもらったんだろうなって。

――プラスワンの鍵を持ってたから勝手に閉店後に入って純烈の練習をやってた人が、いまはここまでになったわけですからね。

酒井　ハハハハハハ！　だからうれしいですよ、プラスワンの店員から実際こうなった当事者なんでどう見えてるかはあんまりわからないですけど、こうやって豪さんが取材しに来てくれるっていうのは目標でしたから。

――かつてターザン山本のイベントをやってた人の本（『白と黒とハッピー～純烈物語』）を、元『週刊プロレス』の鈴木健さんが書いてるのも感慨深いし。

酒井　すごいですよね。……これ確認なんですけど、ターザンさんの奥さんだった人がいま健さんの奥さんってことなんですか？

――そういうことですよ。

酒井　ホントなんだ、すげえ！

――人生いろいろですよ。

酒井　いろいろだなあ。

NARASAKI

――確実にプラスワンとマッスルがあってのいまがあるっていうのはわかりますけどね。

酒井　やっぱりそうですね。今度明治座、御園座、新歌舞伎座でやるんですけど、中身を考えてるのはマッスル坂井ですから。ＮＨＫホール、中野サンプラザが去年の大一番だったんですけど、そういうときもマッスル使うからなっていうのは純烈を組むに当たって、「いつかおばちゃんたちがいっぱい来てビックリするような場面で、俺はマッスルの気の狂ったおもしろさを純烈に混ぜ込みたいから絶対に力を貸してくれよな」とか言って。実際マッスルの台本をみんなでやってるんで、そういう縁はホントありがたいですよね。それ観ておばちゃん笑ってますからね。

――いまバラすのもどうかと思いますけど、酒井さんがかつてとある芸能人とヤったという噂をボクに教えたのはマッスル坂井です！

酒井　ハハハハハハ！　マッスルか……うれしかったんだろうなあ。やっぱりマッスルとか男色ディーノとか、「なんかいい

鈴木健（すずき・けん）
鈴木健・ｔｘｔ。プロレス記者。66年生まれ。88年『週刊プロレス』編集部へアルバイト入社、91年に正社員。『週刊プロレスｍｏｂｉｌｅ』編集長を務めた後、09年からフリー。酒井とはマッスルの中継解説を務めていたことからの縁で、『白と黒とハッピー～純烈物語』（19年、扶桑社）は純烈の成功までを綴ったノンフィクション。21年には続編『純烈物語20－21』も刊行。

男色ディーノ（だんしょく・でぃーの）
プロレスラー。77年生まれ。ＤＤＴ所属。大阪学院大学プロレス研究会時代から同じリングネーム、同じキャラ。ねっとりとしたキス「リップロック」や股間を掴んでの回転投げ「男色スクリュー」、股間を相手に押し付ける「あてがい」など、肉体ではなく主に精神を攻撃する下品な男色技で知られる。新日やノアなど他団体でも試合が組まれる。副業で『ファミ通Ｘｂｏｘ』や『ゲームラボ』などでゲームライターをした経験も。

話ないんですか？」とか「酒井さん経験ないんですか？」とか聞いてくるんですよ。「じゃあおまえらも言ってね」って言って、じゃあ1個ぐらいネタを提供しましょうって言って。そうか……これもいい話ですね（笑）。いまの僕の奥さんは、僕が20歳のときに、僕の友人が女子高生と合コンしたいって言うから、「俺、府中駅でティッシュ配りしてるから、いくらでも高校生いるから俺ナンパするわ。プリクラもらうからプリクラ見て決めて」っていろんな女の子ナンパしてたとき、選んだ女の子がいまの奥さんで。2対2でお台場合衆国みたいなとこ行って。結局、僕の友達といまの奥さんがつき合うことになって、僕が1カ月ぐらい『シン・レッド・ライン』っていう映画でオーストラリアロケに行って帰ってきたらちゃんとつき合ってて、2年ぐらいしたら僕の友達が見る見る痩せてきて、「おい大丈夫か？」って言ってたら10キロ以上痩せてガリガリになっちゃって、何が起こってたかっていうと、彼女が浮気しててそれに悩んで痩せちゃって。それで別れてそれから接点もなかったし、「残念だったな、若い彼女だったしな、ハハハハ」とか言って笑ってたんですけど、佐藤浩市さん主演の『高原へいらっしゃい』に僕がゲストで出たオンエアをたまたま嫁が観てて、「あの人だ！」って検索したら俺のホームページが出てきて、ファンメールを送ってきて。「あ、浮気した友達の彼女だ！」みたいな。僕は競馬が好きでずっと府中に行ってて、彼女も府中に住んでて、久しぶりに会いましょうってなって、話をしてる最中、ビビッときちゃって。俺、この人と結婚するのかなってちょっと思って。

――浮気した友達の元彼女なのに。

酒井 そう！ だけど、次の週にまた飯食おうって会ったときに、彼女は2年半つき合って結婚するつもりだった彼氏と別れちゃったって話になって。「え、俺結婚するんじゃないかってちょっと思ってたんですけど」「いいんじゃない？」みたいなテンションになって。「でも待って、誰もOKしてくれないだろうし、もう1週間お互い寝かせて来週も飯食いましょう」って言って。だから、「結婚しよう、ただ誰もOKしてくれないから子供を作って、できたタイミングで謝って結婚するっていう手でいこう」って言ったら翌月にできて。だから9月に再会して翌年の3月入籍、5月結婚式、9月に長男誕生ってなって。

こっしー そういえばNARASAKIくんとはなんで仲いいんですか？

酒井 NARASAKIくんと初めて会ったのは、鈴木美潮さんっていうプラスワンで特撮イベントをずっとやってる読売新聞の記者なんだけど特撮マニアのおばちゃんがきっかけで。男兄弟もいないんだけど『仮面ライダー』を好きになって、親からは観るなって言われて、でもどうしても自分は『仮面ライダー』を愛してるので撮影所まで会いに行っちゃうんですよ。「仮面ライダーに会わせてください」ってそこを通ったオジサンに言ったら、その人が仮面ライダーを作った平山亨プロデューサーで、「おかしな子がいるねえ」ってそのまま連れてってスカイライダーの村上弘明さんに会わせて。彼女は読売新聞の記者やってるぐらいなんで当然賢くて、アメリカ行って修士号取ったりの才女なんですよ。だけど、この中学校2年生のときに会った平山さんと生涯ずっと文通を続けてたんです。僕と出会ったのは、2000年の『仮面ライダークウガ』で。当然鈴木さんは「平成の『仮面ライダー』が始まった！」って書くわけですよ。書くと何が起こるかというと、『仮面ライダークウガ』

『シン・レッド・ライン』
98年のショーン・ペン主演の映画。太平洋戦争期のガダルカナル島の戦いをアメリカ陸軍の兵士の視点から描く。ベルリン国際映画祭金熊賞受賞。酒井は光石研らとともに日本兵役を演じた。

『高原へいらっしゃい』
03年のBS-i・TBSのドラマ。山田太一原作。76年に田宮二郎主演でTBS系列で放送されたドラマのリメイク。八ヶ岳高原ホテルを立て直す男の物語。出演は佐藤浩市・西村雅彦・堀内健・高知東生・大山のぶ代ほか。酒井は第6話「涙と感動のウエディングケーキ」に登場。

NARASAKI
ミュージシャン。69年生まれ。ノイジーでポップなオルタナティブバンド「COALTAR OF THE DEEPERS」で活動。00年に大槻ケンヂのバンド「特撮」に参加。テレビアニメ『Paradise Kiss』（05年、フジ系）、ドラマ『深夜食堂』（09年、TBS系）などの劇伴音楽の他、アニメ『さよなら

のプロデューサーの人が「ありがとうございます」とか言って、鈴木さんと取材とかの関係で出会うわけなんです。この人がまた同い年の女性同士で仲良くなるんですよ。で、「今年は『ガオレンジャー』を応援しなさいよ」って読売新聞に頑張って書いてもらうと、スポーツ紙、女性誌、週刊誌みたいな感じで広がっていくんです。その鈴木美潮さんが、自分の誕生日と称してレジェンドから今年初めて出たひよっこまで、いろんな人が集まるパーティーみたいなことをやるんですよね。水木一郎さんがいたりいろんな俳優さんとか歌い手さんが鈴木美潮さんを慕って集まるんですよ。そこにオーケンさんの流れでNARASAKIくんが入ってて、帰るときに「府中方面の人！」ってなったときにタクシーが一緒だったんですよ。僕と奥さんがうしろで、助手席にNARASAKIくんが座ったんだけど、NARASAKIくんずっとうしろ向きながら、「いやうれしいよ、僕もオタクでさー、ガオレンジャーの人と隣の駅だったなんてうれしいよー」って話から。

――あの人もそっちの人ですからね。

酒井 なんなんだろうこのホームレスみたいな独特なファッションと思って、漫画喫茶に行ってパソコンで「NARASAKI」って調べたらとてつもない人で、これはすごい人と知り合えたなと思って。連絡先は交換してたんですよ。で、「NARASAKIくんおもしろいですね、家に行っていい？」って言って、行ったらスタジオのある一軒家だったんですよね。それで「酒井くん、実は特撮の戦隊のコンペで落ちちゃった曲を持ってるんだよね」って聴かせてもらったのが、後の『クラッシャーカズヨシ』の主題歌なんですよ。

――なるほど！

絶望先生』（07年、独立U局系）主題歌『人として軸がぶれている』（大槻ケンヂと絶望少女達）、ももいろクローバーZ『ピンキージョーンズ』（10年）、BABYMETAL『ヘドバンギャー!!』（12年）などの楽曲提供などで知られる。

鈴木美潮（すずき・みしお）
日本特撮党党首。64年生まれ。小中高を雙葉、ボストン大学卒業、読売新聞社記者という華麗な経歴の、重度の特撮ファン。03年『第2回しんじゅく酒井祭』出演でロフトプラスワンデビューを果たすと、同年から『赤祭』（戦隊物の「赤」の役者を集め分析する）『兄祭』（兄弟ヒーローの「兄」の役者を集め分析する）など、現在も続く数々の「340（みしお）プレゼンツ」特撮イベントを成功させる。最新イベントは仮面ライダー俳優・岡元次郎にフィーチャーした「次郎祭17」。

平山亨（ひらやま・とおる）
映画監督・プロデューサー。1929年生まれ。東映の時代劇映画監督だった65年、テレビの世界へ。『キャプテンウルトラ』『仮面の忍者 赤影』などを次々ヒットさせ、71年に『仮面ライダー』を生み出し、以降も次々と名作を制作、東映特撮路線を牽引した。13年死去。

『仮面ライダークウガ』
平成仮面ライダーシリーズ第1作。00〜01年、東映制作、テレビ朝日系列。「ズ・バヅー・バ」「ゴ・ジャーザ・ギ」「ン・ダグバ・ゼバ」など敵（グロンギ）の名前の奇抜さでも知られ

酒井 「捨てちゃうの？　これ使うの？」って言ったら、「いやどこにも使わないよ」「これいくらで買えるの？」「いやタダだよ」「え、ホントに？　じゃあ『クラッシャーカズヨシ』やるときに主題歌にしていい？」「もちろんもちろん」ってくれて、それでレイパーに詞を書いてもらって。

——ボツ曲をそのままいただいちゃった。

酒井 はい。そのときにNARASAKIくんが、「僕はこういうことは絶対にしないんだけど、でも酒井くんとの縁もあるから」みたいな。そうこうやってるうちに『クラッシャーカズヨシ』でNARASAKIくんを無理くりステージに引っ張り出したとき、お客さんみんなが「ありがとう!!」ってNARASAKIくんに言って、最後「じゃあラストみんなで歌おう！」って『クラッシャーカズヨシ』をNARASAKIくんの前でワーッと歌った帰りに、「……俺、人に提供してこんなに喜んでもらうっていうのを初めて生で感じて、ちょっと人生観が変わっちゃったよ。これからは人に頼まれた音楽を作ってみようと思う」っていうところからいまに至るんですよ。

——つまり、ももクロだのBABYMETALだのに楽曲提供するきっかけがそこだった！

酒井 そう！　それで俺は「いままで自分の音楽しか作ってこなかったの？　こんなにいろんな音楽作れるのに？　NARASAKIくん、騙されたと思って、いま肉の会っていうのをやってるから来てくれ」って言って、そこで水島（精二）監督とかと会って、そこから劇伴の仕事に入っていくんですよ。

——アニメの方々とのつながりができて。

酒井 だから幻の曲があって、飯伏（幸太）くんが新しい入場曲をっていうときに、なんならNARASAKIくんをって言って、1回お見合いしてるんですよ。僕は友達と友達くっつけるみたいなことはちっちゃい頃から好きだったんで、それが純烈にもつながってて。NARASAKIくんも純烈の曲じゃなくて、なぜかラジオドラマの音響をやってたり。もちろん純烈のアルバム作るときには絶対にNARASAKIくんに入ってもらいますけど、そういう発想ですね。だからPVを河崎さんとかJさんがやってもなんら不思議はない。何をやってもおばちゃんが大丈夫な状況にもうちょっとで仕上がるんで。まだビックリすると思うんで。ここから徐々に徐々にる。

水島精二（みずしま・せいじ）
アニメ監督。66年生まれ。『新世紀エヴァンゲリオン』や『機動戦艦ナデシコ』などに関わった後、『シャーマンキング』（01～02年）『鋼の錬金術師』（03～04年）などで監督を務める。NARASAKIとは『はなまる幼稚園』（10年）、『アイカツ！』（12年）、BEATLESS』（18年）など多数の作品で関わる。

飯伏幸太（いぶし・こうた）
プロレスラー。82年生まれ。04年DDTでデビュー。09年新日本プロレスへ参戦。IWGP世界ヘビー級王座初代王者。

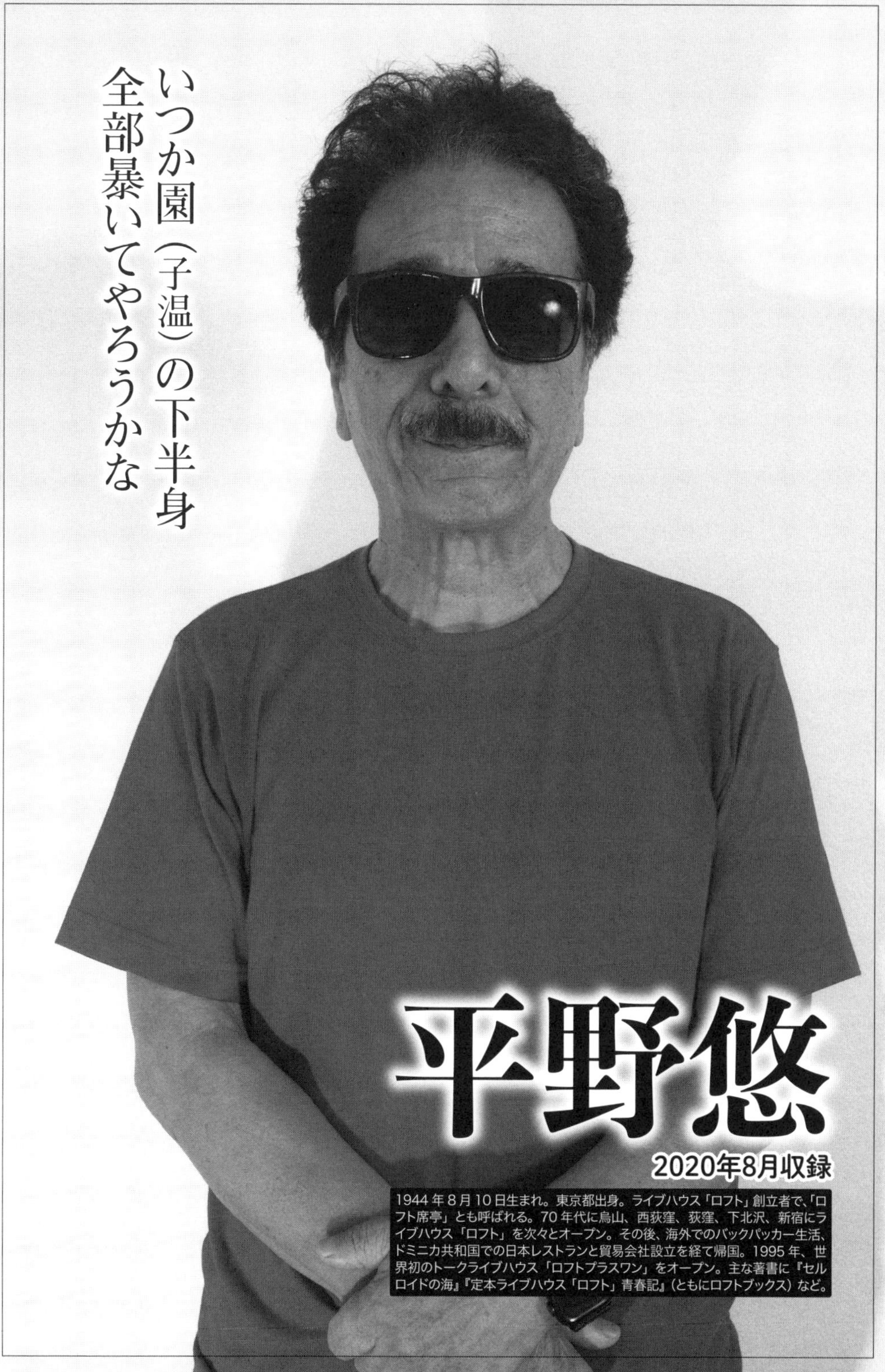

いつか園（子温）の下半身全部暴いてやろうかな

平野悠

2020年8月収録

1944年8月10日生まれ。東京都出身。ライブハウス「ロフト」創立者で、「ロフト席亭」とも呼ばれる。70年代に烏山、西荻窪、荻窪、下北沢、新宿にライブハウス「ロフト」を次々とオープン。その後、海外でのバックパッカー生活、ドミニカ共和国での日本レストランと貿易会社設立を経て帰国。1995年、世界初のトークライブハウス「ロフトプラスワン」をオープン。主な著書に『セルロイドの海』『定本ライブハウス「ロフト」青春記』（ともにロフトブックス）など。

コロナの恩恵を受けた

――最近、なぜか平野さんをいろんなメディアで見かけるようになったわけですけど。

平野 ……俺は今回ほど根本敬の『因果鉄道の旅』を思い出したことはないよ！ ライブハウスっていうのは極端に言ったらウチが最初に作ったわけじゃん。それが50年近く経って、いま全国に何千軒もあるわけなのに、そのなかで真っ先にウチでコロナが出るかというね。

――完全に因果ですよ（笑）。

平野 根本さんに「平野さんも因果者だ。俺は奥崎謙三から勝新太郎からいろんなヤツを追ってきたけど、平野さんも同じだ」って言われたのを思い出して、俺も因果者なのかって（笑）。そして、ついにこうして豪さんからもお呼びがかかって……。もう因果ですね。

――いま話題の人ですからね（笑）。

平野 ハハハハハハ！ だから感無量で、ついに豪さんの網に引っかかったか、と。

――たぶんロフトのイベント配信を関係者で一番買ってるのがボクだと思うんですよ。

平野 ……え、買ってんの!?

――相当買ってますよ、ほぼ毎日のように。

平野 そうですか！

――当然、平野さんとアナーキーの配信番組も観たんですけど、かなり衝撃を受けたんですよ。平野さんのほうがアナーキー以上にアナーキーで、本当にひどい話をしてて。仲野茂さんのほうがどう考えても常識人でした。

平野 ……そうですかねえ？

――あのときもコロナの話してたじゃないですか。「最初さあ、黙ってようと思ったんだよ。そしたら●●●●の野郎がよー！」って、それ配信で言っちゃダメですよ（笑）。

平野 ハハハハハハ！

――『渋谷ロフトヘブン』で感染者が出て、●●●●もコロナで休業してましたけど、感染源について表立っては何も言ってないはずなんですよね。

平野 だってゲロしたんでしょ？ 「私はコロナに罹ってます」ってゲロしたんでしょ？

――保健所にはさすがに言ったかもしれないですけど、表立っては言ってないんですよ。

平野 言ってないの？ じゃあ、なんで俺たちが知るようになったの？ あ、あいつか？

――表立っては何も言ってないけれど、ネットで噂にはなって、そしたら平野さんがずっと「●●●●の野郎がよお！」って言ってるから、そりゃ●●●●がかわいそうですよ。

平野 そうそう、「バカヤロー、おまえが罹ったのがいけないんだよ！」って（笑）。

――平野さんのデタラメさはずっと好きだったんですけど、最近はこの件で報道番組に出たりして、ちゃんとした人だと思われがちじゃないですか。でも、この前のロンブー田村淳さんのラジオ出演回も最高で。ああいうデタラメモードが出るとホントにいいんですよね。

平野 そうですか。俺は自分ではそういうの絶対に聴かないわけ、まず自分の声が嫌いなわけ。あとあのテンションが嫌いなわけ。

『因果鉄道の旅』
根本敬著、93年、KKベストセラーズ。副題は「根本敬の人間紀行」。一般人とは行動規範がかなり異なる人々の因果を見つめた人間観察記。根本の大学時代の友人を記録した「内田研究とビッグバン」は90年代露悪系サブカルの最重要文献の一つ。文庫版（10年、幻冬舎文庫）の解説は吉田豪。

——それぐらいに自己嫌悪で。

平野　だから俺は自分で聴かない！

——めちゃくちゃよかったですよ。

平野　「香港に石投げに行こう」とか言ってたもんね。でもすごいね、ロンブーの淳っていうのは。好きな曲を流していいって言われたから、俺は長渕ゴウ（剛）の『静かなるアフガン』をかけるって言ったわけ。そしたらあれ放送局みんな基本的に禁止なんですよ。あれすごい反戦歌なんですよ。だから、それをかけようって言ったら、スタッフがみんな「え……」って言ったんだけど、淳が「かけますよ、ウチは放送禁止でもなんでもやりますよ」って。だから淳ってすごいと思って。

——その流れも最高でしたよね。長渕剛をかけるってたぶん段取りで決まってたはずなのに、「まずはお勧めの曲をお願いします」「じゃあ頭脳警察で！」って、段取り無視！

平野　ハハハハハハ！　この人はすぐ調べる人だから俺の連載（『日刊ゲンダイ』）も読んでると思うけど、ホントに俺コロナ太りなわけ。天下の日刊ゲンダイの連載だよ？　だから初めはコロナのことしか書いてないもんね。コロナさまさまっていうか、俺いままでこんだけ取材があったことないですよ！

——ボクも平野さんのブログを相当拡散しましたよ。

平野　ハハハハハハ！　ありがとうございます。これはコロナ太りだな。いまコロナの恩恵を受けてるっていう感覚でいるんですよ。

——金銭的なダメージはあったけれども。

平野　まあね。ウチからコロナが出たという、これがミソだよな！　だって、みんな初めに聞いてくることとコロナの話ですからね。それで俺は基本的に「言いたくない」って言うんだけど、結局はライブハウスからコロナを出した、ライブハウスはこれからどうなるかとか、そういう話を聞きたがるから。俺は本の話をしたいわけですよ、恋愛本の話を！

——恋愛小説『セルロイドの海』を出版したばかりですからね。そして平野さんにコロナの話を聞きに行っても、ベースがデタラメの人だから言っちゃいけない方向に行って、局が求めるような方向に行かないんですよね。

平野　そうなんですよね。

——ホントひどいと思ったのは、コロナでこれはヤバいっていうことでロフトがどんどん配信にシフトしようとしたときに、「配信なんかダメだ」「誰も見ない」って話をずっとブログで書き続けてて。なんでオーナーが自社の営業妨害をしてるんだっていう（笑）。

平野　ハハハハハハ！

——ボクらは配信で頑張ってますよ！

平野　まあね、でも、配信じゃ赤字を帳消しするのは無理ですね。いま客を入れてやったって15人とか20人でしょ、赤字からは逃れられないね。いま店が12軒あって、2軒はフランチャイズだからいいにしても10軒は直営店だから、それを何軒に減らすかでしょ。そしたら社長（加藤梅造。平野悠は今回の騒動で代表を辞任）が「減らさない！」って言うんだよ。で、「社員のクビも切らない」って言うから、ちょっと待てよって（笑）。それでヤツらは国から2億も借りやがって。

——それ平野さんのプランじゃないんですか？

平野　俺のじゃない、梅造さんのプランだよ！

——え！　平野さんが男らしくそれをやったんだと思ってましたよ。店も社員も守って。

『セルロイドの海』
20年、世界書院刊。実体験を元にした恋愛小説。70歳を過ぎた「私」が、老人ばかりのピースボートで出会った二人の60代女性晴美と麗子との老いらくの恋、そして同乗の老人たちとの交流を通じて「人生の終わらせ方」に向き合う。帯文は平野レミ。

加藤梅造（かとう・うめぞう）
現「ロフトプロジェクト」社長。67年生まれ。96年、客としてロフトプラスワンを訪れ、常連となる。97年、IT会社を辞めてアルバイト、PR誌『Rooftop』の編集長を任される。正式入社後はプロデューサーとして数々のイベントを開催し、プラスワン店長などを経て17年より現職。

平野 俺は「やめようよー！」って。

——ダハハハ！　そうなんですか！

平野 だって店を10軒持ってたっておもしろくもなんともないよ、俺としては（あっさりと）。要するにいまレコード、CDが売れない、レコード会社が潰れる、コンサートの援助金も入らない、印税も入らないっていうなかで、この4～5年間、ライブがけっこうおもしろくなってきて。わかるでしょ？

——フェスの時代になり、現場の時代だと言われるようになり、いい流れだったはずが。

平野 そうなんですよ。いままでミュージシャンは印税で飯を食ってるわけだからレコード会社の言うとおり、それなりのレコード会社の言う音を出して、CDと同じような音を出して、わかんないけど適当に大御所は済ませてきてたわけですよ。ライブなんていうのはCDを売るためでしかなかったの。ところがCDが売れない、そうすると彼らはライブをめちゃくちゃおもしろくするしかなくなってくるわけですよ。問題はこの4～5年間、ウチは無茶苦茶儲かったんですよね。そりゃそうですよ、連日新宿ロフトに500人入れてさ、3分の1ぐらいは見えないんだよ、それでもやれてたんだよ。全店に無茶苦茶入って、ネイキッドロフトなんてあんな20何坪のところで月間600万円以上売り上げるんだよ、ギャラ以外で。無茶苦茶儲かる、だからこんなに店を出したんだよ。その挙げ句のこれだよ！　最後の俺の夢だったロックカフェも、俺はロック喫茶がやりたかったからね。

——高校生にいい音でいい音楽を聴かせてあげたいという思いで『ロックカフェロフト』を作ったら、客がぜんぜん来なくて……。

平野 そう、ひとりも来ない！　見事に！

——平野さんがどんどんヘコんでいくさまがブログで伝わってきて。「今日も客がゼロなので店に入る気になれず」みたいな（笑）。

平野 ハハハハハハ！　それは儲かってたからやれた話だよ。フラワーズロフトもそうだし、ヘブンもそうだし、みんな向こうから「ぜひウチに来てください」って話で。

——最初に物件があってのオファーで。

平野 そうなんですよ！　渋谷なんかおいしいでしょ、あんな場所。絶対やるでしょ？

——そしたらその店から感染者が出て……。

平野 ハハハハハ！　ヘブンは梅造さんが「ピアノが置いてある部屋が欲しい、悠さんが好きなジャズもやれるし」ってことで俺も乗ったんだけど、そこから出ちゃうっていうのはおもしろいよね。ロックカフェなんて家賃も高いですよ、あそこ80万円ですよ！

——それで黒字化するのは大変ですよ！

平野 あそこは儲からなくていい、ほかの店が儲かってるから儲からなくていいと思ったんですよ、ここは俺の遊び場だからって。でも客が来なきゃどうしようもない（笑）。

——ダハハハ！　結果、アイドルがいつも出るふつうのロフトグループの箱になって。

平野 そういうことですね。……だから、僕はいまけっこう興奮してるんですよ！

——いまのコロナ危機になっている日本に？

平野 おもしろいもん。ラジオだって好きなこと言っても誰も俺のことを責めないしさ。『くにまるジャパン　極』なんか、「平

野さんに1時間やってもらったけど、平野さんひとりでしゃべり倒して僕らが聞きたいことぜんぜん聞けなかったからもう一回来てください」って言うんで、今週また行くんだよ。

――平野さんが出た番組は聴いてますよ。

平野 いつも同じこと言ってるけど。まあ、そもそもこんなにいっぱい店を作って何がしたいんだおまえっていう話だよな。1軒か2軒でいいよ。俺が一番尊敬するのは、もう死んじゃったけどJIROKICHIのオヤジね。あいつは俺が荻窪ロフトを作った2カ月後に店を作って、48年間ずっと1軒ですよ。彼は自分でPAもやるし金勘定もするわけ。それでミュージシャンから愛されるわけじゃん、「JIROKICHIいいよ、あのオヤジがいるし」って、ああいう存在になりたかった！

――ダハハハハ！ 平野さん、あんまり店へのこだわりは感じないですからね（笑）。

平野 ハハハハハハ！ ただ、僕は内装を考えるのが好きで、新宿ロフトを作るときなんて半年かかったし。梅造さんはまったくそういうことしないわけ、飾ったりなんか。

――ロフトプラスワン大阪進出のときもすごい気合い入って大阪に住んでましたよね。

平野 カッコいいでしょ、あの店。

――当時、「これからは大阪だ、東京は終わった」ぐらいのこと言ってましたよね。

平野 大阪のエロい人が好きでね（笑）。

――なんですか、それ（笑）。

平野 エロビデオ観ててエロいくさいヤツが出てくるとだいたい大阪者なんだよな。

――「これだ！」って言ってたはずが。

平野 で、今日の本チャンはなんだっけ？

――こんな話でいいんですよ。

デタラメな半生

平野 昨日、NHKのナベツネの番組を観てたけど、自民党政治がすごいっていうのと、俺はおもしろい時代に生きてたなっていう感激がずっとあって。俺はいま75歳ですけど、俺の人生おもしろかったよ、いろいろ。原発が破裂したりさ。じつにスリリング！

――平野さんだなー（笑）。

平野 まず学生運動があって、パンクの時代で育って全世界を旅したり、やっぱりおもしろかったよ、この75年。だから極端に言ったら、いつ死んでもいいなと思うもん。

――そうやって刺激を求めてきた人からしたら、いまいい刺激が来ているわけですね。

平野 これから時代がどうなっていくか楽しみ。アメリカなんかは絶対に変わると思うし。アメリカなんかいま市民が警察を管理しちゃうとか言ってるわけでしょ。ヨーロッパもメルケルは「人類は全部ひとつの船だ」と。そういう時代になっていったらいいな、このコロナを契機に。これ、僕らが若い時代に夢想したような世界になってるんじゃないの？

――当時は本気で革命しようとしていて。

平野 そうそう。アジア連邦とか、そういうかたまりのなかで国境なんてどんどんなくなって税制もひとつになっていくだろうっていう形をイメージしたのが、ひょっとしたらこれから……というような感傷に僕はひたってるんだけど。だからコロ

JIROKICHIのオヤジ
高円寺のライブハウスJIROKICHIの創業者、荒井誠のこと。75年に「生聞酒屋・次郎吉」としてオープンしたJIROKICHIは平野の「ロフト」と並ぶライブハウスの草分けで、山下達郎、渡辺貞夫、憂歌団など名だたるロッカー・ジャズメンが舞台に立った。荒井は95年からはアボリジニの民族楽器・ディジュリドゥーの演奏家ABOとしても活動。11年死去。

ナが終わったあと、これからは格差と分断が進むわけですよね。それに対して人類はどうするか、キーワードは「連帯」なんですよ。いま「人と話すな、近寄るな、溜まるな」って、これは完全に分断だから、これから人間はどうやって連帯していくのかっていうことに僕はすごく興味があって。そうするといまのひどい世の中が変わっていくかな……いかない？　どっち？

――平野さんには理想主義な部分がありますよね。

平野　そうですね、やっぱり夢に見たことだから、搾取のない世界とかさ。僕が今回ラジオで言ったのは、いまの資本主義社会で、会社は都合が悪くなったら労働者のクビを切る、俺こういう社会が嫌いなんだよ。だから俺は意地でも1年間は絶対にクビ切らない。俺はこういう資本主義社会が嫌いなんだよ。じゃあソ連とか中国がいいかっていうと、ぜんぜんいいと思わないんだけど、あんなとこ社会主義でもなんでもないから。でも、資本主義の社会っていうのはどうも俺には合わないんですよ。だから世の中が変わるか日本が変わるかって考えると、原発でも変わらなかった国だからね。公文書を書き換えたって何したってあれだけ汚職やったって、いまだに政権が続いてるわけだから、日本は変わるの無理だろうね。最終的にはみんな安定を求めてる、特に日本人は変わることが嫌いなんですよ。これを機会に思いっきり変わってみようという発想がない国民だから。いままでずっとアメリカに頼まれたか知らないけど、それでずっと安穏とした平和をむさぼってきたわけじゃないですか。これを一発どこかで変えないとダメなんだっていう時代に来てるにもかかわらず、日本は変わらない気がする。

――平野さんって基本は左翼なのに、自分のイベントには右翼でもヤクザでも平気で出してましたけど、それはなぜなんですかね？

平野　要はおもしろがるということと、それから俺は『朝まで生テレビ』みたいなことをやりたかったからあの店を作ったわけで。

――だから最初は、お客さんとディスカッションする場にしようとしてたみたいですね。

平野　田原総一朗さんが一番初めに言うわけじゃん、「なんでこうなの？」って。それを俺がやってたわけよ。初期は俺が基本的に出てたの。だから今日出るヤツの本を1冊ぐらい読んで参加するってことをやってて、あの頃はおもしろかったけど、やっぱり疲れた。

――平野さんのその幅やデタラメさが好きなんですよ。ロフトプラスワンは最近けっこうちゃんとしてきてるじゃないですか。

平野　つまんないよね、思想がない。社長が立派だから言うんだけど、僕の心はもうロフトから離れてますよ。要するに、俺は70になって作家になりたいと思ったんですよ。

――作家と呼ばれたいらしいですね。

平野　そう、呼ばれたい！　俺の最後のテーマは、ロフトの社長とかどうだっていいよ、そんなの。だって俺はいままでブログでもなんでも書いてきたわけじゃん、いままで4冊ぐらい本も出してるし。ちゃんとした小説を書いて、そこで作家として名乗りを上げるのが今回で。2冊同時に出したんだけど、1冊は前に出した『ライブハウス「ロフト」青春記』の復刊で、こんなのはおもしろくもなんともない！　『セルロイドの海』という、70歳のバカ恋の話。これをいまプロモーション頑張ってるの。でも読んでないでしょ？

『ライブハウス「ロフト」青春記』
12年、講談社。日本のライブハウスの先駆け「ロフト」とその出演アーティスト（坂本龍一、サザンオールスターズ、ARB、BOØWY他）の面々を振り返りつつ綴る、40年にわたる日本のロック年代記。

――ダハハハ！　ネットでの連載時に軽く読んでました。映像でコメントしたリリー（・フランキー）さんも読んでなかったですよね（笑）。

平野　ハハハハハ！　たぶんウチの誰かがリリーさんのマネージャーに電話かけて帯文を頼んだんだよ。それでこっちもリリーさんのコメントを待ってたけど来なかったんですよ。まあしょうがない、偉い人だしいまの日本の５本の指に入る俳優でもあるし、しょうがないから最後の手段で平野レミに（笑）。

――ダハハハ！　身内に頼んで（笑）。

平野　いま次の小説も書いてるんだけど、これが売れなかったらもう一切やらない。でも最低限イニシャルはけたらもう一回書くね。だから僕のいまの勝負というのは、本を出して最低限作家として認知されることがひとつ。もうひとつは……まあ、あるんだけど。

――そっちは内緒？

平野　エヘヘ、内緒っていうか。だってもう75歳でいつ死んだっておかしくない。その本にも書いたけど、70歳になったら何言ったって何したっていいんだよっていうね。

――「いくら金を借りたっていいんだよ、どうせ返せないんだから」とも公言してますけど（笑）。そのへんの開き直りがおもしろいですよ、どうなったっていいやって感じで。

平野　ハハハハハ！　だってわかります？　いままでこんな条件なかったんだから。無担保無保証人ですよ！　そうするとこれ2億も借りて、いま政府はよくやってくれてますよ。いろいろフォローしてくれてますよ。

――反政府的な発言をしてきた人なのに！

平野　いいから金借りちゃえって（笑）。いま国からいろいろフォローあるじゃない。俺はそんなものいらない、権力から金もらってどうすんだとか言ってたら、森達也とか怒っちゃってさ。「なんでそんなつまんないこと言うんだ、みんなの税金じゃないか！」って。俺はどうも国から何かもらうのもどうかと思ってね。それからクラウドファンディングみたいな同情を買うのも情けなくて嫌だなっていうことを平気で言ってるんだよ。

――それぐらい大丈夫なんですよ！

平野　だから2億借りたというのは、無担保無保証人、金利1パーセント、返すのは30年と思ったら10年で。ウチの経理がガーンと借りちゃったもんだから、次の日に俺、銀行の支店長に会いに行って、「これ逃げ切れるか？」と聞いたの。だって無担保無保証人というのは、俺の家も土地も取られることはないの、保証も何もしてないんだから。ひょっとしたらこれは逃げ切れるんじゃないか、と。で、「どうやって逃げようか？」って。

――相談したんですか（笑）。

平野　そしたら「甘い、そんなの最終的には借金を第三者に渡されて、第三者の攻撃に遭いますよ。それで最後は禁治産者、これから一切会社でもお金は借りられませんってハンコ押されますよ、いいんですか？」と。俺はいいけどさー。梅造なんか、あんな何も持ってないヤツがハンコ押してるんだから。だからこの2億を、なんとか国家を騙して逃げ切る算段はしたんだけど、これは無理だな。

――ちゃんと返していかなきゃいけない。

平野　返さねえよ。知らない。

――知らない！

平野　だって、その頃はもう俺死んでるよ、いま75歳であと5年生きれば精一杯だよ。

平野レミ（ひらの・ー）
料理愛好家。47年生まれ。70年デビュー。シャンソン歌手を目指すも『カモネギ音頭』などの歌謡曲を歌うことになり引退。その後、辺見マリと間違えたディレクターのオファーで、久米宏の『ミュージック・キャラバン』のアシスタントに。番組内のレミの破天荒ぶりを聞いたイラストレーターの和田誠が恋に落ち、出会って10日で結婚。結婚後主婦として夫の来客に料理を振舞ううちに口コミで噂が広がり『きょうの料理』レギュラーに抜擢される。代表作に「まるごとブロッコリーのたらこソース」。平野悠とは従兄妹。

森達也（もり・たつや）
56年生まれ。フジ系『NONFIX』出身のドキュメンタリー映像作家、ノンフィクション作家。97年、オウム真理教を扱った映画『A』が話題を呼ぶ。16年の佐村河内守に密着した『FAKE』、19年の『i－新聞記者ドキュメント－』などのドキュメンタリーの他、『ドキュメンタリーは嘘をつく』『「自分の子どもが殺されても同じことが言えるのか」と叫ぶ人に訊きたい』『桃太郎は鬼ヶ島をもう一度襲撃することにした』など著書多数。

――75歳とは思えないパワーですよ。

平野 だっていまノッてるもん、毎日毎日おもしろがってるもん。本も出してさあ。

――ロフトの歴史を語る本については、ボクがかつて連載時に「あそこは間違ってます」って指摘したら怒られたことがあります。

平野 そうだよ、この人うるさいんだよ。俺がたいしてロックのこと知らないくせにロックのこと言うじゃない？「これはハードコアじゃない」とか、音楽をハッキリしろとか言い出すんだよ、そんなことどうだっていいじゃない！ そしたら怒り出してさー。

――ダハハハハ！ 怒ってはいないですよ！

平野 怒ってました！

――平野さんは日本のロックの貴重な生き証人なのに、解釈がすごく雑なんですよね。

平野 知らないもん（あっさりと）。ハードコアとパンクの違いとかよくわかんないもん。ただウンコ出したりションベンしたり、そういうことするのがハードコアでしょ？

――違いますよ（笑）。「じゃがたら、非常階段、ザ・スターリンなどのハードコアパンクが」って書いてあって、それは違うし、下手なことを書くと怒られるジャンルなので。

平野 うるさいんだよなー、そんなことはどうだっていいよ。じゃがたらは江戸アケミも死んじゃってるし、どっちだっていいよ。

――遠藤ミチロウさんも死んじゃったし。平野さんのポイントはその雑さなんですよね。

平野 知らないんですよ。

――基本はジャズの人で。

平野 ジャズが好きだったっていうだけで。

――そしてフォークの人と仕事してきて。

平野 そう、だからもともと僕は学生運動でパクられて、就職なんてあるわけなくて。最後には平野威馬雄のコネでちっちゃな出版社に入ったんだけど、そこで編集に就いて、俺はバカだから、そこで新左翼系の組合を作っちゃうわけですよ。で、ストライキやっちゃうわけですよね。あの頃は燃えてるじゃないですか、政治の季節だし。で、クビになって。

――コネで入ったのに無茶して（笑）。

平野 もちろん解雇撤回闘争やって、ちゃんと撤回させましたよ！ 勝ったんですよ。解雇は取り下げて白紙撤回したんですね。その次に何が来たかというと、半年間まったく俺だけには仕事がないの。毎日朝9時に行って新聞を読んで、みんなが終わるの待って、それから麻雀に行くぐらいの生活してたんで、さすがに3カ月ぐらいで愕然とするわけ。だって編集っていうのは仕事が無茶苦茶おもしろいじゃないですか、それを取り上げられて。

――ただの厄介者扱いされて。

平野 厄介。それでしょうがないから辞めて、ほかの就職試験もいっぱい受けたんですよ。みんな落ちましたよ！ そりゃ、あんなちっちゃな出版業界で新左翼系の組合を作って、出版労協と戦っちゃうわけですよ。

――完全に悪い噂が流れてるわけですね。

平野 しょうがないから自分が持ってるたかだか何十枚かのジャズのレコードで、これでジャズを聴かせるスナックでもやるかって話になって。まあ、なんとか頑張ってたら若いヤツがそ

平野威馬雄（ひらの・いまお）
詩人・評論家。1900年生まれ。フランス系アメリカ人の父を持ち、幼少期から容姿での差別を受ける。旧制中学時代から英仏語翻訳を手がけ、20年に『モーパッサン選集』を刊行するも、22年からは重度のコカイン中毒となる。51年、好色小説『ファニー・ヒル』を翻訳、猥褻文書頒布の罪で罰金刑に。戦後は自身の経験からハーフの子どもたちを支援する「レミの会」を組織。UFO研究や「お化けを守る会」でも知られる。翻訳に『ファーブル昆虫記』、詩集に『青火事』。86年死去。平野レミの父、平野悠の伯父。

こそこ集まってくるじゃないですか。そこで若いやつがみんなウチの店に同情して、いろんなレコードを持ってきてくれて、そこで僕は初めてロックを知るんですね。僕はビートルズすらも通過してないんですよ、ジョン・コルトレーンばっかり聴いてて。そのビートルズも知らないヤツに対して突然『原子心母』を聴かせるわけですよ。

――いきなりプログレから入って。

平野 そう、俺はプログレってことも知らないから、それを聴いて「うわー!!」って言って、その次にELPの『展覧会の絵』まで聴かせられるわけでしょ。「え、ロックってこんなにおもしろいの?」って。それから今度は浅川マキとか友部正人をお客が持ってくるわけですよ。それを聴いて、日本のロックもフォークもじつにおもしろいじゃないかって。問題は僕がジャズ喫茶なんかやったって大御所のジャズ喫茶がいっぱいあるわけだから、絶対に勝てるわけがない、客が入らないんですよ。それでだんだんロック、フォーク喫茶になっていくわけですね。ジャズなんかときどきしかかけない。それで簡単な話、僕がライブを観たくなったんですね。ライブを観るにはどうすればいいか、ないんだよ。

――当時はライブをやれる場が。

平野 ないんです、年に1回、全日本ロックフェスティバルみたいなのがあって、そういうデカいところでたまにやるぐらいしかなかったの。そのときはっぴいえんどにハマッちゃってて、細野(晴臣)さんと会ってみたいとか、大瀧(詠一)さん観てみたいって話じゃないですか。それで俺が作ろうって話になっちゃって。俺なんかなんにも知らない、マイクスタンドの立て方も知らないのに。

――ライブの場を作れば観られるし会える。

平野 そうなんですよ。豪さんはこういうインタビューの場を持ってるからいろんな人に会えるわけで、俺たちも店を持ってるから人と会えて、「来てください」と言える。それで西荻ロフトが始まるんです。そのときは東京にはロック、フォークを聴かせる店が1軒もなくて、京都に拾得というテリーさんがやってるライブハウスが1軒あっただけで、それで僕が作っちゃって、そこから始まるわけですね。そのときは73~74年で、なんで日本にライブをやれるお店がなかったかがよくわかりましたよ、客がいねえんだよ(あっさりと)。客もいないしミュージシャンも圧倒的に少ない。

――スケジュールを組むほどバンドがない。

平野 ないないない! 週に3日やったって、それでもいない。ほとんどがお客さん10人以下。俺は思いました、全国にライブハウスがぜんぜんないのがわかった。

――そもそもニーズがなかった(笑)。

平野 71年にはっぴいえんどが解散してるわけだけど、あの時代は日本のロックの黎明期で。内田裕也さんが「ロックは英語で歌え」っていうのに対して、「なんで日本語で歌っちゃいけないんだ」っていうのがはっぴいえんどだったんだよね、PANTAとかもいたけど。それに僕はハマッていって。やっぱり僕は裕也さんとかあんまり好きじゃないんだよ。芸能界という感覚で威張り散らして、すごい人なんだけど、芸能界を肩で風切ってあんなヤクザみたいなヤツいっぱい連れて……これはね、はっぴいえんどが同じこと言ってる。(山下)達郎さんも桑名(正博)もみんな同じこと言ってる。で、誘われると嫌だと言えない、だから居留守使うんだって。年末のあれだってみんな逃げ

『原子心母』
70年のピンク・フロイドのインストゥルメンタル楽曲及びそれを含むアルバム。ヒプノシスによる尻を向けた乳牛(ルルベル3世)の写真だけの人を喰ったようなジャケットが有名。チェロ・女声コーラス・ブラスバンドなどを交えた23分を超す大作で、ピンク・フロイドの長尺曲路線の始まり。

『展覧会の絵』
71年のプログレッシブ・ロックバンド「エマーソン・レイク・アンド・パーマー」(ELP)のライブ・アルバム。ムソルグスキーのピアノ組曲『展覧会の絵』を下敷きにした11曲からなる組曲。ライブではしばしば演奏していたもののリリースの予定はなかった曲で、海賊版が出回ったためやむを得ず急遽発売された。

浅川マキ(あさかわ・ー)
歌手。42年生まれ。寺山修司に見出され、68年、新宿の小劇場「アンダーグラウンド蠍座」で曲間に詩の朗読を挟む前衛的な形式のライブを寺山構成・演出で行い、連日満員となる。69年のシングル『夜が明けたら/かもめ』が新宿ゴールデン街を中心に口コミで人気となり、蠍座のライブを収録した70年の1stアルバム『浅川マキの世界』が大ヒット。「アングラの女王」として70年代を席捲する。10年死去。蠍座のあった新宿文化ビル地下1階は現在はスシロー。

友部正人(ともべ・まさと)
ミュージシャン、詩人。50年生まれ。72

回ってるわけよ。

——ニューイヤーロックフェスから。

平野 そういう裕也さんの縛りがあって、洋楽のコピーしかやらなかったバンドがいっぱいあって、みんなフラストレーションが溜まってたんだよね。それに対してはっぴいえんどが、「なんで日本語で歌っちゃいけないの?」って『風をあつめて』ってやるわけでしょ。みんなぶっ飛ぶわけですよ。それからですよ、日本のロックがワーッと出てきたのは。めんたんぴんから久保田真琴からムーンライダーズから出てきたのが74年ぐらい。でもそれくらいで、柳ジョージだって客4人とかさ。太田裕美なんて10人ですよ。まだ『木綿のハンカチーフ』が出る前だけど、みんなそんなもんですよ。ライブは客が入らない。だからライブ前のロック喫茶で稼いで、ライブをやって、ライブが終わってから朝の4時まで飲み屋として営業する。この飲み屋は当たるんですよ。だんだんロック好きが集まってきて、夜中は客でいっぱいになるわけ。だから僕はたぶん日本で一番古いだろうっていうライブハウスをやってこられたの。

——ボクの世代のロフトのイメージは、ライブ後にミュージシャンが飲んでる店なんですね。

平野 ああ、それも結局はミュージシャンが残ってくれるとお客も残る。新しいお客も来るわけですよ、会いたいから。それに対して俺は何をやったかというと、いつだってどんなに客が少なくても、終わったらボトルをバーンと置いて「これ飲んでいけ」と。そうするとこのボトル1本に向かっていろんな貧乏人が集まってくるわけ。ミュージシャンなんか飯を食えなかった時代だから。ミュージシャンで金を払ったヤツなんていないんじゃない?

——太っ腹じゃないですか。

平野 ウチの従業員も優しいからタダで出しちゃうんだよ。いいんだよ、それで。おかげで客が集まるんだもん。BOØWYなんてビーイングをクビになって、なんで自分たちの事務所が持ったと思う? あいつらがウチでライブやるでしょ。しっかりギャラを取って、それから打ち上げでも金を取るんだよ。そうすると100人ぐらいがまた2000円ぐらい払って打ち上げに参加して、3分の2はウチにくれるの。彼らはそれで事務所を持たせたの。

——あの時代、みなさん飲んでましたよね。

平野 飲んでましたねえ。

——布袋寅泰さんとかがよくいた印象です。

平野 そうですね。布袋だってあれだけ大きくいろんな形でつながったのは、あそこで飲んでたから。氷室は酒を飲まないから終わったら帰っちゃうんだよ。PANTAも酒を飲まないから、終わってからワイワイやることがない。あの頃はPANTAも孤立無援だったね。どっかみんなと違うんだよ。そりゃそうだよ、アナーキーとかスターリンとかがグチャグチャいたら、PANTAはいる場所ないよな。

——当時のロフトは、酒を飲んじゃケンカしてるような人たちが集まってましたからね。

平野 それがおもしろかったことになるんでしょうね。プラスワンもそうだったけど、揉めごとをやると客が入るんですよ。たとえばスターリンのステージのときにね、アナーキーが殴り込むわけですよ。そうすると無茶苦茶になるでしょ。俺は椅子のひとつや机のひとつぐらい壊れたって、コップのひとつぐらい割れたってどうってことないと思ってたの。次のときにもっ

年デビュー。和製ボブ・ディランの異名を持つフォークシンガー。75年の『誰もぼくの絵を描けないだろう』は坂本龍一が初めてプロとしてレコーディングに参加したアルバム。89年にバンド「たま」がブレイクすると「たまが影響を受けた伝説のフォークシンガー」として友部を知らない若い世代のファンを増やす。

はっぴいえんど
細野晴臣・大滝詠一・松本隆・鈴木茂によるロックバンド。実質的な活動期間は69～72年で、メジャーになることなく解散したバンドだが、4人全員がその後の日本の音楽界の巨人となったため、後世になって「日本語ロックの原点」という評価が世間に定着した。70年の1stアルバム『はっぴいえんど』は通称「ゆでめん」。

PANTA
50年生まれ。10代でブルースに心酔するも、その誕生の経緯と自分のアイデンティティーとの差に違和感を持ち、69年にブルースを捨てて頭脳警察を結成。欧米からの借り物ではないロックを目指した。

と客が入るんだよ、みんながおもしろがって。だからそのときからだよね、ウチのグラスが紙コップに替わったの。だって無茶苦茶なんだよ、みんなグラスをステージに向かって投げるんだからね、こんなライブ無茶苦茶おもしろいんだから！

――早すぎた炎上商法ですね（笑）。

平野 あとダイブの問題ね。どこのライブハウスもみんなダイブを怖がって、ケガ人いっぱい出るしダイブやらせなかったんですよ。ウチだけがやらせたの。俺は保険会社をだまくらかして1億円の保険を掛けてたんですよ。

――そうだったんですか！

平野 そうですよ！　だって、保険会社はダイブなんてわかんないじゃないですか。

――ダハハハ！　そりゃそうだ（笑）。

平野 ダイブが大騒ぎになってから、保険会社が「これは契約できません」って言ってきたけど。だってひどいんだから、ライブやったらそりゃケガしますよ、靴が当たったりなんかして。ケガすると今度は親が出てくるの。ロックのコンサートでちょっとケガしたからって親が出てくるんだよ。それで俺なんか立ち会うじゃないですか。そしたら親に、「そうですか、でもウチはダイブ禁止してるんですよ。だから困るんですよね」って言うと、「じゃあお宅はなんの責任もないって言うんですか？」って言われて、そこで裁判になる。もう嫌んなっちゃう、ロックがそこまで変身してたっていう。それまではそんなことなかったのに。俺もよくわかんないけど。

――乱闘、ケガは当たり前の世界ですよ！

平野 そうそうそう、日比谷の野音で死んでるしね（笑）。そういう時代をやってきて、けっこう自分の感性というか予定調和、あるいは丁々発止をなんとかうまくまとめようっていうんじゃなくて、全部放りっぱなしで。これはプラスワンでよくあったね。たとえばオタクアミーゴス！がやるときは、俺は前説でみんなの顔見て、「なんだよ今日は暗いな、おまえらの趣味は墓参りだろ」とか言うわけですよ。客席キンキンになって怒られたの。で、客席全員が「平野帰れ」って言うわけ。俺は「ここは俺の店だ！」ってね（笑）。そういうことをやると噂が噂を呼んでどんどん広がっていくんですね。これがじつは営業的には無茶苦茶おいしかった。

――初期のロフトプラスワンはカオスでしたよね。オーナー権限で客を帰していいとか。

平野 ハハハハハ！　たしかにトークライブというビジネスモデルを作ったのは俺だけども、いままでトークライブで金を取れるなんて誰も思ってなかったんだから。

――壇上で酒を飲みながら話すなんて。

平野 だから最初に作ったときは言われましたよね、「酒を飲むところでしゃべらせるなんてふざけんな！」って。多くの評論家がみんなそう言いましたよ。これが当たりました。だって、酒を飲ませるとみんな何を言い出すかわかんない。これがおもしろい（笑）。

――みなさん口が軽くなって（笑）。

平野 そうそうそう！　だから豪さんなんか相手が酒を飲んでると楽でしょ？　しゃべるでしょ？　これがライブの醍醐味なんですよ。

――客席も飲んでるとやりやすいですよ。

平野 トークの現場で客席もステージも酒を飲むなんてことがなかったわけですからね。

世相を反映した「革命三部作」が人気を集めたが、72年の1stアルバムリリース直後に起きたあさま山荘事件の影響で発禁、以降「発禁バンド」へのファンの期待とのギャップに苦しみ75年に解散。20年、頭脳警察50年の活動を振り返るドキュメンタリー『zk／頭脳警察50 未来への鼓動』が公開。

めんたんぴん
石川県出身のバンド。69年結成。自前の4tトラックにPA機材を載せハイエースで全国ツアーを回る「日本一のライブバンド」。当時はトリプルギター、ツインドラムという特殊な編成。

久保田真琴（くぼた・まこと）
49年生まれ。大学時代から「裸のラリーズ」のベーシスト。73年、松任谷正隆プロデュースでソロアルバム『まちぼうけ』を発表。その後、夕焼け楽団とともに精力的に活動。ヒッピー文化、ハワイアン、琉球民謡などを取り込む曲風で豪州など海外でも人気に。90年代からはプロデューサーとしてザ・ブームなどを手がける。

ムーンライダーズ
75年結成。71年結成のバンド「はちみつぱい」を母体とし、リーダー鈴木慶一の弟・博文が合流する形で結成。バンド名は、それまで博文が松本隆らと組んでいたバンドからそのまま拝借した。アグネス・チャンのバックバンドとして活動ののち76年に「鈴木慶一とムーンライダース」としてアルバムリリース。

――それで出演者のバック率も上がるし。

平野 だから俺が昔、出演者に言ってたことは、「あんたがた今日の帰りに焼肉を食いたかったら客を煽って酒を飲ませろ」と。売上のバックしますからね。そうすると出演者が客と勝負しだすんですよ、どうやっておもしろくさせて酒を飲ませるか。そういう雰囲気の店だった。いまはつまんない子たちがいっぱいやってるからよくわかんないけど。でも、コロナはすごいねえ、いま社長が店を1軒も潰さないって言ってて、「やめようよ、いらないよこんな店」って言ってるんだけど。最低3つの店はやめろよって言ってるんだけど、社長が「潰さない。だってあれだけ伝統があるシェルターを潰したらどうするんですか」って。どうでもいいよ、そんなことは（笑）。

――さすがの呑気さですね（笑）。

平野 全然こたえてないですよ。だって、あんなとこ潰れたってべつにどうってことないもん。困るヤツが頑張りゃいいんだよ。

――平野さんのデタラメさがいいんですよ。

平野 デタラメじゃないですよ。

――デタラメですよ！

平野 ターザン山本よりデタラメじゃない！

――ボクの好きな平野さんの話が、一緒にイベントやったとき、ネイキッドロフトの話になって。「ネイキッドって同じビルにヤクザの事務所があってたいへんだったじゃないですか」って聞いたら、平野さんが「そうなんだよ、ウチの事務所の3階の消火栓のとこでドラッグの受け渡しやってんだよなー」って言い出して、爆笑したんですよね（笑）。

平野 そうそう、コカインがこんなにあるんだから！ ●階にシャブ抜き専門の医院があって、1階に売人が溜まってたんですよ。

――とんでもないビルですよね。

平野 とんでもないですよ！ 安かったんだよ、だからあそこでやったんですよ（笑）。

――ヤクザと遭遇したりするから、エレベーターに乗るのも緊張感ありましたからね。

平野 だから、ときどき会うんだよな、こんな感じでラリっちゃってるのと（笑）。

――という話を聞いて爆笑してたら、平野さんが「これ全部書いていいよ。みんな知ってるから！」って言ってて、最高でしたね。

平野 ハハハハハ！ あれはおもしろかったですねえ。下も上も売人がいっぱいいてさ。ウチの会社の女の子たち、あそこで平気で飲んでたんですよ。しかし豪さんと話すのは楽だよ、豪さんはみんな知ってるからね。

――もちろん平野さんが風俗にハマってた時期があることも知ってますよ（笑）。

平野 やっぱりあの頃はすごいよ、いまから20年前ですか、宮台真司とかみんな、もうテレクラ三昧で。店を抜け出していつもテレクラに行ってた。当時は宮台真司とか石丸元章とかもみんなテレクラキチガイで（笑）。

――おかしな時代がありましたよね。

平野 ルーズソックスから女子高生どうのこうのが始まって。なんだかんだでプラスワンはいつも時代の先頭を行ってたよな。いまは先頭を行ってるとは思えないけど（笑）。

11年に無期限活動休止を発表するもその後頻繁に「活動休止の休止」を行い、23年6月には3月に発表したニューアルバムをレコードで発売予定。

柳ジョージ（やなぎ・じょーじ） 48年生まれ。大学卒業後の70年にザ・ゴールデン・カップス（後期）にベーシストとして加入。カップス解散後、友人の成毛滋に誘われて渡英し再び音楽活動を再開。75年「柳ジョージ&レイニーウッド」を結成。80年日本武道館で初コンサート。81年の解散以降はソロで活動。11年死去。

太田裕美（おおた・ひろみ） シンガーソングライター。55年生まれ。73年、オーディション番組『スター・オン・ステージ あなたならOK！』で優勝。渡辺プロと養成契約を結び、ピアノ弾き語りを始める。75年、4枚目のシングル「木綿のハンカチーフ」が100万枚を超える大ヒット。

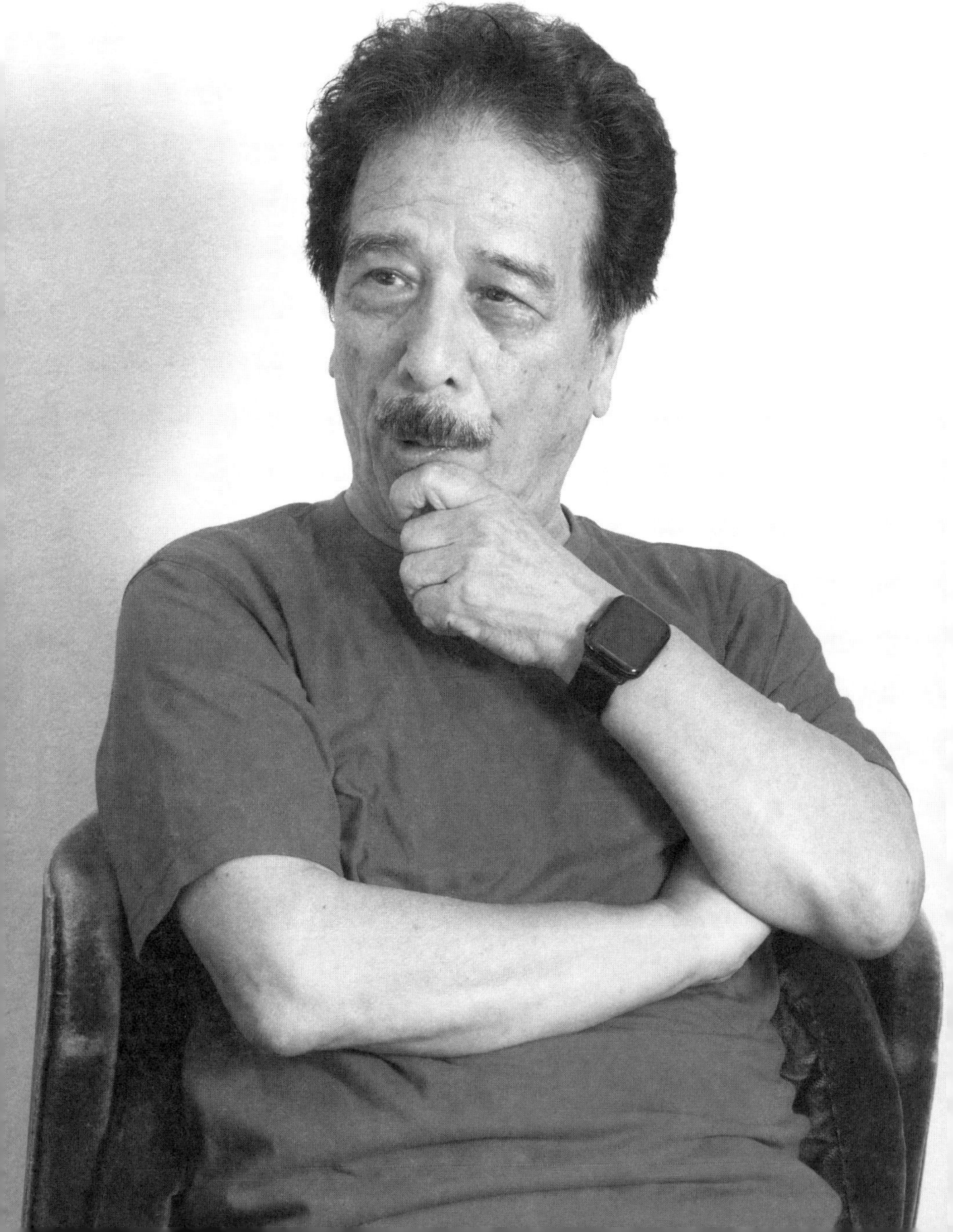

マキタスポーツの奥さんは口説いてない

——平野さんがマキタスポーツさんの奥さんを狙ってたっていうのはホントなんですか？

平野 ……あのときに僕は最初の本（『旅人の唄を聞いてくれ！』）を出すつもりだったんだけど、要するに僕は元祖バックパッカーで、いまから40年前に世界じゅうを周ってて、80カ国ぐらい行って。

——ロフトを途中でやめて世界を放浪して。

平野 俺は日本が好きじゃなかったから、日本で死にたくないっていうのがずっとあったんですね。4年間旅をしたけど、結局旅人っていうのは無責任だから、どっかで沈没して売春婦を抱えて麻薬で終わっちゃうみたいなのが、あの時代のほとんどのバックパッカーのなれの果てだったのを、僕はそれは基本的にやらなくて、あの頃のバックパッカーはサハラの旅が一番難しいって言われてたけど、最後にそれをクリアして。でも、帰る気がしなくて。これからは外国で仕事を持って市民権を取って、天皇誕生日には大使館から招かれるようなことをするって決めたんです。

——デカい目標を設定して。

平野 で、選んだところはドミニカ共和国というカリブ海の島国ですね。そこは日本人が少なくて日本から一番遠くて……こんなとこで商売うまくいくわけないよな（笑）。日本レストランもなくて。そこでけっこう金を遣ってレストランを作ったんですよ。でも、商売がうまくいかなくて。最後に僕がやったことは、要するに日本レストランを持ってるということは、カリブ海の多くの連中はウチに寿司を食いに来る。ウチの寿司、無茶苦茶不味いんだよ。でも、カリブ海に寿司屋がないからみんな来るわけ。そこで俺は全部引っかけるの。たとえばドミニカの外務大臣が来ると、「寿司を奢ってやるからあとでおまえの事務所に行くから」って言って。だってたかだか人口６００万人で半分は文盲の世界だから、世田谷の区長を操るみたいなもんだよ。

——けっこう簡単に入り込める（笑）。

平野 で、外務大臣と話すわけでしょ。俺は外務大臣に、「万博全部俺にやらせろ」と。

——え！

平野 花博を。これ書いちゃダメだけど……（自粛）。だって、あの時代のあいつらって、みんな自分の任期のときにいかにいい思いをするしかないわけですから。そしたら大使は無理だっていうんで、「じゃあ代理にしろ」と。その結果、俺はドミニカ館館長として花博で日本に戻ってくるわけですよ。ちゃんと外務省が迎えに来るんだよ。もう俺のこと、みんなドミニカ人だと思ってるから。

——デタラメすぎる（笑）。

平野 そこで億儲けるわけですよ。俺はそこでドミニカに対しての落とし前は済むわけ。ドミニカなんてあんなにちっちゃな国でもアメリカと同じで一国は一国なんですよ。なんでもできるの。これはすごい特権！　おもしろかったですよ。ひとつの国を代表したらどれだけおもしろいことができるかっていうのをさんざん味わいましたね、半年も。俺、花博のドミニカ館の館長やったんだから！

——ちゃんと目標を実現させた（笑）。

BOØWY
81年「暴威」として結成。当初は6人組。同年5月、新宿ロフトでデビューライブ「暴威LOFT FIRST LIVE」開催。観客は13人だけだったという。82年に1stアルバム『MORAL』でレコードデビュー。同年10月の新宿ロフトのライブを最後に深沢和明と諸星アツシが脱退、氷室京介・布袋寅泰・松井恒松（常松）・高橋まことの4人編成となった。

宮台真司（みやだい・しんじ）
社会学者。59年生まれ。90年代、ブルセラ・援助交際などを社会学者の立場から論じ注目を集める。研究のきっかけは当時付き合っていた女子高生が援助交際をしていたから。テレクラに夢中だった時期、母親に50枚の会員証が見つかりすべて捨てられたがやめなかったという。22年に勤務先の大学構内で刺され重傷を負うが、容疑者が自殺、詳細は謎のままに。

石丸元章（いしまる・げんしょう）
文筆家。65年生まれ。80年代から

平野　それで日本に帰ってきて、もう一回ロフトを再構築する。そのときには新宿ロフトしかなくて、あとは全部のれん分けしてたから。新宿ロフトで日本のロックをもう一回背負ってみせる、と。それで日本に帰ってきて、「とにかく悠さん、このバンドを観てください」っていうのが無茶苦茶で、それがThe ピーズだったりなんかして、俺はぶったまげたんですよ、だって「ピーマンなんて食いたくねえ」とかさ、「ビデオ買ってよ」とか、ホント意味がないような歌詞でさ。

——ちょうどバンドブームの時期ですよね。

平野　バンドブームはもう終わってますよ。その前のバンドブームのときにはTHE BLUE HEARTSも含めて、重たい歌詞がすごく重要で。それが抜けてまったく意味のない歌詞になっていくんですね。それからKUSU KUSU？　女の子がみんな肩組んで、「楽しくやろう寂しくないんだ歌をうたおう」とかやってるわけ。「なんだこれ、ロックかよ？」って。しかも、事務所に行ったらスピッツのCD（ロフトのレーベルから90年にリリースされた『ヒバリのこころ』）があるわけ。「スピッツ？　なんなんだよこれは！」って。スピッツって要するにこんなちっちゃいチンコロみたいな犬じゃねえかよ、どこがロックなんだよ、と。それで俺はスピッツのレコード全部捨てたからね。

——なぜかスピッツに敵意を向けますよね。

平野　俺は一貫してライブハウスのオヤジだから、俺は名前で決めるよっていうのがどっかであるわけですよ。名前がダサかったら。

——アナーキーみたいに力強ければいい。

平野　そう！　エコーズもそうでしょ、「なんだよエコーズって、これロックかよ？」って言ったら辻仁成が怒って。いろんなところで書いてたよ、「ロフトは名前で俺を出さない」って。でもさー、俺は自分の体を張って店を作ってて、名前が嫌いだから出さなくたっていいじゃんな、俺にも権利があるよ！　公共事業をやってるわけじゃないんだから。

——そりゃそうですね。しかし、やけにスピッツに噛みつくなとは思ってたんですよ。

平野　まあ、一番いい例なんで。俺が日本に来てぶっ飛んで。スピッツっていう名前のロックバンドがあること自体が許せないから。それでピーズとかあんなの聴いちゃうと、なんだよこれって。けっこう軽いじゃないですか。それで俺のいる場所がなくなったの。もうわかんない、客はそこそこ入ってる、店も会社も安泰、でも、俺にはいる場所がない。

——楽しくもない。

平野　行ってもおもしろくもなんともないっていうところで、俺は自分の遊び場としてプラスワンを作るの。あくまでも俺の遊び場だから、俺は何したっていいっていうのがあったんですよね。あんなちっちゃいところで、あんな遠くだし、隠れ家的だよね。いまのプラスワンはあんなところにあるけど、昔は隠れ家だったから。自分が楽しくて、あそこでいろんな店長にハマッちゃったり……。

——店長にハマッたんですね。

平野　女店長に。いろいろありましたけど。いまトークのライブハウスが、映画館とかも含めてだけどやってることが1000軒あるっていうんだから。喫茶店でも映画館でもどこでも必ず終わってトークやるじゃないですか。昔はそんなことなかったですよね。

『ポップティーン』『GORO』などでライターとして活躍。90年頃、ドラッグに関する取材の過程で覚醒剤を使用するようになり、95年に逮捕。96年、体験を元に書いたノンフィクション『スピード』（97年、飛鳥新社）がベストセラーに。14年に入った依存症治療プログラムではASKAと一緒に入院生活を送る。

Theピーズ
87年に結成。89年メジャーデビュー。結成時はスリーピースバンドだったが、大木温之がいれば「ピーズ」で、状況に応じて「1人ピーズ」「2人ピーズ」「3人ピーズ」「4人ピーズ」と呼ばれる。現在は4人ピーズで活動中。「ピーマンなんかくいたくねえよ」は89年の『グレイテスト・ヒッツ VOL .2』（2枚同時発売のデビュー・アルバムの1つ）所収『肉のうた』の歌詞。『ビデオ買ってよ』はTheピーズではなく大木の双子の弟・大木知之のバンド「カステラ」の89年の楽曲。

THE BLUE HEARTS
85年結成。「渋谷屋根裏」を拠点に活動。87年、シングル「人にやさしく」を自主制作、同年「リンダリンダ」でメジャーデビュー。ほぼ同時にアルバム『THE BLUE HEARTS』もリリース。95年の解散直後、真島昌利と甲本ヒロトを中心に「↑THE HIGH-LOWS↓」結成。ドラムの河口純之助は09年の衆院選で幸福実現党から立候補し落選。

——トーク専門の箱も増えてきて。

平野　増えた！　笑っちゃうね。トークライブっていうのは誰でもできちゃうの。

——しかも、バンドと違ってギャラもメンバーで割らないでいいし、ちゃんと稼げるし。

平野　ハハハハ！　てっちゃん（奥野テツオ）なんてワンオペでしょ、ひとりで（高円寺パンディット）やってるんだよ。すごいよね、トークライブハウスをワンオペでやるか？

——そもそも、奥野さんは阿佐ヶ谷ロフトAの店長時代、お客さんに●●●を食わせたことでそんな人生になってるわけですよ（笑）。

平野　あれもおもしろかったね、●●●食わせた事件も。俺は断固戦うことを主張したんだけど、杉並区長が偉そうに「こんな店があること許せない」と。なんてったって、こっちは●●●を食っちゃう店なんだから！

——大問題になりましたよ、あのときは。

平野　俺は区長に仕掛けたんですよ、「ふざけんな、おまえだって浮気してるんだろ。おまえの浮気なんてみんな知ってんだよ！」って。杉並区長の浮気が問題になったじゃないですか。それ全部バラして戦おうと思ったんだよ。だって俺は小倉（智昭）あやまれデモもやってるわけじゃないですか。フジテレビのロビーを占拠したり、株主総会まで行ったんだから、フジテレビは大慌てですよ。そこまでやってるんだから杉並区長ぐらいはもう。

——全然大したことない（笑）。

平野　そのときの社長の小林（茂明）がビビッちゃって保坂展人に相談したんですよ。保坂展人は杉並区長と友達で、保坂が全部取り持ってくれてこの話は保健所も含めて全部なしになったんですけど。俺は「杉並区長！　潰すんなら潰してもらおうじゃねえか」って。

平野　これはおもしろい。

——「全面戦争だ！」と（笑）。

——しかも原因が●●●っていう。

平野　だって誰も傷ついたヤツいないから。

——被害者はいないんですよ。食べたい人がお金を払って●●食っただけですから。

平野　そうだよ（笑）。みんな高い金払って●●●食いに来てるんだから。何が問題なの？　誰が被害者なんだよ。だから警察が困っちゃったわけ、被害届ないんだから。唯一、保健所がね、これが許可か無許可か、●●●を食うのは許可ありかなしか。いまウチの会社では●●●事件っていろいろ言っちゃいけないことになってるんだよな……。

ロフトスタッフ　いや、もう大丈夫です。

——解禁（笑）。

平野　あれ最高だったな。こんな悲しい美しい話はないよ。だって●●●を切ったヤツが、これを捨てるのはもったいないからみんなで食べてって言って、いいじゃんね。

——たしかあれ性転換の費用を集めるクラウドファンディングみたいなものだったんですよね。それで2万円払った一部の人だけが●●●を食べられますっていうイベントで。

平野　バカだねえ。でも、おもしろいよ！

——いい話ですよ！　忘れられないようにボクはひたすら語り継いでるんですけど、ロフト周辺には嫌がる人が多いですね（笑）。

KUSU KUSU
88年に結成、90年には全国ツアー&武道館ライブを行った早熟バンド。89年に『三宅裕司のいかすバンド天国』出場、FLYING KIDSに敗れるもルックスと明るいノリで人気者となり、視聴者投票で10回連続1位に選ばれる。新宿ロフトでは92年に2デイズライブが行われた。94年活動休止。

スピッツ
86年、東京造形大学の重音学部でパンクバンドとして誕生。パンクアレンジの『365歩のマーチ』などを演奏していた。87年に現在の4人が集まり、新宿ロフトを目標に活動開始、89年に念願のロフトデビュー、ロフトのインディーズレーベル・ミストラルからCDをリリース。91年メジャーデビュー。95年の11thシングル『ロビンソン』のヒットで世間に知られてからはミリオン級ヒットを連発、ドラマ『白線流し』の主題歌に採用されたことで8th『空も飛べるはず』も遡ってミリオンに。

平野　そうなんですよ。俺ひとりでおもしろがってる。いろいろやったけど、全部財産になってますね。たとえば俺たちは下北沢道路再開発反対運動をやって、区役所に乗り込んだり説明会潰しに入ったり、いろいろしたんですよ。好きなんだよ、俺そういうこと。

――ダハハハハ！　根が活動家ですからね。

平野　暇なんだよ（笑）。最終的に世田谷区を変えるのは自民党ではダメだ、と。俺、選挙嫌いだし基本的に行かないんだよ。でも、これは俺たちの区長を立てるしかないなっていうことで、俺たちは保坂さんに頼みに行ったの。保坂さんは金がないって言うんで、みんなで出したの。それで保坂さんは当選したわけ。これはすごいですよ、市民運動ですよ！

――そこにも深く関わっていた！

平野　そのとき保坂は一銭も持ってなくて、誰も保坂のバックで金を出そうっていうのはいなかったの。保坂の選挙資金は俺たちが集めたんだから！　それで保坂が当選して、次は総理大臣候補ですよ。そのくらいまで行っちゃってる人ですから。基本的に保坂は絶対ロフトを裏切らないって……ホントかな？

――ダハハハハ！　恩義があるから。

平野　恩義があるから（笑）。まあ、いろんなことをしてきたから、自分の人生を振り返ってけっこうおもしろかったたって総括できるんですよ。やっぱり全部がつながってるんだね。自分の生きざまを含めて学生時代の全共闘運動ですよ。あそこで。1カ月に1回や2回は「今日死ぬかもしれないな、でも行くか、しょうがねえな」ってゲバ棒を持ってヘルメットを被って行くわけじゃないですか。戦争体験を引きずってた世代みたいに、俺もあの学生運動の興奮をずっと引きずってる。だって、零戦で国のためとかわけのわからないこと言って突っ込んで行くのと同じで、自分の思想を実現するためには死んでもいいと思うんだもん。あの時代があったから自分はいまこうやって生きられるっていうのはすごくある感じがしますね。だってホントおもしろかったし、毎日毎日興奮してたよ。

――それが基本になっちゃって、それくらいの刺激がないとつまんないんでしょうね。

平野　刺激なんですかね？

――だと思いますよ。パンクロックはまだ刺激があったんだろうけど、ビートパンクには刺激がなかったたってことだと思うんですよ。

平野　そうそう。「うわーっ、すげえすげえ!!」と思えなければもう音楽じゃねえような気がしてて。それほど僕はセックス・ピストルズも含めて衝撃的なバンドと出会ってるという感覚があるね。いまは何がおもしろいの？　だって、いま全部ラップでしょ？

――刺激あるのはそっちでしょうね。

平野　あんな言葉遊びでさー、ギターリフも弾けないような、テクニックも観られない、ドラムソロも観られない、なんも観られない言葉の遊びだけで、あとは電子をひっかいて音を出してるだけでしょ。そんなのがいま流行ってること自体、俺はもう許せない。

――最近はイントロがギターなだけで聴かないって人が増えたって何かで読みましたよ。ロックがあまりにも中年のものになって。

平野　ああ、中年のものになったんだ。

――ライブハウスの高齢化はけっこう感じますよね。10代が

エコーズ
ＥＣＨＯＥＳ。81年、辻仁成・今川勉の2人がオーディションでメンバーを集める形で結成。91年解散。代表曲『ＺＯＯ』の歌詞は下北沢駅の改札口から出てくる人々を眺めていた辻仁成が彼らを動物に見立てて詞にしたもの。

小倉智昭あやまれデモ
01年2月20日放送のワイドショー『とくダネ！』（フジ系）内で、新宿ロフトで開催されたライブ「ニューロティカとサッチーの逆襲」（ボーカル野村沙知代、バックバンドニューロティカの一夜限りのライブ）で盛り上がるファンの映像が流れ、これを見た小倉智昭が、当時大バッシングを浴びていた野村沙知代がサクラ客を仕込んだかのように視聴者を誘導するコメントをした。これに対しニューロティカの井上篤と平野が連名で抗議。これが新聞にリークされるとネット上で「小倉謝れ友の会」が誕生。局側が曖昧な対応を続けるとロフト側はさらにエスカレート、フジ本社に200人規模の抗議デモをしかけ、株主総会にも乗り込んだ。

保坂展人（ほさか・のぶと）
政治家。55年生まれ。中学時代から学園闘争に傾倒。学生運動経験を理由に高校を不合格にされたのは学習権侵害だとし裁判を起こすも最高裁で棄却。80年代にはジャーナリストとして反管理教育の潮流をつくり、99年辻元清美らとともに社会民主党から参院選に出馬し当選。00年に衆議院議員、11年から

来る場ではなくなって。

平野 じゃあ、もうライブハウス終わりじゃん。もうやめようよ、いいよ!

――ダハハハ! ロフトを作った平野さんがそれを言えるのがすごいですよ(笑)。

平野 だから俺は作家になろうとしてるんだから、できもしないくせに(笑)。

――平野さんの歴史で言うと、意外と当時つながりが深かったのは園子温さんですよね。

平野 園、あいつはとんでもないヤツだね。あんだけ俺の世話になったヤツいないよ。1年ぐらいあいつのアパート代は全部俺が払ってて、あとロフトの飲み食いあいつは全部タダ。ロフトに園のファンが多かったから。

――一時期、しょっちゅう園子温さんがいたイメージがありますよ、くすぶってた時期。

平野 いた。今度、俺のイベントに来いって言ったら来ねえから、とんでもねえヤツだよ。いつか園の下半身全部暴いてやろうかな(笑)。

――で、最後にまた聞きますけど、マキタスポーツさんの奥さんを口説いてたんですか?

平野 違う違う! 僕はバックパッカーで、現役バックパッカーで天野ウクレレ(元プラスワンスタッフ)っていうのがいて、これを本にするときもうひとつおもしろくするにはどうしたらいいかっていうことで、まったく旅行もしたことないヤツを入れたらこの旅は絶対おもしろくなる、と。そのときにマキタのカミさんがウチでバイトしてて。

――まだ結婚前に。

平野 それで、「おいおまえ行くか?」って言ったら、「行く」って言うんだよ。その3人で旅をしたのがその本で、俺はマキタのカミさん、ノゾミって女だけどノゾミには一切触ってもいないからね、安心してください!

――旅先で口説いてたって噂は誤解?

平野 ハハハハハハ! そんな情けないことはしません。マキタもだいぶヒットしたね。

――いろんな人がスターになっていった流れで、次は平野さんがスターになる番ですよ。

平野 なんねえよ、75歳で。いい加減にしてくださいよ、もういいですよ。だからこれは何度も言うけどコロナ太り。今週だってまだ3つぐらい取材があるもんな。こんな調子で同じようなことずっと言ってるんだけど。シェルター潰したらおもしろいよな。

――「おもしろいよな」じゃないですよ! あと、菊地成孔さんと一緒に配信をやったとき、平野威馬雄さんの話をずっとしてて。

平野 麻薬の話でしょ?

――そうです、ヤバい人だったっていう。

平野 ウチの親父が言ったもん。威馬雄さんって親父の兄貴だから、「あれがコカイン中毒で、自分もやってたけどあまりにも中毒症状がしんどいんで俺は自分でやめた」って。

――お父さんもやってたんですか!

平野 威馬雄さんのあの苦しみを見てたらとても。それでマリファナにしたって言ってました。ウチは毛唐の家系だからさ(笑)。

世田谷区長。議員時代にもネイキッドロフトで月例ライブを開くなどロフトとの結びつきは強い。

●●●食わせた事件当時の杉並区長・田中良とは11年の被災自治体支援で協働、保坂が区長職に興味を持つきっかけの存在。

園子温(その・しおん) 映画監督。61年生まれ。グロテスクで観念的で嫌悪感を伴う表現手法が内外で高く評価される鬼才。女優の魅力を発掘する手腕に定評があり、06年の『紀子の食卓』では吉高由里子を、08年の『愛のむきだし』では満島ひかりや安藤サクラを、14年の『TOKYO TRIBE』では清野菜名を、15年の映画『みんな!エスパーだよ!』では池田エライザを見出す。22年、出演と引き換えに性行為を迫られたという複数の女優の生々しい証言が報道され、監督・脚本を務めた連続ドラマがお蔵入りになった。

「そんなことやってたら捕まるよ」と裏DVD屋に言われました

石崎典夫

2022年12月収録

1976年生まれ。東京都出身。2005年に、ロフトプラスワンへアルバイト入社。『Jさん＆豪さんの世相を斬る！』、『ホリエモン・トークライブ SESSION』、『激突！ウヨク VS 右翼』など様々なイベントを担当する。2010年にロフトプラスワン店長、2016年に LOFT9 Shibuya 店長へ。現在はロフトプロジェクト トーク班統括、配信班部長を兼務している。

女性をグーで殴る企画書を提出

――ロフトプラスワンの配信部長であり、ボクのイベントの担当を長年やっている石崎さんの経歴が気にはなっていたんだけど、わざわざプライベートで一緒に酒飲んで聞くかっていうとその気は一切ないから、仕事で聞いたほうがいいなと思って取材に来ました。

石崎 ハハハハ！ 豪さんとふたりきりで話すことなんてほとんどないじゃないですか。

――石崎さんがボクとのイベント直後にコロナになったときも、ほぼ会話してないおかげでボクはなんの感染もなかったりで（笑）。

石崎 だいぶ距離ある状態ですもんね。

――なので今日は一から聞きますよ、こんなのどこにニーズがあるかわからないけど。

石崎 そうですよね（笑）。

――まず謎なのがテレビで仕事してた話で。

石崎 僕、放送作家だったんですよ。リサーチをいろいろやってて。千代田工科芸術っていうテレビの放送系の専門学校に行ってて。そこの講師に来てた先生が『とんねるずのハンマープライス』の作家やってたんですよ。

――時期的には90年代半ばぐらい？

石崎 そうです。その先生にネタ出しみたいなのやってたんですよ、『ハンマープライス』でこんな商品があったらおもしろそうみたいな。それで「じゃあ現場を見に来る？」みたいな話になって現場を見せてもらったり、その講師の先生から「別の番組を立ち上げるんだけど、石崎くんよかったら参加する？」って言われて。ＷＯＷＯＷの情報番組だったんですけど、そこに参加させてもらって、そこから放送作家の仕事が始まって。

――スムーズに放送作家デビューして。

石崎 そしたら、めちゃめちゃギャラよかったんですよ。１本７万とかで毎週やってて。

――それだけでぜんぜん食えちゃう。

石崎 そうなんです。

――ロフトプラスワンよりもらえるじゃん。

石崎 そうなんですよ、僕あのときがピークなんです。20歳ぐらいがピークなんです。その情報番組が３～４年続いたんですけど。

――それはあんまり知られてない番組？

石崎 ソニーの一社提供の番組で、海外の情報をいろいろ集めてきて、それをＶＴＲで紹介するみたいな番組で。僕は日本の情報をいろいろ集める担当で。それとマンダラハウスっていう放送作家の事務所があって、大田一水さんっていう『邦ちゃんのやまだかつてないテレビ』とか『クイズ！年の差なんて』とか『Ａ女Ｅ女』とか立ち上げた作家さんがやってる事務所につながりで入れてもらって。

――伝統あるハケ水車の事務所だ。

石崎 そうですそうです（笑）。『年の差なんて』はもう終わってたんですけど、新しく『年の差なんて』みたいなフォーマットの番組を始めるってことでクイズ作家がほしいから、「石崎やる？」って話になって。

――クイズなんて絶対に詳しくないでしょ！

石崎 ハハハハハハ！ それが、田代まさしさんが司会でＳＰ

マンダラハウス
08年まであった会社。86年、人気放送作家大田一水の著作権管理・マネジメント会社として設立。91～92年のクイズ番組『カルトQ』の問題作成など、20年近くヒット番組に関わる。02年に外食産業に進出。一時期は直営・フランチャイズ合わせて100店舗を超えた。05年にテレビ業界からイベント企画・旅行事業へとシフト、ヘルス&ビューティ産業・不動産業にも進出したが、08年総額25億円の負債を抱え倒産。なお本文中の田代まさし司会のクイズ番組は『強力！木スペ120分』枠で放送された『クイズ・おやじっちこどもっち』（97年、フジテレビ）。

EEDとか出てる番組で。

――いま田代さんとSPEEDって単語を並べると、違う意味が出てきちゃうけどね。

石崎 そうっすね（笑）。それで入れてもらって、そこのプロデューサーが水口（昌彦）さんっていう『HEY!HEY!HEY!』をやってた方なんですけど、音楽番組（『MUSIC HAMMER』、98年〜）を所ジョージさん司会で立ち上げるので「石崎やる？」って話になって、また作家で入れてもらって。

――順調に稼いでるじゃん！

石崎 それが21歳とかで、本当にあの頃がピークなんですよ、俺。その流れで『HEY!HEY!HEY!』で作家が替わる時期があって、また新しく募集するっていうタイミングで「石崎やるか？」って言われて『HEY!HEY!HEY!』にも入れてもらって。

――あんなトップスターが集まる番組に。

石崎 そう、音楽ぜんぜん詳しくないのに（笑）。まるで聴いてこなかった人が音楽のリサーチでアーティストの取材に行ってトークネタを拾ってくるみたいな仕事をやらせてもらって。それが22〜23歳ぐらいまでで。

――いい時期のフジテレビに出入りして。

石崎 そこから『エブナイ』（01年〜）っていうフジテレビの深夜にやってた番組があって、火曜日がT・I・Mさんが司会でやってたんですけど、知り合いのディレクターさんから「石崎やるか？」って話になって、入れてもらったり。

――基本、放送作家って台本的なものを書いたりリサーチしたりしつつ現場にも行くわけでしょ？　なんとなく演者と接点はできてたの？

石崎 行きます。でも、タレントさんと話すのがすごく苦手で緊張しちゃうから、スタッフとばっかり話してましたね。だから仲良くなったタレントさんもぜんぜんいないです。所さんの『MUSIC HAMMER』って番組で篠原ともえちゃんとかスタジオで一緒だったんですけど1回もしゃべったことなくて。

――そんな人たちに「俺を雑に扱いやがって！」って憎しみを抱くようなこともなく。

石崎 なんの憎しみもなく。そこでナレーション書いたりしてて。そのまま頑張っていこうとしたんですけど、あと『トロイの木馬』（98年〜、司会／ユースケ・サンタマリア&千秋）っていう番組もやらせてもらったりして。それで『MUSIC HAMMER』のつながりで僕、神原孝さんに会ったんですよ。

――後のアイドリング!!!のプロデューサーであり、TIFのプロデューサーだった人。

石崎 神原さんと僕すごい相性が悪くて。神原さんが初めてプロデュースやった『エブナイSATURDAY』って番組がビビるが司会で、そこに作家で入れてもらったんですけど、若手作家へのダメ出しが強烈すぎて。

――ダハハハハ！　ボクは仲いいですよ。ただ、いまでこそ人当たりも柔らかいけど、『クイズ！ヘキサゴンII』を立ち上げた紳助ファミリーであり、アイドリング!!!時代はお客さんにブチ切れたりで凶悪なイメージだったしで。

石崎 そうです。僕がけっこう標的にされて。僕も当時しょうもないネタばっかり持ってってたんですよ、女をグーで殴りたいとか。

――え!?

神原孝（かんばら・たかし）
テレビプロデューサー。55年生まれ。98年『とんねるずのみなさんのおかげでした』のディレクター時代に音楽ユニット「野猿」のダンサーに選ばれるが、第1回ファン人気投票で最下位となり脱退（実際は大人の事情）。現在も『全力！脱力タイムズ』や『千鳥のクセがスゴいネタGP』など人気番組のプロデューサーや監修を務める。

石崎　不満を持ってる男性が女を殴る。

――最悪じゃん！

石崎　女の子に文句言えないからつい殴ってしまうまでの一部始終をＶＴＲで追う、みたいな案を出したら会議中に舌打ちされて。

――そりゃ舌打ちもするよ。

石崎　ハハハハハハ！「放送できるわけねえだろ、何考えてんだコノヤロー」みたいなことを神原さんに言われて、すごい当たりが強くて、それでもう自信を失っちゃって。

――当時のテレビ界って、もうスタッフへの暴力とかはなくなったぐらいの時期でしょ？

石崎　はい、暴力はないんですけど。僕、放送作家を5年ぐらいやってたんですけど、それで一気に自信を失ってしまい、俺もうこの世界で通用しないんだなと思っちゃって。

――おちまさとになれると思ってたら。

石崎　なれると思ってたんですけど、こりゃ無理だと思って。5年やってこれだったら俺は向いてないのかもしれないと思って誰にも連絡せずに飛んだんですよ。会議とかすっ飛ばして、気づいたら熱海にいたんですよ。

――死にたくなって気が付いたら熱海にいたって、杉作（Ｊ太郎）さんと同じじゃん！

石崎　ハハハハハハ！　電車に乗って旅とか始めちゃって。それで1カ月ぐらい東京に帰らなかったですね、いろんなとこ転々として。電話も一切出ずに、当時ｍｉｘｉで知り合った人たちの伝手を使って北海道に行ったり。

――それは女子も含む？

石崎　いましたけどおばあちゃんです。十勝に住んでた、その人の家に遊びに行ったり。それで1カ月経って完全にテレビの世界から足を洗おうと思ったんですけど、ものを考えるのは好きだったんですよ。でも人に伝えるのがヘタで、文章に書いて会議に出すとかはできるんですけど、会議のプレゼンがめちゃめちゃヘタでぜんぜん伝わらないんですよ。なので営業力を身につけないといけないのかなと思って営業の仕事を受けたんですよ。セールスプロモーションっていう仕事があって、ペットボトルキャップとか、何かを買うと何かが販促でついてくるみたいな、そういうのを考える営業の仕事があったんですけど。

――ボトルキャップブームの時期だ。

石崎　それに入って営業の力を身につけようと思ったんですけど、結局それも続かなくて。朝起きてみたいなサラリーマン的な仕事も向いてなくて、ぜんぜん企画も通らないんですよ。そういうのもすごい数のアイデアが集まってそこから採用されるので、僕ごときがちょっと放送作家かじったからってアイデア出してそれが通るような世界じゃなくて。そこでもやっぱり向いてないのかなと思って。そこ辞めて自動販売機の補充の仕事とか、寿司のデリバリーとか、いろんな仕事しましたね。それで埒が明かなくてどうしようかなと思って、もう28歳ぐらいになって、放送作家時代に貯めたお金があったんですよ。けっこう忙しくてほぼ遣ってなくて、それが２００〜３００万ぐらいあったんですけど、それでどこか旅行でもしようと思って。ちょっと大きいものに遣いたいと思って。それでたまたま見かけたピースボートに……。

――ピースボートは旅行じゃないよ！

石崎　あれ旅行じゃないんですか？「地球一周の旅」って書いてありましたけど（笑）。

——あれはもっと思想的な何かだよ！

石崎　それが99万で100日ぐらいかけて地球一周するってものだったんですけど。

——飲み屋のトイレにポスターが貼ってあるから、アクセスはしやすいんだろうけどね。

石崎　そうなんです。あれに応募してピースボートに乗ったんですよ。

——ピースボートはいろんな出会いがあって実は乱れた船だっていう話は聞くけどね。

石崎　ありましたよ。船で恋愛が起きるけども、降りてからはみんな現実に帰るから。

——だってロフトの元オーナーの平野悠さんもそれでしょ？　ピースボートで出会ったご婦人とW不倫したことを小説にしたりして。

石崎　そうですそうです（笑）。だいたい平野さんが船に乗るとそのあとに船で知り合った若者たちをロフトに引き入れて、それでみんな困るっていうパターンなんですけど。

——歴代ピースボートの人たちが入ってるよね。知らない若い店員と話すと「入ったきっかけはピースボートです」みたいな感じで、まだピースボートきっかけなんだなって。

石崎　そうですそうです（笑）。

——ピースボートは思想もなく乗った、と。

石崎　なんにも知らなくて。だから、そんなに左寄りの船だっていうことも知らなくて。

——左寄りどころじゃないよ（笑）。

石崎　そんなに寄る船だと思ってなかったんで（笑）。でも、ふつうに乗ってるぶんには思想を押しつけられるようなこともなく。

——いまは定年後の高学歴で品のいいご夫婦とかが乗ってたりするらしいとは聞いてる。

石崎　そうですそうです。だからすごい分かれるんですよ。定年後のお年寄りのお客さんと、10代後半から20代ぐらいの……。

——いわゆる自分探し組。

石崎　そうそう。あれ、ポスターを貼るとちょっと旅費が安くなるんですよ。3枚貼るごとに1000円ぐらい安くなるんですけど。それで割引させて乗ってくる若者がけっこう多くて。だから中間がいないんですよ、20代後半とか30代の働き盛りの人たちは。

——若いのは若いのでなんとなくつながるし、老人は老人でつながったりして。

石崎　そうなんです。だから世代が分かれてましたね。僕20代後半じゃないですか、20代後半ってあんまりいないんですよ。たまたま乗ってる20代後半とか30代前半の人と仲良くなって。そこで知り合った人妻と急速に仲良くなってセックスばっかりしてました。

——ダハハハ！　船で（笑）。

石崎　船で（笑）。

——それほど思想要素はないんだね。

石崎　ないんですよ。

——中で勉強会してるイメージだった。

石崎　そんなことないですよ。いろんなホールとか、あと視聴覚室みたいなところがあって。そこで自分たちでいろいろ催し物を企画して、そこに興味ある人が集まってきて、そこで何かお話ししたり映像を観たり。だから毎日いろんなプログラムがあって楽しいところでしたよ。で、ピースボートを降りて何しようかなってとき、放送作家時代にロフトプラスワンには観に行ってたんですよ。最初に観に行ったのが鶴岡法斎さんと鮫肌文殊さんと吉村智樹さんと3人でやってたイベントで、それぞれが抜けるAVを持ち寄ってみんなで観るっていうイベントだったんですけど、3人とも好みが分かれてるんですよ。

――吉村さんがまた特殊な趣味だから。

石崎　吉村さんは太ってる女の人が好きで、鶴岡さんは老け専で、鮫肌さんはガリガリの女の人が好きっていうジャンルで分かれてて、それぞれがそのビデオを持ってきて観るっていうイベントだったんですけど、お客さん20人ぐらいしかいないんですよ。イベント自体はおもしろいんですけど。この店はどうやって商売が成り立ってるんだろうなって思って。たまにそれ以外の、『モーヲタトークライブ』とか観に行ってたんですよ。

――ほら、今日のカメラマンは『モーヲタトークライブ』の人ですよ。

石崎　あ、ごっしーさん！

ごっしー　あれはひどいイベントでしたね。

石崎　聖地巡礼とか。あれ観てました。それでおもしろい場所だなと思ってて。それで船降りてからロフトプラスワンっていま何やってるんだろうって調べたらバイト募集してたんですよ。じゃあ行ってみようかなと思って、それで入りました。05年とかですね。豪さんもうやってましたよね、ターザン山本さんとの『格闘二人祭』とか。僕、豪さんのイベントをふつうに観に行ってたんですよ。最初に豪さんと会ったのが高円寺の円盤でやってた川勝さんと下井草秀さんの『文化デリックのPOP寄席』っていうイベントのゲストで豪さんが出てたときで。

――出た出た、パンパンに入ってた。

石崎　30人ぐらいでパンパンになるところじゃないですか。あそこで初めて豪さんにサインもらって。だから僕ふつうに豪さんのイベントも観に行ってて。

――たぶん現在東京カルチャーカルチャー店長の横山シンスケさんがロフトプラスワンのプロデューサーだった時代ですかね。

石崎　そうです、あの頃です。

ロフト系列のヤバい話

――まだまだロフトプラスワンもいかがわしかった時代ですね。横山さんがロフトプラスワンを売春宿にしようとしてた時代でしょ。

石崎　床に布団を敷いて（笑）。

――「深夜が空いてるし、AV女優や風俗嬢ともパイプができたから、あそこで売春でもしようかと思って」って言ってたね（笑）。

石崎　そうそう、「3回目で怒られた」って言ってましたね（笑）。

――実際やったんだ！

石崎　僕が入ったのはプラスワン10周年だったんですよ。だから、いかがわしかった時代はもうちょっと前かもしれないですね。

――その時期のロフトの店員に話を聞くと、「入って最初の仕事がとにかく恐ろしくて」みたいなのばっかりだもんね。「貸し切りで何やってるのかと思ったら乱交パーティーみたいなのやってて、僕の最初の仕事はコンドームを片づけることでした」

鶴岡法斎（つるおか・ほうさい）
漫画評論家。73年生まれ。ロフトプラスワンイベントの常連。著書に『螺旋の薔薇―ウテナにおける神話考察』（98年、アスキー）他。石崎が観覧したイベントは02年9月の鶴岡主催のイベント「自慰センズリックス～愛欲と妄想の歴史を振り返る～」。

鮫肌文殊（さめはだ・もんじゅ）
放送作家。65年生まれ。高校時代から雑誌『ビックリハウス』の常連投稿者で、84年「エンピツ賞」（短編小説コンクール）二期連続受賞。中島らも・松尾貴史に認められ放送作家となり、『進め！電波少年』（92年～、日テレ系）、『ASAYAN』（95～02、テレ東系）などで頭角を現す。

吉村智樹（よしむら・ともき）
65年生まれ。京都を拠点に活動。モダンチョキチョキズの元メンバー（ブレーン担当）。『VOWやねん！まちのヘンなもの大カタログ 大阪・街のアホ500発！！』（95年、宝島社）や『週刊大衆』（双葉社）インタビュー連載「この人どエライこ

みたいな。

石崎 ハプバーの何周年かイベントみたいなのも、ふつうにフロアでセックスしてて。

——ダハハハハ！ 最悪だなー。

石崎 それで入りました。さすがに28歳とかになっていろいろ仕事も就いて、結局俺は何も向いてないんだなっていうことがうっすらわかり始めたときだったんで。

——そしたらロフトは10年以上続いて。

石崎 そうです。やきそばかおるさんっていうライターがいるんですけど、彼も一緒に『HEY！HEY！HEY！』に入ってたんですよ。で、プラスワンに入ったってことをやきそばさんに伝えたら、あとで「どうせすぐ辞めるだろと思ってた」って言われたぐらいだったんで。僕もそんなに長くいる感じでもなかったんですけど、たまたま続いちゃって。

——だって、ロフトの店員って昔からみんな金銭的な不満ばっかり口にするからね。

石崎 そうなんです。だいたいそれでロフトを辞めていっちゃうんですよね。

——「カルカルのほうがいい」って（笑）。で、どういう系を担当することになったの？

石崎 僕はバイトで入ったから自分で企画書を書いて店長に持ってって、「これやっていいですか？」って、バイトやりながらイベントやるって感じだったんで、とりあえず自分の好きなものに手当たり次第に声かけて。宮崎吐夢さんのイベントやったり、阿曽山大噴火さんの裁判傍聴のイベントやったり、あと援交ビデオのイベントやりましたね。当時、大阪援交とかあったじゃないですか、それをきっかけに宇都宮援交とか広島援交

とになってます！」などのライター業のほか、10年から続く朝日放送『LIFE～夢のカタチ～』の構成・台本などの放送作家としての仕事も多数。

『モーヲタトークライブ』
04～05年にロフトプラスワンで開催されていたイベント。ビバ彦（爆音娘。）、ライムスター宇多丸、掟ポルシェ（ロマンポルシェ。）、ごっしー（モーヲタ番長）、吉田豪らが登壇。

『文化デリックのPOP寄席』
ポップ中毒者・川勝正幸とライター・下井草秀のユニット「文化デリック」によるイベント。05～08年、月1回開催。その月に2人が気になった書籍2冊・CD2枚・映画2本の計12作品を紹介、それらを糸口に語り合う文化講座。毎回のゲストも山田五郎や井口昇など豪華だった。『ポップ・カルチャー年鑑2006』、『～2007』（いずれもDAI-X出版）にその一部が収録。

やきそばかおる
構成作家、ライター。75年生まれ。日本中の動物園に通い、動物がカメラ目線になる瞬間の写真を撮る「動物チラリズム」で話題に。ラジオマニアとしてのテレビ・ラジオ出演も多く、共著に『必聴ラジオ100』（20年、三才ブックス）他。

宮崎吐夢（みやざき・とむ）
俳優。70年生まれ。92年大人計画に参加。連続幼女誘拐殺人事件の容疑者の名前を芸名に付けられたが松尾スズキが「つ」を抜いた。舞台・

とかいろんな援交ものの裏DVDが出たときがあって。でも結局素人が撮ってるから作品のクオリティとしては間抜けなものが多いんですよ。全裸の女の子に30分ずっと縄跳びさせてるの撮ってるとか。そういうのをギュッと集めてバカな部分だけを紹介する本があったんですよ。それ書いたふたりを呼んでイベントやってもらったり。フライヤー作って当時の歌舞伎町の裏DVD屋に「置かせてください」って持ってったりしてましたよ。

――怒られそうだけどね、それ。

石崎 はい、「そんなことやってたら捕まるよ」みたいなことを裏DVD屋に言われましたけどね。アルバイト時代はそれで、横山さんがお台場に店を作るって話で辞めたんですよ。僕は当時アルバイトでけっこうイベントやってたんで、社員に引き上げられるかなって思ってたら、たまたまクラッシャーカズヨシ、酒井一圭さんがロフトに入るってことになって。

――ちょうど当時は暇そうだったし。

石崎 そしたら横山さんの枠に酒井さんが入ることになったっていう。

――しかし、いま酒井さんの説明で純烈の名前が出てこない人も珍しいよね。クラッシャーカズヨシで「ああ！」ってならないから。

石崎 ハハハハハハ！ クラッシャーカズヨシから入っちゃった。僕まだ「クラッシャー」って呼んでるんですけどね。

――撮影中に事故って足をケガした。

石崎 そうです、あのとき足を折っちゃったクラッシャーカズヨシさんが入って。

――ロフトの鍵を勝手に使って空いてる時間に練習していたことでおなじみの純烈ね。

石崎 私物化もいいとこですよね。

――ステージがあるからって。

石崎 そうです。それで酒井さんが入って。

――プロデューサーに就任して、ボクとターザンとのイベントも酒井さんが跡を継いで。

石崎 そうそうそう！ そうなっちゃったからふざけんなと思って（笑）。芸能人だか知らないけど、なんで勝手に……。

――あばれはっちゃくごときが（笑）。

石崎 そう（笑）。周りも歓迎ムードなんですよ、「酒井くんがロフトに入ってくれた！」みたいな。ふざけんなと思ってましたよ。

――地道に頑張ってるバイトがいるのに。

石崎 かっさらっていきやがったと思って。それで酒井さんが入って、俺はここでも芽がないのかと思って1回ロフトを辞めたんです。

――辞めてるんだ！

石崎 そうなんですよ、1回辞めたんですよ。それでモンゴルに行くって言って。

――ダハハハハ！ 自分探し好きだね（笑）。

石崎 またmixiなんですけど、モンゴル人コミュニティっていうのがあって、なぜかそこに入ってたんですけど、そこにいた日本に留学してたモンゴルの女の子がモンゴルに帰って日本料理屋をオープンしたいって話で、シェフを募集してたから、いいなと思って。

――料理できたっけ？

石崎 梅チャーハンとか作ってましたよ。

映画・ドラマで活躍するほか、自身でイベント・ライブの企画・演出を行う。ネットミームとなった98年の動画「ペリーのお願い」でも知られ、ペリーといえば宮崎か関根勤か論争は今なおその火種が消えていない。剣道二段。

阿曽山大噴火
（あそさん・だいふんか）
裁判傍聴芸人。74年生まれ。大川興業所属。99年のオウム裁判傍聴以来、1万件を超える裁判を傍聴。それを基にしたフリップネタなどが好評に。火山噴火災害が起こるたびに芸名が「阿曽ちゃん」などと自粛されることも有名。

――ロフト名物の（笑）。

石崎　焼きそばゆでたりフライドポテト揚げたりできたんで、「オレオレ！」って手を上げて。それでビザを取ったりしてモンゴルに行くつもりだったんですけど。

――平野悠イズムがあるんだね。海外に行って怪しげな事業をやろうとするっていう。

石崎　もしかしたら受け継いでるのかもしれないですね。それでモンゴルに行く気満々だったんですけど、ちょうどネイキッドロフトっていうのが04年にできたんですよ。

――恐いビルに作られたことでおなじみの。

石崎　それずっと言い続けてるの豪さんだけですよ！

――だって平野さんが「みんな知ってることだから言っていいよ」って言ってたんだよ。

石崎　言っていいわけないですよ！

――「みんな知ってるよ、それ」って平野さんが言ってたんだよ。ビルにヤクザの事務所が入ってて、ロフト事務所の前の消火栓ボックスが薬物の受け渡しに使われてたことが。

石崎　そうですそうです。そのネイキッドロフトの店長やってたのが奥野テツオっていう。

――後に阿佐ヶ谷ロフトでお客さんにチンコを食わせた事件で話題になった。「阿佐ヶ谷　チンコ」で検索すれば出てくる奥野さん。

石崎　阿佐ヶ谷チンコ事件のことを言い続けてる人も豪さんだけですよ！　それで阿佐ヶ谷ロフトができるんで奥野さんが抜けるってことで、奥野さんから「ネイキッドのトークやる人がいないから石崎どうだ？」みたいな連絡が1週間ぐらい毎日来て、僕はモンゴルに行く気満々だったんですけど、テツオさんが一生懸命誘ってくれるから、じゃあちょっとネイキッドでやってみようかなと思って、またロフトに戻ってネイキッドの副店長になって。それが07年ぐらいですね。

――ああ、それでリリーさんが奥野さんが辞めるときネイキッドでイベントやったんだ。

石崎　そうです、あのときです。

――そのリリーさんのイベントに大物俳優がシークレットでブラリと現われたという。

石崎　ああ、瑛太さん！　なつかしい。ちょうど杉作さんが鬱真っ最中の頃でしたよね。

――鬱真っ最中のときにネイキッドで何回かやってますよ。杉作さんが女装したのも鬱真っ最中の頃だから、すごいなっていう。

石崎　ああ、パンスト履いてきたとき。

――『ホイップ』編集部から中学生の水着を借りてきて、そしたら小さくて上しか入らないから下はパンストにしたっていう、あの時期も杉作さん相当ヤバい時期だったから。

石崎　あれでエレベーターに乗ってましたね。

――「いま恐い人が乗ってきたらヤバいよこれ」って。3階であれ着て下に降りてきて。

石崎　ありましたね、なつかしいですね。『Jさん豪さん』もネイキッドから始めて。

――正確には高円寺の路上で始めたから。

石崎　そうだ、そこからですよね。

――高円寺の路上から始まって、そのときの映像を九龍ジョーが撮っていたという。どこにいったかわからないとは言ってるけど。

『Jさん豪さん』
高円寺にあった古書店「ZQ」が05年に企画したトークイベント「Jよく豪を制す？！」がルーツ。商店街フェスの一企画という形だったため路上で行われた。米国帰りの武闘派俳優中山一也が乱入しロバート・デ・ニーロとの2ショット写真を見せて回るなどしたという。08年にネイキッドロフトで第1回となる「Jさん＆豪さんの世相を斬る！」開催。折しもターザン山本との「格闘2人祭」が混迷のループに陥った時期で、「ターザンがやりたいと思ったことを杉作さんはやれている」と感じた吉田が杉作の魅力を交通整理して引き出す役を請け負い、名コンビとなる。09年からロフトプラスワンに箱替え、以降ほぼ年4回開催されるロフトの名物企画に。日本武道館開催を目指している。

石崎 めちゃめちゃ貴重ですね。それって中山一也さんが乱入したときですよね。

――そうそう。ネイキッドはどうだったんですか、あの恐いビルで副店長をやるのは。

石崎 ネイキッドはとにかくあんまり大きい音を出しちゃいけないっていう店なので。

――壁じゃないもんね、道路側がビニールカーテンみたいなのだったから（笑）。当然、あれでデカい音を出せるわけないよね。

石崎 そうなんですよ。DJイベントとかたまにやってたんですけど、大きい音を出すたびに上から恐い人が降りてきて扉を蹴って。

――ダハハハハ！ 恐っ!!

石崎 バコーンと蹴ってくるから、そこから静かにやるようになったんですけど。

――新大久保が平和になる前だからね。ボクも引っ越そうとしたら、「新大久保はお勧めできません」って不動産屋に止められたぐらいで。その後、老朽化って理由で横浜に引っ越したけど、いまのネイキッドのビルのほうが実は古い建物というミステリー（笑）。

石崎 ハハハハハハ！ そうなんですよ、いろんな事情があって。

――永野さんとかとつながるのはその頃？

石崎 僕、ネイキッドをやりながらもプラスワンでもイベントやってて、そもそもネイキッドロフトでサンドウィッチマンとU字工事のイベントやってたんですよ。07年とかサンドがM-1で優勝したあとにトークライブの予定を入れちゃってて、優勝した3日後ぐらいにネイキッドでトークライブやったり。

――キャパ50人ぐらいで。

石崎 やってましたね。それでサンドウィッチマンの事務所の社長さんから、「次に売り出したい人がいる」って永野さんを紹介してもらって。じゃあプラスワンで1回やってみたらめちゃめちゃおもしろかったんですよ。で、またやりましょうって感じで2カ月に1回ぐらい単独ライブみたいな感じのをプラスワンでやってました。

――永野さんはYouTubeで「石崎という男がいかに重要なのか」「俺というエミネムを作ったのは……」みたいな話をしてたけど。

石崎 ハハハハハハ！ ありがたいですね、ドクター・ドレーとエミネムの関係みたいな話で（笑）。永野さんはそう言ってくれるんですけど、そんなわけない。永野さんはもともとおもしろかったですから。で、最初から客席も埋まってたんですよ。だからすんなり2回目やりましょうみたいな感じになって。

――その時期はどのへんを担当してたの？

石崎 当時さくらんぼブービーっていう芸人さんが好きで、さくらんぼブービーのトークライブやったり。ネイキッドに移ってからは、ネイキッドって音楽とトークでハッキリ分かれてたんですよ。音楽はいま沖縄のOUTPUTで店長やってる上江洲（修）さんって人がやってて、いまはネイキッドってだいぶトークライブの印象が強いと思うんですけど、当時は半々ぐらいでやってましたね。

――デカい音を出しちゃいけない箱なのに。

石崎 そうです（笑）。GO！ヒロミ44さんとかもやってましたよ。

さくらんぼブービー
98年結成のお笑いコンビ。『爆笑オンエアバトル』（99～10年、NHK）、『笑いの金メダル』（04～07、テレビ朝日系列）で注目される。長身痩躯で馬面の鍛治輝光と眼力の強いイケメン木村圭太とのコンビで「あれ、カジ君じゃない？」のフレーズが印象的なショートコントで人気に。09年解散。14年にいとうせいこうの呼びかけで一夜限りで再結成、以後も不定期で活動。現在鍛治はピン芸人、木村は制作会社「有限会社サンランド」取締役、放送作家。

GO！ヒロミ44'
地下芸人。68年生まれ。かつては浅井企画に所属、テレビ出演も重ねたが、衣装・ネタ内容ともに放送に適さないため、公共の電波に乗らない存在に。00年代にチャンス大城やハリウッドザコシショウ、冷蔵庫マンなどと並び地下ピン芸人界の重鎮となる。ロフトでは06年に初めて単独ライブを行ったほか、毎年07月21日に開催される人気イベント「下-1グランプリ」の常連にして強豪。

――『Jさん豪さん』やるようになるのはいつぐらいからだっけ？

石崎 07年とかです。『世相を斬る』っていうタイトルで、最初は豪さんが渋ってて。

――渋ってたかなあ？

石崎 もう他でトークライブやってるからあんまり増やしたくないみたいな感じで。

――『ボンクラ祭り』とか杉作さんのイベントはお客さんが入らないっていうのがまずあったからね。あと長時間やるのも過酷っていう。

石崎 ああ、ぜんぜん入ってないイメージでしたよね。で、朝までやるっていう。

――そう。当時、「ロフトプラスワンで忘年会やるから来て。お酒はタダで飲めるから」って杉作さんに言われて行ったら、「出演者より客のほうが少ないからお酒代も払って」って言われて、金を払って壇上でおもしろい話するって何？　って思い出があったりで。

石崎 ありましたね、壇上のほうが多いの。

――「壇上のほうが多いから、じゃあ出演者も下で話そう！」って、そういうことやってるのを見てたから渋ったんだと思うけど。

石崎 ありました、客席をステージにして。

ごっしー 寝転がってたときでしょ。

――ステージ上ではゲームやってたり。

ごっしー 麻雀やった！

石崎 やってることが家なんですよね。

――もともと阿佐ヶ谷よるのひるねで杉作さんがトークイベント始めたときに遊びに行ったら、あそこ客席が狭いから一緒にカウンターに入ることになって、それで杉作さんの話を整理する担当をしたら評判よくて、話を整理する人として呼ばれるようになって。それが高円寺の路上につながったんだと思う。杉作さんは基本、話があちこち行ったり、なんの話をしてるか忘れることが多かったので。

石崎 その整理役だったんですね。

――整理したらすごいおもしろいから。確実におもしろいんだけどハードルが高かった。

石崎 なつかしいですね。

誕生会を開いたら客ゼロ

――そこから一気に最近まで話が飛ぶけど、石崎さんはなぜ闇営業するようになったの？

石崎 ハハハハハハ！　闇営業って呼んでるの豪さんだけなんですよ（苦笑）。そして、その話をずっとしてるのも豪さんだけだし。

――石崎闇営業期。中島愛さんにまで教えたからね、「ほら、あの男が中島さんを利用して闇営業で稼いでたんですよ！」って。

石崎 僕、ロフト9で16年から2年間店長やって次の人に渡したんですよ。その前にロフト9に移るタイミングで、『Jさん豪さん』はロフトプラスワンのイメージが強いからロフト9ではやらないって決めたんです。

――実際やってみたけど、暗い会場じゃないとやりづらいっていうのはあったからね。

『ボンクラ祭り』
96年から続く『杉作J太郎の東京ボンクラ学園』周辺のイベント。特に「男の墓場プロ」設立後は登壇者が激増、05年の「男の墓場プロ大忘年会」06年「男の墓場プロダクション大演芸大会！」、DVD化記念イベント「男の墓場ショックワイドショー！」、「男の墓場プロダクション・ショック大忘年会」は登壇者が20人前後で朝まで際限なく続いたため、客足も遠のいた。

石崎 だからそれでプラスワンにいるスタッフに「『Jさん豪さん』よろしくね」って明け渡してこっちに来てやってたんですけど、一向に『Jさん豪さん』をやらないんですよ。それにすごいモヤモヤしてて。だから店長をやめたタイミングでちょっと暇になったし、プラスワンでやらないんだったら俺が他でやっちゃうよって思って、他の会場を探して、そこから新宿村LIVEっていう。

――ロフトプラスワンよりもキャパが大きくて会場費の安いところで、石崎さんがロフトを通さずにイベントを始めて。あの時期ミステリーがあったじゃないですか、まずは「ちょっと来年結婚することになりまして&嫁が妊娠してまして、お金が必要な状況でして…… 豪さんのお仕事、なんでも結構ですので、お手伝いさせて頂けませんでしょうか？ 年末調整の領収書の計算とか、部屋の掃除とか、本を50音順に並び揃えるとか、その他細々したことなんでも結構ですので！ いきなり変なご相談ですみません!!」っていう、よくわからない連絡がボクに来て。

石崎 ハハハハハハ！ ちょっとお金がない時期があって。それに豪さんの仕事を手伝わせてくれないかなと思ってDMを送ったんですよね。でも、豪さんぜんぜん振り向いてくれないから何か理由が必要なんだと思って、結婚して子供ができたっていう嘘をついて。

――なんだそれ！

石崎 なんとか豪さんに振り向いてほしくて。そしたらさすがに振り向いてくれるかなと思ったんですけど、ぜんぜん振り向いてくれなかったですね。DMの返事もなくて。それで外でイベント始めるようになり……。

――まだロフトに在籍してるわけでしょ？

石崎 してます。

――在籍しながら外で闇営業イベントを組み始めて。会場費が安くてキャパがデカいから配信時代以前としては大きな上がりが出て。

石崎 出ましたね（笑）。

――しかも、確実にバレないようにやらなきゃいけないのに、ロフトプラスワンの出囃子を使ってロフトプラスワンのアンケート用紙を使ってふつうに前説もしてたじゃん。

石崎 はい。

――頭おかしいの？

石崎 ハハハハハハ！ あれは僕の考えが至らなかったところで（笑）。でも、あれがやっぱりいままで培ったものだったんで。

――そのノウハウしかないからね。

石崎 そうなんですよ。それでやってたら豪さんにツッコまれるっていう。

――なんでリリーさんのイラストが入ったロフトプラスワンの用紙を使うかねっていう。

石崎 でも僕はほとんどお金もらってないですよ。Jさんと豪さんにほぼ返してたんで。

――ホントかなー？ 配信以前としてはいい売上だったけど、どれくらい抜いてたのか。

石崎 いや、ほとんど稼いでないですよ。

――信じてはいないけどね（笑）。でも、ロフトよりも稼げるなら何も言わないですよ。

石崎 お客さんも入ってましたもんね。

――その流れで吉祥寺の武蔵野公会堂や渋谷の伝承ホールで

もやるようになって。

石崎 そうですね、会場費が安いところを、吉祥寺も市がやってるんで会場費が安いんですよ。350のキャパで会場費5万円とかで。渋谷の伝承ホールも会場費が安いんですよ。その代わり早めに埋まっちゃうんですけど。

――その結果、武蔵野公会堂に「石崎典夫講演会」と貼り出される事件が起きるんだね。

石崎 ハハハハハハ！ ビックリした、それをTwitterで知るっていう。あそこは借りた人の名前を書き出されちゃうんですよね。

――その流れで沖縄でもやったとき、別行動してた杉作さんがホテルにチェックインできず、石崎さんに電話しても飛行機に乗っててつながらないからロフトに電話しちゃう事件が起きるわけですね。「石崎はどうなってんだ！」「え？ 今日休みですよ」っていう（笑）。

石崎 ロフトの社長に電話したんですよ、加藤梅造に電話して。「いま沖縄なんだけどさ、石崎くんいなくてさー」って（笑）。

――で、あっさりバレた。

石崎 バレた（笑）。

――それでクビにならないのもすごいよね。ボクがこれだけ言いふらしてるのにね。

石崎 さすがに気づいてると思うんですよ。

――なんの問題もなくロフトで仕事を続けて。酒癖も悪くて何度かやらかしてるって噂も聞いてるけど、それでも問題なく。

石崎 ハハハハハ！ そうですね。

――ロフトプラスワンの階段のとこからションベンしたみたいな話を聞いたことあるよ。

石崎 機材室ですね。そこでオシッコしたらしくて。その記憶は一切ないんですけどね。……っていうか、なんでそんなこと知ってるんですか、だいぶ内々の話なのに！

――ごく稀にやってるロフトの店員だけの配信とかもたまに見てるからね、激安の。

石崎 お金を払って観てるんですね。

――たぶん出演者で一番ロフトの配信を買ってると思うよ。ロフトで稼いだ分を返して。

石崎 いつも豪さんいますもんね。

――杉作さんがよくネタにしてる、石崎さんの誕生会イベント客ゼロ事件っていうのは何なの？

石崎 ありましたねえ。当時店長だった人に無理やり言われたんですよ。ライブハウスとかでよくやるじゃないですか、店長の誕生日イベントとか。ああいうノリで「おまえも誕生日イベントやって演者さんをいろいろ集めて祝ってもらったほうがいいよ」みたいな。それでリリーさんと杉作さんにオファーしたら、リリーさんがギリギリまで調整してくれたんですけど、やっぱり来られなくて、ゲストは杉作さんとギンティ小林さんになって。

――それもおもしろそうだけどね。

石崎 当初の構想とはだいぶ違くなったんです。それでこんこんと詰められるっていう。

――いざ行ったらお客さんもいないし。

石崎 そしたら、「これなんでお客さんゼロなのか1個ずつ検証していこう。ちょっとメモ持ってきて」って言われて。「書かないと覚えないから1個ずつ書いていこう」って。

――それで泣くまで詰められた（笑）。

石崎 杉作さんに壇上で（笑）。

――よりによって誕生日に。リリーさんはプラスワンのときから接点があったの？

石崎 もともとリリーさんに会いたくてプラスワンに入ったっていうのもあるんですよね。リリーさんのラジオ聴いてて。

――『TR2』？

石崎 そうです。そこでリリーさんがよくプラスワンに出てるって言ってて。僕がプラスワンに入って2カ月後ぐらいに『最後のスナックリリー』っていうタイトルで……。

――ギリ間に合ったんだ。

石崎 いきなり最終回になっちゃって。だからもう会いたい人っていないんですよね、リリーさんが一番会いたかった人だから。

――最後のだったらそれボクもいるね。

石崎 そうだと思います。だいたいリリーさんが来るまで豪さんがつなぐっていうのがパターンですよね。

――昔の映像を観ながら遅刻したリリーさんを待って。でも、リリーさんはいまも律儀に来てくれるよね。

石崎 そうですよね、この前の豪さんの生誕祭も。もう来る必要ない人ですもんね。

――それで最近やらかしはないの？

石崎 最近は……。

――コンバットRECと揉めたぐらい？

石崎 ありましたね。

――これ笑い入らないヤツでしょ？「もうRECさんとやりたくありません」事件。

石崎 あれもひどいですよね。「石崎さんはディレクション力がないからなー」って。

――「こっちに丸投げでさー」みたいな。

石崎 そう！ 言われてショックで終わったあとに「もうRECさんとは仕事しません」ってショートメールで送ったんですよ。それで「何ごとだ！」みたいになったみたいで。

――そりゃあなるよ。

石崎 そんなこともありましたね。でも、やらかしはないですかね、さすがに。

――もう闇営業もやってないし。

石崎 ハハハハハ！ やってないです。

――何か言い残したことは？

石崎 こんなでいいんですかね？

――結婚して子供ができたっていうのは果たしてなんだったのかっていうのはずっとボクのなかにあって。「あれ嘘なんですよ」ってところまでは噂で聞いていて、恐っ!! と思って。

石崎 ハハハハハ！ 嘘をついてもいいから豪さんに振り向いてほしかったんです。僕らほぼしゃべったことないじゃないですか。

――初めてですよ、こんなにしゃべったの。

石崎 そうですよね、ギュッとしたら5分ぐらいしかしゃべってないですよね。いつもDMとかも素っ気ないじゃないですか。

――ビジネスライクな淡々としたやり取りだけで。Kダブ（シャイン）さんにも「豪ちゃんはすぐに電話を切ろうとする」ってボヤかれてたから、いつものことなんだけどね。

石崎 素っ気なすぎるんですよ豪さん！ だからなんとか振り向いてほしくてアタックするんですけど、ことごとくダメですよね。

『TR2』
02〜05年J-WAVEで放送された深夜ラジオ番組。リリー・フランキーは03年から水曜のパーソナリティ。アシスタントに安めぐみ、園田敦史（ゾノネム）。ゲストを交えたフリートークが中心。この番組発のユニット「リリメグ」は『おやすみ』でメジャーデビュー、06年にニッポン放送の特別番組『リリメグのオールナイトニッポン』でも共演した。

——それ言い出したら杉作さんとも仕事以外で会ったことほぼないんじゃないかぐらいだからね。仕事じゃないファミレスでの集まりにも2回ぐらいしか行ったことないもん。

石崎 なんかで豪さんが「ロフトプラスワンはボクのホーム」って言ってたような気がするんですけど、あれいまでも思ってます？

——その意識はあるけど、いつ変わってもおかしくない。高円寺パンディットとか「ウチはロフトよりぜんぜんバック率よくするんで！」ってすごい誘ってくれるんだよね。パンディットはキャパが小さいからそんなに気乗りしなかったんだけど、配信時代になってその問題はクリアされて。ただパンディットは配信のスキルが低くて、パンディットの配信は不平不満の声が出るんですよ、音声がイマイチだとか。あと、トイレが汚いから嫌だって意見もあるし。ただ、それならロフトプラスワンのトイレはきれいなのかっていう話で。

石崎 ハハハハハハ！　目くそ鼻くそで。

——NHK『SONGS』の仕事で工藤静香さんのインタビューするとき、ボク色を出す会場でやりたいとか言われて、営業前のロフトプラスワンはどうだろうって提案したらOKが出て、あそこに工藤静香が来るってなって。で、来るなり工藤さんが「トイレ借りていいですか？」って言って、工藤静香にあのトイレを使わせていいのかってあせったという。でも、考えてみたらサーファーだから汚いトイレは慣れてるはずなんだよ。

石崎 サーファーだからいいだろう、と。

——仮設トイレとかたぶん使ってるから。

石崎 仮設トイレと一緒（笑）。あれ豪さんが提案してくれたんですね。

――たぶんそうだったと思う。さすがに壁画の問題があるからステージは使わなかったけど、工藤静香とのツーショット取材がロフトプラスワンで行なわれ、セブンティーンクラブ時代の話とかを掘るっていう。NHKであの映像が流れたのはけっこうな奇跡で。工藤静香をホームに引きずり込んだ、みたいな。

石崎 魔空間に。うれしいですね。

――なんの緊張もしなくていいっていう。いつもの場所に行っていつものスタッフがいて、そこに工藤静香が来るから。NHKのスタジオでやっちゃうとこっちがよそよそしくなるけど、あっちがアウェーだから。

石崎 そうですよね。『モテキ』の撮影でも壇上で森山未來さんと長澤まさみさんと。

――撮影後に壇上で出演者と話したけど、基本的には『モテキ』目的のそういう人たちが客席から観てたんだよね、ボクと杉作さんと掟さんの会話を。あのときはももクロが盛り上がってた時期だから、TIF1年目の映像も使いつつ、サブカル界隈でももクロが話題になってる感じも織り込んだ映画にするっていう裏テーマがあったから、3人でももクロの話をしてくれって言われて。でも、杉作さんも掟さんももクロに興味ゼロで、ボクがプレゼンしても薄ら寒くなるだけだから現場でひっくり返して「いつもの話をさせてくれ」って言って、杉作さんがずっとオリモノの話をするという。

石崎 そこでオリモノの話じゃなくても。

――あのときいつもとぜんぜん違う客層がロフトプラスワンの前に行列を作ってて、ホームなのにどアウェーだと思ったけど、あくまでもいつものトークで勝負して。麻生久美子さんが客席にいて、麻生さんは無理やりロフトプラスワンに連れてこられて不満そうな顔してる役だったのに、麻生さんのツボに完全に入って笑いをこらえるのに必死でしたって言われて。あの時代にあのメンバーをオリモノの話で笑わせたのはすごい嬉しかったね。

石崎 あれ日曜日のお昼とかでしたよね、爆笑を取ってましたもんね。

――ただしその内容が内容なんでDVDでもそこは完全にカットされてる。ホントだったら特典でそういうのも入れるはずだったのが、俳優さんとのやり取りは入ってるけどオリモノトークは残ってないんですよね。一番脂がのってるヤバいときの杉作さんがアウェーの場で戦いに勝利する、あのドキュメントをいい映像でとらえてるはずなんだけどね。

『モテキ』
久保ミツロウ原作の恋愛サブカルコメディ映画。11年、東宝。大根仁の映画初監督作品。森山未來主演の10年のドラマ版が人気となり、久保が映画用にドラマから1年後の設定のオリジナルストーリーを描き下ろした。主人公がサブカル系ライターという設定で、スチャダラパー、吉田豪、杉作J太郎、掟ポルシェらがカメオ出演。

仕事だから「これは早見優ちゃんが使った石鹸だ！」って石鹸を食べたりした

轟二郎

2011年4月収録

1954年8月19日生まれ。静岡県出身。タレント。高校卒業後、1973年に若駒プロに入り、殺陣師兼スタントマンから芸能活動を開始。『金曜10時！うわさのチャンネル!!』（日本テレビ）、『びっくり日本新記録』（読売テレビ）といったバラエティ番組で有名となる。ドラマ『翔んだカップル』（フジテレビ）にも出演し、「ボキ（僕）」という流行語も生んだ。2020年8月2日逝去。

NG集誕生秘話

——いや～、今日はビックリしました！　新宿歌舞伎町の『ルノアール』は取材でよく使うんですけど、店の前も店内もこんなにヤクザだらけっていう状態は初めて見ましたよ！

轟　だから、僕もいま全員黒づくめの人が600人ぐらい集まった、山口組の新年会の司会をやったことを思い出してたんですよ。

——そういうパーティーだっていうことはオファーの時点でわかってはいたんですか？

轟　わかってなかった。先輩のせんだみつおさんに、よく結婚式の司会とかピンチヒッターで頼まれるんですよ。その一環として、せんださんから電話がかかってきて。「悪いけど頼むな。俺、出られないから。じゃあ、先方から連絡くるから頼む」って。それで最後に電話を切る間際に、「あっち系だからね」って。あっち系ってなんだろうなと思ったら、コワモテの声の方から電話がかかってきて、「せんだから連絡がいったと思うけど、今回よろしく頼むね。粗相は許されません」と。

——うわーっ！

轟　それで、御前崎のホテル貸し切りで、他の一般客なんかいられない状態で、まあ怖かったですね。

——せんださんは相当慣れてますけどね。

轟　せんださんはもう癒着がすごいから。だけど僕なんかは「はい、楽しく過ごして参りましたこのパーティーもいよいよお開きの時間がやってまいりました」って言っても、酔っ払ってるから「なに？　もう終わんのかよ、この野郎！」とか言われるわけ。そしたら「……あ、朝までやりましょうか？」って。

——こっちは流されるしかない（笑）。

轟　それが終わったぐらいのときに、せんださんもわかってるから携帯に電話かけてきて、「二郎、どうだった？」「もう絶対やりませんからね！　冗談じゃないですよ、ホントに。ヤクザならヤクザって言ってくんなきゃ困りますよ！」って。だから、まったく知らないで行ったし、二度とやりたくない！

——せんださん、ヤクザだらけのパーティーでも平気でヤクザいじりで笑いを取るからすごいっていう噂はボクも聞いてます（笑）。

轟　ああ、だから一昨年かな？　ヤクザの親分の娘の結婚式の司会をやったのが話題になっちゃって、謝罪会見で「知りませんでした」って、知らないわけねえだろ（笑）。ただ、そういうせんださんとかをインタビューするんだったらわかりますけど、なんで今回、私に白羽の矢が立ったのかなと思って。

——いや、単純に子供の頃からテレビで見てきた轟さんの人生はどんなものなのかすごい気になっていて。データが全然ないので。

轟　ああ、なるほど。……（『びっくり日本新記録』単行本を見て）こんな本あったんですね。でも、これが一番の青春ですよ。いまでも街歩いてて言われるのは、僕の中では代表作は『うわさのチャンネル』と『翔んだカップル』だって思ってるんですけど……。

——ボクも『翔んだ～』シリーズですね。

轟　でも、『びっくり～』のほうが比重は大きいですよね。『びっくり～』観てましたよ」って言われるほうがずっと多くて。やっぱりインパクトが強かったみたいなんでね。

——毎週、身体を張ってたわけですけど、ギャラがなかった

せんだみつお
司会者、タレント。47年生まれ。67年、ムッシュ中野として菅原孝・進兄弟の「ビリー・バンバン」にコンガで加入もすぐに脱退、付き人兼司会となる。その名調子が評判となり、吉田拓郎やアンドレカンドレ（井上陽水）らのコンサート司会を任される。69年にラジオ司会者に抜擢、72年にはテレビ番組『ぎんざNOW！』（～79年、TBS）の司会で人気に。08年に暴力団組長の娘の結婚式で司会をしたことが報じられ、バラエティでの露出が激減する。現在は俳優としてドラマで活躍中。

『びっくり日本新記録』
視聴者参加型スポーツバラエティ番組。75～85年、日テレ系。「乗用車25m転がし」「手作り人力水陸両用車競争」「氷のすべり台から裸ですべり降りてどこまで滑走できるかレース」など毎週変わるゲームに一般視聴者が参加した。「鳥人間コンテスト」はこの番組の一競技が独立したもの。轟は「チャレンジボーイ」として一般参加者に混じ

らしいじゃないですか。

轟　ああ、そうなんです。よくご存知で。じつは、話が長くなるかもしれないけど……。

——全然問題ないです！

轟　『うわさのチャンネル』という番組で僕はデビューしたんです。もともと殺陣師とスタントマンとか斬られ役をやってまして。そこのスタントマン事務所では「なんでもいいから好きな武道をひとつだけ深くやれ。段を取るまでやらないと仕事与えないよ」という厳しいところで。それで僕は戸山流抜刀術の3段を取ったんです。で、空手、合気道、少林寺、居合、棒術、全部幅広く浅くやるんですけど、柔道の受身とか少林寺の受身とかいっぱいある中で、合気道の受身は円の動きで一番理に適ってるんですよ。だから合気道も一生懸命やってて、「受身はお前が一番うまい」というレッテルを貼られていたとき、『うわさのチャンネル』に呼ばれたんです。

——最初はAD役だったんですか？

轟　それは、木ノ葉のこっていう小さい女の子が大きい男を投げたり蹴ったりすると面白いだろうということで、日本テレビのスタッフを投げたり蹴ったりしたら面白いじゃないかってことになったんですよ。でも、スタッフにケガされたら困るから、ダミーで日テレのジャンパー着た棒つきマイクを持った奴がやられたほうがいい。じゃあ受身のうまいヤツを剣友会の中から呼ぼうということで、私が受身が上手だっていうことで日テレのジャンパーを着て音声やってたら、木の葉のこが「なに笑ってんだ、バカ野郎！　木の葉返し！」なんてやって投げられてたわけです。

——それで、きれいに受身を取って。

轟　で、笑い屋のおばさんたちが別室でモニターを見てるのわかってたから、あの人たちを笑わせてやれ、みたいなサービス精神で、帰るときにカメラの前でバターンとアドリブで倒れたんですよ。そしたらおばさんがワーッとウケたから、ディレクターの一番偉い人が「お前、面白い。来週も来てくれよ」って、また次の週もなんかアドリブやったらおばさんたちにウケて。で、またそのディレクターが「来週も来いよ」ってやってるうちに、いつの間にかレギュラーになっちゃって。

——お笑いの修行的なことを一切しないまま、コメディアン的な立ち位置になって。

轟　そうなの。だから誰かに弟子入りしたわけでもなんでもなく。もともと殺陣師として郷ひろみさんと清水健太郎の立ち回りの振付をしたぐらいで、これから殺陣師として頑張っていこうという矢先にコメディアンみたいなことをやらされて。ちょっと道が違うな、みたいなことを思ってたんですけど。

——こっちの道に進んだ後悔はありました？

轟　最初は後悔しましたね。斬られ役から昇格して殺陣師として振付をするから、兵隊を動かせるわけですよ。要するに振付師として「郷君、真っ直ぐ斬って。清水君、足斬って。郷君、ボーンと飛んで避けて。ああ、ダメだな。ちょっとウチの若いのにやらせるから見てて」とか、偉そうなこと言ってたわけですよ、郷ひろみさんと清水健太郎さんに。

——気持ちいいですよね。

轟　「先生、先生」なんて言われて。それが1週間後に『うわさのチャンネル』でデビューで、そしたらゲストが郷ひろみさんで。偉そうに言っちゃった手前、顔合わせたくないから隠れてたの。そしたら向こうが見つけちゃって寄って来るわけで

り参加、たいてい失敗する役だった。80年には書籍化もされている（著・日本テレビ放送網、発売元・読売新聞社）。

『うわさのチャンネル』
『金曜10時！うわさのチャンネル!!』。73～79年、日本テレビ系列放送のバラエティ番組。出演は和田アキ子、せんだみつお、ザ・デストロイヤー、タモリ、千昌夫、所ジョージほか。この番組で和田の「ゴッド姉ちゃん」のイメージが定着した。

木ノ葉のこ（このは・のこ）
55年生まれ。73年『金曜10時！うわさのチャンネル!!』でデビュー。身長152cmと小柄・ボーイッシュで、多くのバラエティ番組・ドラマで活躍した。70～80年代にはカルビー

すよ。「先生、なにやってるんですか?」「いや、先生じゃないです」「先生、なにやってるんですか?」「いや、違います。よろしくお願いしまーす」って。あれはバツが悪かったですね。

――清水健太郎さん、怖くなかったですか?

轟 いや、怖くなかったですよ。そういうスタッフにはすごい従順な人でしたから。

――小堺一機さんは殴られたらしいですよ。

轟 ああ、だからそういう仲間内、同じタレントとか同じ役者とかにはずいぶん……マリファナの話なんか平気でしてましたしね。

――ダハハハハ! そうなんですか!

轟 『ころがし涼太』のVシネに出さしてもらったことがあるんですけど、あれ横浜銀蝿の嵐がプロデューサーなんですよね。嵐と仲いいから出演して。そのときに控室に通されたら清水健太郎さんがデケえ声で、「俺はよぉ、マリファナが見つかっちゃって……」とか、平気でそんな話してるんですよ。これ、絶対に捕まるぜと思ったら、何回も捕まって。そんな話、大きな声でしちゃいけない!

――オープンすぎるんですよね(笑)。

轟 この人フランクだなあ、なんて思って。「近くに暴走族が来やがってよ、バリバリうるせえから空気銃で撃ったよ」とか、「それ言っちゃマズいんじゃない?」みたいなことを平気で言うんですよ、隠さないんですね、あの人って。だからすぐバレちゃうのかな?

――轟さんは、ウィキペディア情報によるとプロレスラーになろうとしてたんですよね。

轟 思ってないですよ(あっさりと)。もともと役者を目指

ポテトチップスのCMに長く出演。

『ころがし涼太』
村田ひろゆきの漫画。元暴走族のバス運転手が主役のドタバタコメディ。本文で轟が語ったVシネマ作品は96年の『改造屋(いじりや)総長エイジ』のことで、清水健太郎・山田辰夫・嵐ヨシユキらが出演。原作はとんぼはうすの『スーパーチューナー ばっくれ』(ニチブンコミックス、日本文芸社)。

していて、劇団に入って殺陣に魅せられちゃって。「立ち回りはカッコいいな。俺は殺陣師になろう」って劇団を辞めて、お金がないから事務所に居候して殺陣師でやっていこうというときに『うわさのチャンネル』でデビューして。そうこうしてるうちに、交通事故で入院しちゃったんですよ。

――デビューした矢先に。

轟 退院しても右も左もない。もう『うわさのチャンネル』も降ろされたような状態で、どうしようかっていうときに、『うわさのチャンネル』のディレクターが『びっくり日本新記録』のプロデューサーでもあったんで、「お前、体だけは自信があるって言ったよな。いま『びっくり日本新記録』でチャレンジボーイっていうのを一般公募してて400人の中から10人まで絞ったんだよ。その10人が国際背走マラソンっていうのをやるんだけど、11人で最終審査やってやるからお前、その競技に出てみろよ」って言われて。病み上がりだったんですけど出たら一番成績がよかったんですよ、頑張っちゃって。

――体力はありますからね。

轟 そこで晴れてチャレンジボーイをやらせてもらうことになったんです。ただ、「お前は轟二郎という名前でギャラもらってるかもしれないけど、これは基本的に視聴者参加番組だから、お前には本名の三浦康一で出てもらうからな。当然ギャラは出ないぞ。いままでグリーン車で移動してたかもしれないけど、選手バスだから。宿舎もお前はホテル泊まってたかもしれないけど、大部屋だから」と。

――完全に素人扱い！

轟 そう。「その代わり、毎週5000円の交通費は全員に出るから、お前は印鑑を持って来い」ってことで、毎週5000円の交通費しかもらえない状態で身体を張ってやりましたね。そのうちに『翔んだカップル』と『お笑いスター誕生!!』が始まって、轟二郎が忙しくなっちゃったんですよ。で、身体が持たないから、プロデューサーに「すいませんけど、やめさせてもらいたいんですけど。もう体持たないんで」って言ったら、お金の面で不満があると思ったらしいんですよね。

――まあ、普通はそう思われますよね。

轟 でも、まったくそんなことないし、そのときは轟二郎のほうで十分稼がせてもらってるから。ただ、それと並行してやるのは無理だろうと思って、「すいません、やめさせてください」って言ったら、「わかった、ギャラ出すから残ってくれ。もうチャレンジボーイはこの番組でなくてはならない存在になったから困るんだよ」って言うわけ。ちょっと勘違いしてるなと思ったけど、「じゃあわかりました、体の続く限りは続けますけど、金のためにやめたいと思われるのは嫌だから、いままで通りの待遇で結構です」と言って。

――意地張りましたねえ……。

轟 「ギャラいりません。何年続くかわかりませんけど、いままで通りで」って言って。ただ、ギャラは出ませんでしたけど、それ以外の待遇はものすごく変わりましたね。シングルの部屋を与えてもらって、移動は新幹線のグリーンで。いいのかなと思うぐらい。

――いいに決まってますよ（笑）。

轟 だけど、ギャラを受け取るのにテントの前に並ぶのが嫌で……。そのときは轟二郎も結構売れてきたときだから、「なにやってんですか?」「え、皆さんと一緒に交通費をもらいに……」「えーっ？　それ以外にちゃんと振込まれてるんでしょ?」「いや、振込まれてないです……」って言っても誰も信用してくれなかった。でも、一番の青春ですよね。結局、4年半ぐらいやりましたからね。

――もうその頃は殺陣師じゃなくて、こういうことでやっていこうと思ってたんですか?

轟 そうなっちゃいましたね。そのあたりもセコい話ですけど、殺陣師の世界って義理人情の世界で、借金もあったんですよ。そしたらディレクターの赤尾(健一)さんが日本テレビから独立したときに、「轟、ウチへ入れ。ウチのタレント1号としてやっていけ」って誘われて、「いや、殺陣師の会社に借金があるんで、これを返さないと辞められないんですよ」「そうか……いくらあるんだ? 1000万か? 2000万か?」「9万です」って。「……はぁ?」ってなるよね(笑)。

――給料が出たら一瞬で払えますからね。

轟 それで晴れてその日企っていう日本テレビ系の制作会社の専属タレントになったんですけども。それからはもう立ち回りからは一切離れて、轟二郎一本でやることになって。

――その事務所が『お笑いスター誕生!!』とかの制作会社でもあったわけなんですか?

轟 そうです。あの頃はいまのようなお笑いブームがなくて、出る駒がいなかったんですよ。だから、みんなお願いして出てもらってたんです。今だから言うけど、おぼんこぼんもB&Bも「勝ち抜くのを約束するんで出てください」と。そのとき僕はピンでやってたんですけど、「轟、悪いんだけど、太田プロからお前の相方のオーディションやるから。相方を選んで、『お笑いスター誕生!!』に出てくんねえか? 誰も出る人間がいないんだよ」って言われて。漫才とかコントとか苦手だったけど、僕の相方が決まって一緒に「コント百連発」っていうのを作って出たんですよ。それから『翔んだカップル』の視聴率がドーンと上がってきて、別々の仕事が増えてきちゃったもんだから、自然消滅、解散みたいな形になったんですけど。

――『翔んだ~』シリーズはNG集を初めて放送したりで相当画期的な番組でしたよね。

轟 そうですね、あれはホントに面白かった。金曜日の7時から放送だったんですけど、30分番組が出来上がって納品するっていうときに、ちょっと抜けた女の子がタイムキーパーだったから「すいません、2分足りないんですけど」って話になっちゃったの。

――有り得ない話じゃないですか!

轟 「2分足りねえってわけにいかねえよ、もうできちゃったんだから。どうする?」って苦肉の策で作ったのがNG集なんですよ。

――要はタイムキーパーのNGだった、と。

轟 そうそうそう。それが功を奏したというか。それで視聴率が目の検査みたいな0・2とか1・5とかから始まって、1年経ったら視聴率も20%以上になって。みんなNG集を目当てに見るって番組になってましたね。そうすると美味しいじゃないですか、NG集で使われると。みんなNGを出すんですよ。

――わざと(笑)。

轟 わざとらしいNGを。そうすると「二郎ちゃん、みんなわざとらしいNGばっかりだからさ、このへんでポーンとやってくんない? ごく自然にね」って指示が出て、NGやって。だいたい毎週使ってもらいました。

――指示通りにいいNGを出していた!

赤尾健一(あかお・けんいち)
テレビプロデューサー。38年生まれ。62年日本テレビ入社、ディレクターとして『11PM』『金曜10時!うわさのチャンネル!!』等を担当。74年に独立、番組制作会社・日企を設立。『お笑いスター誕生!!』『びっくり日本新記録』などバラエティー番組を中心に数々のビッグヒット番組を演出。現在は同社取締役会長。

轟　そうです。「あそこの手すりが折れちゃって階段から落ちるっていうのを自然にできる？　あんまりわざとらしくやられたら困っちゃうんだけど」「はい、わかりました」って階段から落っこちたり。それはスタントマンやってたときの経験が活きましたね。

――ほぼ主役級の扱いになってましたよね。

轟　そうですね、ホント、ビックリするぐらい。ホントは勇介っていうのが主役であるべきなんだけど、あっちが陰になっちゃって。

――轟さんの「ボキ」が流行るぐらいで。

轟　そう、「ボキの圭ちゃ〜ん！」ってね（笑）。だからフジテレビの編成としても続けるって言ってたらしいんですけど、演出の牛窪（正弘）さんがとにかく野心家でいろんなものをやりたがる人だったから、飽き性なんですよ。『翔んだカップル』まだ続きますよね」って言ったら、「続かない」「え、なんでですか！視聴率いいじゃないですか！」「ダメ。飽きちゃった」「いや、飽きちゃったじゃなくて。趣味でやってるんじゃないんですから！」「まだ続けたいんだったらシリーズを替えて、俺の後輩のディレクターにやらせよう」ってことで後輩が『翔んだライバル』っていうのをやって、視聴率がフワフワして、今度は『翔んだパープリン』になって。でも、やっぱり『翔んだカップル』ほどの視聴率は取れないで三部作で終わっちゃったんですけどね。九段会館でファンの集いまでやったぐらいで、すごいブレイクしたし、やってても面白かったですもん。

桂木文と熱愛

――轟さんは当時、『翔んだカップル』主演女優の桂木文さんと恋の噂もありましたね。

轟　ああ、結婚間際までいきましたよ。いま何してるんだろう？　可愛かったですよ。

――異常に可愛かったですよね、ホント。

轟　クォーターなんですよ。可愛かったなあ……。彼女には一目ぼれしましたね。

――ただ、スタントマン上がりのコメディアン的な立場の人がゴールデンタイムのドラマで共演したヒロインとつき合うって、業界的にはご法度に等しいぐらいの行為ですよね？

轟　だって彼女の事務所の社長に呼び出されて言われましたもん、単刀直入に。「彼女はこれからの女優だ。お前が本当に彼女のことを愛しているんだったら別れてくれ」って。だけど、「それはできません」って言いました。だってメチャクチャ可愛いんですもん！

――気持ちはわかりますけど（笑）。

轟　ホント可愛い。「なにもしなくていいから、そこにいていいよ」って、床の間に置いときたいぐらい。もともと他の番組で共演したことがあったから、『翔んだカップル』が始まった頃は毎日電話攻勢だったですね。

――ドラマの中でも彼女に片思いしている役でしたけど、現実ではその思いも実って。

轟　そうですそうです。で、ディレクターが一番わかってるから、あるとき「二郎ちゃん、ダメだよ。顔に出てるよ」ってマイクで言われた。スタジオ内に聞こえるように。

牛窪正弘（うしくぼ・まさひろ）
演出家、ディレクター。フジテレビジョン演出部に所属していた80〜90年代に『翔んだカップル』（80〜81年）シリーズほか、『ねらわれた学園』（82年、原田知世主演）『間違いだらけの夫選び』（85年、市毛良枝・三田村邦彦出演）などのドラマ演出を数多く手がけた。トレンド評論家の牛窪恵は娘。

桂木文（かつらぎ・あや）
女優。60年生まれ。78年『ムー一族』（TBS系）でデビュー。80年『翔んだカップル』でヒロインの山葉圭を演じ人気に。81年の1st写真集『ひと粒』は写真家・野村誠一の初のヌード写真集で、ヌード撮影が許可されていたかどうかで揉めた末の出版だった。85年、林家しん平と結婚するがわずか7ヶ月で離婚。現在は引退。

――つまり、現場ではバレバレなぐらいの。

轟　徐々に徐々に。わかってるのは牛窪監督だけで、「色気出しやがって。最初は鉄腕アトムみたいな頭だったのに、彼女を意識しだしたら男の野性が出てきてパーマなんか当てちゃって」とか言われて。鉄腕アトムみたいな頭が面白いんだからそれで通せばいいものを、やっぱり色気が出ちゃったんですね。

――ああ、笑いよりも女を選んだ感じで。

轟　ええ。もういまでも反省してますよ。牛窪監督が言ってたように、ホントにバカだなって。それはそれ、これはこれって、なんでできなかったんだろう？　若かったんですね。

――でも、彼女を落とせただけでもすごいと思いますけどね。完全にお笑い的なポジションだったわけじゃないですか、番組内でも。

轟　ホントの一目ぼれですよ。申し訳ない。一番申し訳ないのは女房ですよ。あれだけの恋愛感情を持たないで結婚しちゃったから。

――うわっ！

轟　ホントに。あれだけの情熱をなんでいま一緒になった女房に持てなかったんだろう。ホント女房には済まないなって思いますよ。そんなブスじゃないんだよ、ウチの女房。

――そんなこと聞いてないですよ（笑）。結婚当時の記事を見る限りは美人だし、いい話じゃないですか。「歯科衛生士の彼女と仲良くなろうとして、甘いものを食べてわざわざ歯を悪くして歯医者に通い詰めた」って。

轟　へへへへ。でも女房にはホント申し訳ない。あれだけのパワーを注げなかったから。

――彼女のときはそんなに違ったんですか。

轟　まあ、すごかったですよ。「明日朝早いの」「何時？」「朝6時の新幹線」「わかった、じゃあ送ってくから」「送ってくって、明日の撮り、朝5時ぐらいまでかかるって言ってたじゃない」「大丈夫だよ、終わったらすぐお前の家まで迎えに行くよ」って。そんなの全然苦じゃなかったですね。「免許を取りたいの」って言われたら、「じゃあ運動神経あんまりよくないから、その前に予備知識として、俺マニュアルの車を借りてくるから、俺の持ってるのオートマだからさ」ってことで、成田のほうの警察も来ないところで俺が助手席に座って、「はい、ウィンカー出して。はい、センターライン近づいて。はい、信号が変わった、右左見て。はい、進んで」とか、個人授業をやってたぐらいですからね。

――一番売れてて忙しい時期に。

轟　忙しい時期に2日にいっぺんぐらい成田行って教習所のおじさんやってましたもん。

――それだけ楽しかったんでしょうね。

轟　楽しかった。彼女にはそうしたい、してあげたいっていう気持ちでしたね。

――それが、マスコミに2人の交際がバレたあたりでやりづらくなったというか……。

轟　いや、そんなことない。マスコミにバレても平気で堂々と一緒に歩いてましたよ。（持参した記事を見て）懐かしいですね、この記事。四角関係って言われてたんですよ。

――石坂浩二さんとマリアンさんも交えて。

轟　マリアンなんて手も触ったことない！

――これは完全なデマだったんですか？

轟　まったく。ホントに手も触ったことない。なんだよマリ

石坂浩二（いしざか・こうじ）
俳優。41年生まれ。慶大在籍中にドラマ『七人の刑事』（61～69年、TBS）でデビュー、劇団四季に入団。市川崑の映画『犬神家の一族』（76年）で金田一耕助を演じ話題に。NHK大河ドラマでは『天と地と』（69年）『元禄太平記』（75年）『草燃える』（79年）の3作で主演を務めた。マリアンが全身タイツを着て未来人役で出演した『俺はご先祖さま』（81～82年、日本テレビ系列）で共演した際、関係が噂された。

マリアン
タレント。62年生まれ。米国から日本への旅行中にスカウトされ、80年の資生堂キャンペーンガールに。83～84年、『びっくり日本新記録』のアシスタントを務める。87年に実業家と結婚、91年には夫の母親がマリアンの母親を車ではね殺す事故が起きる。98年、離婚慰謝料を5億円要求していることが報じられると大バッシングが起き、離婚成立後にハワイに移住した。次女のAmiはモデル、インスタグラマーで、若い頃のマリアンと瓜二つ。

アンって思って。これが報道されたことで彼女は怒ってたみたいですね。要するに、話題作りで俺がこのネタを売ったんじゃないかって。とんでもない！

――轟さん的にもメリットはないですよね。

轟　ないでしょ？　書かれたくないですよ、こんな四角関係なんて。だから何年か経ってマリアンと一緒の仕事をしたときに、外人って感情の表現がすごい素直に出るから、「フンッ！」とかやられて。「どうしたんだよ？」「ネタ売ったんでしょ？」「俺は全然知らないし、あんなネタ売っても俺なんにもメリットないよ！」って言ったの覚えてますね。

――むしろデメリットのほうが大きいというか、売り出し中のアイドルとの熱愛が報じられたことで圧力とかもあったのかと思って。

轟　いや、全然（あっさりと）。それよりも色気を出しちゃダメだな、割り切らなきゃダメだなっていう反省のほうが大きいですね。色気が出ちゃったんだね……。ブスとつき合えばいいけど、みたいなのもあったかもしれないですよ。分相応でいいじゃねえかって。

――夢を与えたのはいいことだろうけど、夢が叶うと大変なんだなって気もしますね。

轟　ああ、そうですね。でも、いい思い出ですよ。女房には済まないけど（笑）。あれだけのパワーを注入できなくてごめんねってずっと思い続けて、いまも頑張ってますよ。

――桂木さんもその後、すぐ林家しん平さんと結婚したけど7ヵ月ぐらいで離婚されて。

轟　彼女、俺と別れてすぐ結婚しちゃいましたからね。で、すぐ別れちゃいましたから。

――その頃、轟さんはモテました？

轟　モテましたよ、昔は。こんなジジイみたいな顔してませんでしたからね。いまモテてないから言えるけど。だからアコギな青春を送った一面もあったかもしれないですよ。

――あるんですか？

轟　はい。「お前、なんだよ。女を食いものにしてるじゃないか」って思われちゃうようなところが。彼女と別れてからですけどね。

――それはちょっとヤケになってたせいで？

轟　これ以上、女に情熱を注ぎ込むことは俺の人生にないだろう。じゃあもう一生結婚はしないで遊んで暮らそうと思ったんですよ。即引越して、家財道具も全部……知り合いが「引越し先探してるんですけど、どっかいいとこないですか？」って言うから、「じゃあ俺んとこ入んなよ、身ひとつでいいから。家具は全部置いてくから。女の影を残したくないし、全部新しく買い換えるから」って。

――引きずりたくなかったんですね。

轟　そうです。ベッドなんて特注でしたよ！

――轟さんは彼女を忘れるためにも新たな女性たちを追うような感じになっていく、と。

轟　そこからはもう鬼畜のようになって。ひどい男だよ……。そんな中で、俺はもう割り切って遊んで暮らすんだ、みたいなところの延長線でつき合ったのが女房なんですよ。

――書きづらいじゃないですか（笑）。しかし、話を戻すとなんでプロレスラー志望ってネットに書かれてたんですかね？

轟　なんでですかね？　前も言われたことあるけど違うんですよ。『うわさのチャンネル』のとき、よくデストロイヤーに

4の字固めをかけられてましたけど。「お前、どこの人間だ！」「日テレの社員です」「嘘つけ！　この！　この！　この！」って。周りがワーッて笑うと、デストロイヤーはウケてると思うともっとキツく絞めるんですよ。それで「お前はどこの人間だ！」「日本テレビの社員の……」「嘘をつけ！　ホントのことを言え！」「はい、プロレスラーの……」とか、そんなことを言ったことはありますけど。

――あと、ネットで検索すると次に出てくるのが、とんねるずとの確執で圧力をかけられたんじゃないかっていう噂なんですよね。

轟　違うんです、とんねるずがテレビ朝日の番組を、やっぱり赤尾門下で作ったとき……赤尾さん門下の番組って多かったんですよ。一番上が東八郎さんで、とんねるず、轟二郎、ラビット関根、所ジョージっていうのはいつも番組の間のコントとかに出ていて。そこで、せんださんがギャグのオチを言ったとき、貴明が延髄斬りを後頭部にガツーンとやって、せんださんがうずくまっちゃったの。

――ガチで入っちゃったんですね（笑）。

轟　それで「貴明、いい加減にしろよ。大先輩だぞ！お前、ウケりゃいいと思ってやってるけど、ケガしたらどうすんだよ。先輩に対して失礼だぞ」って言ったら、貴明が「轟さん、ウケりゃいいんですよ」って俺に言ったんです。カチンときたけど、そういう考えもあるのかなと思って。損するのはせんださんだけだなって思ったから。あのときからそういう感じのヤツだったですね、貴明って。

――若手にして。

轟　ええ。だからこそ売れた、みたいなところがあるから、あれはあれでいいのかな、みたいなのもありましたけど。ただ、あのときはせんださんがうずくまっちゃったから。

――そもそも延髄斬りって本来は相手に当てないものですからね、プロレスの場合。

轟　思いっきりですよ！　ガツーンと音がしたぐらい。で、とんねるずがうまくできてるのは、夫婦のように憲武がうまくフォローしていて、いいコンビになってますよね。だから確執でもなんでもないし、そのときに俺が注意したことがそういう記事になったのかもしれないですけど。誰が犠牲になろうが、ケガしようがウケりゃいいんだという考え方、これは若いヤツらの考え方なんだな、それはそれでいいのかな、みたいな。それだけですよ。とにかく、貴明に対してなにも恨み辛みがあるわけでもなんでもないですからね。

――轟さんは特に芸人を目指してきたわけじゃないから、普通に上下関係とかのほうが大事だっていう思いになるでしょうからね。

轟　そうです。気持ちの中ではまだスタントマンとか斬られ役みたいな感覚でしたから。

――やるなら、ちゃんと打ち合わせして、綺麗に倒れるから、みたいなことですよね。

轟　そうですね。立ち回りでお約束でやるべきものではあっても、本気で当てちゃダメだよっていう。あれ、痛かっただろうなあ。

――お笑い観の違いは当然出てきますよね。

轟　そうですね。ホントそうですよ！

『スターどっきり』で高田みづえに嫌われた

――轟さんとしては、もっと喜劇役者的なことのほうがやりたい感じだったわけですか？

轟 どっちかっていうとそうですよね。三枚目的な役者で。地味かもしれないけど、名脇役って言われるような。どうせ主役なんかなれるわけないんだから。ちょっと三枚目的な役者を目指すつもりが、いろんなところに紆余曲折行っちゃって。言われるがままに立ち回りやって、殺陣師として一歩踏み出して、さあこれからっていうときに『うわさのチャンネル』でコメディアンになり、「あれ？ また方向が違っちゃった」って（笑）。

――さらに本名でチャレンジボーイになり。

轟 そして、リポーターなんて一番やりたくない世界なのに、『スターどっきり（秘）報告』のリポーターやってくれって言われて。

――あ、やりたくなかったんですか？

轟 リポーターはホント嫌で……。どっきりのリポーターは一番嫌だった。人を騙すのが嫌で嫌で嫌で……。そのときの日本のどっきりってシャレにならないようなものばかりで。なにかっていうとヤクザが出てくるし。

――基本、ヤクザでしたよね（笑）。

轟 俺もやりましたもん、ヤクザ同士の草野球の審判。「ストライク！」「どこがストライクやねん！」「ボールかなあ……」とか、なんで日本のどっきりはそういうのなんだろうって思っちゃうぐらい。で、騙すほうじゃないですか。もう嫌で嫌で嫌で。ある日、高田みづえさんのレコーディングがあって、そのスタジオが地震で電気が消えてドアがロックされてレコーディングどころじゃなくなっちゃう。そのうちハツカネズミが出てきたりコンニャクが飛んできたりっていうのをやって、「ジャジャーン、どっきりでした！」って。高田みづえさん、怒る怒る。それで「冗談じゃないわよ！ 轟さん、あんたいい死にかたしないわよ！」って言われてさあ……。

――ダハハハハ！ そこまでですか！

轟 死にかた……俺が企画したわけじゃないのに。俺も言われた仕事の一環で来て、俺はリポーターなのに……。プロデューサーに言えよって思っても、プロデューサーに言ったら後々自分の立場的なものがあるから、リポーターに言ったほうが気が楽なわけで。

――あの番組って『夜のヒットスタジオ』に出るためには出なきゃいけなかったらしいですね。プロデューサーが一緒だったから。

轟 へぇ～っ、そうなんですか。疋田拓さんですよね？ 俺、もう嫌で。あの当時のアイドルの寝起き、ほとんど俺だったんですよ。

――片岡鶴太郎さんの前ですかね。

轟 前ですね。柏原芳恵ちゃんとか岩崎良美ちゃんとか早見優ちゃんとか全部俺ですよ。

――鶴ちゃんとか田代まさしさんはすごい楽しそうに寝起きを襲ってましたけど（笑）。

轟 俺はもう嫌で嫌で。でもしょうがない、仕事だから「これは早見優ちゃんが使った石鹸だ！」って石鹸を食べたりなんかして。それはまだ自分が犠牲になるだけだからいいけど、誰かを騙すとか引っ掛けるとかはもう嫌で。高田みづえさんを

『スターどっきり（秘）報告』
76年に始まったバラエティ番組。司会は三波伸介。芸能人にドッキリを仕掛ける番組の祖。新人アイドルの寝起きドッキリとお色気ドッキリが多かったためPTAの目の敵にされた。84年に終了、その後は年数回のスペシャル放送となる。ネタバラシの際の「テッテレー」の音はこの番組がルーツ。

疋田拓（ひきだ・たく）
テレビプロデューサー。42年生まれ。『夜のヒットスタジオ』には始めはADとして参加、73年からディレクター、76年から87年まではプロデューサーと、20年にわたって関わる。他に、『スターどっきり（秘）報告』『オールスター水泳大会』『スター千一夜』『新春スターかくし芸大会』などを製作。

引っ掛けたときに放したネズミを俺が踏んづけちゃったわけですよ。そしたらそれも見つけられて、「ネズミが死んでる！　誰？」なんて話になって。俺の靴の裏には血がついてて、バレバレで。

――最悪な展開ですね、それ……。

轟　「轟さん、あんたじゃないの！」「すみません」なんて言って。だから看板持って「ドッキリでーす」なんて朗らかなシーンなんか全然ないわけですよ、怒っちゃって怒っちゃって。俺はもうホントに落ち込んで、「ネズミは私のほうで処分しますので」って、青山墓地まで行って穴掘ってネズミを埋めて。「ごめんな、あんなに激怒されると思わなかったよ」なんて言いながら埋めて。あとで考えたら青山墓地って動物を埋めちゃダメらしいんだよ。なにやってもダメだなってそのとき思いましたよね。だから、もうホントにどっきり行くのが憂鬱で憂鬱で……。

――大変だったんですね、リポーターも。

轟　騙されるぶんには全然いいんです、いくら騙されても。ただ、だいたいわかりますけどね。寝起きは本人には伝えなくても……。

――当然、事務所には言ってるだろうし。

轟　それと、『冬の祭典』の特番で苗場プリンスホテルに泊まってるときにやることが多かったんですけど、前もって寝起きのターゲットの部屋のチェーンロックを外しちゃうんですよ。チェーンされたら困っちゃうから。でも、チェーンロックついてない部屋なんておかしいから、タレントはすぐに気づくでしょ。「今日は私、寝起きのターゲットかな？」って。そうするとタレントっていうのはサービス精神があるから身ぎれいにして、タバコを普段吸ってるアイドルがそのときだけ吸わないで、引っ掛かってあげるという。

――じゃあ、今日はこんなところで……。

轟　こんな話で記事になるんですか？　なんだったら適当に膨らましてもらっていいですよ。想像で書いてもいいです（キッパリ）。

――ダハハハ！　じゃあ最後に、芸能生活で一番印象に残ってることってなんですか？

轟　なんだろうな……。一番よかったのは轟二郎になる前ですよね。スタントマンやってたとき、布団が4組ぐらいしかない事務所の座敷に6人か7人ぐらい居候して、みんな空手着とジーパンとTシャツぐらいしか持ってないんですよ。貧乏で、こんな生活いつまで続くのかなと思ったけど、いま振り返るとそのときの思い出が一番楽しかったですよね。遊びっていったらベンチプレスとサンドバック叩くのと国士舘狩りぐらいしかなくて。

――え！　国士舘狩りやってたんですか！

轟　みんな武道で段がつくと試したくなるんですよ。そうすると合気道の関節技とか、空手の突きとか、試したくなるんですよね。

――実戦でそれだけ通用するか。

轟　だけど一般の人を傷つけるわけにはいかないから。いまはもちろん違うけど、その当時の国士舘はヤクザの養成所みたいな学校で、ディスコなんかに行っても、いかにも国士舘みたいなのがそのへんを牛耳ってるわけですよ。そこ行って、わざとそいつらにガン飛ばされるような行動を取るわけですよ。

――まあ、自分からはいかないわけですね。

轟　いかない。「ガン飛ばしやがったな、この野郎。下降りろ」とかって言われるのを待って、「はい、わかりました」って降りてボコボコにして逃げて帰ってくるっていうのはすごく楽しい課外授業でしたね（笑）。

――硬派な世界ですねえ（笑）。

轟　ただ、女にモテたいっていう気持ちも芽生えてきて、「女にモテるにはどうしたらいいんだろう」と思ってディスコに行ったら、その当時は前で2～3人、上手なヤツが揃ってステップダンスで踊ってると、後ろはみんな同じステップで、みんな真似してて。で、一番前のヤツがモテてる。「これか！　よし、俺たちもこれだ！」って言って、みんな運動神経はいいから。ただ、ステレオは会社に行けばあるんだけど、レコードがない。金はない。「よし、パチンコ屋に行こう」ってことで、毎日パチンコ屋に行って玉を拾って。何日か通って打ってるうちにようやく勝って、それで『ビバ・アメリカ』っていうソウルミュージックのレコードを手に入れて。それでステップの練習して、渋谷ダンスコンテストに出て。みんなうまいんだけど、俺たちは3人で宙返りやるわ、ロボットダンスやるわ、もうすごいわけですよ。そしたら優勝しちゃって、それから3人ともモテるようになって。もう入れ食い状態なわけですよ。ダンスコンテストで優勝するとディスコでもＶＩＰ待遇になるから金もかからないわけ。

――昔からモテる側だったんですね。

轟　モテる側だったですね。必死だったですもん、モテるための努力は。だから轟二郎でもいろんな経験させてもらったけど、轟二郎という名前をもらうまでの、人が言う下積み時代に味わったことは一生忘れないですね。芸能界でいちばん印象深いのはスタントマン時代で、あとは全部おまけですよ。轟二郎になったのもおまけ。あんな人とつき合えたのもおまけ。いい思いをさせてもらいました。

神秘のセックスが日本にある

ジャイアント吉田

2011年2月収録

1936年1月25日生まれ。東京都出身。タレント兼催眠カウンセラー。1958年に、いかりや長介が在籍していた「ジミー時田とマウンテン・プレイボーイズ」に参加。その後、ドリフターズに加入し、1964年に小野ヤスシと共にクーデターを起こして脱退し、ドンキーカルテットを結成。日本催眠術協会の理事。ミスターマリックの裏方としても知られる。太気拳創始者・澤井健一の初期門下生。2023年1月2日逝去。

澤井健一のほぼ一番弟子

——実はこの前、代々木忠監督を取材したんですけど、監督の作品に催眠術師として出演していたジャイアント吉田さんにも話を聞かなきゃいけないなと思ったんですよ。ボクも格闘技は大好きだし、まさか澤井健一さんにまで関わってくる人だと思わなかったんで。

吉田 ああ、なるほど。これまで、あんまりそういうのは人に言わなかったんですけど。

——そうなんですか。太気拳の澤井健一さんの3番目ぐらいのお弟子さんなのに……。

吉田 もしかしたら1番って言ってもいいぐらいの部類です(キッパリ)。いや、確かにいっぱいいますよ、1カ月とか1年ぐらいで辞めちゃった人は。そうじゃなくて、ちゃんとずっと明治神宮の中で稽古していた一番最初の弟子ではね。3人っていったって、そのうちの1人は澤井先生の息子だし(笑)。

——どうかしてるのが、ドンキーカルテットでちゃんと活動してる頃にそういうことをやってたっていうことなんですよね(笑)。

吉田 ええ、そうです。ドンキーカルテットやってたときに弟子入りしてましたから。

——ドンキーカルテット時代の記事とか読んでも、その頃から催眠術を5年やってるって言ってるし、武道の話もしてるんですよね。もともと柔道は三船久蔵十段に習って……。

吉田 簡単に言うと、戦後の3年間ぐらいは柔道と剣道が禁止になったの知ってます?

——GHQが禁止してたんですよね。

吉田 それでも講道館はやってたんですよ。その頃から居たから、技師としては神業の頂点のときの三船先生にすごい可愛がられて。最初はまだ小学校6年で、高校2年で黒帯になって「今日は本気でやるから」って言われたときに初めて三船先生がものすごい人だってことに気がついたっていう感じですね。

——これが空気投げか、みたいな。

吉田 そうそうそう。実際に体で受けを取ってますから。ただ、いまの柔道はスポーツですから、僕はいまの柔道には全然興味ないです。なぜかっていうと柔道は背の小さい者がデカい者を投げるっていうことから始まったでしょ? いまみたいに、背が大きくて体のデカいヤツは柔道をやる必要ないんですよ!

——そんな柔道の変質が、背が低いからこそあえてジャイアントを名乗っている吉田さんとしては納得がいかないわけですね。

吉田 そういうことです。で、そのうち、すごい人がいるらしいっていう話を聞いて澤井先生にお会いして、習うようになって。澤井先生は、実際になんにもやってない人を教えることはしなかったんです。「柔道3年ぐらいやってから来い」とか「極真に行って黒帯になったら来い」とか言って。ただ、空手の場合は「あんまり癖をつけちゃうなよ」って。

——その頃に、極真から禁足処分を受けていた盧山初雄さんも流れてきたわけですか?

吉田 そうですね。あの人とは一緒に練習してましたから。ただ、太気拳は組手で強くなろうっていうんじゃなかったんですよ、僕たちの頃は。闘ったときにいかに相手を叩きのめすかっていうのが太気拳ですから。だから練習方法が、昔といまではぜんぜん違う。

代々木忠(よよぎ・ただし)
伝説的AV監督。38年生まれ。高校中退後、花屋で勤める。華道の師範となるも、喧嘩で前科がついたことからヤクザの道へ進み、26で組長に。足を洗うために指を詰めるも敵対勢力に拉致される。63年、愛人3人を連れて上京、ピンク映画制作の道へ。81年「アテナ映像」を設立、『愛染恭子の本番生撮り 淫欲のうずき』でAV監督デビュー。女優の自慰を長回しで撮る「ザ・オナニー」シリーズなど、映画畑出身者にはない発想で黎明期のAVの自由度を高めた。85年の監督作品『サイコ催眠エクスタシー』シリーズは愛染恭子や小早川ひとみに催眠術をかけ絶頂させるという実験作で、全7作品。配信で視聴可能。

澤井健一(さわい・けんいち)
太気拳創始者。1903年(?)生まれ。幼少期より武道を好み、柔道五段、剣道・居合道は四段の腕前となる。31年に満州へ。北京で太成拳の師・王向斎に弟子入り。終戦後の47年に都内で「太氣至誠拳法」(太気拳)を創始。道場を持たず明治神

——柔道同様に変わってしまったというか。

吉田　一番変わったのは剣道じゃないですか？　いまは本当の日本刀同士で練習するようなことは絶対しないじゃないですか。

——当たり前ですけどね（笑）。

吉田　でも、昔は練習を日本刀でやってたんですからね。本身でやらないことにはホントの剣の怖さがわかんないっていうんで、戦前まではやってた流派があったんですから。だから僕、いまだに空手は道着を着たりなんかするの大反対です。グローブつけるのも反対です。結局、いまの格闘技はスポーツなんですよ。スポーツやるんだったら、それはそれでまた別にボクシングと同じで誰々が強いとか決めればいいし。だけどいざホントにどこかで突然やるとなったら、そのへんにあるものをぶつけられるかもしれないし、相手はヤッパ持ってるかもしれないし。そういう闘いとはまったく違うじゃないですか。どっちかっていうと澤井先生の一番最初の教え方はそういうときにどう対処するかなんですよ。

——路上でいかに闘うか、みたいな。

吉田　そうそう。だからまず最初に「まあまあ」って言いながら相手の身体をポンポン叩いて何か武器を持ってないか確かめろとかね。そういうのばっかり教えられたんですよ。それからまず頭突きは気をつけろとか。だから組手うんぬんとか、回し蹴りの左が強いとかへったくれもないんですよ。それが僕はものすごく好きだったんですよ、武術として。

——いまは、ほとんどの格闘技が体重別だったりで普通に競技化されちゃってますよね。

吉田　それが当たり前になっちゃったでしょ。だからスポーツになっちゃった。まあ、それで飯を食ってる人いますからね。

——あんまり声を大にしては言いづらい。

吉田　あんまり言えないんです。飯を食ってる人に対して悪いから。そんなもん教えるっていったって教わりに来る人いないだろうし。だけど僕はモデルガンを使っても稽古しましたからね。モデルガンをうしろから突きつけられたときに、もちろん撃たれてもBB弾が出てくるだけなんですけど、それをパーンッて避ける動作とか。そういうことばっかりやってるから組手がどうのじゃないわけですよ。

——いざというときに役に立つための武道っていう。まあ、あんまり銃を突きつけられるようなこともないでしょうけどね（笑）。

吉田　ないでしょうけど、そういうのは一応。短刀のやつなんかはよくやってました。

——飲み屋のケンカとかでありそうだし。

吉田　そうです。こうきたら死ぬとか、鞘に入れたままが一番怖いとか、隠して持ってるのが一番怖いとかね。そういうのっていまの世の中では通用しないかもしれないけど。

——でも、わかりますよ。グレイシー柔術の教則ビデオとか観ても、拳銃とか刃物にどう立ち向かうかが前提になってましたからね。

吉田　そうそう！　だから向こうのほうが日本よりも上にいっちゃったんですよ。ヒクソン・グレイシーなんてそういうの全部やってますよ、間違いなく。だからやっぱり決めごとの試合に、あの人は絶対に出てこないですよね。そんなの出ちゃいけないんですよ、もう。夢なくすじゃないですか。あの人はね、ものすごい信用できる人だと思ってたから。あの人がやられるところは観たくない。

宮を稽古場とし、少数の弟子を指導した。大山倍達とも親交が深く、多くの大山の門下生が澤井に教えを乞うた。88年死去。

ドンキーカルテット
コミックバンド。64年結成。ザ・ドリフターズの元メンバーが独裁的ないかりやと袂を分かつ形で誕生。70年に『宮本武蔵』が大ヒットするも、同年解散。

三船久蔵（みふね・きゅうぞう）
柔道家。1883年生まれ。1903年に講道館に入門。隅落（空気投げ）や腕ひしぎ三角固めなど柔道の多くの技を発明した柔道の神様。65年死去。

盧山初雄（ろうやま・はつお）
武道家。48年生まれ。63年に大山道場（後の極真会館）に入門、4年目の19歳で黒帯となるも、北朝鮮のスパイ疑惑がかかるなどしたため一時禁足処分に。この間、澤井健一から太気拳の指導を受けたり、キックボクシングの試合に出るなどする。73年に極真会館への復帰を許され、全日本空手道選手権大会に出場し優勝。02年に極真館を

——確実に勝てるタイミングでしか試合をやらない、あのやり方はすごいですよね。

吉田　ええ。だから考えてみたら大山倍達先生があるときから絶対に組手をやらなかったのね。だからってそれまでにやってないわけじゃない、やってるから。そういう人はいっぱいいますよ。いまは武道自体が護身術ではなくてスポーツになっちゃったでしょ。だからそれがはたしていいのか悪いのか。……そんなことも僕はべつに興味ないんだけど。

——極真から何から競技化していって。

吉田　それもしょうがないんですよね。だって入門者がいなきゃ潰れちゃうんですもん。

——子供を集めてやっていくためには。

吉田　だから大変だと思いますよ。

——吉田さんは背が低いから、それだけで絡まれたりとかしてたんじゃないですか？

吉田　何回もやったことはありますよ。だけど、それも途中からなくなりましたね。

——それは、小さくてもあからさまに鍛えてることがわかる体をしていたからですか？

吉田　何かやってるからどうのじゃなくて、やっぱりドンキーの頃も、その前のカントリーウェスタンやってる頃もありましたよ。まだクラブ、キャバレーが盛んなときで。

——チンピラとかが絡んできたりもして。

吉田　いや、そういうのはチンピラじゃないです。ヤクザ者とはずいぶんありましたよ。

——ヤクザと！

吉田　ところが僕はどういうわけかヤクザ者と仲よくなっちゃうの。こっちが全然ビビらないから。それも自己催眠なんですよ。その頃から自己催眠をずいぶんやりだして。それが相手に伝わるんでしょうね。結局最後にはヤクザ者が僕のスポンサーになってくれたりとか、そういうことずいぶんありましたね。

——それはケンカのあとで仲良くなるんじゃなくて、ケンカになる前に収まるんですか？

吉田　うん、収まっちゃって、さんざんごちそうになってね。そんなことばかりで。やる寸前までいったことはずいぶんありますよ。

——それでも寸前ぐらいなんですか？

吉田　ええ。たとえば山口組と●●会が闘争やってたの知ってます？　そのとき女の子が50人ぐらいいるクラブができて、そのオープンで僕たちが出るっていうんでね。ドンキー解散後、シンフォニックマッドっていうバンドをやってたときですけど、夕方の4時ぐらいからそこの通りに全然人がいなくて、どうしちゃったんだろうと思ったら……。

——抗争のど真ん中で。

吉田　そう。なんか●●会のほうの女房だか誰かの店のオープンだったんですよ。僕は全然知らなくて、会社を通して仕事で来てるだけですから。それで「山口の連中が１００人ぐらい新幹線でそっちに向かった」みたいな連絡が入ったらしくて、お客さん誰も来ないんですよ。ホントに1人も。だけど、それでもやりましたよ。やる前に「何かあったらとにかくここから逃げてください」って言われて、「わかりました」って。あとで「あいつら度胸いいよな」って言われましたけど、昔はそういうのいっぱいあったんですよ。ヤクザ絡みでやってる店って多かったから。

設立、館長となる。21年、73歳でウクライナ人女性と再婚。

シンフォニックマッド
「ジャイアント吉田とシンフォニックマッド」。70年、タレント業に転身した小野ヤスシを除いた猪熊虎五郎、祝勝、吉田の3人で結成。『おじいさんと遺書』（73年）、『洋子の港』（76年）などのEPを出すも、70年代後半に解散。

――ウェスタンとかの時代の話を聞くと、まあ物騒ですもんね。ツアーにウィンチェスター銃持ってった話だとか聞いたりもするし。

吉田 それは……誰が言ったかは知らないけど、ウィンチェスター銃なんかは持ってないけど、他のものは持ってましたよ、みんな。

――刃物ですか？

吉田 いや、自分で改造銃みたいなのを。

――ダハハハハ！ そうだったんですか！

吉田 カントリーの連中はそういうのが好きだったから持ってただけですけど、それで10人ぐらい捕まったんですもん。一番長いのは3カ月ぐらい入ってましたからね。全部バレて全部没収されて。ドンキー解散後だから、まだやってんのかよと思って。昔はみんな平気だったんですよ。東京にも東京ウェスタンクラブなんてあってね、要するにマカロニ・ウェスタンがものすごい流行った時代。あの頃みんな銃でもってショーをやる連中がいっぱいいたんです。それでみんな普通に改造した銃をライブハウスなんかで撃ってた時代があって。いまじゃ考えられないでしょ？

――その時点でアウトっていう（笑）。

吉田 その時代は、そういうのが当たり前だったんですよ。たまにライブハウスでやってるときに警察の暴力団係のカントリー好きなヤツがお客さんで観に来てたんだけど、あとで言われたのは「ホントに撃てるようにすんなよ」って、それだけで終わりだったの。

――軽く注意したぐらいで（笑）。

吉田 そういう時代ですからね。

――もともと音楽活動を始めたのは、いかりや長介さんとの関係が大きかったんですか？

吉田 そうです。長さんは僕がやっていたマウンテン・プレイボーイズのベースで、僕がジミー時田……ウチのバンマスなんだけど、彼と一緒に歌ってたっていうことですね。長さんは死ぬ間際まで仲良かったし、付き合いはめちゃめちゃ長いですよ。それこそ加藤茶とか、そんなのよりもずっと前ですから。

――さらには初期ドリフターズでも一緒で。

吉田 そうそうそう。で、ドリフのときも僕は最初から行かないで、何回か長さんとケンカしちゃってたんですよ、いろんなくだらないことで。もともと長さんと2人で、マウンテン・プレイボーイズのときからお笑いをやってたんです。他の人はやらないけど、それが進駐軍キャンプやなんかでさんざんウケてたから。僕とはすごく合うわけですよね。それで「俺が先にドリフに行くから。2カ月ぐらいしたらお前も来いよ」って長さんが言うんで、「行くよ」って約束してたんだけど、僕が行かなくなっちゃって（あっさりと）。

――なんでですか（笑）。

吉田 カントリーを捨て難かったんですね、やっぱり。お笑いも好きなんだけど。マウンテン・プレイボーイズでも、あとから入ってきたメンバーと2人でお笑いをやり出したら、こっちもまたウケちゃったんで。

――「これはこれでいいや」と。

吉田 うん。ドリフに行ってお笑いだけでやるよりも、カントリーも歌いながらお笑いやったほうがいいやっていうことでね。あと、それまでずっと僕はカントリー・ウェスタンを歌ってきたのに、ドリフに行っちゃったらそれが全然できなくなるわけ

ジミー時田（―・ときた）
カントリー歌手。36年満州生まれ。52年、高校時代に「ウェスタン・ランブラーズ」に加入。57年、青山大在学中に「マウンテン・プレイボーイズ」を結成。ジャイアント吉田、いかりや長介の他、寺内タケシや尾崎紀世彦も一時在籍し、カントリーのみならずジャズもこなした。バンドは00年のジミーの死去まで継続。

ですよ。そこに……一番抵抗あったかもしれないなあ。

――でも、長さん的には「お前、まだドリフに来ないのか?」ってなるわけですよね。

吉田 そうそうそう。でね、その頃は年がら年中、長さんだとかはトランプで博打をやってたわけですよ。当時は当たり前だったんですよ、それが。どっかに寝台車で行けば、寝台車で全然寝ないで博打やってるようなね。

――当時のいかりやさんのあだ名がバンスだったのって、もしかしてその借金ですか?

吉田 そう(笑)。僕はあの頃、給料が3万円ぐらいで。大卒初任給が2万円いかないぐらいなのに、僕は長さんに7万円ぐらい借金があったんですよ。だから毎月、長さんに5000円ずつぐらい分割で払ってて。あと6万ってときに、「お前、あと2カ月でドリフに来いよ。もう来ることにしとくから。来たらいまの借金チャラにしてやるから」って言われて。それで最終的に行ったんですよ。

――借金のカタで、やむなく(笑)。

吉田 借金のカタね。いまでいうと50万ぐらいじゃないかな? ただね、僕は長さんが一番話しやすい相手だったから。代々木忠さんも言ってたかもしれないですけど、僕と長さんとの話を聞いてるとみんな「ケンカしてるみたいだ」って言ってて。そういう話し方だったから、長さんは僕には。僕も、あの人が一番からかい甲斐があるっていう感じで。

――その後のドリフの人たちって、たぶんそうやって長さんと絡めなかったんでしょうね。要は、上下関係がハッキリしちゃって。

吉田 そうそうそう。だから、ドリフが『8時だヨ!全員集合』でものすごく売れて、僕はシンフォニックマッドをやってるとき、銀座のナッシュビルっていう店にジミー時田が出てて。長さんはそういうとき電話してくるんですよ。電話してきといて、僕があとから行くと……俺のこと先生って呼ぶんだけど、「あ、先生が来たから俺は帰るよ」とか大きな声で言う人でね。そこから始まるから。

――ケンカまがいのトークが。

吉田 先に自分で僕に電話してきてるのに、みんなに芝居してるわけですよ。「あ、来てたの?」とか言ってね。その帰りがけに長さんが本気になって怒っちゃったのは、ジミー時田だとかみんないるところで、「先生は、そんなことやってっからいつまで経っても金にならないことばっかりで。もっと俺たちみたいなお笑いをやらなきゃ」って言うんで、「俺、子供ショーやりたくないもん」って言ったんですよ。「じゃあ、俺たちがやってるのは子供ショーかよ!」って、そのへんからちょっとホントに怒り出したんですよね。「だって子供ショーじゃない。子供ショーじゃなかったらなんなんだよ」って言ったら、「いいよ、ホントに帰ってくれよ」って言って、ホントのケンカになっちゃって。

――自分でも気にしてたんでしょうね。

吉田 うん。あとで自分で反省してたらしいね。「そう言われりゃ子供ショーだよな」って。だけど、それでジミー時田の奥さんがウチに電話してきたんですよ。「長さんホントに怒っちゃったけど大丈夫なの?」「いや、いつもそうだからいいんだよ」って。それが一番最後のケンカかな。あの頃はまだクラブ、キャバレーがいっぱいあった頃だから、こっちも子供ショーって言えたんですよね。

――「俺たちは大人を相手にしてる」と。ドリフ脱退の理由もそんな感じでしたもんね。

吉田 うん。どんどん対象年齢が下がってきたから、「こんなの嫌だ」って言ってね。僕がやってたときは、「女子供にウケるようなことは絶対やめよう」って言ってたんです。女の子が本気になって笑ってるようなことは、クラブ、キャバレーに行ったら通には絶対ウケないから。でも、いまは女子供にウケなきゃお笑いじゃなくなりましたよね。だからいま僕なんかの年齢の人間が観てるとちっとも面白くない。それは当たり前ですよ。

――最初からそっちに向けてないですしね。

吉田 そう。僕がドンキーのときは高校生の女の子のファンなんていなかったですよ。あと、昔は劇場に来てる若い女の子のファンっていうのは、ブスがいなかったんです。

――レベルが高かった。

吉田 うん！ だからクラブ、キャバレーでもナンバー1、ナンバー2ぐらいのすごい美人が多くて。高校生あたりは観ててもあんまり楽しめなかったんじゃないかな。歌でもなんでも、ある程度のセンスというか、ちょっとハイクラスな曲しか僕たちはやらないから、それを知ってなきゃしょうもないわけじゃないですか。でも、テレビではなるべくそういうのはやらないようにしてたんですよ。だからテレビ受けはあんまりよくなかったんじゃないかな。クラブ、キャバレーだったら絶対に負けないっていうのはありましたよ。

――ドンキーカルテットでは、長さんと比べて小野ヤスシさんはやりやすかったですか？

吉田 あの人は、あんまりなにもやらない人で。それでしゃべる役にさせたっていう感じですね（笑）。そうすると、あとの3人がボケるっていう役割だったから。長さんもホントは、あの人はツッコミじゃないんですよね。ボケなんです。だから面白いんですよ！

――でも、ツッコめる人がいなかった。

吉田 そう！ 誰もいなかったんです。だってドリフは、あと全員ボケですもん。

――実はこの前、代々木忠監督からいかりやさんの衝撃的な話を聞いたんですよ。噂では聞いてたんですけど、長さんがアフリカ好きでしょっちゅう行ってた理由っていうのを。

吉田 ハハハハハハ！ はいはい！

――アフリカに愛人がいるって噂は流れてたんですけど「それは本当です」って（笑）。

吉田 それがどうかはわからないけど、長さんのボーヤが撮ってきた写真を見て僕はアフリカを見直した。ホッテントットみたいな女しかいないのに、なんでそんなとこ行って楽しいのかって思ったら、とんでもない！ ものすごいスタイルのいい美人がわんさかいるんですよね。代々木忠さんも僕なんかと同じ感覚だったからビックリしちゃったんですよ。ホントにみんなスタイルがいいんで。

――ちなみに代々木忠監督は、その美人が愛人だって断言してましたけどね（笑）。

吉田 ハハハハハ、行けばその人を呼び出してどうのこうのとかはあったんだろうけど。

――代々木忠監督のAVの撮影現場とかにもしょっちゅう長さんが遊びに来てたとか聞いて、いい話だなと思ってたんですよね。

小野ヤスシ（おの・―）
40年生まれ。60年「ザ・ドリフターズ」に正式参加、64年に脱退、「ドンキーカルテット」を結成。70年の解散後はタレントへ転身。『スターどっきり㊙報告』（76～98年、フジ系）でのレポーター、及び5代目キャップとして人気を集める。70年代後半にPTAからワースト番組と名指しで批判される1位と2位がザ・ドリフターズの『8時だョ！全員集合』とこの番組だった。95年の参院選に自民党推薦で出馬、落選。12年死去。

吉田　ああ、そうそうそう（笑）。

——いかりやさんがアフリカ行く前は必ず代々木忠監督のところに来て、「バイブが欲しい」「1本じゃ足りない」って言って2～3本持って行ったっていう話も聞いて（笑）。

吉田　……長さんホントに面白い人で好きだからあれなんだけど、お土産として持ってったんじゃないですかね。向こうの女の子にバイブを渡すと、すごい喜んでもらえるってことで。そんなもの手に入れるなんて大変なことで、向こうにはないらしいんですよね。

——それを聞いて、そんなことを話せるぐらい仲よかったんだなと思ってたんですよ。

吉田　長さんが最初に忠さんのところに遊びに行くとき、僕が誘ったんですよ。僕は鴨川でいまでもレストランやってるんだけど、そこに遊びに来るとき、「忠さんとこに泊まればいい」って言ったら、「代々木忠ってどういう人間なの？」って聞かれて。説明したら「俺、ヤクザとは絶対つき合いたくない」ってさんざん抵抗してたのに、僕より仲よくなっちゃった（笑）。長さんも、もっと早く僕たちとつき合ってれば、ガンになんかならなかったんじゃないかって。いつもバカな話ばっかりしてたんだから。奥さんが言ってましたよ、「一番落ち着けるみたいだ」って。

ヤクザ者の代々木忠

——吉田さんと監督の関係も面白いですよ。

吉田　最初に会った頃、まだ忠さんがいまみたいじゃなかったから、あの頃はね、まだヤクザの気が抜けなかったときだろうな……。

——まだ本当に怖い頃（笑）。いまでもたまに元組長の顔が出る瞬間がありますよね。

吉田　ありますあります（笑）。あの人は、僕が血気盛んなときだったら一番注意しなきゃならない人じゃないかな。体つきは大きくないけど、それでいて……この人といざこざがあったら一発で終わるようなことを簡単にやる人だなって。いきなり目を突くとか、いきなりチョーパンやるとか、そういうようなことをやらなかったら、あの人の背の高さであの地位までいけないですから。そしたらあの人はいつも金槌を持って歩いてたって言ってたから、やっぱり思った通りだと思った。

——だって『仁義なき戦い』のモチーフになった広島代理戦争のきっかけを作ったって話を聞いて衝撃を受けましたよ！　もともと代々木忠監督が対立するヤクザの組長を殺しに行ったら、実は引退を考えていたって告白されて、その人の跡目争いがいわゆる広島代理戦争につながっていったっていう……。

吉田　そうそうそう、そうなんですよ！　あの人はやっぱりそれだけの度胸を持った人だし、そういう度胸を持った人っていうのは繊細だし、よく生き延びてきたっていう感じですね。僕が知ってる限り、忠さんみたいなヤクザ者ってたいてい早死にしてるんですよ。

——本人も運が良かったって言ってました。

吉田　そう。いまや押しも押されもしない存在だし、孫までいてあれだけど、そこまで生きること自体が不思議なぐらいのことやってる人だから。世の中で一番早死にするのはヤクザ者だっていうぐらいじゃないですか。

——ヤクザでケンカが強くて根性があったら、いいように使われて終わりますもんね。

吉田 そうそう。こないだも一緒にタバコ吸ってた人に、「タバコ止めないんですか?」って聞いたら、「いくらなんだってヤクザやってた人間が禁煙するなんてそんなバカな話あるか。ヤクザ者が禁煙で体を丈夫にするなんて考えちゃいないよ」って言ってたけど、たしかにそうですよね。だから、いまはヤクザ者が一番変わったんじゃないかな。半分詐欺師みたいなヤクザ者が多くなっちゃってね。忠さんみたいなのは骨董品ですよ。

——仁義の世界じゃないですよね。

吉田 うん。今回の『YOYOCHU』っていうドキュメント映画は僕も観たんだけど、あの中で忠さんの「堅気ってこんなものか」ってセリフが出てくるじゃないですか。あれだけが忠さんの一番の考えかたでしょうね。

——堅気のほうがタチが悪いっていう。鶴瓶さんが「代々木忠ってどんな人?」って聞かれて、「あの人ヤクザですわ」ってひと言で終わらせてたのもすごい合点がいって。

吉田 いまだにそう思っちゃってる人もいるけれども、あの人ほど純粋な人はいない、僕が知ってる限りではね。だから、これまでずっとやってこれたんですよ。その純粋さが女の子たちにも伝わるんじゃないかな?

——AVの監督があんなに本気で催眠術とかに取り組むっていうのも、普通に考えたら決してやらなくてもいいことですもんね。

吉田 そうそうそう。あの人は探究心が普通の人以上だから。催眠を通り越しちゃって、僕がさんざん反対したことがあったんですよ。「霊の世界のことは絶対に深入りしないほうがいい」って言ってたのに、それで深入りしたためにえらい目に遭っちゃったから。

——しばらく鬱で大変でしたもんね。

吉田 そうなんですよ。霊の世界のことを面白半分にやっていろいろ調べたりするのはいいけど、真剣にやっちゃうと必ずそうなるんです。僕の知ってる限りで、ずいぶんそれでダメになっちゃった人いますからね。催眠をやると必ず霊の世界のことが引っ掛かってくるんです。忠さんはずいぶん霊のほうに入り込んじゃったから。超能力に入り込めばまだよかったんです。霊に入って、多重人格を研究し出したあたりからマズいんですよ。

——何重人格の女性のカウンセリングとかをやってるうちに壊れちゃったみたいですね。

吉田 僕はそれでもって止めたんですから。催眠ずっとやってる人でもあんまりやらないんですよ。なぜなら、多重人格と憑依と霊現象とどう違うんだって区別できないんです。

——客観的に見ると、ほぼ同じですよね。

吉田 同じなんです。催眠で扉が開きっぱなしになっちゃうっていうか、霊が入りやすくなっちゃうんですよ。それで、いろんな霊が一人の中に入っちゃってる場合があって。僕もそういう経験があるから止めたんです。

——そのへんは下手に触れないほうがいい。

吉田 触れるんだったら霊を徹底的に上から見ないと。霊に手を合わせて下手に出るなんてとんでもない話で。「おい、入って来んな!」ってやらないと。霊より上にならないと霊を鎮めることはできない。じゃあ霊を催眠に入れたらどうなるんだって、僕はそれを考えてるんですけどね。たかが、ちょっとした催眠術師が霊のほうをゴチョゴチョ面白半分にやると、だいた

『YOYOCHU』
10年公開の映画『YOYOCHU SEXと代々木忠の世界』。石岡正人監督。ヨヨチュウこと代々木忠の人生を数々の証言を交え解き明かすドキュメンタリー。

い被験者や催眠術師自体がおかしくなっちゃう。だからカウンセラーとか、そういうことで精神状態がおかしくなってるのいっぱいいるじゃないですか。

――引きずられちゃうんですよね。

吉田 うん。僕はそれ霊現象だと思うんですよね、半分は。たとえばここに大根を置いといて、「この大根はあなたの右の手ですよ」って言って、それに爪楊枝をポンッて刺すと「痛てえ」ってなる。そのへんまでは催眠でみんなよくやります。それを何回もやって、「じゃあ目つぶって」って言って爪楊枝を刺しても、やっぱり「痛っ！」てなる。隣の部屋に大根を持ってって、両方にカメラ置いて同じことやっても、「痛っ！」てなるのは、これもなんなんだろうって。催眠を飛び越してるっていうか。そのへんがね、もうそこで止めといて、これを研究して追求していこうなんて考えちゃいけないんだって僕は思う。

――代々木さんは研究体質ですもんね。

吉田 そう、だから研究は他の人間にやらせときゃいいんです。どうやってそこの大根を右の手だっていうふうに思わすかまでの、こっちの技術を磨けばいいわけ。忠さんは、技をどんどん上げてくことによって、隣の部屋にいる人間がよがっちゃったりするようにはなったけど、それを技師が研究しちゃいけないんだと僕は思うんですよ。科学的に割り切ろうとすると、なんかおかしくなっちゃうような気がして。研究し出すとみんなおかしくなっていくんですよ。忠さんもそれでもってえらい目に遭って。人は鬱って言うけど、僕はただの鬱じゃないような気がする。

――ある意味、霊障みたいな……。

吉田 そうそうそう。

――もともと代々木忠監督と吉田さんの出会いって、どういうきっかけだったんですか？

吉田 出会いは映画の中にもチョコッと出てくるけど、オナニーシリーズとかいろんなのがすごく当たってたときで、グアム島かなんかで空港で会った女の子をやっと5日目でオナニーやらすまで待ったって聞いて、そのとき忠さんが「催眠だとどのぐらいでできますかね？」って聞くから、「20分ぐらいあったらできるんじゃないの？」って言っちゃったもんで、そこでカチンときたんだと思う。

――「やってもらおうじゃねえか！」と。

吉田 そういうあれですよ。「来週、女の子5～6人集めておくから」って。で、行ったらホントに7人ぐらいいたんですよね。

――直接絡むわけじゃないにしろ、AVに出るっていうことに躊躇はなかったんですか？

吉田 AVに出るもなにも、そのときはAVの女の子を集めてただけですよ。そこで僕は撮影抜きで、催眠術での実験をしたわけ。だって忠さんは催眠を初めて見るわけだから。で、女の子がどうなるか見たいからってことで、そこで僕がいろんなことをやってね。女の子をそこでよがらせたり、最後には向こうの部屋に行かせて電話でよがらせたり、いろんなことやって。それを見て、「これは絶対フィルムにしましょう」って。1本作るはずが7本になっちゃったんですよ。

――好評のために。

吉田 いや好評じゃないんです。途中でカットできないんですよ、長くなっちゃって。

――ああ、カット割ると怪しくなるから。

吉田　うん、編集したらやらせになっちゃうからっていうんで、7本になっちゃってね。

――あれもすごい話題になりましたよね。

吉田　そう。だけど、それまでお笑いやってたのにいきなり僕が催眠のことやったから、嘘やってるみたいに思われたわけですよ。

――芸人がまた笑いを取ろうとしてる、と。

吉田　そう。テレビに全然出なくなったと思ったらあんなことやってるとか。そうじゃないんですよ、僕はそれまでにもさんざん催眠をやってるから！　ドンキー時代も、催眠で不感症のオバサンとかを治してやったりもしてるし。じゃあ不感症じゃなくて、ものすごい淫乱な女を同じようにやったらどうなるんだろうっていうのがセックス催眠の始まりですよ。だから忠さんのおかげって言ってもいいかもしれないね、実験させてもらった。

――なかなかできないでしょうからね。

吉田　陰でコソコソじゃないですからね、みんなが見てる前でできるんだから。こっちは訴えられる心配もなにもないし。もともと「不感症でどうしても自分の女房が感じない」って言われて催眠やるとき、必ず旦那さんは横で見させてたんです。そうしないとマズいんですよね、1対1でやったら。だからそういうセックスに関係した催眠はいままでに300人以上やってて、集団の女の子なんて混ぜたらもっとやってますけど1回もそういうことで誰かに訴えられたこともないし。

――直接自分がなにかやるわけでもないし。

吉田　それから僕はセックス催眠どうのこうのっていろんな本に書かれたりしたけど、僕はもともと催眠は武道から始まったんです。

――太気拳からの流れっぽいですよね。

吉田　そうなんです！

――催眠術の誤解ってあるじゃないですか。ちょっと前も催眠術で多数の女性を操って同居していたハーレム男騒動とかがあったり。

吉田　でも、あんなのは当たり前です。

――当たり前ですか（笑）。

吉田　うん。というのはね、催眠術を覚えたヤツを誤解する場合があるんですよ。たとえば女性が、自分の鬱を治してくれって僕のところに来たとしますよね。そうすると、どんな女性でも一時的に僕に惚れるんです、催眠術師に。惚れるっていうか、寝ても覚めても僕のことしか考えないときが必ずあるの。それは相手が僕じゃなくて、ものすごいブ男だろうとなんだろうと必ずなるんですよ。

――それだけ信頼しちゃうんですね。

吉田　それは男でも同じで、男も僕のことしか考えない時期があるんですよ。「あの人に頼れば」とかね。その期間に女の子を全部抱え込んじゃおうとすれば、何人だって集められますよ。その代わり突っぱねたら大変で、ヘタするとその倍ぐらい返されますからね。

ミスターマリックをサポート

――あと、ミスターマリックさんとの関係についても聞きたいんですけど、これは？

吉田　彼と知り合ったのは、あの人が伊勢丹から渋谷の東急デ

ミスターマリック

Mr.マリック。マジシャン。49年生まれ。高校卒業後一旦は就職するもマジシャンへの夢を捨て切れず、実演販売員の傍ら多くのコンテストに出場。20歳で上京しマジック用品メーカーに就職。69年、ハワイで開催されたコンテストで優勝。クロースアップマジックのラウンジライブを各地で開催していた88年、テレビ局スタッフの目に止まり『11PM』に出演。「きてます」「ハンドパワー」などの流行語とともに超魔術ブームを起こす。登場曲はイギリスのバンド、アート・オブ・ノイズの『レッグス』（85年）。

パートに移った頃かな？　マジック売場にいた頃からの知り合いなんですよね。あの人からずいぶん買ってるから。

――手品グッズをですね。

吉田　ええ。そのうち「今度はマリックショップっていうのを五反田に作ったからそっちに来てくださいよ」って言われて、僕の知り合いなんかと行ってね。彼は僕が催眠やってるっていうのをよく知ってるから、それで彼がいきなりミスターマリックでボーンと出てきたときに、僕が代官山でやってた催眠のサロンに彼が弟子を連れて来て。それから「一緒にディナーショーをやってください」って言われて、何回も一緒にやってるんですよ。昭和の最後の12月に、謹慎のためにショーやなんかでも手拍子させたりなんかしちゃいけないっていうときも一緒で。

――昭和天皇が倒れた頃ですね。

吉田　そうそう。その12月はディナーショーからみんな、笑いだとかそういうのは外されたんですけど。そのときミスターマリックはすごかったんですよ。あの人は最初から暗いから（笑）。僕たちはその頃違うコミックバンドやってて、ダメだったんですよ。

――一番怒られますよね。

吉田　ええ。金沢明子はあれで辞めちゃったんですよね。それからいまでもミスターマリックすごいじゃないですか。あの人があんまり偉くなっちゃうと、僕は昔から知ってるからあんまり電話もしないし行かないんですよ。長さんもそうで、あんまり偉くなりすぎちゃったから一時ずっと会わなかったんです。マリックのテレビの特番でも僕はバックでちょこっと催眠をやってたんですけど、僕は誰にも言わなかったんですよ。そしたらインターネットかなんかで書かれちゃってね。

――裏方的な活動してたっていうのはなんだったんだろうと思って。要するに、マリックさんが超魔術をやる上で催眠術的な面でのサポートをしたっていうことなんですか？

吉田　そうです。催眠を先に、来てる人間の何人かにかけておいて。その人を客席から上げると、そのマリックの言った通りになっちゃうっていう催眠を僕が先に入れといて。それをテレビでやったんですよ。観に来てる人はみんな知ってるんですよ、僕が全員に集団で催眠やってるんだから。だけど、その他でそういうのをあんまりネタバラしするようなことを言っちゃいけないしね、僕はマリックのやってるネタを「どういうふうにやってるんですか？」なんて聞いたこともないし。だってマジックっていうのはそのネタを知るためにお金がかかるのをよく知ってるから。

――あのネタは買うものですからね。

吉田　うん。ネタが高いんだから。そんなの当たり前なのに、それを僕が言ってるように思われるのは嫌だなと思ってね。それだけは僕はマリックに会って、「あれは僕が言ったんじゃない」って言いたいです。向こうも催眠術師として僕のことを買ってくれたんだし、僕はマリックの技は昔からものすごく買ってますからね。あの人はうまいですよ。

――吉田さんは手品もやってたんですか？

吉田　はい。催眠とかなんとか全然別個に僕はマジックが昔から好きだったんですよ。マジックっていうのも催眠とものすごいつながりがあるから。あれって最初から催眠にお客さんを入れてるようなもんですから。

――しかし多趣味ですよねえ。

吉田　多趣味なんだけど、あんまりものにならないんですよ。

金沢明子（かなざわ・あきこ）
民謡歌手、演歌歌手。54年生まれ。アマチュア民謡歌手だった父の影響で子供の頃から民謡を始める。民謡界の山口百恵と呼ばれ、79年、80年に『NHK紅白歌合戦』出場。82年、ビートルズ結成20周年記念の名目で発売された『イエロー・サブマリン音頭』（松本隆作詞、大滝詠一プロデュース）が大ヒット。

催眠術ぐらいのもんです。

——最近、須藤元気さんとか試合前に催眠を受ける格闘家も増えてますよね。初代タイガーマスクの佐山聡さんも催眠術を始めたし。

吉田 あの人は僕がやってるとき観に来ましたね。やっぱり格闘技の連中は催眠はやらなきゃダメですよ。……あと、最後にこれだけは言っておきたいんですけど、僕はあの『YOYOCHU』っていう映画はハッキリ言って……違いますよね。そう思いません？

——あれはあれで面白いんですけど、ボクはヤクザ時代の話であったりとか、あそこから削られた部分のほうが気になりましたね。

吉田 ホントに代々木忠さんを神様みたいに思ってる人は何人もいるわけですよ。そういう人たちは「俺が作ったほうが何百倍もいいもの作れる」って言ってますよ。セックスというものを世の中でやってない形に持っていったっていう忠さんのすごさが、映画の中でひとつも出てないんです。日本に神秘の武道があるみたいに、神秘のセックスが日本にはあるんだってことが全然伝わってない。僕はそこを声を大にして言いたいですよね。

——そこはちゃんと書いておきます！

吉田 肌と肌が触れ合わなかったらセックスじゃないのに、手も触れずに相手がよがるのはなんなんだって。心だけで相手が頂点までいっちゃうっていうことはいままで誰も発表してなかったはずなんですよね。いまセックス催眠とかなんとかってやたらにいっぱいやってて、僕の口からは言いたくないんだけど、一番最初にやったのは僕なんですよ！

——もちろんそうですよね。その後、作家になった松岡圭祐さんもやってましたけど。

吉田 松岡圭祐はそのずっとあとなのに僕のほうがあとみたいに言ってる人もいるんだけど、僕はもっともっと前からやってるんですよ。代々木忠さんと知り合う前から。ヘタするとドンキーの頃からやってたから。忠さんがそれを世の中に発表して、日本以外のところでそれをやってる人はいるかっていったら、いないと思うんです。ということは外人から見たら、日本の禅を見たり、千日修行やってるのを見たりするのと同じような状態で見れるわけじゃないですか。それが全然あの映画では伝わってこないんです。単なるアダルトビデオじゃないんだということがね。

——そんな人も、このインタビューを読めばきっとわかってもらえると思いますよ！

松岡圭祐（まつおか・けいすけ）
小説家。68年生まれ。97年『催眠』で小説家デビュー。『万能鑑定士Q』シリーズや『探偵の探偵』シリーズなど映画化・ドラマ化・マンガ化された作品多数。小説家になる前は催眠術師として「読むだけで痩せる催眠ダイエット」を提唱し人気となったほか、お色気番組『A女E女』（97〜98年、フジテレビ系）に出演。太鼓や木魚の音を聞くとエクスタシーを感じる催眠をAV女優やモデル、グラビアアイドルらにかけ、日本中に反響を呼んだ。

近年のインタビュー相手

小日向由衣	「実話BUNKA超タブー」20年5月号掲載
酒井一圭	「実話BUNKA超タブー」20年6月号掲載
サムソン高橋	「実話BUNKA超タブー」20年7月号掲載
しまおまほ	「実話BUNKA超タブー」20年8月号掲載
ろくでなし子	「実話BUNKA超タブー」20年9月号掲載
平野悠	「実話BUNKA超タブー」20年10月号掲載
姫野桂	「実話BUNKA超タブー」20年11月号掲載
澁谷果歩	「実話BUNKA超タブー」20年12月号掲載
リトルエルヴィスリュウタ	「実話BUNKA超タブー」21年1月号掲載
高知東生	「実話BUNKA超タブー」21年2月号掲載
姫川風子	「実話BUNKA超タブー」21年3月号掲載
木下隆行	「実話BUNKA超タブー」21年4月号掲載
中川パラダイス	「実話BUNKA超タブー」21年5月号掲載
マルキド	「実話BUNKA超タブー」21年6月号掲載
森田哲矢	「実話BUNKA超タブー」21年7月号掲載
大久保青志	「実話BUNKA超タブー」21年8月号掲載
石川優実	「実話BUNKA超タブー」21年9月号掲載
なみちえ	「実話BUNKA超タブー」21年10月号掲載
岡崎二朗	「実話BUNKA超タブー」21年11月号掲載
大塚公平	「実話BUNKA超タブー」21年12月号掲載
福留崇広	「実話BUNKA超タブー」22年1月号掲載
七詞睡眠	「実話BUNKA超タブー」22年2月号掲載
室井佑月	「実話BUNKA超タブー」22年3月号掲載
D.O	「実話BUNKA超タブー」22年4月号掲載
翔	「実話BUNKA超タブー」22年5月号掲載
嶋大輔	「実話BUNKA超タブー」22年6月号掲載
久部緑郎	「実話BUNKA超タブー」22年7月号掲載
羽咲みはる	「実話BUNKA超タブー」22年8月号掲載
御守ミコ	「実話BUNKA超タブー」22年9月号掲載
川添象郎	「実話BUNKA超タブー」22年11月号掲載
鳥嶋和彦	「実話BUNKA超タブー」23年1月号掲載
石崎典夫	「実話BUNKAタブー」23年3月号掲載
箕輪厚介	「実話BUNKAタブー」23年4月号掲載
タブレット純	「実話BUNKAタブー」23年5月号掲載
尾藤イサオ	「実話BUNKAタブー」23年6月号掲載

発行日
2023年5月12日
初版第一刷発行

著者
吉田豪

発行人
中澤慎一

編集
坂本享陽

発行所
株式会社コアマガジン
〒171-8553
東京都豊島区高田3-7-11
☎03-5952-7832（編集部）
☎03-5950-5100（営業部）

印刷・製本
凸版印刷株式会社

ISBN978-4-86653-700-9